CLV

M. G. de Koning

Das Buch der Richter

CLV
Christliche
Literatur-Verbreitung e.V.
Postfach 11 01 35 · 33661 Bielefeld

In der deutschen Ausgabe des vorliegenden Buches wird, sofern nicht anders vermerkt, die Revidierte Elberfelder Übersetzung verwendet, erforderlichenfalls mit Anpassungen an den Textzusammenhang des Buches oder nach dem Wortlaut der nichtrevidierten Fassung der Elberfelder Bibel (UElb).

1. Auflage 1999

Originaltitel: Richteren Actueel

Postfach 11 01 35 · 33661 Bielefeld
Übersetzung: Volker Jordan
Satz: CLV
Umschlag: Dieter Otten, Gummersbach
Druck und Bindung: Ebner Ulm

ISBN: 3-89397-399-0

Inhaltsverzeichnis

Vorwort

[illegible] hat durch [illegible] besonders [illegible] Leser [illegible] und [illegible] Wortes Gottes [illegible]

[illegible] Der Kommentar [illegible] Neuen Testament [illegible] Johannes [illegible]

[illegible] dass Sie beim Lesen [illegible] Geist [illegible] Gottes [illegible] seinem Volke.

Vorwort

Das Buch Richter hat durch seine beeindruckenden Geschichten, die sehr anschaulich beschrieben werden, immer eine große Anziehungskraft auf den Leser ausgeübt. So erging es auch mir. Als ich mich zur Vorbereitung auf ein Bibelstudium und auf biblische Vorträge intensiv mit diesem Buch der Bibel zu beschäftigen begann, erfuhr ich aufs Neue die große Kraft und Aktualität, die von diesem Teil des Wortes Gottes ausgeht.

Bei dieser Vorbereitung habe ich dankbar herangezogen, was andere bereits über das Buch Richter in Wort und Schrift weitergegeben haben. Der Kommentar, den Sie in Händen halten, beansprucht also nicht, in allem originell zu sein. Wohl habe ich versucht, die Ereignisse des Buches Richter in unsere Zeit zu »übersetzen«. Um dies auf vertretbare Weise tun zu können, habe ich so weit wie möglich versucht, meinen Kommentar mit dem Neuen Testament zu untermauern. Die Bibel besteht sowohl aus dem Altem wie auch dem Neuem Testament und kann nicht aufgelöst werden (Johannes 10,35). Die Auslegung und Anwendung eines Verses (oder Abschnitts) aus der Schrift muss durch einen anderen Schriftabschnitt bestätigt werden (vergleiche 2. Petrus 1,20).

Ich hoffe, dass Sie beim Lesen den Herrn um Erleuchtung durch den Heiligen Geist bitten und untersuchen, ob sich diese Dinge so verhalten (Apostelgeschichte 17,11). Es ist mein Gebet, dass Sie sich dafür öffnen, die kräftige Wirkung dieses Teiles des Wortes Gottes zu erfahren und dass die Auswirkung in Ihrem Leben sichtbar sein wird. Alles zur Ehre Gottes und zu Ihrem Segen sowie zum Segen seines Volkes.

Middelburg, Januar 1997
M. G. de Koning

Einleitung

Allgemeines

Das Buch Richter beschreibt das Versagen des Volkes Israel bei der Inbesitznahme des Landes Kanaan, welches es von Gott erhalten hatte. Doch das ist nicht sein einziger Inhalt. Wir lesen auch vom Eingreifen des Gottes der Erbarmungen, der für sein versagendes Volk Partei ergreift, als es seine Hilfe in Anspruch nimmt. Er lässt sein Volk nicht mit den Ergebnissen seiner Untreue im Stich.

Die Bedeutung des Buches Richter für die Gemeinde

Das Buch Richter beschreibt also das Versagen Israels, des irdischen Volkes Gottes. Worin besteht nun die Bedeutung und der Wert des Buches Richter für die Gläubigen der Gemeinde? Die Bibel sagt selbst, dass wir der Geschichte des Volkes Gottes, die im Alten Testament aufgezeichnet ist, Lektionen entnehmen dürfen. Die Bibel ruft uns sogar dazu auf. In 1. Korinther 10 steht, dass alles, was Israel widerfahren ist, ihnen widerfahren ist *»als Vorbilder für uns«* (Vers 6) und *»als Vorbild … geschrieben (wurde) zur Ermahnung für uns, über die das Ende der Zeitalter gekommen ist«* (Vers 11). In Römer 15,4 steht: *»Denn alles, was zuvor* (im Alten Testament) *geschrieben ist, ist zu unserer Belehrung geschrieben, damit wir durch das Ausharren und durch die Ermunterung der Schriften die Hoffnung haben.«* Wenn wir also die Ereignisse aus dem Buch Richter auf die Zeit anwenden wollen, in der wir leben, die Gläubigen des Neuen Testaments, verfolgen wir das Ziel, zu welchem Gott diese Geschichten aufschreiben ließ. Eine solche Herangehensweise motiviert uns, nicht denselben Fehlern wie Israel zu verfallen.

Die Lektion für die Gemeinde

Der Gemeinde ist es genauso ergangen wie Israel. Auch die Gemeinde hat viele Segnungen von Gott empfangen. Das sind keine irdischen Segnungen, wie es bei Israel der Fall war. Israel erhielt ein Stück Land und dieses Land war randvoll mit Schätzen, wie man es in 5. Mose 8 nachlesen kann. Die Segnungen, die Gott der Gemeinde gab, sind geistliche, himmlische Segnungen. Wir können diese vor allem im Brief an die Gläubigen in Ephesus finden. Darin lesen wir, dass Gott den Gläubigen zur Sohnschaft auserwählt hat für sich selbst; wir lesen, wie wir zusammen mit dem Herrn Jesus über alles erhaben sind und noch Vieles mehr. Diese Segnungen hat die Gemeinde aufgrund des Werkes des Herrn Jesus am Kreuz und aufgrund seiner Verherrlichung im Himmel empfangen. Als der Herr Jesus in den Himmel zurückgekehrt war, hat er den Heiligen Geist auf die Erde gesandt, durch den alle Gläubigen zu einer Einheit miteinander und mit dem Herrn Jesus zusammengefügt worden sind. Diese himmlischen Segnungen hat Gott der Gemeinde seit dem Augenblick gegeben, wo sie am Pfingsttag durch die Ausgießung des Heiligen Geistes entstanden war (Apostelgeschichte 2). Damals wusste die Gemeinde noch nicht, wie reich sie tatsächlich war. Vor allem der Apostel Paulus ist von Gott dazu gebraucht worden, ihr die Segnungen bekannt zu machen. Paulus hat in verschiedenen Briefen darüber geschrieben, vor allem aber im Brief an die Gemeinde in Ephesus. Um diese Segnungen kennen zu lernen, ist es also wichtig, dass ein Gläubiger die Bibel liest und dass er sein Leben danach ausrichtet. Das heißt, dass er in dem Bewusstsein auf der Erde lebt, dass sein wahres Leben droben ist, *»mit dem Christus verborgen in Gott«* (Kolosser 3,3). Was hat die Gemeinde aber mit all diesen Segnungen getan? Die Gemeinde vergaß schon sehr schnell, dass sie mit dem Herrn Jesus im Himmel verbunden ist und dass sie solche himmlischen Segnungen besitzt. Sie hat immer mehr begonnen, sich mit den Dingen der Welt zu beschäftigen, so als sei sie hier auf der Erde zu Hause und nicht im Himmel. Die erste Liebe, die wichtigste Liebe, die Liebe zum Herrn Jesus, dem sie alles zu verdanken hat, wurde verlassen (siehe Offenbarung 2,4). Dadurch ist sie in eine Abwärtsspirale hineingekommen und deshalb geht nur so wenig Wirkung von der Gemeinde aus. Dennoch ist es immer noch möglich, die Segnungen Gottes zu genießen. Das ist der Fall, wenn man Untreue bekennt und sich auf die Gnade Gottes beruft. Dann schafft er Abhilfe, genauso wie damals bei Israel. Nicht dass die Gemeinde als

Ganzes wiederhergestellt wird. Das ist auch im Buch Richter im Blick auf Israel nicht der Fall gewesen. Wir sehen jedoch, dass Gott durch die Treue Einzelner doch dem ganzen Volk bzw. einem Teil davon Segen gibt. Das gilt auch für die heutige Gemeinde. Die Treue eines Einzelnen hat oft positive Folgen für viele.

Ein kurzer Rückblick

Um den historischen Ort der Ereignisse anzugeben, die im Buch Richter berichtet werden, ist es gut, auf das Buch zurückzublicken, das ihm vorausgeht, nämlich das Buch Josua. Darin wird berichtet, wie das Volk unter der Führung Josuas in das Land einzog. Die Kapitel 1 – 12 berichten uns über die Fortschritte bei der Inbesitznahme des Landes. Viele Feinde wurden besiegt und viel Land in Besitz genommen. Doch es blieb noch Land zur Eroberung übrig. In Josua 13,1 lesen wir: *»… sehr viel Land ist noch übrig, das in Besitz genommen werden muss.«* Ab Josua 13 wird das Land eingeteilt und jeder Stamm bekommt sein Erbteil zugewiesen. Daraus folgt, dass das Volk zwei Aufträge hat:

- es muss verteidigt werden, was bereits erobert worden ist, und
- es muss in Besitz genommen werden, was noch in den Händen des Feindes ist.

Dafür gilt es Kämpfe zu kämpfen. Denn welcher Feind hätte die Absicht, sein Gebiet widerstandslos preiszugeben? Das Buch Josua zeigt uns das Erbteil und den Segen Israels, des irdischen Volkes Gottes; das Buch Richter teilt uns die Geschichte dieses Volkes mit, wie es in der Praxis damit umgeht.

Warum Kampf?

Hätte Gott nicht dafür sorgen können, dass der Feind sich von vornherein ergibt? Sicher hätte Gott das tun können. In 1. Mose 35,5 lesen wir zum Beispiel: *»Und der Schrecken Gottes kam über die Städte, die rings um sie her waren.«* Derartiges hätte er hier auch tun können. Er hätte seinen Schrecken auf die Feinde fallen lassen können. Er hätte sie auch einfach *»durch den Hauch seines Mundes«* (2. Thessalonicher 2,8) oder durch ein scharfes Schwert aus seinem Mund (vergleiche Offenbarung 19,15) beseitigen können. Aber Gott hat zu jeder Zeit seine spezifische Handlungsweise mit den Menschen im Allgemeinen und mit seinem Volk im Besonderen. Er verfolgt damit das Ziel, den Menschen erkennen zu lassen, dass er Gott braucht. Der Mensch kann nur dann glücklich sein, wenn er alles mit und für Gott tut. So verfolgt Gott eine besondere Absicht damit, wenn er feindliche Völker im Land wohnen lässt. Er tut das, um sein Volk auf die Probe zu stellen: Würden die Gläubigen im Kampf auf ihre eigene Kraft vertrauen – oder würden sie ihm vertrauen? Würden sie Anstrengung in Kauf nehmen, um das in Besitz zu nehmen, was Gott ihnen geschenkt hatte (und damit zeigen, dass sie seine Segnungen schätzen)? Oder würde sie das, was Gott ihnen gegeben hatte, nicht so sehr interessieren und würden sie dem Feind zugestehen, in ihrem Land zu wohnen (was bedeutet, dass der Feind ihnen den Segen rauben würde)? Die Antwort auf diese Fragen wird im Buch Richter unzweideutig aufgezeigt.

Der endgültige Segen

Wenn sich nun zeigt, dass das Volk durch seine Untreue allen Segen verspielt, wie soll sich dann zum Schluss die Treue Gottes erweisen? Es wird deutlich werden, dass Israel allein unter der Herrschaft seines Messias, des Herrn Jesus Christus, gesegnet wird, der durch seine Macht den Segen einführen und durch dieselbe Macht den Segen instand halten wird. Der Feind wird dann nicht den geringsten Hauch einer Chance haben, dem Volk den Segen zu rauben. Das Buch Ruth, das in der Zeit der Richter spielt (siehe Ruth 1,1) schließt mit dem Namen Davids. Wenn David König wird, dann wird er mit den Feinden abrechnen und den Segen für das Volk sicherstellen. In David sehen wir einen wunderbaren Hinweis auf den Herrn Jesus, der dasselbe für sein Volk Israel tun wird, wenn er auf die Erde zurückkommt.

Der vorausgesagte Verfall

Der Verfall, in den das Volk Gottes hineingekommen war und der im Buch Richter beschrieben wird, ist von Josua vorausgesagt worden. Josua hat in seiner Abschiedsrede, die sich an Israel, *»seine Ältesten und seine Häupter und seine Richter und seine Aufseher«* richtete, also an die Menschen mit Verantwortung im Volk, davor gewarnt (Josua 23,2). In Vers 12 und 13 desselben Kapitels sagt er: *»Denn wenn ihr euch abwendet und euch an den Rest dieser Nationen hängt, an die, die bei euch übrig geblieben sind, und euch mit diesen verschwägert und in ihnen aufgeht und sie in euch, dann sollt ihr mit Sicherheit wissen, dass der HERR, euer Gott, nicht fortfahren wird, diese Nationen vor euch zu vertreiben. Und sie werden euch zum Fangnetz und zur Falle werden, zur Geißel in euren Flanken und zu Stacheln in euren Augen, bis ihr aus diesem guten Land weggerafft werdet, das der HERR, euer Gott, euch gegeben hat.«* Diese prophetischen Worte ähneln dem, was der Apostel Paulus einst zu den Ältesten der Gemeinde in Ephesus in Apostelgeschichte 20,29-30 sagte. Dort warnt er diese Ältesten vor den Abweichungen, die nach seinem Abscheiden kommen würden. Ephesus ist die Gemeinde, der er ausgelegt hat, mit welchen besonderen Segnungen Gott den einzelnen Gläubigen und die Gemeinde als Ganzes gesegnet hat. Im letzten geschriebenen Brief von Paulus, seinem zweiten Brief an Timotheus, spricht er über dieselben Dinge mit Bezug auf den Verfall, der sich nach seinem Abscheiden vollziehen würde. Bemerkenswert ist, dass Timotheus sich damals in Ephesus (wiederum dasselbe Ephesus) befand. Sie sehen, wie immer wieder eine Parallele zwischen Israel damals und der Gemeinde heute zu ziehen ist.

Eine prophetische Anwendung

Nach der Periode, die im Buch Richter beschrieben wird, folgen die Geschichten von Saul, David und Salomo. Wir finden sie in den Büchern Samuel und Könige. Für die Christenheit ist der Zeitabschnitt des Buches Richter mit der Zeit zu vergleichen, die nach dem Abscheiden der Apostel anbricht, dem nach-apostolischen Zeitalter. Dieser Zeitabschnitt wird mit der Entrückung der Gemeinde abgeschlossen. Wenn wir die Ereignisse, die nach der Entrückung der Gemeinde stattfinden, mit Saul, David und Salomo vergleichen, erhalten wir das folgende Bild: Nach der Entrückung der Gemeinde wird der Antichrist (von dem Saul ein Bild ist) sich offenbaren. Der Antichrist wird das Volk ins Verderben stürzen, aber der Herr Jesus, der wahre David, wird erscheinen und für alle, die nach ihm Ausschau gehalten haben, den lange erwarteten Frieden bringen. Als der wahre Salomo wird der Herr Jesus das 1000-jährige Friedensreich aufrichten. Diese Ereignisse, die nach der Entrückung der Gemeinde stattfinden werden, sind im Buch der Offenbarung ab Kapitel 4 beschrieben.

Die Geschichte der Gemeinde auf der Erde

Eine Beschreibung der Geschichte der Gemeinde auf der Erde vor ihrer Entrückung finden wir hingegen in Offenbarung 2 und 3. In den sieben Sendschreiben dieser beiden Kapitel entdecken wir eine prophetische Skizze der Geschichte der Gemeinde auf der Erde. Daraus wird deutlich, dass auch die Christenheit, Gottes Volk des Neuen Testaments – ebenso wie Israel, Gottes Volk des Alten Testaments – immer weiter von ihrer hohen Berufung abgewichen und in Verfall geraten ist. Schließlich wird sie als etwas Ekelhaftes aus dem Mund des Herrn Jesus ausgespien. Es ist bezeichnend, wie die Beschreibung des Verfalls mit dem Sendschreiben an Ephesus beginnt (dieser Gemeinde konnte Paulus früher den vollen Ratschluss Gottes über die himmlische Stellung der Gemeinde entfalten) und mit Laodizea und seinem Zustand endigt. Der Ordnung halber: Es geht hier um die Gemeinde in ihrer Verantwortlichkeit und nicht um die Gemeinde nach dem Ratschluss Gottes.

Der Mensch verdirbt alles

Was mit der Gemeinde geschieht, ist nicht neu. Es ist mit allem geschehen, was der Verantwortung des Menschen anvertraut worden ist. Hieraus wird deutlich, wie untreu der Mensch von Natur aus ist. Das wird unseren Hochmut und unsere Anmaßung vermindern und unsere Niedrigkeit und Abhängigkeit zunehmen lassen. Alles, was von Gott gut gemacht worden ist, ist vom Menschen verdorben worden. Man blicke nur auf Adam: ein prachtvoller Garten, ein Paradies mit wunderbaren Segnungen, aber Adam sündigt und der Fluch kommt über die Schöpfung. Man blicke nur auf Noah: Noah wird von der Sintflut gerettet und kommt auf eine gereinigte

Erde, doch er betrinkt sich und verhält sich unwürdig seiner Autorität, die Gott ihm gegeben hat. Man blicke nur auf Israel: Gerade erst aus der ägyptischen Sklaverei befreit, machen sie ein goldenes Kalb und Gottes Zorn muss sie treffen. Mit dem Priestertum geht es nicht anders: Beinahe unmittelbar nachdem Gott es eingerichtet hat, bringen zwei Söhne Aarons fremdes Feuer dar und Gott muss sie töten. Das Königtum lässt dasselbe Bild erkennen: Der erste König Saul erweist sich als ein ungehorsamer König, dem es nicht gelingt, seinen Auftrag zu erfüllen und der schließlich Selbstmord begeht. Alles, was dem Menschen anvertraut worden ist, gerät durch die Untreue des Menschen in Verfall. Dieser Grundsatz macht deutlich, was im Menschen ist. Glücklicherweise sehen wir auch immer wieder, was in Gott ist, welche Gnadenquellen in ihm gefunden werden. Diese Quellen stehen uns jederzeit zur Verfügung und wir können sie immer anbohren, gerade in Zeiten des Verfalls. Wenn wir das tun, wird Gott sich selbst in dunklen Zeiten durch Menschen verherrlichen, die nichts mehr von sich selbst, aber alles von ihm erwarten. Darum enthält dieses Buch einen enormen Anreiz für Menschen, die sich auch angesichts des Verfalls nicht hängen lassen, sondern sich Gott zur Verfügung stellen, um von ihm zum Wohl seines Volkes gebraucht zu werden, und die in seiner Kraft den Kampf mit dem Feind aufnehmen wollen.

Ein geistlicher Kampf

Am Beginn und am Ende dieses Buches (Kapitel 1,1; 20,18) wird dieselbe Frage gestellt; dazwischen spielt sich das Buch ab. Die Frage lautet: *»Wer von uns soll zuerst … hinaufziehen?«* Beim ersten Mal bezieht sich diese Frage auf das Bekämpfen der Feinde des Volkes. Beim zweiten Mal bezieht sich diese Frage auf den Feldzug gegen einen Bruder aus dem Volk. Man könnte beinahe mit Galater 3,3 sagen, dass sie im Geist anfingen und im Fleisch vollendeten. Sie begannen mit dem Kampf gegen einen gemeinsamen Feind und endigten mit dem Kampf gegeneinander.

Ich muss allerdings hinzufügen, dass der Kampf der Stämme Israels gegen ihren Bruder Benjamin notwendig war, wegen der Sünde, die dort vorgefallen war und wegen des Umgangs ihres Bruders damit.

Das bringt mich in dieser Einleitung noch auf einen wichtigen Punkt bei der Anwendung dieses Buches in unserer Zeit. Unser Kampf richtet sich nicht gegen Fleisch und Blut, sondern gegen unsichtbare Feinde, böse Mächte in den himmlischen Örtern. Obwohl nicht sichtbar, sind diese Feinde nicht weniger wirklich und nicht weniger verderblich. Die verschiedenen Feinde im Buch Richter stellen verschiedene Formen des bösen, sündigen Fleisches und der fleischlichen Lüste im Gläubigen vor und zeigen außerdem, wie der Satan und seine bösen Engel sich darauf einstellen, um den Gläubigen dazu zu bringen, sich durch das Fleisch leiten zu lassen. Ein Kind Gottes darf wissen, dass der Herr Jesus das Gericht über die Sünde getragen hat und dass er am Kreuz den Satan seiner Macht beraubt hat. Etwas anderes ist, dass der Gläubige dies in seinem Leben auch verwirklichen muss. Er muss sich im Glauben der Sünde und dem Fleisch für tot halten, wie es in Römer 6,11 steht: *»So auch ihr, haltet euch der Sünde für tot, Gott aber lebend in Christus Jesus.«* Jedes Mal, wenn der Satan, der Oberste der bösen Mächte in den himmlischen Örtern, uns zu einer sündigen Lebensweise oder zu einer sündigen Denkweise veranlassen will, müssen wir ihn zurückweisen, indem wir auf den Herrn Jesus und auf das Wort hinweisen. Dies ist durch die Kraft des Heiligen Geistes möglich. Wenn wir nicht im Geist wandeln, werden wir von diesen Dingen besiegt werden. Sehr praktisch wirkt das folgendermaßen: Es kann der innige Wunsch bestehen, die Segnungen in Christus zu genießen. Doch die Segnungen werden nicht genossen, wenn der Christ von sündigen Begierden, die er in seinem Leben zugelassen hat, in Gefangenschaft gehalten wird. Es ist unmöglich, die himmlischen Segnungen zu genießen, wenn man weltlichen oder fleischlichen Dingen nachstrebt. Diese Zwänge machen ihn zu einem Gefangenen, wodurch er kein Auge und keine Zeit für die Dinge hat, die mit Gott und dem Herrn Jesus zu tun haben.

Wer waren die Richter?

Was für Menschen waren die Richter, woher kamen sie, wann lebten sie und wie wurden sie zu Richtern? Es gibt große Unterschiede zwischen den Persönlichkeiten der Richter, denen wir in diesem Buch begegnen. So kommen sie aus verschiedenen Stämmen: Juda,

Benjamin, Naftali, Manasse, Issaschar, Sebulon, Dan. Dazu haben sie alle einen unterschiedlichen gesellschaftlichen Hintergrund: der eine ist ein Bauer, der andere ist ein Diplomat, wieder ein anderer ist ein Vagabund. Einige waren bekannt oder reich, andere waren unbekannt oder arm. Eine von ihnen war eine Frau. Ihren speziellen Dienst werden wir in den Kapiteln 4 und 5 näher betrachten. Diese Unterschiede machen deutlich, dass Gottes Allmacht bestimmt, wer Richter sein kann, und er weist dabei jedem seinen oder ihren eigenen Platz zu. Er tut das aufgrund ihrer persönlichen Beziehung zu ihm und nicht aufgrund einer (religiösen oder nichtreligiösen) Ausbildung oder bestimmter Auszeichnungen. Die *Schule Gottes* ist garantiert die beste Ausbildung, die es gibt.

Wer sind die Richter heute?

Wenn wir das Buch lesen, sehen wir, dass die Richter allesamt von Gott erweckt werden (mit Ausnahme Abimelechs in Kapitel 9, der sich selbst zum Richter ausrief). Sie wurden also nicht von Josua angestellt. Sie wurden es auch nicht dadurch, dass ein Komitee aus Richtern sie eingeladen hätte, sich ihnen anzuschließen. Familiennachfolge war ebenso wenig an der Tagesordnung. Sie sind ein Bild der Ältesten und Aufseher, die heute in der örtlichen Gemeinde ihre Aufgabe ausüben. (Die Tatsache, dass eine Frau als Richterin aufgetreten ist, bedeutet nicht, dass Frauen auch Älteste oder Aufseher in der Gemeinde sein könnten. Diese Aufgabe in der Gemeinde hat Gott ausschließlich den Männern zugewiesen. Hierauf komme ich in der Geschichte Deboras zurück.) Diese Ältesten oder Aufseher sind ebenso wenig wie die Richter von Menschen angestellt. In der Bibel ist von der *Anstellung* von Ältesten nur die Rede, wenn diese durch einen Apostel oder einen Bevollmächtigten eines Apostels vorgenommen wird (siehe Apostelgeschichte 14,23; 20,28; Titus 1,5). Angesichts der Tatsache, dass es heute keine Apostel mehr gibt und infolgedessen auch keine Personen, die in ihrem Namen auftreten, kann keine Anstellung von Ältesten mehr stattfinden. Es gibt also keine Anstellung durch Menschen und auch keine natürliche Nachfolge. Das heißt jedoch nicht, dass es keine Ältesten mehr gäbe. So lesen wir in 1. Timotheus 3,1: *»Wenn jemand nach einem Aufseherdienst trachtet, so begehrt er ein schönes*

Werk.« In den folgenden Versen wird das »Profil« beschrieben, dem solch ein Aufseher genügen muss und woran man ihn also erkennen kann. Es gibt glücklicherweise noch immer Menschen, in denen der Herr das Verlangen und die Bereitwilligkeit wirkt, als Ältester oder Aufseher zu fungieren. Sie haben einen besonderen Blick für die Gefahren der Zeit, in der wir leben, und werden sich dafür einsetzen, dass der Feind keine Chance erhält, die Gläubigen ihrer Segnungen zu berauben. Ihre Aufgabe ist es, die Gläubigen auf Gebiete in ihrem Leben hinzuweisen, wo der Feind Gewinne erzielt hat. Sie werden auch dazu anleiten, wie das verlorene Gebiet wieder zurückgewonnen werden kann.

Abnehmender Erfolg der Richter

Die Siege, die die Richter errangen, waren kein Ergebnis von offensiven Kämpfen. Sie bekämpften die Feinde, denen es durch die Untreue des Volkes gelungen war, das Volk seines Erbteils zu berauben, das Gott ihnen gegeben hatte. Es ging den Richtern darum, die Nationalexistenz zu behaupten und wiederum das zu genießen, was ihnen gehörte. Gott wollte, dass sein Volk ein siegendes Volk sein sollte. Doch sie wandten sich von ihm ab und folgten den Göttern der Nationen um sie her und wurden so zu ihren Sklaven. Dann ist es um allen Dienst und alles Zeugnis geschehen.

Das Buch Richter ist ein Buch, in dem immer wieder von der Rebellion gegen Gott die Rede ist. Die »eigenartige« Vermutung ist angestellt worden, dass in der Anzahl der Richter der Gedanke an Rebellion liege. Ohne damit weitere Folgerungen zu verbinden, will ich diesen Gedanken doch weitergeben. Es ist von 13 Richtern die Rede: Otniel, Ehud, Schamgar, Debora, Gideon, Abimelech, Tola, Jair, Ibzan, Elon, Abdon und Simson. Nach dem Gesetz der ersten Erwähnung spricht diese Zahl von Rebellion. (Das Gesetz der ersten Erwähnung besagt, dass die erste Stelle, in der etwas in der Bibel erwähnt wird, oftmals die Bedeutung für die folgenden Male angibt, die es in der Bibel vorkommt.) Zum ersten Mal kommt die Zahl 13 in der Bibel in 1. Mose 14,4 vor, wo es heißt: *»... im dreizehnten Jahr aber empörten sie sich.«*

Bei jedem Mal, wo von Empörung die Rede ist, verliert das Volk immer etwas mehr von seinem Segen. Das ist an dem Maß der Erlösung zu merken, die durch einen Richter bewirkt wird. Jede Erlösung war weniger weit reichend als die vorherige. Nach jeder Fremdherrschaft erhielten sie weniger zurück, als sie verloren hatten, bis Simson sie sogar in Gefangenschaft belässt, weil er durch persönliche Untreue, trotz seiner großen Kraft, nicht in der Lage ist, den Feind endgültig zu verjagen. Im Gegenteil, er wird selbst ein Gefangener. Jede Befreiung geschieht stets nur teilweise, bis der Herr Jesus kommt und er eine vollkommene Befreiung zustande bringt. Trotz der zunehmenden Größe des Verlustes ist die Gnade Gottes so groß, dass selbst eine Zeit des Verfalls für den Einzelnen oder den Überrest zu einer Zeit besonderen Segens werden kann.

Die Richterzeit als Epoche der Heilsgeschichte

Zwischen dem Auszug aus Ägypten und dem Tempelbau durch Salomo liegen 480 Jahre (1. Könige 6,1). Nach Apostelgeschichte 13,17-22 sind es ungefähr 570 Jahre. Diese 570 Jahre sind in Apostelgeschichte 13 wie folgt aufgebaut:

ca. 40 Jahre	(Apostelgeschichte 13,18)
+ ca. 450 Jahre	(Apostelgeschichte 13,20)
+ 40 Jahre	(Apostelgeschichte 13,21)
+ 40 Jahre	Regierung Davids (2. Könige 2,11)
= insgesamt 570 Jahre	

Der Unterschied von ungefähr 90 Jahren (570 Jahre in Apostelgeschichte 13 minus 480 Jahre in 1. Könige 6) ergibt sich, wenn man die 5 Perioden der Sklaverei im Buch Richter zusammenrechnet:

8 Jahre	(Richter 3,8)
+ 18 Jahre	(Richter 3,14)
+ 20 Jahre	(Richter 4,3)
+ 7 Jahre	(Richter 6,7)
+ 40 Jahre	(Richter 13,1)
= insgesamt 93 Jahre	

Die geistliche Belehrung, die wir dem entnehmen können, ist diese: Gott zählt die Tage und Stunden, während denen wir in Sklaverei leben, nicht mit, weil diese Zeit nicht für ihn gelebt wird. Diese hat für ihn keinen Wert. Vor dem Richterstuhl Christi wird dies offenbar werden.

Die gesamte Periode, die das Buch umfasst, besteht nach Auffassung verschiedener Ausleger aus 410 Jahren. Über die Frage, wann dieser Zeitabschnitt begonnen hat, gehen die Meinungen auseinander. Manche sagen 1446 vor Christus, während andere 1290 vor Christus für das richtige Datum halten.

Einteilung

Die Haupteinteilung des Buches kann wie folgt vorgenommen werden:

1) Kapitel 1,1 – 3,6: Die Rebellion des auserwählten Volkes
2) Kapitel 3,7 – 16: Sklaverei und Befreiung
3) Kapitel 17 – 21: Die Offenbarung des verdorbenen Herzens

Die Untergliederung der Hauptteile

1. Der erste Teil gliedert sich in zwei Abschnitte:

1a) Von Kapitel 1,1 bis 2,5 ist von der Vermischung mit den Nationen die Rede.
1b) In Kapitel 2,6 bis 3,6 lesen wir vom öffentlichen Bruch mit dem Herrn und vom Verfall in Götzendienst.

Erläuterung: Teil b geht aus Teil a hervor. Wenn das Volk Gottes nicht mehr von der Welt abgesondert bleibt, ist die automatische Folge, dass ein Bruch mit Gott eintritt und man den Göttern der Welt zu dienen beginnt. Dies ist eine Erfüllung der Warnung Josuas in Josua 23,11-13, die ich schon früher zitiert habe:

»So achtet um eures Lebens willen genau darauf, den HERRN, euren Gott, zu lieben. Denn wenn ihr euch abwendet und euch an den Rest dieser Nationen hängt, an die, die bei euch übrig geblieben sind, und euch mit diesen verschwägert und in ihnen aufgeht und sie in euch, dann sollt ihr mit Sicherheit wissen, dass der HERR, euer Gott, nicht fortfahren wird, diese Nationen vor euch zu vertreiben. Und sie werden euch zum Fangnetz und zur Falle werden, zur Geißel in euren Flanken und zu Stacheln in euren Augen, bis ihr aus diesem guten Land weggerafft werdet, das der HERR, euer Gott, euch gegeben hat.«

Die Erfüllung dieser Worte sehen wir in dem Buch, das wir sogleich näher anschauen werden und das erkennen lässt, dass Gott in seinen Worten gerechtfertigt wird.

2. Dieser Teil gliedert sich in 7 Abschnitte – entsprechend den Richtern, die darin auftreten. Wir lesen darin die Geschichte der Sünde Israels; wir lesen, welche Feinde von Gott gebraucht werden, um sie zur Umkehr zu bringen, und wir lesen, welche Richter Gott erweckt, um sie von ihren Feinden zu befreien.

2a) Kapitel 3,7 – 3,31:	Otniel, Ehud und Schamgar
2b) Kapitel 4 – 5:	Debora mit Barak
2c) Kapitel 6 – 9:	Gideon, dann Abimelech und Jotam
2d) Kapitel 10:	Tola und Jair
2e) Kapitel 11 – 12,7:	Jeftah
2f) Kapitel 12,8-15:	Ibzan, Elon und Abdon
2g) Kapitel 13 – 16:	Simson

3. In den Schlusskapiteln können wir, genau wie bei Teil 1, zwei Teile unterscheiden:

3a) Die Kapitel 17 und 18 zeigen den religiösen Verfall, das Loslassen des Bandes mit Gott und den Gottesdienst nach eigenen Vorstellungen.

3b) Die Kapitel 19 – 21 zeigen den moralischen Verfall, das Loslassen des Bandes untereinander und das Handeln nach eigener Einsicht, ohne auf den anderen Rücksicht zu nehmen.

Erläuterung: Auch hier geht Teil b aus Teil a hervor. Wo das Band mit Gott losgelassen wird, wird auch das Band untereinander losgelassen. Wo die Liebe zu Gott abkühlt, kühlt auch die Bruderliebe ab.

Teil 1

Die Rebellion des auserwählten Volkes

Kapitel 1,1 – 3,6

1a) Kapitel 1,1 – 2,5:

Vermischung mit den Nationen

Kapitel 1

Einleitung

Gott hatte Israel noch nicht verlassen. Seine Kraft war immer noch gegenwärtig. Die Frage war nur, ob Glaube vorhanden war, um von dieser Kraft Gebrauch machen zu können. Die Ursache allen Verfalls liegt in der Tatsache, dass das Volk Gottes die Gegenwart des lebendigen, heiligen Gottes in seiner Mitte vergisst. Wenn das Bewusstsein für den Wert der Gegenwart Gottes abnimmt, verringert sich auch die Hingabe an ihn. Als Folge davon wurde das Volk unempfindlich für das Böse, das bei den Feinden hauste. Wenn sie die Gegenwart Gottes in ihrer Mitte wirklich erfahren hätten, dann hätten sie den Feind nicht in ihrer Mitte geduldet. Sie wären sich dessen bewusst gewesen, dass es Sünde und eine Unehre für Gott darstellte, die Feinde ungestraft im Lande Gottes wohnen zu lassen. Gott und der Feind können nicht in Verbindung miteinander sein. Wenn das vergessen wird, bedeutet das den Verlust der Segnungen des Landes. In diesem Kapitel wird dieser Verlust in stetig steigendem Ausmaß beschrieben. In der Weise, wie sich der Niedergang vollzieht, sind fünf aufeinander folgende Phasen zu entdecken:

1. Ungehorsam gegenüber dem, was Gott sagt (Vers 3);
2. Mangel an Vertrauen auf den Herrn (Vers 19);
3. Gleichgültigkeit (Verse 21, 27, 28, 29, 30);
4. Kraftlosigkeit (Verse 31-33);
5. Niederlage (Vers 34).

Der Ursprung allen Verfalls ist im Ungehorsam dem Wort Gottes gegenüber zu finden. Gott hatte eine Antwort auf die Frage des Volkes gegeben, wer zuerst hinaufziehen sollte. Das konnte nicht auf zwei unterschiedliche Weisen ausgelegt werden. Juda musste zuerst hinaufziehen, allein! Dennoch bittet Juda den Stamm Simeon, mit ihm mitzugehen. Er hätte für diese Bitte an Simeon allerlei annehmbare und glaubwürdige Gründe anführen können, zum Beispiel, dass das Erbteil Simeons sehr eng mit dem von Juda verbunden war, oder dass es doch schön wäre, einen anderen in einem Werk für den Herrn mit einzubeziehen. Doch all diese Argumentationen, wie gut sie auch gemeint waren, konnten nichts an dem einfachen Auftrag Gottes ändern, dass Juda als Erster hinaufziehen sollte. Auf die darauf folgenden Phasen des Niedergangs komme ich im Lauf dieses Kapitels noch zurück.

Namen

Bevor wir Kapitel 1 näher betrachten, will ich noch etwas über die Namen sagen, die in der Bibel erwähnt werden. Nichts von dem, was in der Bibel steht, ist ohne Bedeutung. Gott hat alles mit einer besonderen Absicht aufschreiben lassen. »*Alle Schrift ist von Gott eingegeben und nützlich zur Lehre, zur Überführung, zur Zurechtweisung, zur Unterweisung in der Gerechtigkeit, damit der Mensch Gottes vollkommen sei, zu jedem guten Werk völlig geschickt*« (2. Timotheus 3,16). Das gilt auch für alle Namen, die genannt werden. Diese Namen haben eine Bedeutung. Das heißt nicht, dass die Bedeutung eines Namens immer eindeutig ist. Manchmal sind mehrere Bedeutungen eines Namens möglich. Wir können oft durch die Bedeutung eines Namens eine deutlichere Einsicht in den Sinn eines bestimmten Abschnitts bekommen. Im Buch Richter werden viele Namen erwähnt. Ich möchte versuchen, in meiner Anwendung der Bedeutung so nahe wie möglich bei dieser Bedeutung zu bleiben. Wenn es mehrere Bedeutungen gibt, werde ich eine Anwendung machen, die mich am meisten anspricht. Es besteht bei solchen Erklärungen immer die Gefahr, dass die Fantasie eine Rolle zu spielen beginnt. Ihnen möchte ich daher den Auftrag erteilen, kritisch zu lesen, im Geist der Beröer, von denen es in Apostelgeschichte 17,11 heißt: »*Sie nahmen mit aller Bereitwilligkeit das Wort auf und untersuchten täglich die Schriften, ob dies sich so verhielte.*« Einen wichtigen Hinweis in Verbindung mit der Bedeutung von Namen finden wir Hebräer 7,1-2: »*Denn dieser Melchisedek, König von Sa-*

lem, Priester Gottes, des Höchsten … heißt übersetzt zunächst König der Gerechtigkeit, dann aber auch König von Salem, das ist König des Friedens.« Hier liefert die Bibel selbst den Beweis dafür, dass aus dem Namen einer Person bestimmte Folgerungen zu ziehen sind, die uns etwas über diese Person lehren.

Es gibt verschiedene Bücher mit Erklärungen der biblischen Namen. Ich habe einige davon herangezogen. Auch habe ich von eigenen Aufzeichnungen Gebrauch gemacht; ich habe zu einem bestimmten Namen eine Bedeutung geschrieben, die ich in einem Vortrag gehört habe. Ich gehe nicht auf Namen ein, deren Bedeutung ich nicht weiß, oder bei denen ich mir nichts vorstellen kann. Diese Namen haben sehr wohl eine Bedeutung, die uns etwas vorstellt, ich weiß nur nicht welche. Es ist gut, dass wir hierin unsere Beschränkungen einsehen. Aber lasst uns nun mit Kapitel 1 beginnen.

Der Nachfolger Josuas — Vers 1

Im ersten Vers wird die Verbindung zum vorhergehenden Buch erwähnt, dem Buch Josua. Es ist eine Verbindung, die vom selben Charakter ist wie die Verbindung, die Josua 1,1 mit dem vorangegangenen 5. Buch Mose verknüpft. Das Buch Josua beginnt mit den Worten: »*Und es geschah nach dem Tod des Mose, des Knechtes des HERRN, da sprach der HERR zu Josua, dem Sohn Nuns, dem Diener des Mose.*« Da ist von Nachfolge die Rede und dort fällt gleichsam der Mantel des Mose auf einen anderen Knecht des Herrn, der das Werk des Herrn im Geist und in der Kraft Moses fortsetzt. Das Buch Richter beginnt so: »*Und es geschah nach dem Tod Josuas.*« Das heißt, dass das Vorbild des mächtig wirksamen Geistes Christi (von dem Josua ein Bild war) nicht mehr da war. Diesmal gibt es jedoch keinen Nachfolger. Dasselbe gilt für die Zeit, die der in der Apostelgeschichte beschriebenen Periode folgt. Nachdem der Apostel Paulus von der Bühne verschwunden ist, hören wir nichts von anderen Aposteln, die seine Position eingenommen hätten.

Die Frage, die Israel hier stellt, lässt erkennen, dass das Volk noch eins ist. Es ist eine Frage, die sie alle an den Herrn, Gott, richten. Es ist hier noch nicht die Rede davon, dass ein jeder nur das tut, was in seinen Augen recht ist. Der Herr wird noch als ihr

Führer anerkannt. Leider verschwindet dieses Bewusstsein allmählich und das Volk verliert – je länger, desto mehr – seine Einheit.

Juda zuerst — Vers 2

Aus 4. Mose 2,9 wird deutlich, dass Juda der Erste ist, der aufbrechen muss, als das Volk sich in der Wüste gelagert hat. Juda ist der Führer in der Wüste (siehe auch 4. Mose 10,14). Als nun das Land weiter erobert werden muss, sehen wir Dasselbe. Auch hier muss Juda vorausgehen. Das passt zur Prophetie, die Jakob in 1. Mose 49 gesprochen hat. Juda ist der Stamm des Löwen, aus dem der von Gott gegebene König hervorgehen soll. Der Name Juda bedeutet »Lobpreis«. Hierin liegt der Hinweis, dass ein Geist des Lobpreises die wichtigste Bedingung ist, um das Land zu erobern. Lobpreis stellt nämlich Gott an die erste Stelle und bringt Hingabe an ihn mit sich. Freude beim Gehorsam verleiht Mut und Begeisterung.

Juda und Simeon — Vers 3

Wie ich angemerkt habe, ist Juda bei der Ausführung des Auftrages Gottes nicht gehorsam. Anstatt mit der Hilfe und Treue des Herrn zu rechnen und sich auf seine Verheißungen zu stützen, ruft Juda die Hilfe Simeons an, um sein Erbteil in Besitz zu nehmen. Simeon bedeutet »Horn« und bezieht sich auf Gemeinschaft. Doch echte Gemeinschaft gibt es nur, wenn sie sich auf das Wort Gottes gründet. Es mangelte Juda an einfältigem Glauben. Menschliche Übereinkünfte fördern Gottes Werk nie. Gott hatte gesagt: »*Siehe, ich habe das Land in seine Hand gegeben*« (Vers 2). Das hätte genügen müssen. Wie oft ist Gott schon von seinem Volk dadurch verunehrt worden, dass es auf etwas oder jemanden außerhalb von ihm vertraute! In Vers 19b dieses Kapitels kommt die Schwachheit der Verbindung ans Licht, die Juda mit Simeon eingegangen ist. Trotz der Unterstützung Simeons ist keine Kraft vorhanden, um den Feind zu vertreiben, der eiserne Wagen besitzt. Es hat durchaus auch positive Seiten, wenn man im Auftrag Gottes etwas zusammen tut. Das kommt darin zum Ausdruck, dass Gott uns einander gegeben hat und dass wir einander nötig haben. »*Zwei sind besser daran als ein Einzelner*«, sagt Prediger 4,9-12. Das einträchtige, gemeinsame Bekämpfen des Feindes tritt auch in Jesaja 11,14 schön zutage, wo Juda und Ephraim zusammen dem Feind zu Leibe rücken.

Der Herr hilft — Vers 4-5

Trotz Judas Mangel an Glauben hilft Gott doch und gibt ihm den Sieg. Hierin können wir die Gnade Gottes bemerken. Er schiebt Juda nicht zur Seite, als dieser Stamm in einer bestimmten Angelegenheit versagt. Doch es geht wohl darum, wie viel wir von Gott erwarten. Er will uns vollständige Siege geben. Auch wir erringen nur teilweise Siege, wenn wir uns nicht ganz und in allem von Gott abhängig verhalten. Der Sieg wird bei Besek errungen. Der Name Besek bedeutet »Bruch«. Wenn sich irgendwo ein Bruch befindet, ist etwas nicht mehr ganz, die Kraft ist heraus. Es kann im Leben eines Gläubigen so werden, dass er nicht mehr ganz für den Herrn Jesus lebt. Ein Bruch ist in seinen Umgang mit ihm gekommen, vielleicht durch die Sünde, vielleicht durch die Umstände des Lebens. Auch in einer örtlichen Gemeinde kann es vorkommen, dass zwischen Gläubigen ein Bruch entsteht. Paulus ermahnt die Gläubigen in Korinth, dass sie alle dasselbe reden sollen *»und nicht Spaltungen unter euch seien, sondern dass ihr in demselben Sinn und in derselben Meinung völlig zusammengefügt seiet«* (1. Korinther 1,10). Besek wird von Adoni-Besek regiert. Sein Name bedeutet »Herr des Bruches«. Jeder Bruch im Leben eines Gläubigen oder in einer örtlichen Gemeinde kommt zustande, weil der Teufel, der wahre »Herr des Bruches«, die Chance bekommen hat, seinen Schlag zu führen.

Es ist bemerkenswert, dass Israel diesem Adoni-Besek als erstem Feind begegnet. Ist es nicht auch bemerkenswert, dass Paulus den Korinthern zuerst über den Bruch schreibt, der in ihrer eigenen Mitte besteht? Der Feind wird besiegt, wenn im Gehorsam dem Wort Gottes gegenüber gehandelt wird. So tat Israel es und so müssen wir es tun. Im letzten Teil von 1. Korinther 1 wird deutlich gemacht, auf welche Weise der Feind geschlagen werden kann. Das ist durch *»das Wort vom Kreuz«* (Vers 18) möglich. Zum Kreuz zurückgehen und aufs Neue unter den Eindruck dessen kommen, was der Herr Jesus dort getan hat. Am Kreuz hat er jeden Bruch wiederhergestellt, sowohl im persönlichen Leben des Gläubigen als auch im Leben der örtlichen Gemeinde. Wenn wir bekennen, worin wir falsch lagen, wird der Bruch zunichte gemacht werden, wie und wo er auch entstanden sein mag, und Wiederherstellung folgt im Leben des Gläubigen und in der örtlichen Gemeinde.

Vergeltung — Verse 6-7

Dass Juda und Simeon nicht ganz auf dem Wege Gottes sind und nicht nach seinen Gedanken handeln, ist auch an der Art und Weise zu sehen, wie sie Adoni-Besek behandeln. Sie tun etwas, das Gott ihnen nicht geboten hatte. Josua hatte seinerzeit etwas Derartiges auch nie mit den Königen Kanaans getan. Es ist eine Tat menschlicher Vergeltung. Nirgends im Alten Testament gibt es einen Auftrag Gottes an sein Volk, seine Feinde zu Tode zu martern. Zwar durften sie kein Mitleid mit ihnen haben und mussten sie ohne Gnade töten. Doch eine grausame Behandlung wurde nicht vorgeschrieben. Was das Volk hier tut, spricht nicht zu seinen Gunsten.

Was Adoni-Besek darüber sagt, hat hiermit nichts zu tun; das ist eine andere Sache. Adoni-Besek verfolgte mit seinem Handeln nur das Ziel, seine Macht und seinen Ruhm zu vermehren. Gott gebraucht das Versagen von Juda und Simeon jedoch, um Adoni-Besek zu vergelten. Es spricht für Adoni-Besek, dass er in der Behandlung, die ihm widerfährt, die gerechte Strafe Gottes sieht. Er erkennt, dass dieses Gericht ihn zurecht trifft. Wie er bisher gehandelt hat, so wird ihm auch vergolten. In seinem Fall bewahrheitet sich das Wort aus Galater 6,7: »*Was ein Mensch sät, das wird er auch ernten.*« In mehreren Begebenheiten der Bibel begegnen wir der Wahrheit dieses Wortes. Und wie oft sind wir selbst hiermit schon in Berührung gekommen? Dem Menschen begegnet das, was er tut. Mit der Antwort Adoni-Beseks auf die Strafe, die er empfängt, können wir solche Leute zurechtweisen, die die Ausrottung der Einwohner Kanaans durch Israel kritisieren. Sie müssen nur Adoni-Besek einmal gut zuhören. Das Gericht über die Einwohner Kanaans war gerecht und wohlverdient.

Jerusalem — Vers 8-9

In Josua 10,1 und den darauf folgenden Versen wird zum ersten Mal in der Bibel Jerusalem erwähnt, und zwar in Verbindung mit

Krieg. Auch hier im Buch Richter wird der Name Jerusalems in Verbindung mit Kampf erwähnt. Krieg war für die ganze Geschichte Jerusalems charakteristisch und wird es sein, bis die Zeit der Nationen vergangen sein wird. Erst wenn der Herr Jesus aus dem Himmel zurückkehrt, um sein ausgesetztes Königtum über Israel anzunehmen, wird die Stadt der Bedeutung ihres Namens »Gründung des Friedens« (*salem* bedeutet »Friede«) entsprechen, weil Jesus Christus dann als der Friedefürst regieren wird. Die Eroberung Jerusalems durch Juda ist nicht vollständig. Trotz der Verwüstung Jerusalems findet der Feind Gelegenheit, sich wieder zu sammeln, sich neu anzuordnen und Widerstand zu leisten (siehe Vers 21).

Die Kanaaniter

Kanaan war ein Sohn Hams, des Sohnes Noahs (1. Mose 10,6). Noah verfluchte Ham in seinem Sohn Kanaan. Die Geschichte der Nachkommen Kanaans macht deutlich, wie dieser Fluch Gestalt annahm. Sie bewohnten das Land, das Gott seinem Volk als Erbteil gegeben hatte, doch sie hatten das Land durch ihre Unreinheit verdorben. Sie gebrauchten das Land Gottes zu ihrem eigenen Vergnügen. In 1. Mose 15,18-21 werden die Kanaaniter zusammen mit neun anderen Völkern als Einwohner des Landes genannt; so auch in 5. Mose 7,1 und Josua 3,10. Sie bilden unter den Bewohnern des Landes also eine separate Volksgruppe. Doch in anderen Texten scheint der Name Kanaaniter ein Sammelbegriff für alle Bewohner des Landes zu sein, wie z.B. in 1. Mose 12,6, Josua 17,12.13 und Nehemia 9,24.

Die geistliche Bedeutung der Kanaaniter

In Hiob 40,25, Sprüche 31,24 und Jesaja 23,8 ist das hebräische Wort Kanaan mit Kaufmann übersetzt. Das gibt uns einen Hinweis auf die Bedeutung des Wortes. Kanaaniter stehen für Menschen, die die Dinge Gottes zu einem Handelsgeschäft machen, woran man einiges verdienen kann. Von dieser Art Menschen lesen wir in 1. Timotheus 6,5: »*Menschen, die in der Gesinnung verdorben und der Wahrheit beraubt sind und meinen, die Gottseligkeit sei ein Mittel zum Gewinn.*« Kanaan stellt also eine Denkweise vor, bei der jemand allein auf seinen eigenen Vorteil aus ist, wobei für den Willen Gottes kein Platz ist. Es ist der pure Eigenwille, der auf die Befriedigung der eigenen Lüste gerichtet ist.

Dieser Feind ist sehr schwer auszurotten. Er versteckt sich im Herzen eines jeden Menschen, der zum Volk Gottes gehört. Jedes Glied des Volkes Gottes muss davor auf der Hut sein. Dieser Feind verschafft sich zum Beispiel dann seine Geltung, wenn wir etwas getan haben, was bei anderen Bewunderung hervorruft. Daraus können wir Kapital schlagen, indem wir andere auf uns verpflichten. Die Ehrenbezeigung, die man uns erweist, werden wir gebrauchen, um andere einzuwickeln und sie für unsere eigenen Ziele arbeiten zu lassen. Dann wird sozusagen nicht Gott dadurch geehrt, sondern wir selbst. Was ich tue, muss zum Ergebnis haben, dass andere nicht mich verherrlichen, sondern Gott. Sehr stark kommt diese Kaufmannsmentalität in der römisch-katholischen Kirche zum Ausdruck. Derartiges lesen wir in Offenbarung 18. Es wird sogar gehandelt mit »*Leibern und Menschenseelen*«. Hierbei können wir beispielsweise an die Zeit des Ablasses denken, als in der römischen Kirche in der Tat Handel mit Seelen betrieben wurde. Gott wird dieses Handelssystem, das den Namen Kirche trägt, richten.

Wie gesagt, muss jedes Kind Gottes mit der Aktivität dieses Feindes in seinem eigenen Herzen und Leben rechnen. Wir dürfen kein Mitleid mit ihm haben. Er muss radikal verurteilt werden. Das geschieht, indem wir ihn dorthin bringen, wo er hingehört, nämlich in den Tod. Dann entsprechen wir dem Auftrag in Kolosser 3,5, wo steht, dass wir unsere Glieder, die auf der Erde sind, töten sollen. Diese Glieder sind »*Unzucht, Unreinheit, Leidenschaft, böse Lust und Habsucht, die Götzendienst ist*«. Diese Glieder können wir als eine Auswirkung des verdorbenen Denkens von 1. Timotheus 6,5 sehen. Das ist kein Pappenstiel. Jedes Glied ist ein Feind. Wer meint, mit solch einem Glied sei gut Kirschen essen, wird dadurch geschlagen. Der Kanaaniter schlägt zu. Es geht Gebiet verloren. Die Segnungen Gottes werden nicht mehr genossen. Die Kanaaniter werden dafür sorgen, dass wir nicht in unseren Städten wohnen, das heißt, dass wir keinen Genuss haben an einer bestimmten Wahrheit über Christus oder an etwas Wertvollem von ihm, das uns gehört. Der Weg zur Sklaverei der Sünde ist eingeschlagen, bis wir wieder völlig Sklave sind!

Kaleb — Vers 10-12

Juda zieht weiter hinauf: Sein nächstes Ziel ist Hebron. Dieser Name hat eine schöne Bedeutung: »Gemeinschaft«. Die Stadt war zuerst in den Händen der Kanaaniter, die ihr den Namen Kirjat-Arba gegeben hatten. Kirjat-Arba bedeutet: »Stadt der Riesen«. In Wirklichkeit hat nicht der Stamm Juda, sondern Kaleb diese Stadt erobert. Das ist in Josua 15,14.15 zu lesen. Kaleb drückte dem ganzen Stamm den Stempel seiner persönlichen Treue und Kraft, seines Ausharrens und Glaubens auf. Er fürchtete sich nicht vor den Riesen. Das hatte er bereits gezeigt, als er als einer der zwölf Kundschafter mit seinem Bericht über das im Land Gesehene zu Mose zurückkam. Diese Geschichte können wir in 4. Mose 13 und 14 lesen. Zehn Kundschafter ließen sich einschüchtern vom Eindruck der gewaltig starken Mauern der Städte und der Riesen, die dort wohnten. Gegen diese könnten sie nie siegen. Aber die Sprache Kalebs war anders. Der Grund dafür war, dass er die Mauern und die Riesen nicht mit sich selbst und mit seiner eigenen Kraft verglich, sondern mit Gott. Und was bedeuten nun dicke Mauern und Riesen für einen allmächtigen Gott?

Zwischen so viel Unglauben und Abweichen glänzt dieses Glaubensvertrauen hervor. So ist es auch heute in der Gemeinde: Inmitten des allgemeinen Verfalls kommt persönliche Treue vor. Die Treue wird bei Männern und Frauen gefunden, die die Schwierigkeiten nicht mit sich selbst vergleichen, sondern sie ruhig in die Hand des Herrn legen und darauf vertrauen, dass er über den Umständen steht und darin einen Weg zum Sieg zeigt. Persönliche Treue kommt auch heute noch dem Ganzen zugute. Dann wird eine Stadt der Riesen in eine Stadt der Gemeinschaft verwandelt. Wo der Glaube den Feind verjagt, tritt dafür Gemeinschaft mit Gott und seinem Volk an die Stelle.

Die Eroberung Kirjat-Sefers schließt sich hieran an. Kirjat-Sefer bedeutet »Stadt des Buches«. Das war der Name der Stadt, als sie in den Händen des Feindes war. Möglicherweise war sie ein Zentrum der kanaanitischen Gelehrsamkeit; wir würden heute vielleicht von einer »Universitätsstadt« sprechen. Der neue Name, den diese Stadt bekommt, ist Debir, und das bedeutet »(ein lebendiges) Orakel« oder »Sprechen Gottes«. Folgende Lektion ist hieraus zu lernen: Für Ungläubige oder solche, die sich zwar als Christen ausgeben, aber kein Leben aus Gott haben, ist die Bibel lediglich ein Buch. Sobald jemand aber durch Bekehrung und Wiedergeburt neues Leben empfängt, wird dieses Buch das lebendige und wirksame Wort Gottes (vergleiche Hebräer 4,12). Viele haben bezeugt, dass sie durch das neue Leben die Bibel anders zu sehen und zu lesen begonnen haben. Was zuerst ein toter Buchstabe zu sein schien, ist lebendig geworden. Wir werden »der Bibel«, dem Wort Gottes, im Buch der Richter noch in vielen Bildern begegnen. Siege über unseren geistlichen Feind erringen wir nur dann, wenn wir das Wort Gottes zu unserem Eigentum machen, indem wir danach leben. Vor allem für Älteste und Aufseher, von denen die Richter auch ein Bild sind, gilt, dass sie das Wort kennen müssen; sie müssen »*lehrfähig*« sein (1. Timotheus 3,2).

Otniel — Vers 13

Mit der Haltung und dem Auftreten Kalebs ist noch ein wichtiger Aspekt verbunden, und zwar, dass er Andere zum selben Verhalten anspornt. Durch sein Vorbild erweckt er in Anderen den Eifer, ihm gleichzutun. So funktioniert es auch heute noch: Die Treue eines Einzelnen erweckt andere, ebenso zu handeln. Kaleb bedeutet unter anderem »von ganzem Herzen«. Es kommt immer auf ein ungeteiltes Herz an. Wer Gott mit seinem ganzen Herzen dient und vertraut, erringt Glaubenssiege. Der Funke dieser Glaubensbegeisterung springt danach auf andere über, so wie hier bei Otniel. Sein Name bedeutet »Löwe Gottes« oder »meine Kraft ist Gott«. In ihm sehen wir ein Vorbild der Heldenhaftigkeit des Glaubens. Die Ursache liegt dabei nicht in seiner eigenen Kraft, sondern in der Kraft Gottes. Darauf stützt er sich. Was Kaleb vorstellt, wird von Otniel fortgesetzt durch das Vorbild, das er in Kaleb gesehen hat. Ein besonderer Ansporn ist die Belohnung, die Kaleb in Aussicht stellt. Wer Kirjat-Sefer einnimmt, bekommt seine Tochter zur Frau. Diese Aussage stieß bei Otniel nicht auf taube Ohren.

Achsa: ihr Name — Vers 14

Achsa war gewiss eine attraktive Frau. Doch Otniel wird sie nicht in erster Linie um ihrer äußeren Schönheit willen geschätzt haben. Was für eine Frau sie war, zeigt sich aus ihrem Namen, ihrer Einstellung und ihrem Verhalten. Ihr Name bedeutet »Einzelschmuck«. Das weist darauf hin, dass ihr Wandel, ihre Lebensweise zur Ehre Gottes war. Sie war eine solche Frau, wie sie in 1. Petrus 3,1-6 erwähnt wird. Dort wird einige Male über Schmuck gesprochen. Sie war ein Mensch, der in seinem Wandel verwirklichte, was Gott gesagt hatte. In Titus 2,9.19 heißt es von den Sklaven, dass sie *»die Lehre, die unseres Heiland-Gottes ist, in allem zieren«* sollen. Um *»die Lehre unseres Heiland-Gottes«*, das heißt die Unterweisung, die Gott durch sein Wort gibt, zieren zu können, muss man sie auch kennen. Sie brachte dem, was Gott gesagt und verheißen hatte, Interesse entgegen. Das bestimmte ihre Haltung und ihr Verhalten. Es ist zu wünschen, dass die christliche Frau sich an ihr ein Beispiel nimmt. Das gilt auch für den christlichen Mann. Es ist ebenso zu wünschen, dass er aus dem, was er ausstrahlt, Nutzen zieht. Nicht allein die christliche Frau, sondern auch der christliche Mann ist dafür verantwortlich, *»die Lehre unseres Heiland-Gottes«* mit seinem Leben zu zieren. Durch unsere Lebensweise zieren oder verunzieren wir *»die Lehre unseres Heiland-Gottes«*. Es geht darum, dass wir in der Praxis verwirklichen, was wir aus Gottes Wort gelernt haben.

Kaleb, Achsa und Otniel sind alle drei Judäer, das heißt, dass sie alle dem Stamm Juda angehören, dessen Name »Liebhaber Gottes, Lobpreis« bedeutet. Aus dem Lobpreis Gottes geht ein Wandel im Glauben und Vertrauen hervor. Wer Gott für seine große Güte dankt, wird durch sein Leben zeigen, dass diese Dankbarkeit echt ist. Sein Wandel wird gleichsam ein großer Lobpreis für Gott werden. Er wird sein Leben immer mehr in Übereinstimmung mit dem Wort Gottes bringen. Das ist die unvermeidliche Folge im Leben eines Menschen, dessen Herz nach Gott und seinem Wort strebt.

Achsa: ihre Einstellung – Vers 14

Achsa war eine kostbare Frau, und das nicht allein durch ihre äußere Schönheit. Die Bedeutung ihres Namens habe ich bereits genannt. Doch ich habe noch etwas genannt, was so attraktiv in ihrem Leben war, und zwar ihre Einstellung und ihr Verhalten. Darin zeigte sich ihre eigentliche, innere Schönheit. Gerade durch ihre Einstellung war sie eine gewaltige Ergänzung für Otniel. Achsa besaß etwas vom Geist ihres Vaters. Sie war nicht damit zufrieden, einfach nur ein Eigentum zu besitzen. Sie wollte, dass es ein fruchtbares Eigentum sein sollte. Das Südland war ein Land des Sonnenscheins und der Wärme, der Fruchtbarkeit und Schönheit. Doch sie wollte etwas zusätzlich haben, wodurch sie imstande wäre, dieses Land in vollem Maße zu genießen: obere und untere Wasserquellen.

Unsere oberen Quellen — Vers 15

Auch wir können wissen, dass wir »ein Stück Land besitzen«, doch bei uns bezieht sich das auf geistliche Segnungen in den himmlischen Örtern. Ein Vorbild finden wir im Leben des Apostels Paulus. Er spricht über die »oberen Quellen«, wenn er vom »Überfluss« schreibt. So erwähnt er im Brief an die Römer *»die Gabe in der Gnade des einen Menschen Christus Jesus gegen die vielen«*, die *»gegen die vielen überströmend geworden«* ist (5,15; siehe auch 5,20). Auch wünscht er den Römern, dass sie *»überreich«* seien *»in der Hoffnung«* (15,13). In seinem zweiten Brief an die Korinther schreibt er, dass *»durch den Christus unser Trost überreich«* ist (1,5) und in 7,4 dieses Briefes: *»Ich bin überreich an Freude«*. Gnade, Hoffnung, Trost, Freude, all diese Dinge sind in Christus im Himmel zu finden. Aus diesen Quellen kann der Gläubige allezeit schöpfen, selbst wenn es ihm in seinem Leben auf der Erde nicht so geht, wie er es sich wünscht. Dann weiß er, dass in Christus, der oberen Quelle, Erquickung zu finden ist, die von keinen Widerwärtigkeiten angetastet werden kann.

Unsere unteren Quellen — Vers 15

Doch es gibt auch die unteren Quellen. Darüber spricht Paulus, wenn er über das Erleiden von Mangel spricht, die Zeiten der Erprobung. Ein Beispiel davon sehen wir in 2. Korinther 11,9: *»Denn meinem Mangel halfen die Brüder ab, die aus Mazedonien kamen.«* Es ist eine Erquickung, wenn es Brüder gibt, die uns in unserer Not helfen. Das ist eine Erquickung aus einer tiefer gelegenen Quelle als jene Erquickung, die wir vom Herrn selbst empfangen. Dennoch ist das Ergebnis dasselbe. Wir erfahren den Segen des Landes beim Trinken aus beiden Quellen. Die Erquickung, die wir sowohl aus den oberen als auch aus den unteren Quellen empfangen, macht den Herrn Jesus größer. Gott wird verherrlicht, wenn wir große und gute Dinge von ihm erbitten. Wir müssen ihn nicht auf die Begrenztheit unserer Gedanken verkleinern. Er brachte sein Volk in ein gutes Land und es war sein Wunsch, sie dort zu segnen. Gott hat uns in ein gutes Land gebracht und er will nichts lieber tun, als uns dort zu segnen. Leider sehen wir, dass in unserer Zeit nur wenige Gläubige Interesse und Einsatz für den Segen zeigen, der uns in Achsa vorgestellt wird. Es kommt noch eine Anwendung hinzu. Achsa war die Frau Otniels; er steht in unserer Zeit für einen Aufseher in der Gemeinde, für jemanden, der das Volk Gottes führt. Aufseher sind Menschen, die eigentlich erst gut funktionieren, wenn sie eine Frau vom Kaliber Achsas an ihrer Seite haben. Sie ist ein Mensch, der zu geistlicher Aktivität anspornt.

Die Keniter — Vers 16

Einen Gegensatz zum »*Geist der Kraft, der Liebe und Besonnenheit*« (2. Timotheus 1,7) von Kaleb, Achsa und Otniel stellen die Keniter in Vers 16 dar. Die Keniter kommen aus Midian, woher auch die Frau Moses stammte (2. Mose 2,15-21). Midian war ein Nachkomme Abrahams, nämlich über seine Frau Ketura (1. Mose 25,1-2). Dadurch war Midian auf doppelte Weise mit Israel verbunden, sowohl über Mose als auch über Abraham. Es scheint, als ob die Keniter beim Auszug aus Ägypten auf Einladung Moses hin mit dem Volk mitgegangen sind (1. Samuel 15,6). Dennoch haben sie sich nie mit dem Volk Gottes vereinigt. 4. Mose 24,21 gibt an, dass Israel für die Keniter eine Art Nest darstellte, aber auch nicht mehr als das. Unser Vers in Richter 1 scheint das zu bestätigen (siehe auch Kapitel 4,17). Sie ziehen zwar mit den Judäern hinauf, gehen jedoch hin und wohnen bei Arad, ohne dass von Kampf die Rede wäre. Sie wollen einfach unter der Bevölkerung wohnen. Es sind Menschen, die ihre Wüstengewohnheiten beibehalten, während sie im Land des Segens bleiben. Sie profitieren zwar von der Sicherheit, die ihnen das Land gibt, jedoch ohne sich um die Segnungen zu kümmern, die das Land in sich birgt. Sie passen sich mit Leichtigkeit ihrer Umgebung an. Die Bedeutung des Namens Arad schließt hieran an. Arad bedeutet »Ort des Wildesels«. Ein Wildesel stellt einen Menschen dar, der nach seiner eigenen Natur denkt und handelt, ohne Verbindung mit Gott zu haben. An diesem Ort werden die Keniter wohnen.

Die geistliche Bedeutung der Keniter

In der Christenheit begegnen wir Menschen, die den Kenitern gleichen. Es sind Menschen, die den Mund mit den Dingen Gottes voll haben, während ihr tägliches Leben zeigt, dass ihr Herz auf die Dinge der Menschen sinnt (Matthäus 16,23). Lasst uns darauf Acht haben, dass wir nicht anfangen, so zu werden, wie sie. Das kann geschehen, wenn wir uns beim Volk Gottes wohl fühlen, weil es uns ein Stück weit Schutz bietet, wir uns jedoch weiter nicht damit identifizieren wollen. Auf der anderen Seite fühlen wir uns auch bei den Menschen der Welt sehr heimisch. Diese Halbherzigkeit ist kein Schmuck für jemanden, der weiß, mit welchen Segnungen Gott ihn in Christus gesegnet hat. Darum stellen die Keniter einen Gegensatz zu Kaleb und zu seiner Familie dar.

Im Sieg stehen — Vers 17

Nach diesem Abschnitt über die Keniter folgen wir wiederum Juda in seinem Kampf, um das ihm zugeteilte Stück Land in Besitz zu nehmen. Zusammen mit seinem Bruder Simeon zog er gegen die Kanaaniter hinauf, die in Zefat wohnten. Nachdem diese Stadt eingenommen ist, bekommt sie den Namen Horma, der »Bannfluch« oder »vollständige Vernichtung« bedeutet. Die Bedeutung dieses Namens ist ein Hinweis auf die Vorgehensweise Judas mit dieser Stadt. Hierin handelt er in Übereinstimmung mit Gottes Willen und gleichzeitig zu seinem eigenen Besten.

Ein Feind, der vollkommen vernichtet ist, wird nicht mehr zur Last fallen. Unser Problem ist, dass wir oft nicht radikal genug mit der Welt brechen. Das werden wir in einem bestimmten Moment bitter zu spüren bekommen. Der Feind bekommt von uns nur allzu oft die Gelegenheit, sich wieder von einer Niederlage zu erholen.

Wenn der Herr Jesus in Johannes 16,33 sagt: »*In der Welt habt ihr Drangsal; aber seid guten Mutes, ich habe die Welt überwunden*«, dann dürfen wir die Welt als einen besiegten Feind betrachten. Wir dürfen im Sieg stehen. In 1. Johannes 5,4 ermutigt der gealterte Apostel Johannes seine Leser: »*Denn alles, was aus Gott geboren ist, überwindet die Welt, und dies ist der Sieg, der die Welt überwunden hat: unser Glaube.*« Durch den Glauben, der in der neuen Natur wirkt, werden wir den Verführungen der Welt nicht nachgeben. Unser Glaube richtet sich auf ihn, der die Welt überwunden hat.

Gasa, Aschkelon und Ekron — Vers 18

Gasa (»Die Starke«), Aschkelon (wahrscheinlich »Fußwanderung«) und Ekron (»Unfruchtbarkeit«) mit den dazugehörigen Gebieten werden ebenfalls eingenommen. Diese drei Städte sind drei der fünf Hauptstädte der Philister. Die Philister werden im Lauf dieses Buches noch ausführlich behandelt werden.

Die Schwäche Judas — Vers 19

Juda siegt und nimmt in Besitz, weil der Herr mit ihm ist und weil er auf ihn vertraut. Welch große Ermutigung ist das für alle, die den geistlichen Kampf wagen! Der Herr ist allezeit mit denen, die mit ihm gehen. Das zu tun, was er sagt, bedeutet: ihn bei uns zu haben. Und welcher Feind ist uns dann gewachsen? Der Herr bei uns ist stärker als jeder erdenkliche Feind. Ohne den Herrn unterliegen wir im Kampf gegen den schwächsten Gegner.

Dennoch fehlte am Glaubensvertrauen Judas noch etwas. »*Aber die Bewohner der Ebene waren nicht zu vertreiben, weil sie eiserne Wagen hatten.*« Was ist das nun? Der Herr ist genau dann mit Juda, wenn er am Wort festhält, das Gott gesprochen hat, nämlich alle Feinde zu töten. Leider vertraut Juda nicht in vollem Maße auf Gott; er fürchtet sich vor den eisernen Wagen. Das rührt von einem Mangel an Vertrauen auf den Herrn her, was sich schon an der Tatsache zeigte, dass er Simeon bei sich haben wollte (siehe Vers 3). Für Gott stellen eiserne Wagen überhaupt kein Problem dar; man schaue nur einmal in das Buch Josua, Kapitel 11,4.6.9 und Kapitel 17,18.

Wer Gottes Kraft nicht für hinreichend erachtet, beschränkt seinen eigenen Sieg. Es ist wie mit den Mauern und den Riesen im Land: Wer diese Gegebenheit mit seiner eigenen Kraft vergleicht, bleibt nirgendwo; wer sie mit Gott vergleicht, sieht keine einzige Schwierigkeit. Dies ist kein Verkleinern des Problems, sondern sein Zurechtrücken der Verhältnisse, wie sie für den Glauben gelten. In Daniel 2,40 wird die Kraft des Eisens beschrieben. Nichts kann dieser Kraft widerstehen, wenn man sie mit menschlicher Kraft vergleicht. Aber was ist die Kraft des Eisens für Gott? Gott zerbricht das Eisen mit seinem mächtigen Arm. Für ihn ist es nicht mehr als »*Spreu aus den Sommertennen*« (Daniel 2,35). Unser Problem ist oft, dass wir zu klein von Gott denken und somit alles nach unseren eigenen Fähigkeiten einschätzen. Dann wird deutlich, dass wir nicht in der Lage sind, eines bestimmten Problems Herr zu werden, was zur Verunehrung Gottes und zum Schaden und zur Schande für uns selbst ist.

Noch einmal Kaleb — Vers 20

Die Haltung Kalebs bildet hier einen solchen Gegensatz zu Juda wie früher zu den Kenitern. Dort, wo Juda versagt, überwindet der Glaube einer Einzelperson. Kaleb fürchtete sich nicht vor den Riesen, wie es die zehn Kundschafter getan hatten. Er fühlte sich nicht wie eine Heuschrecke in ihren Augen, sondern für ihn schien es genau umgekehrt zu sein: Die Riesen waren Heuschrecken in Gottes Augen.

Benjamin — Vers 21

Nach der ausführlichen Beschreibung der Abenteuer Judas und Simeons folgt nun in schnellem Tempo eine Beschreibung der Erfolge – oder besser des Versagens – der anderen Stämme. Nachdem sich gezeigt hatte, dass Juda (Vers 19) nicht in der Lage war, den Feind zu vertreiben, klingt es in den Versen 21-36 wie ein immer wiederkehrender Refrain, dass sie die Feinde »*nicht vertrieben*« (Verse 21.27.28.29.30.31.32.33). Der nächstfolgende ist Benjamin. Der Feind, der in Vers 8 geschlagen war, wurde offenbar nicht vollständig geschlagen. Ein Teil der Jebusiter bleibt übrig und leistet großen Widerstand. Vielleicht war dies dadurch möglich, dass Juda lediglich seinen eigenen Teil der Stadt erobert hatte. Jerusalem lag nämlich an der Grenze zwischen Juda und Benjamin, wodurch jedem dieser Stämme ein Teil der Stadt zukam. Wie dem auch sei, der Feind hält sich niemals für geschlagen und findet sogar die Gelegenheit, sich durch die Untreue des Volkes Gottes zu behaupten. Benjamin lässt den Feind aus lauter Gleichgültigkeit in seiner Mitte wohnen. Benjamin ist eigentlich der Kriegsstamm. In seiner Prophetie hatte Jakob Benjamin so beschrieben: »*Benjamin ist ein Wolf, der zerreißt; am Morgen verzehrt er Raub und am Abend verteilt er Beute*« (1. Mose 49,27). Der Name Benjamin bedeutet »Sohn meiner Rechten« und die Rechte spricht von Kraft. Christus wird bald als der wahre Benjamin, als der wahre Sohn der Rechten Gottes, auf der Erde regieren. Dazu wird er zum Gericht erscheinen. Jetzt ist der Herr Jesus noch im Himmel. Er hat sich »*gesetzt zur Rechten der Majestät in der Höhe*« (Hebräer 1,3; siehe auch 8,1; 10,12; 12,2). Epheser 1,20-23 zeigt, dass alle, die zur Gemeinde gehören, in ihm schon dort sind. Benjamin hat vergessen, was über ihn gesagt worden ist. Durch Gleichgültigkeit ist er seiner Berufung untreu. Benjamin stellt unseren Platz in Christus dar. Wenn wir vergessen, dass wir in Christus in die himmlischen Örter versetzt sind und dass wir in ihm einen Platz zur Rechten Gottes haben, werden wir gegenüber der Welt um uns her gleichgültig sein und unempfindlich für das Böse, das hier herrscht. Wir verlieren an Kraft und der Feind kann seinen Einfluss auf unser Leben ausüben.

Joseph — Vers 22-26

In den Versen 22-26 lesen wir etwas über Joseph. Obwohl der Herr mit ihm ist, haben wir auch hier Hinweise darauf, dass er dem Herrn nicht völlig vertraut. Er zieht im Glauben gegen Bethel hinauf und darum ist der Herr mit ihm. Doch dann fängt er an, Kundschafter auszusenden. Hatte der Herr das angeordnet? Das erinnert an die Geschichte in Josua 2. Der Unterschied besteht darin, dass es dort ein Werk des Glaubens war, der hier vermisst wird. Der Mann aus Lus erweist sich als Verräter. Anstatt sich wie Rahab dem Volk Gottes anzuschließen, baut er die vom Herrn verwüstete Stadt wieder auf.

Immer wieder werden wir daran erinnert, dass wir keinem einzigen Feind vertrauen dürfen oder ihn entkommen lassen sollen. In geistlichen Dingen können wir aus den Gedanken dieser Welt keinen Gewinn erzielen, wovon die Vereinbarung Josephs mit dem Mann aus Lus ein Bild sind. Daraus gehen wir auf die Dauer betrogen hervor. Zuerst scheint es, als ob wir Nutzen davon hätten, doch der ist nur von kurzer Dauer. Alles, was wir in unserem Leben rechtfertigen, obwohl es etwas vom Feind, vom Fleisch oder vom Eigenwillen ist, wird sich in einem bestimmten Augenblick gegen uns wenden. Genauso wie hier bei dem Mann aus Lus. Die ganze Stadt wird verwüstet, aber den Mann und seine Sippe lassen sie gehen.

Bethel, Lus und die Hetiter — Vers 22-26

Diese Namen lassen uns in ihrer Bedeutung die Belehrung erkennen. Bethel bedeutet »Haus Gottes«, Lus »Absonderung« und die Hetiter stehen für »Kinder des Schreckens«. Der Name der Stadt war zuerst »Absonderung«. Als solche besaß sie der Feind. Absonderung ist eine biblische Wahrheit, aber sie kann auf eine verkehrte, unbiblische Weise gelehrt und in die Praxis umgesetzt werden. So wird diese biblische Wahrheit zu einem »Eigentum« des Feindes. Ein Beispiel davon sehen wir bei den Pharisäern. Ihr Name bedeutet »die Abgesonderten«. Es gab unter ihnen positive Ausnahmen, doch im Allgemeinen bildeten die Pharisäer eine Gruppe innerhalb des jüdischen Volkes, die sich vom einfachen Volk abgesondert hatte; sie fanden sich heiliger als die Übrigen. Einige Male bezeichnet der Herr Jesus sie als Heuchler. In Matthäus 23 stellt er mit scharfen Ausdrücken ihre Heuchelei an den Pranger. Sie waren dadurch gekennzeichnet, dass sie anderen schwere Lasten auferlegten, während sie selbst im Ganzen nicht danach handelten. Das liegt uns allen im Blut; niemand ist davon ausgenommen.

Mit diesem Feind muss abgerechnet werden. Dann kann Lus einen anderen Namen bekommen: Bethel, »Haus Gottes«. Im gegenwärtigen Haus Gottes, der Gemeinde, wohnt Gott (siehe 1. Timotheus 3,15). Alle, die Leben aus Gott haben, wohnen auch dort. Wenn die verkehrte Absonderung aus unserem Leben verschwunden ist, können wir anfangen, die richtige Absonderung zu erleben. Absonderung zu Gott hin, ihm geweiht in seinem Haus dienen. In seiner Gegenwart zu sein bedeutet, dass wir berücksichtigen, dass er der heilige Gott ist, der überhaupt nichts Böses dulden kann. Der Psalmist sagt in Psalm 93,5 über Gottes Haus: »*Deinem Haus geziemt Heiligkeit, HERR, für die Länge der Tage*.« Ein anderes Beispiel verkehrter Absonderung ist das Klosterleben der Mönche und Nonnen. Wir wollen nicht die Motive richten, die jemanden zu einer solchen Lebensweise veranlassen, aber das Prinzip des Klosterlebens ist der Schrift fremd. Es unterstellt eine besondere Heiligung für Gott, die so weit geht, dass man sich von den normalen weltlichen Dingen absondert, um sich den höheren Dingen zu weihen. Man vergisst dabei jedoch, dass die Sünde *im Herzen des Menschen* wohnt. Diese verkehrte, äußerliche Form der Absonderung muss überwunden werden. Es ist sehr schade, wenn wir in bestimmter Hinsicht diese verkehrte Absonderung doch aufrecht erhalten. Nach Verlauf einiger Zeit wird dieses Fehlverhalten sicher wieder stärker werden. Einen Nährboden findet es bei den Hetitern, den »Kindern des Schreckens«. Wer mit dem Pharisäertum in seinem Leben nicht kurzen Prozess macht, wird früher oder später vom Pharisäertum beherrscht werden. Die Folge davon wird sein, dass vom Leben eines solchen Menschen ein schrecklicher Einfluss auf Andere ausgeht.

Manasse — Vers 27

Manasse vermittelt uns den Eindruck, dass er keinen einzigen Ort vollständig in Besitz genommen hat. Die ganze Gegend, die ihm zugewiesen war, atmet weiter die kanaanitische Sphäre aus. Obwohl die Kanaaniter Knechte geworden sind und ihre Macht in gewisser Hinsicht gebrochen ist, ist es ihnen doch gelungen, sich selbst zu behaupten. Der Wille der Welt hat noch einen starken Einfluss auf das schwache Volk Gottes.

Die Lektion für uns — Vers 28

Der Einfluss der Welt ist eine Gefahr, die alle Christen bedroht. Der Feind kann verpflichtet sein, in den Gläubigen seine Vorgesetzten zu erkennen, doch er bleibt am Leben, wenn wir mit ihm »zu verhandeln« beginnen. Wir können uns dessen bewusst sein, dass das Fleisch sich keine Geltung verschaffen darf, während wir es doch gebrauchen, um unser Ziel zu erreichen. Ein bestimmter Christ kann zum Beispiel sehr gut reden. Durch allerlei Ursachen kommt er in ein übles Zwielicht, ohne selbst Schuld daran zu sein. Wird er nun all sein Rednertalent aus der Kiste holen, um seine Unschuld zu beweisen, oder übergibt er sich dem, *»der gerecht richtet«* (1. Petrus 2,23)? Ein Beispiel finden wir in 1. Korinther 6. Dort geht es darum, wie wir reagieren, wenn uns von einem Bruder Unrecht angetan worden ist (Vers 6). Gehen wir dann zum weltlichen Richter oder leiden wir lieber Unrecht? In solchen Situationen erweist es sich, ob wir unsere Füße fest im Land und auf dem Nacken der Feinde stehen haben. Es ist aber auch möglich, dass wir dem Feind noch ein sicheres Fortbestehen ermöglichen und mit ihm abgesprochen haben, ihn zu gebrauchen, wenn es drauf ankommt.

Ephraim und Sebulon — Vers 29-30

Ephraim und Sebulon lassen die Feinde ebenfalls in ihrer Mitte wohnen, sie dulden sie. Sie sind sich nicht darüber im Klaren, dass das Ertragen ihrer Feinde zur Verunehrung Gottes ist. Es ist Sünde. Es bedeutet einfach eine gleichgültige Haltung hinsichtlich des Landes Gottes, das er ganz Israel gegeben hatte.

Asser und Naftali — Vers 31-33

Asser und Naftali treiben es noch bunter: Sie wohnen sogar inmitten der Feinde und gehen auf diese Weise ein bisschen in den Heiden auf. Hier sind die Rollen umgedreht. Die Untreue des Volkes hat immer größere Folgen. Nicht die Feinde wohnen inmitten der Israeliten, was auch bereits Untreue bedeutet, sondern die Israeliten wohnen nun inmitten der Feinde. Die Feinde behalten die Verfügungsgewalt über das Land bei und dulden die Israeliten in ihrer Mitte. Was für eine Schwachheit beim Volk! Es erinnert an jemanden, der zwar Christ ist und das neue Leben hat, dessen Leben aber von seinem Fleisch diktiert wird, von seinen eigenen Gedanken. Diese Gedanken sind nicht vom Umgang mit Gott geprägt, sondern vom Umgang mit Menschen und Meinungen der Welt.

Dan — Vers 34-36

Der Stamm Dan kommt am schlechtesten davon. Er kann die Feinde nicht vertreiben, ganz im Gegenteil: Die Feinde vertreiben die Daniter aus ihrem Erbteil. Das ist die letzte Phase des Niedergangs, der in diesem Kapitel beschrieben wird. Auf keine einzige Weise genießt man mehr den Segen des Landes. Dieser Zustand stimmt mit dem eines Christen überein, der ganz von den Dingen der Welt in Beschlag genommen wird. Sicher, er sagt wohl noch, dass er Christ sei, aber in seinem Leben und Reden zeigt sich eigentlich nichts davon. Keine einzige Sache weist darauf hin, dass er es schön findet, etwas über die Dinge Gottes und des Herrn Jesus zu hören oder selbst davon zu sprechen. Daheim bleibt seine Bibel geschlossen und ans Gebet denkt er nicht.

Die Amoriter — Vers 34-36

Die Amoriter sind die ersten Feinde, denen Israel auf seinem Weg ins gelobte Land begegnete und die es schlug. In 5. Mose 2,24 steht, dass Gott zu seinem Volk sagt, es solle einen Anfang mit der Inbesitznahme des Landes machen, indem es mit den Amoritern kämpfte. Dieser Kampf spielte sich ab, bevor sie durch den Jordan zogen. Es ist ein Gebiet, das sich nicht im verheißenen Land befindet, sondern auf der anderen Seite des Jordan. Es redet also nicht von den geistlichen Segnungen in den himmlischen Örtern, sondern von irdischen Segnungen; auch für alle irdischen Segnungen haben wir Gott zu danken. Unter irdischen Segnungen können wir Dinge wie Gesundheit, eine gute Ehe, eine schöne Arbeitsstelle oder einen angenehmen Urlaub verstehen. Es sind also nicht unsere eigentlichen geistlichen, himmlischen und ewigen Segnungen. Irdische Segnungen besitzen wir gemeinsam mit Ungläubigen. Der Unterschied ist nur: Der Christ nimmt diese Dinge aus Gottes Hand an und dankt ihm dafür, was der Ungläubige nicht tut.

Wenn der Christ jedoch anfängt, solche Segnungen als selbstverständlich zu betrachten, wird er von den Amoritern aus seinem Erbteil vertrieben. Er tut alles, um gesund zu bleiben und vergisst, dass er in Gottes Hand ist; er tut alles, um seine Ehe gut zu erhalten und hat nie Zeit, um einem anderen geistlich zu dienen; sein

Beruf ist ihm alles, er ist ein echter Workaholic, was auf Kosten des Besuchs der christlichen Zusammenkünfte geht; er tut alles, um aus seinem nächsten Urlaub einen noch größeren Erfolg als aus seinem letzten zu machen: er studiert Reiseführer, wägt die verschiedenen Urlaubsziele ab, beschafft sich so viele Informationen wie möglich, um ganz vorbereitet ans ausgewählte Ziel zu reisen. Aber er hat kein Interesse, zeigt keinen Einsatz und hat keine Zeit für das, was Gott denen bereitet hat, die ihn lieben. Glücklicherweise ist das Haus Josephs so aufmerksam, dass es den Amoritern Einhalt gebietet. Glücklicherweise gibt es noch Menschen im Volk Gottes, die einen Blick für die Gefahren der irdischen Segnungen haben. Lasst uns auf sie hören und unseren Nutzen daraus ziehen.

Kapitel 2

Einleitung

Das Kapitel 1 handelte vom Verfall Israels in Bezug auf die Völker der Umgebung, der Welt. Israel war bei der Inbesitznahme des Landes untreu und hat den Feind nicht vertrieben. In Kapitel 2 geht es um den Verfall gegenüber Gott. Sie haben Gott den Rücken gekehrt und den Götzen zu dienen begonnen. Dieses Kapitel bietet eine Zusammenfassung des gesamten Buches. In dieser Zusammenfassung wird gezeigt, dass wir es mit einer Art Teufelskreis zu tun haben, der in den nächsten Kapiteln immer wieder seinen Lauf nimmt. Dieser »Kreis« besteht aus folgenden Schritten:

1. Das Volk verlässt Gott.
2. Gott gebraucht Feinde, um ihr Gewissen zu erwecken.
3. Das Volk ruft zum Herrn.
4. Der Herr gibt dem Volk in seiner Barmherzigkeit einen Richter, um es zu befreien. Danach beginnt der Kreis wieder neu.
5. Das Volk verlässt Gott.
6. usw.

In Psalm 107 treffen wir etwas Derartiges an. Zuerst die Not, dann das Rufen zum Herrn, danach seine Errettung, wonach Gott gepriesen wird. Der Refrain in diesem Psalm wird von den Worten »*da schrien sie zum HERRN in ihrer Not*« in den Versen 6.13.19.28 gebildet.

Der Engel des Herrn — Vers 1

Im Allgemeinen wird im Alten Testament der Titel »Engel des Herrn« gebraucht, um damit die Erscheinung Gottes in einer sichtbaren Gestalt anzudeuten. Erst im Neuen Testament ist Gott im Fleisch geoffenbart (1. Timotheus 3,16). Er ist im Herrn Jesus sichtbar geworden. Als er geboren wurde, konnten die Menschen Gott sehen (1. Johannes 1,1). Der Herr Jesus ist das Fleisch gewordene Wort (Johannes 1,14). Der ewige Sohn wurde Mensch (1. Johannes 5,20). Auch im Alten Testament erschien Gott in Christus den Menschen. Dabei nahm er die Gestalt eines Engels an. Einige Passagen, aus denen deutlich wird, dass mit dem »Engel des Herrn« Gott gemeint ist, sind 1. Mose 16,7-14 und 22,11.15-16. Aus dem, was der Engel des Herrn in diesen Texten sagt, zeigt sich deutlich, dass er niemand anders ist als Gott selbst. Und wenn wir Jesaja 6,1-5 mit Johannes 12,37-41 vergleichen, sehen wir noch etwas Besonderes: dass Gott, der Herr des Alten Testaments, derselbe ist wie der Herr Jesus im Neuen Testament. Wenn sich also aus dem Zusammenhang zeigt, dass der Engel des Herrn eine Erscheinung Gottes ist, handelt es sich tatsächlich um den Herrn Jesus.

Gilgal — Vers 1

Der Ort Gilgal war im Buch Josua von großer strategischer Bedeutung. Er bildete die Angriffsbasis, den Ort, von dem aus die Israeliten immer wieder hinaufzogen, um das Land zu erobern, und dorthin kehrten sie auch immer wieder zurück. Kurz nachdem sie über den Jordan ins Land Kanaan eingezogen waren, fand in Gilgal die Beschneidung statt. Dadurch wurde die Schmach Ägyptens abgewälzt. Das kann man in Josua 5,2-9 nachlesen. Die Bedeutung, die die Beschneidung für uns hat, finden wir in Kolosser 2,11. In diesem Vers zeigt sich deutlich, dass die Beschneidung für den Christen keine buchstäbliche Angelegenheit ist, sondern dass sie eine geistliche Bedeutung hat. Wir sind nicht beschnitten worden mit einer Beschneidung, die *»mit Händen geschehen ist«* (diese hätte eine buchstäbliche Bedeutung gehabt), sondern wir sind beschnitten mit *»der Beschneidung des Christus«*. Diese Beschneidung spricht nicht von dem, was mit Christus geschah, als er acht Tage alt war (siehe Lukas 2,21), sondern sie spricht von dem, was am Kreuz mit ihm geschah, als er das Gericht Gottes über die Sünde empfing. Am Kreuz wurde in ihm das Fleisch gerichtet, mittels der Vollstreckung des Todesurteils.

Genauso wie Israel immer wieder nach Gilgal zurückkehrte, um dort gleichsam stets an das Gericht Gottes über das »Ich«, über die Natur des Menschen, erinnert zu werden, so müssen auch wir immer wieder zum Kreuz zurück, um uns aufs Neue bewusst zu werden, wer wir von Natur aus sind. In uns ist keine Kraft, das Land zu erobern. Die Kraft ist allein in einem gestorbenen und auferweckten Christus zu finden. Das bringt mit sich, dass der Tod Christi immer wieder angewandt werden muss (Kolosser 3,5). Gilgal stellt die geistliche Beschneidung des Herzens dar, die dem Sieg vorausgeht und die der Seele neue Kräfte verleiht, um im Kampf zu überwinden. Gilgal spricht von einem beständigen Selbstgericht (1. Korinther 11,31).

Bochim — Vers 1

Der Engel des Herrn verlässt Gilgal und kommt herauf nach Bochim. Bochim bedeutet »Weinen«. Es ist ein Ort der Tränen. Macht es nicht traurig, zu sehen, wie das Volk Gottes abgewichen ist und ihn verlassen hat? Wer diese Trauer nicht kennt, weiß nicht, wo der Geist Gottes wohnt. Bochim gibt den Charakter der Gemeinde im Verfall wieder. Es ist sehr anmaßend, zu unterstellen, man besitze in unserer Zeit große Kraft. Die Tage Josuas und Gilgals waren Tage der Kraft und der Freude, doch diese sind jetzt endgültig vorbei. Wenn wir rufen, dass wir reich sind und Überfluss haben, aber in Wirklichkeit blind, nackt und arm sind, kommt der Geist Laodizeas zum Vorschein. Dennoch kann ein Ort des Weinens zu einem Ort des Segens werden. Dann müssen wir allerdings den Platz der Trauer und der Demütigung einnehmen. Dann kann das Tal Baka *»zu einem Quellenort«* werden, wie das so schön in Psalm 84,7 steht. (Das Wort Baka ist mit Bochim verwandt und bedeutet wahrscheinlich auch »Tränen«.) Der Herr Jesus war auch in Bochim, als er am Grab des Lazarus stand: »*Jesus weinte*« (Johannes 11,35). Paulus blieb ebenfalls in Bochim: in Philipper 3,18 und als er seinen zweiten Brief an die Korinther schrieb (2. Korinther 2,4). Auch in Hesekiel 9,4 sind Menschen zu finden, die in »Bochim« wohnen.

Aus Ägypten, nach Kanaan — Vers 1

Der Engel des Herrn legte eine feierliche Erklärung für den Grund seines Wegzugs aus Gilgal ab. Diese Erklärung macht einen tiefen Eindruck auf das Volk. Er beginnt damit, daran zu erinnern, dass er sie aus Ägypten befreit hat. Damit geht er bis auf den Ursprung der Existenz Israels als Volk zurück. Sie waren in Ägypten ein Sklavenvolk geworden, doch Gott hatte sie aus der Macht des Pharaos erlöst. Das lässt seine große Liebe zu ihnen erkennen. Wenn wir Abweichungen in unserem Leben kennen, wird Gott auch uns immer wieder an unsere Erlösung aus der Macht der Sünde erinnern. Die wichtigste Ursache jeder Abweichung ist, dass wir vergessen haben, welche Erlösung Gott für uns in der Dahingabe seines Sohnes am Kreuz bewirkte. Die Erinnerung an die Erlösung aus Ägypten wird häufiger in diesem Buch herangezogen (Vers 12; 6,8). Gott tut das, um sein Volk wachzurütteln. Der Engel des Herrn spricht auch über das Land, in dem sie jetzt wohnen. Dorthin hatte er sie wegen des Eides, den er ihren Vätern geschworen hatte, gebracht (1. Mose 17,7-8). Was er verheißen hatte, hat er ausgeführt.

Das ist auch eine große Sicherheit für uns. Gott wird wahr machen, was er gesagt hat. Er tut das nicht um unserer Treue willen, sondern aufgrund dessen, was der Herr Jesus getan hat. Wir sind in Christus gesegnet mit allen geistlichen Segnungen.

Was habt ihr da getan? — Vers 2

Gott hatte getan, was er verheißen hatte. Doch das Volk war ungehorsam geworden. Den Bedingungen, um Gottes Segen genießen zu können, war Israel nicht nachgekommen. Sie hatten sich nicht von den Völkern Kanaans abgesondert, sondern sich mit ihnen vermischt, indem sie Ehen mit den Bewohnern des Landes eingingen.

Sie hatten die Altäre der Völker stehen lassen, was zur Folge hatte, dass sie darauf den Göttern dieser Völker zu opfern begannen (in Wirklichkeit den bösen Geistern, siehe 5. Mose 32,17; 1. Korinther 10,20).

Sehr eindringlich kommt die Frage: »*Was habt ihr getan?*« Diese Frage muss ihnen durch Mark und Bein gehen. Sie muss sie zur Besinnung bringen, zur Buße und zur Schulderkenntnis. Solche Fragen stellt Gott häufiger in der Bibel. Er sagt zu Adam: »*Wo bist du?*« (1. Mose 3,9) und Adam musste ans Tageslicht kommen. An Hagar richtet Gott in 1. Mose 16,8 die Frage: »*Woher kommst du und wohin gehst du?*« Gott hat auch an uns seine Fragen, wenn wir abgewichen sind. Damit will er uns wieder zu sich ziehen, damit wir das Sinnlose oder Sündige einsehen, womit wir uns beschäftigen. Wir können es dann bekennen und uns aufs Neue dem zuwenden, was Gott uns geben will. Dadurch ehren wir ihn und er erfüllt unser Leben wieder mit Freude und Frieden.

Gott hatte einen doppelten Grund für die totale Vernichtung der Feinde Israels. Der erste Grund ist die Bestrafung ihrer Sünden; der zweite Grund besteht darin, sein Volk gegen den unvermeidlichen Einfluss der Götzen Kanaans zu schützen. Dieser letzte ist auch der Grund, weshalb wir uns nicht mit der Welt und ihrem Denken einlassen dürfen. Auch wir werden sehr leicht durch alle bestehenden Kontakte beeinflusst (1. Korinther 15,33). Wenn wir uns der Gegenwart Gottes weniger bewusst sind, kommt das dadurch, dass die Welt und ihr Geist Einfluss auf uns gewonnen haben.

Wer nicht hören will … — Vers 3

Als das Volk sich mit den heidnischen Völkern vereinigt hat, übergibt Gott sie diesen Völkern. Sie werden durch Erfahrung lernen müssen, was die Folgen sind, wenn man Gott verlässt. Diese Erfahrung musste das Volk auch unter König Rehabeam machen, dem Sohn Salomos. Da er das Gesetz des Herrn verlassen hatte und ganz Israel mit ihm, schickte der Herr Sisak, den König von Ägypten, um sie zu züchtigen (2. Chronik 12,1-5). In 2. Chronik 12,8 steht der Grund: »*Doch sie sollen ihm zu Knechten sein, damit sie meinen Dienst und den Dienst der Königreiche der Länder unterschei-*

den lernen.« Dies entspricht dem, was wir immer wieder im Buch Richter finden. Wenn wir die Macht des Feindes am eigenen Leibe erfahren, erleben wir, wie grausam dieser Feind ist und beginnen wieder, uns nach dem Umgang mit Gott zurückzusehnen.

Es ist genauso wie mit dem jüngeren Sohn aus der Begebenheit, die der Herr Jesus in Lukas 15 erzählt. Dieser Junge dachte, dass er es irgendwie besser haben könnte. Er verließ seinen Vater, aber in dem fernen Land entdeckte er, dass die Welt hart war. Dann verlangte er wieder nach seinem Vater. Wir müssen die Geschichte nur einmal lesen. Wenn Gott uns nicht mehr auf eine andere Weise erreichen kann, um uns zur Einkehr zu bringen, muss er uns in seiner Liebe den Unterschied zwischen seinem Dienst einerseits und dem Dienst der Welt und dem Tun unseres eigenen Willens andererseits erfahren lassen.

Die Reaktion des Volkes — Vers 4

Der Herr hat gesprochen und das Volk reagiert mit Weinen. Die Israeliten sehen ein, dass sie verkehrt gehandelt haben. Die Mahnung ist deutlich geworden und sie erkennen ihre Untreue. Dennoch ist von echter Buße nicht viel zu merken. Was sie äußern, ist eher die Trauer über die verloren gegangenen Segnungen.

Jemand, der den Herrn verlassen hat, kann erkennen, dass er gesündigt hat, ohne wirklich Reue über seine Taten zu empfinden. Mehrere Male liest man in der Bibel von Menschen, die sagen: »*Ich habe gesündigt.*« Sie lesen es zum Beispiel von Pharao und von Judas (2. Mose 10,16; Matthäus 27,4). Doch es erweist sich, dass sie lediglich die Folgen bedauern, die ihre Taten für sie haben. Sie zeigen nicht, dass sie Reue über das empfinden, was sie Gott damit angetan haben. Die Bibel spricht in diesem Zusammenhang über den Unterschied zwischen Betrübnis »*nach Gottes Sinn*« und »*Betrübnis der Welt*«. Beide Ausdrücke stehen in 2. Korinther 7,10.

Opfer — Vers 5

Über Bochim habe ich bereits geschrieben. In diesem Vers wird angegeben, dass sie jenen Ort Bochim nannten, weil das Volk dort geweint hatte. Dies macht noch einmal deutlich, dass die Namen in der Bibel wirklich eine Bedeutung haben. Außerdem wird hier erwähnt, dass sie an diesem Ort dem Herrn opferten. Trotz des geringen Tiefgangs in ihrer Trauer über das Verkehrte besteht das Bedürfnis in ihren Herzen, dem Herrn zu opfern. Das ist doch etwas Erfreuliches. Anders als bei Pharao und Judas bestand bei den Israeliten doch ein Band mit dem Herrn. Wie viel Dankbarkeit durch diese Opfer zum Ausdruck kam, weiß ich nicht. Angesichts des Verfalls ist es vielleicht nicht viel gewesen. Sie haben den Ort der Tränen zu einem Ort der Opfer gemacht.

Diese Kombination von Tränen und Opfern kommt auch sehr schön bei der Frau in Lukas 7 zum Ausdruck. Sie lesen ihre Geschichte in den Versen 36-50. Sie benetzt mit ihren Tränen die Füße des Herrn Jesus und salbt sie danach mit Balsam. In den Tränen sehen wir die Trauer über ihre Sünden und im Balsam ein Opfer für den Herrn, das sie bringt, weil sie erkennt, wer er ist. Was der Herr Jesus von ihr sagt, lässt erkennen, wie sehr er ihr Werk an ihm schätzt. Auch ihr Sündenbewusstsein tritt in den Worten des Herrn deutlich zutage. Gerade dadurch war sie von einer großen Liebe zum Heiland ergriffen.

Der Herr verbindet mit ihrem Verhalten eine Lektion für den Pharisäer Simon und über ihn hinaus für uns alle. Er erzählt über zwei Schuldner, von denen der eine eine kleine Schuld hatte und der andere eine große. Beiden wird die Schuld erlassen. Als die Frage kommt, wer am dankbarsten sein wird, ist die Antwort nicht schwer: natürlich derjenige, dem die größere Schuld erlassen wurde. Die Lektion ist, dass sich aus unserer Liebe zum Herrn und aus unserer Hingabe an ihn zeigen wird, wie groß das Bewusstsein der Sündenschuld ist, die uns erlassen wurde. Paulus kannte wie kein anderer die Gnade, die Gott ihm erwiesen hatte. Er nennt sich selbst den größten der Sünder. Das machte ihn zum ergebensten Knecht, der je gelebt hat. Wir werden in seinen Fußstapfen wandeln, wenn wir uns stets bewusst sind, was uns alles vergeben worden ist. Unser Leben wird dann ein Opfer für den Herrn werden.

1b) Kapitel 2,6 – 3,6

Öffentlicher Bruch mit dem Herrn und Verfall in Götzendienst

Jedem sein Erbteil — Vers 6

Der Schreiber des Buches Richter zeichnet nun einen geschichtlichen Abriss Israels. Dieser beginnt bei Vers 6 und erstreckt sich bis Kapitel 3,6. Er beginnt mit der glücklichen Situation, die bestand, als jeder Stamm sein Erbteil empfangen und dort zu wohnen begonnen hatte. Josua 21,43-45 beschreibt diese Situation. Es ist schön, dort zu lesen, wie der Herr ihnen von allen Seiten Ruhe gegeben hatte. Er hatte alle guten Verheißungen erfüllt, die er zugesagt hatte. Es mangelte dem Volk wirklich an nichts.

Auch jeder Christ ist völlig in den Segen gestellt, den Gott ihm geben wollte. Nichts wird ihm vorenthalten. Lesen wir Epheser 1,3-14 einmal daraufhin durch. Wenn man den Herrn Jesus gerade erst kennt, wird man die Segnungen vollauf genießen. Genau wie bei Israel ist am Anfang alles frisch und lebendig. Dasselbe gilt für die Christenheit als Ganzes. In der Apostelgeschichte lesen Sie, wie die ersten Christen lebten, wovon sie erfüllt waren und was sie für den Herrn Jesus und füreinander übrig hatten. Damals wussten sie noch nicht viel über die Segnungen, welche die Gemeinde in Christus empfangen hatte. Das sollte erst später von Paulus bekannt gemacht werden. Aber durch ihre Lebensweise waren sie geistlich in der Lage, die Belehrung über die Segnungen aufzunehmen. Sie waren darüber froh und ließen dies in ihrem Leben sichtbar werden. Daran schloss sich an, dass sie auf Gott und sein Wort ausgerichtet waren.

Nach dem Anfang — Vers 7

Nach dem glänzenden Anfang strahlte der Glanz der Segnungen noch einige Zeit weiter. Das Volk diente dem Herrn in den Tagen der Ältesten, die Josua überlebt hatten (Josua 24,31), obwohl es auch in den Tagen Josuas schon Götzen gegeben hatte, durch die der Keim für das spätere Abirren schon vorhanden war (siehe Josua 24,14). Über einen derartigen Keim sprach Paulus, als er schrieb, dass in seinen Tagen das »*Geheimnis der Gesetzlosigkeit*« schon wirkte (1. Thessalonicher 2,7). In den Tagen des Johannes sehen wir, wie sich dieser Keim bereits zu »*vielen Antichristen*« entwickelt hatte (1. Johannes 2,18), eine Entwicklung, die sich bis heute fortsetzt.

Dennoch wirkte sich der strahlende Beginn auch noch in der nächsten Generation Israels aus. Die Taten, die der Herr vollführt hatte, wurden dem nächsten Geschlecht weitergegeben, obwohl dieses Geschlecht selbst nicht bei der Eroberung des Landes mitgewirkt hatte.

Es ist sehr wichtig, das Wirken des Herrn im Leben älterer Geschwister zu bemerken und daraus zu erkennen, wie der Herr wirkt. Das wird uns dabei helfen, Gottes Handeln in unserem eigenen Leben zu erkennen. Wir bleiben mit ihm in Verbindung und bauen dadurch einen eigenen Umgang mit ihm auf.

Josua stirbt — Vers 8-9

Der Verfall in Israel begann erst richtig, nachdem Josua und die Ältesten gestorben waren, obwohl auch in ihren Tagen schon die Zeichen des Verfalls wahrgenommen wurden. So verhielt es sich auch mit der Gemeinde. In den Tagen der Apostel wurde der Verfall noch aufgehalten, aber kurz danach wurde er immer mehr sichtbar. Paulus (in Apostelgeschichte 20) und Petrus (in 2. Petrus 2) haben davor gewarnt, dass nach ihrem Abscheiden die bösen Folgen der Untreue und der Rebellion offenbar würden. Vermischung mit Ungläubigen sollte das Mittel werden, wodurch das Böse sich in ihrer Mitte entwickeln kann, um sie später zu überwältigen, wie es auch bei Israel der Fall war. Wir können den Namen, den das Volk hier der Grabstätte Josuas gibt, mit dem Namen seiner Grabstätte in Josua 24,30 vergleichen. Es zeigt sich, dass die ersten Eindrücke des Segens am Verschwinden sind. Dies lässt erkennen, dass andere Dinge wichtiger wurden als der Segen des Landes. Damit ist der Keim des Verfalls deutlich zu sehen. Die Bedeutung von Timnat-Heres ist »ein Teil der Erde«. In Josua 24,30 wurde dieser Ort Timnat-Sera genannt, das heißt »ein überfließendes Teil«. So kann (und das ist im Allgemeinen so) unsere Wertschätzung für unser überfließendes, himmlisches Teil zu einem bloßen Stückchen Erde entarten. Die irdischen Dinge werden gesucht und das himmlische Erbteil gering geachtet. In anderen Kapiteln kommt diese Interessenverschiebung noch ausführlich zur Sprache.

Ein Geschlecht, das den Herrn nicht kennt — Vers 10

Nachdem Josua und die Ältesten nach ihm gestorben sind, hört der positive Einfluss auf. Durch ihre persönliche Treue und ihren Glauben hatten sie diesen Einfluss auf das Volk ausgeübt.

Jetzt entpuppt sich eine Generation, von der sich zeigt, dass sie dem Herrn nur äußerlich gedient hat. Sie hatten keine persönliche Verbindung zum Herrn. Ihre Vorfahren kämpften einst um das Land. Diese hatten ihren Kindern von dem Werk erzählt, das der Herr wirkte. Doch es war für die Enkel schon zu lange her, um sich noch wirklich für das zu begeistern, was Gott seinem Volk gegeben hatte und was von ihren Großeltern unter vielem Kampf erworben worden war. Sie litten an der gelegentlich so genannten Krankheit der dritten Generation: der Großvater erwirbt, der Sohn erbt, der Enkel verdirbt.

Um die Segnungen, die Gott seinem Volk gegeben hat, wirklich genießen zu können, muss man in einer persönlichen und lebendigen Verbindung mit Gott stehen. Wir können von unseren Eltern und Großeltern über gewaltige Dinge, die Gott getan hat, hören, aber wenn wir keine eigene Beziehung zum Herrn Jesus aufgebaut haben, werden diese Geschichten letztlich keine Bedeutung für uns haben. Unser Interesse ist oberflächlich und verfliegt wie ein Dampf. Auch wir werden kämpfen müssen, um die Segnungen, die Gott gegeben hat, in Besitz zu nehmen. Wir brauchen jedoch nicht per Definition solche zu sein, die das Erbteil verderben, weil unsere Eltern bzw. Großeltern darum gekämpft haben. Es ist allerdings wohl so, dass jede Generation aufs Neue diesen Kampf angehen muss. Darin liegt eine enorme Herausforderung.

Götzendienst — Vers 11-13

Es ist eine bemerkenswerte Erscheinung, dass der Mensch, wenn er Gott verlässt, ihn gegen andere Götter eintauscht. Es ist nicht so, dass ein Mensch Gott aufgibt, um weiter seinen eigenen Weg zu gehen. Der Mensch muss einen Gegenstand haben, dem er Verehrung zuteil werden lässt. Jemand hat einmal gesagt: »Wenn es keinen Gott gäbe, wäre es nötig, einen zu erfinden oder zu ersinnen. Der Mensch scheint wohl einen religiösen Sinn zu haben, der nach einer höheren Macht oder Mächten fragt.« Jeder Mensch hat diesen »Instinkt« in sich. Auch der Atheist, der die Existenz Gottes leugnet. Wenn man mit einem solchen Menschen länger ins Gespräch kommt, zeigt sich oft, dass er an sich selbst glaubt. Ohne sich dessen bewusst zu sein, ist er sein eigener Gott. Das Bittere im Buch Richter ist jedoch, dass es um ein Volk geht, das Gott sich zu seinem Volk gemacht hat und dem er so viel Gutes getan hat. Die Ursache ist, dass sie den Herrn, den Gott ihrer Väter, der sie aus dem Land Ägypten geführt hatte, vergaßen. Für uns bedeutet das, dass dem Bösen die Tür geöffnet wird, wenn die persönliche Kenntnis Christi und seines Werkes und des Wortes Gottes in den Hintergrund verschwinden. Satan sieht seine Chance und füllt die entstandene Lehre mit seinen Mitteln aus.

Zwei Götter werden namentlich erwähnt, ein männlicher Götze und ein weiblicher. Baal bedeutet »Mann« oder »Herr« mit dem Gedanken an Besitzer, Eigentümer (hier nicht: Herrscher sein über). Gott nennt sich der Baal seines Volkes (Jesaja 54,5; Jeremia 31,32), obwohl er letztlich diesen Namen verwirft, wegen der Verwandtschaft dieses Namens mit den Götzen, die seinen Platz eingenommen hatten (Hosea 2,16-17). Astarte spricht von Fruchtbarkeit im natürlichen Sinn. Beide Götzen werden auf perverse Weise miteinander verbunden und lassen etwas von dem Geheimnis der Gesetzlosigkeit erkennen. Gesetzlosigkeit bedeutet, dass keine Autorität anerkannt wird, mithin das Tun des Eigenwillens und die Befriedigung der eigenen Lüste. Das ist das Ergebnis, wenn Gott und sein Wort aus dem Blickfeld verschwinden.

In der Hand von Feinden — Vers 14-15

Gott hält zu viel von seinem Volk, um es auf dem verkehrten Weg weitergehen zu lassen. Das Mittel, das Gott gebraucht, mag etwas eigenartig erscheinen, aber es ist sehr effektiv. Es steht dort mit Nachdruck: »*Er gab sie in die Hand von Plünderern, die sie ausplün-*

derten.« Wenn sie ausgeplündert sind, dann heißt das, dass ihnen nichts mehr übrig blieb. Alles wurde ihnen genommen. Bedenken wir, dass es um das Volk Gottes geht, das im verheißenen Land wohnt und dort alles genießen darf, was Gott ihm gegeben hat. All die Segnungen werden dem Volk geraubt. Wegen ihrer Untreue und wegen ihres Verlassens des Herrn verliert es diese Segnungen.

Mit uns geht es genauso. Wenn wir untreu werden und den Herrn verlassen, nicht mehr mit ihm rechnen, werden wir die himmlischen Segnungen nicht mehr genießen können. Andere Dinge sind für uns wichtiger geworden: Geld verdienen, Karriere machen, luxuriöse Urlaubsreisen; es kann alles so wichtig für uns werden, dass wir davon völlig in Beschlag genommen werden. Es beginnt uns so zu beherrschen, dass es uns schließlich gänzlich dominiert. Es ist nur Scheinglück, das eigentlich ein Joch ist, bis wir die damit verbundene Sklaverei einsehen und merken, dass wir unsere himmlischen Segnungen verloren haben. Sie sind aus unserem Leben verschwunden, vom Feind weggeraubt worden. Dieser Feind lässt uns nicht in Ruhe, er stachelt uns zu mehr und zu höheren Dingen auf.

Gott hat das zugelassen, es sogar bewirkt. Er hat sich aus unserem Leben zurückgezogen, um dem Feind freie Hand zu lassen, mit uns seinen Gang zu gehen. Er will, dass wir mehr nach ihm und nach dem, was er gibt, zu verlangen beginnen. Dann können wir aus der Weise lernen, wie er hier mit Israel handelt.

Gott erweckt Richter — Vers 16

In Richter 10,16 steht ein schöner Ausdruck über die Gefühle Gottes hinsichtlich seines Volkes, als er es in die Hand seiner Feinde übergeben musste: *»Da wurde seine Seele ungeduldig über das Elend Israels.«* Welch ein Gott, voller Erbarmen und Barmherzigkeit! Wir lesen so etwas auch in Vers 18 im vorliegenden Kapitel. Er beginnt an der Befreiung seines Volkes zu wirken und dafür gebraucht er Menschen, die ihm dienen, und das Böse richten. Der Name »Richter« sagt das schon. Ein Richter ist jemand, der das Böse zeigt und darüber Recht spricht. Er spricht sein Urteil und seinen Urteilsspruch darüber aus. Der Richter war nicht jemand, der ausschließlich richtete, zwischen Menschen Recht sprach, sondern er war auch im Namen des Volkes der Leiter beim Bekenntnis der Schuld vor

Gott und stellte dadurch das Band zwischen Gott und seinem Volk wieder her. Er gestaltete die neue Verbindung zwischen dem Herrn und seinem Volk.

Für uns, die wir in der Zeit der Gemeinde leben, ist ein Richter nicht in erster Linie eine Person, sondern ein Grundsatz. Damit meine ich: Wenn ich durch Untreue wieder ein Sklave einer Begierde geworden bin, will Gott mich zum Selbstgericht bringen. Er will, dass ich das Verkehrte bei mir selbst richte. Er weckt in mir das Verlangen, mit der Sünde abzurechnen, die gegen den Herrn rebelliert und mit mir zu spielen begann. Da gilt dasselbe wie in Bezug auf den Feind. Das ist auch kein buchstäblicher Feind, sondern eine Macht, die sich wiederum Geltung verschaffen will. Wir kennen Epheser 6,12: »*Denn unser Kampf ist nicht gegen Fleisch und Blut, sondern gegen die Gewalten, gegen die Mächte, gegen die Weltbeherrscher dieser Finsternis, gegen die Geister der Bosheit in der Himmelswelt.*« Dass Gott Richter erweckt, spricht von einer Erweckung, die auf Gericht gegründet ist. Das heißt: Selbstgericht, zu dem jemand nach einer richtigen Einschätzung des wahren Zustandes der Dinge kommt. Selbstgericht heißt, das Verkehrte richtig zu stellen, indem man es verurteilt. Dadurch kann der Herr wieder den ihm gebührenden Platz im Leben bekommen. Wo dieser Geist des Selbstgerichts gefunden wird, ist der Herr mit diesem niedrigen Geist; und dieser Mensch wird Befreiung erfahren. Dasselbe gilt für eine örtliche Gemeinschaft von Gläubigen.

Eine Abwärtsspirale — Vers 17-19

Wenn wir diese Verse lesen, überkommt uns vielleicht ein Gefühl der Mutlosigkeit und Resignation. Ist denn überhaupt kein Kraut gegen die Krankheit dieses Volkes gewachsen? Gott will uns mit der immer wiederkehrenden Untreue des Volkes einen Spiegel vorhalten. Wir sind nämlich nicht besser. Für das Volk lag die Rettung darin, auf den Richter zu hören. Solange er lebte, das heißt, solange er das Sagen hatte, ging es gut. Als er starb, das heißt, als das Böse nicht mehr gerichtet wurde, lief es schief. Das bedeutet für uns, dass wir den Weg des Herrn und des Genusses der Segnungen nur gehen können, wenn wir das Fleisch in uns für gerichtet halten. Römer 6,11 liefert uns, im Bilde gesprochen, das Werkzeug, wodurch wir im Selbstgericht leben können: »*So auch ihr, haltet euch der Sünde für tot, Gott aber lebend in Christus Jesus.*«

Wir haben eine mächtige Waffe in Händen, nämlich das Wort Gottes. Wir lesen darin, dass wir uns selbst als tot, der Sünde gestorben, sehen dürfen. Die Sünde hat kein Anrecht mehr auf mich, weil ich mein Ende im Tod Christi gefunden habe. »*Unser alter Mensch*«, das, was ich von Natur aus bin, ist »*mitgekreuzigt worden*«, so lesen wir es im selben sechsten Kapitel des Römerbriefes. Das Leben in diesem Bewusstsein garantiert den Genuss der Segnungen in Gemeinschaft mit Gott. Das Geheimnis der Richter in unserem persönlichen Leben oder im Leben einer örtlichen Gemeinschaft heißt: auf den Herrn Jesus blicken und auf das, was er am Kreuz tat.

Die Geschichte Israels lehrt, dass nach dem Tod eines Richters jedes Mal eine Zunahme des Bösen zu verzeichnen ist. Infolgedessen werden auch die Befreiungen geringer und weniger vollständig und die Charaktere der Befreier weniger stark. Diese Abwärtsspirale findet ihren Tiefpunkt in Simson, dem letzten Richter, der in diesem Buch erwähnt wird. Er stirbt als ein Gefangener des Feindes, den er vertreiben sollte, und das Volk befindet sich nach seinem Tod immer noch in Gefangenschaft.

Der Zorn des Herrn — Vers 20-21

Wenn das Volk vom Herrn abweicht, erweckt das zurecht seinen Zorn. Dass »*der Zorn des HERRN gegen Israel*« entbrannte, wurde auch in Vers 14 bereits gesagt. Gott ist nicht nur traurig; er ist auch zornig. Er ist heilig und kann die Sünde in seinem Volk nicht ertragen. Er verlangt danach, diese Heiligkeit auch bei seinem Volk zu sehen (siehe 3. Mose 11,44-45; 19,2; 20,7.16). Er kann nicht mit Sünde in Verbindung stehen. Darum muss alles in Israel mit seiner heiligen Gegenwart übereinstimmen. Was dagegen verstieß, musste aus der Mitte des Volkes weggetan werden. Gott steht der Sünde in unserem Leben nicht gleichgültig gegenüber. Er will, dass wir alles aus unserem Leben wegtun, womit er keinen Umgang haben und woran er nicht beteiligt sein kann. Etwas von der Sünde in unserem Leben bestehen zu lassen oder wieder zuzulassen, ist Untreue ihm gegenüber.

Israel hat den Bund geschändet, den Gott mit seinen Vätern geschlossen hatte. Dabei hatten sich die Väter verpflichtet, dem Herrn zu dienen. Sie hatten es insgesamt dreimal gesagt: »*Alles, was der HERR geredet hat, wollen wir tun*« (2. Mose 19,8; 24,3.7). Einmal, bevor Gott das Gesetz gegeben hatte, und zweimal danach. Doch sie haben seinen Bund immer wieder übertreten. Sie sind ihren Verpflichtungen nicht nachgekommen. Daher konnte Gott sie nicht weiter segnen; er musste sie züchtigen. Die sie umgebenden Völker, die nach dem Tod Josuas noch übrig geblieben waren, würde Gott nicht mehr vor ihnen austreiben. Sie sollten seine Zuchtrute sein. Wenn die Israeliten den Herrn verließen, um den Götzen zu dienen, würde der Herr sie an die Götzendiener ausliefern, damit sie denen dienten. Diese Götzendiener sollten ein Mittel in der Hand Gottes sein, um sein Volk zu züchtigen.

Auf die Probe gestellt — Vers 22-23

Doch Gott beließ die feindlichen Völker nicht nur deshalb im Land, um sein Volk zu züchtigen. Das Merkwürdige ist, dass Gott diese Völker auch gebraucht, um sein Volk auf die Probe zu stellen. Gott kann durch sein Wirken gleichzeitig mehrere Ziele erreichen. Einer der Gründe, die Feinde nicht vollständig auszurotten, bestand darin, dass er so bei seinem Volk nachprüfen konnte, ob sie den Weg des Herrn beschreiten würden oder nicht.

Es ist nicht schwer, auf dem Weg des Herrn zu bleiben, wenn jeder in unserer Umgebung das auch tut. Es besteht dann keine Gefahr, dass jemand uns auf einen Irrweg bringen könnte. Diese Sache wird anders, wenn wir inmitten von Menschen leben, die Gott nicht in ihr Leben einbeziehen. Es ist dann viel mehr Anstrengung nötig, unseren Kurs vor Gott aufrecht zu halten. Wir müssen gegen den Strom schwimmen. Aber gerade dann können wir erweisen, ob wir nach dem Wort Gottes und zu Gottes Ehre leben wollen. Dasselbe gilt für unser Leben inmitten von Menschen, die zwar bekennen, Christen zu sein, aber dieses Christsein nach ihrem eigenen Gutdünken auslegen. Die Art und Weise, wie sie ihren Lebensstil rechtfertigen, kann manchmal sehr plausibel klingen. Ihre Denkweise zu übernehmen würde bedeuten, dass dem Feind sein Schlag gelingt. Dann kann es eine Prüfung unseres Glaubens sein, nachzulesen, was die Bibel jeweils zum Thema sagt. Wenn wir zur Schlussfolgerung kommen, dass Gott etwas anderes sagt, als die anderen tun, und wir lieber der Bibel gehorchen wollen, haben wir den Feind geschlagen. Das ist zur Ehre Gottes.

Auch in Gemeinden kommen solche Situationen vor. Ein Beispiel steht in 1. Korinther 11,17-19. Die Gläubigen kamen zwar in einem Gebäude zusammen, aber sie bildeten keine wirkliche Einheit; unter ihnen bestand Uneinigkeit. Es gibt viele Ursachen, wodurch Uneinigkeit entstehen kann. Solche Situationen lässt Gott manchmal zu, um zu sehen, wer ihm und seinem Wort treu ist. In 2. Timotheus 2,21 haben wir etwas Derartiges. Dort wird die Christenheit mit einem großen Haus verglichen, in dem allerlei Gefäße sind. Es gibt viele Gefäße von verschiedenem Material und es besteht ein Unterschied zwischen Gefäßen zur Ehre und Gefäßen zur Unehre. Alles steht durcheinander. Gott gebraucht die Vermischung der ehrbaren Gefäße mit den Gefäßen zur Unehre, um Erstere offenbar zu machen. Die Gefäße zur Ehre sind die treuen Gläubigen, die sich vom Bösen absondern und den Weg gehen, den Gott in seinem Wort weist.

Kapitel 3

Einleitung

In diesem Kapitel erleben wir das Auftreten der ersten drei Richter. Von allen dreien lesen wir etwas, das ihren Personen ein niedriges Ansehen verleiht. Otniel ist ein jüngerer Bruder Kalebs, Ehud ist Linkshänder und Schamgar gebraucht im Kampf einen Viehtreiberstock. Im Allgemeinen erhalten solche Männer nicht die meisten Stimmen in einem Wahlkampf. Deutlich ist, dass die Männer von Gott gewählt wurden und nicht von Menschen. Diese Wahl gehört zu den Wegen, die Gott in manchen Situationen geht, wenn der Glanz des Anfangs verblichen ist. Man betrachte nur die Entstehung der Gemeinde mit ihren großen Aposteln und vergleiche dies mit der späteren Situation, der des Verfalls. Am Anfang konnte der Geist mächtig wirken: eine Antwort auf die Verherrlichung

Christi. Nach dem Eintritt des Verfalls sind auch die Instrumente von bestimmten Formen der Schwachheit gekennzeichnet. Luther und Calvin, Darby und Kelly, alle großen Gottesmänner in ihrer Zeit, erreichten nicht die gleiche Höhe wie Paulus und Petrus. Dennoch hat Gott sie für seine Gemeinde gebrauchen wollen, in der Reformation des 16. Jahrhunderts und in der Erweckungsbewegung des 19. Jahrhunderts. So will Gott noch immer schwache, begrenzte und unansehnliche Menschen gebrauchen, um die Befreiung seines gesamten Volkes zu vollenden.

Sehr allgemein gesprochen, war die Reformation die Befreiung vom Joch Roms, dem Ritualismus; die Erweckungsbewegung war die Befreiung von der toten Orthodoxie, dem Rationalismus in den protestantischen Kirchen. Die Befreiung, die heute nötig ist, ist die Befreiung vom Geist Laodizeas, der Gesinnung der Selbstgenügsamkeit, der Lust auf Spiritualität ohne Leben aus dem Geist. Es geht um das Erlebnis: Wobei fühle ich mich gut? Spiritualität und Gefühl liegen in einer Linie. Die Dinge Gottes werden nach unserem Geschmack und unseren Gefühlen beurteilt und nicht anhand des Wortes Gottes. Dass heute vor allem diese Feinde wirksam sind, heißt nicht, dass die alten Feinde, Ritualismus und Rationalismus, endgültig überwunden wären. Diese Feinde werden fortwährend versuchen, Gottes Volk wieder in den Griff zu bekommen. Dieser Zustand sorgt dafür, dass wir immer wieder aufs Neue mit diesen Feinden abrechnen und als Richter auftreten müssen. Wir werden dieser Erscheinung in Zukunft noch begegnen.

Kämpfen lernen — Vers 1-2

Die Verse 1-6 gehören zum vorhergehenden Kapitel. Sie beschreiben noch andere Gründe, warum Gott die Feinde im Land gelassen hat. Gott tut nie etwas ohne Absicht. Manchmal hat er sogar mehrere Ziele in seinen Gedanken. Er kann mit einer bestimmten Handlung oder einem bestimmten Wort verschiedene Dinge bewirken. Worum es Gott letztlich geht, ist die Verherrlichung seiner selbst im Glück und Segen des Menschen im Allgemeinen und seines Volkes im Besonderen. Hier wird als einer dieser Gründe genannt, dass Gott durch die Gegenwart der Feinde seinem Volk das Kämpfen beibringen will. Wenn es einem Mensch ausgezeichnet geht (sein Leben verläuft erfolgreich und ohne Rückschläge), wird nicht so deutlich, was in seinem Herzen für Gott vorhanden ist. Erfolg nimmt die Untreue, die im Herzen gegenwärtig ist, nicht weg. Wenn alles ausgezeichnet läuft, gibt es keine Übungen und keine schweren Kämpfe, um zu lernen, wer Gott ist und wie zur Überwindung des Widerstandes von seiner Kraft Gebrauch gemacht werden kann. Es ist nicht Gottes Absicht, dass wir uns vom Feind bzw. vom Bösen überwinden lassen, sondern dass *wir* das Böse in seiner Kraft überwinden. Gott weiß, was im Menschen ist, aber durch die zurückgelassenen Feinde wird der Mensch das auch selbst schnell entdecken. Seine Reaktion auf das Böse macht deutlich, was in seinem Herzen ist. Wenn eine echte Beziehung zu Gott besteht, wird er bei Gefahr bei Gott Zuflucht nehmen. Was durch Untreue entsteht (das Volk war ja untreu und nachlässig gewesen, alle Feinde auszurotten), wird von Gott zum Guten benutzt. Die verschont gebliebenen Feinde dienten dazu, der Generation, die nicht an der Eroberung Kanaans beteiligt war, beizubringen, für die von Gott geschenkten Segnungen zu kämpfen. Da noch Feinde anwesend waren, konnten sie nunmehr zeigen, ob sie das Land Gottes wertschätzten. Wem das am Herzen lag, was Gott gegeben hatte, würde nicht zulassen, dass die Inbesitznahme vom Feind verhindert wird. Er würde dafür kämpfen. Was auf diese Weise der Macht des Feindes entrissen wurde, sollte eine besonders wertvolle Bedeutung haben.

Im täglichen Leben ist das auch so. Unser Besitz ist doch schließlich mehr wert, wenn wir selbst dafür gearbeitet haben! Wir hängen dann viel mehr daran. Wir genießen dann diesen Besitz intensiver als solchen, der uns in den Schoß gefallen ist. Zeiten des Verfalls sind Zeiten des Kampfes für jemanden, der dem Herr treu sein will. Im zweiten Brief an Timotheus, der die Zeit des Verfalls in der Christenheit beschreibt, wird verschiedene Male über Kampf gesprochen (2,2-5; 4,7). In diesen Stellen wird der einzelne Christ aufgerufen, inmitten des Verfalls treu zu bleiben. Kampf macht Überwinder offenbar (siehe Offenbarung 2 und 3).

Bei all diesem müssen wir uns stets vor Augen halten, dass unser Kampf sich in den himmlischen Örtern abspielt und kein Kampf gegen Fleisch und Blut ist. Die Völker, die übrig gelassen worden sind, sind ein Bild für das Fleisch in uns. Doch das Fleisch ist nicht in uns gelassen worden, damit wir ihm dienen, sondern damit wir es richten. Diese Völker können auch ein Bild eines »Dornes im Fleisch« sein, wovon Paulus in 2. Korinther 12,7 schreibt. Der Zweck dieses Dornes war nicht, Paulus in seinem Dienst für Gott zu behindern, sondern ihn demütig und abhängig zu halten. So kann es auch in unserem Leben Dinge geben, die wir gern loswerden wollten, die wir aber doch mittragen müssen. Das sind keine Sünden, denn die müssen wir verurteilen. Es geht meistens um unangenehme Dinge, die unsere Funktion beeinträchtigen. Doch Gott hat diese Dinge zugelassen, um uns klein zu halten, damit wir brauchbarer für ihn werden.

Die Feinde — Vers 3

Die Feinde, die namentlich genannt werden, sind: die Philister, die Kanaaniter, die Sidonier und die Hewiter. Auch das Gebiet der Feinde wird beschrieben. Jeder Feind hat sein eigenes Arbeitsgebiet. Die Philister werden als Erste genannt. So finden wir es auch in Josua 13,1-2. Dort sagt der Herr, dass noch viel Land übrig geblieben ist, um es in Besitz zu nehmen. Bei der Aufzählung des nicht eroberten Landes wird das Gebiet der Philister als Erstes genannt. Sie nehmen unter den Feinden Israels eine besondere Stellung ein. Sie stellen die hartnäckigsten Feinde dar. Erst wenn David König ist, wird er diesen Feind seiner Kraft berauben, aber auch dann wird er nicht vollkommen ausgeschaltet. Auch dann noch bleibt er aktiv, auch wenn er nicht mehr Beherrscher des Volkes ist.

Es ist bemerkenswert, dass hier nicht das Volk der Philister genannt wird, sondern *»fünf Fürsten der Philister«*. Im gerade angeführten 13. Kapitel des Buches Josua lesen wir in Vers 3 über dieselben fünf Fürsten; dort werden auch die Namen der Orte aufgezählt, über die sie herrschten. Drei der Orte hat Juda in Kapitel 1,18 eingenommen. Doch hier erweist sich, dass sie dabei nicht gründlich genug vorgegangen waren.

Die Philister bildeten ein Volk, das sich im Land eingenistet hatte und es für sich selbst beanspruchte. In 2. Mose 13,17 lesen wir, dass Gott sein Volk aus Ägypten ziehen lässt, und zwar nicht auf dem *»Weg durch das Land der Philister, obwohl er der Nächste war«*. Über das Land der Philister wäre es der kürzeste Weg nach Kanaan gewesen. Dennoch war es nicht der Weg, den Gott seinem Volk anwies. Gott hatte einen anderen Weg für sie bereit, einen Weg, auf dem sie Erfahrungen mit ihm machen würden und durch den sie ihn und auch sich selbst besser kennen lernen sollten. Die Philister sind über einen anderen Weg ins Land hineingekommen. Sie sind ein Bild für ein Volk, das nicht die Erlösung aus Ägypten kennt, obgleich sie wohl damit verbunden sind. Sie kommen ursprünglich aus Ägypten. In 1. Mose 10,13 wird Mizrajim als ein Vorvater der Philister erwähnt, und Mizrajim ist Ägypten. Dies bedeutet, dass sowohl Israel als auch die Philister mit Ägypten zu tun hatten. Der Unterschied besteht darin, dass Israel dort in Sklaverei war und von Gott erlöst wurde, während die Philister ein Nomadenvolk waren, das Ägypten zwar verlassen hat, aber nie die Erlösung gekannt hat. Auch wissen sie nichts von Erfahrungen mit Gott in der Wüste und von einem Durchzug durch den Jordan ins verheißene Land hinein.

Die Philister stellen Menschen dar, die sagen, sie seien Christen, aber kein Leben aus Gott haben. Sie haben nie aufrichtig ihre Sünden vor Gott bekannt und haben kein Teil an der Erlösung durch den Glauben an den Herrn Jesus. Sie sind Namenschristen. Sie sind Menschen, die sich in ihrem so genannten Christsein von eigenen Gedanken und Gefühlen leiten lassen. Sie machen sich die Bibel gefügig. Sie dienen Gott auf die Weise, die ihnen am Besten erscheint. Ihre Religion wird von den »fünf Fürsten« bestimmt. Wir könnten diese mit den fünf Sinnen des Menschen vergleichen. Der Namenschrist lässt sich in seinem Gottesdienst durch das, was er hört, sieht, riecht, fühlt und schmeckt leiten, also ausschließlich von seiner eigenen Wahrnehmung und nicht vom Geist Gottes, denn den besitzt er nicht. Diese Weise des Gottesdienstes kommt in der Christenheit allgemein vor. Nichts von dem, was Gott sagt, ist maßgebend, sondern was der Mensch empfindet. Wenn die Meinung von Namenschristen in den Dingen Gottes ausschlaggebend wird, haben gleichsam die Philister die Zügel in der Hand und das Volk wird des Segens Gottes und des Genusses davon beraubt.

Über den zweiten hier genannten Feind, die Kanaaniter, habe ich schon das eine oder andere bei der Betrachtung von Kapitel 1,17 geschrieben; darauf können wir zurückgreifen. Bei Vers 5 dieses Kapitels werde ich meinen Aussagen noch etwas hinzufügen.

Der dritte Feind kam aus Sidon. Das lag im Gebiet Assers (1,31). Durch die Untreue Assers war auch dieser Feind noch am Leben und übte seinen Einfluss aus. Dadurch begannen die Israeliten den Göttern der Sidonier zu dienen (10,6). Aus der Gerichtsprophetie über Sidon in Hesekiel 28,21-24 wird deutlich, dass Sidon für Israel ein »*stechender Dorn*« und ein »*schmerzender Stachel*« gewesen ist. Gott wirft dieser Stadt in Joel 3,4-6 vor, dass die Bewohner sich selbst mit seinem Silber und Gold bereichert haben und dass sie mit seinem Gold als Handelsware gehandelt haben. Der Feind, den Sidon uns vorstellt, ist die Sucht nach Reichtum. Wenn die Geldsucht das Volk Gottes zu beherrschen beginnt, wird sie zu einer Plage, durch die Gottes Segnungen nicht genossen werden können. Die Beziehung zwischen der Geldsucht Sidons und dem Schmerz, den Sidon dem Volk Gottes zu allen Zeiten beibringt, kommt treffend in 1. Timotheus 6,10 zum Ausdruck. Dort lesen wir: »*Denn eine Wurzel alles Bösen ist die Geldliebe, nach der einige getrachtet haben und von dem Glauben abgeirrt sind und sich selbst mit vielen Schmerzen durchbohrt haben.*« Dies ist, denke ich, sehr deutlich.

Auf die Hewiter werden wir unter Vers 5 eingehen.

Auf die Gebote hören — Vers 4

In Vers 22 des vorherigen Kapitels wurde Israel auf die Probe gestellt, »*ob sie den Weg des HERRN bewahren*« würden. In Vers 4 finden wir wiederum einen anderen Gesichtspunkt, warum die Feinde im Land geblieben sind. Das Ziel ist hier »*Israel durch sie zu prüfen, damit man erkenne, ob sie den Geboten des HERRN gehorchten, die er ihren Vätern durch Mose geboten hatte*«. Die Gegenwart der Feinde war also auch ein Test, ob sie sich an das Wort Gottes halten würden. Kurzum, es geht in 2,22 um den *Weg* des Herrn und in 3,4 um das *Gesetz* des Herrn. Diese Verbindung zwischen Weg und Gesetz kommt auch in 5. Mose 8,2 schön zum Ausdruck: »*Und du sollst an den ganzen Weg denken, den der HERR, dein Gott dich diese vierzig Jahre in der Wüste hat wandern lassen, um dich zu demütigen, und dich zu prüfen und um zu erkennen, was in deinem Herzen ist, ob du seine Gebote halten würdest oder nicht.*« Durch den Weg, den wir gehen, machen wir deutlich, ob Gottes Wort unser Maßstab ist. Auf unserem Lebensweg ereignen sich allerlei Dinge, auf die wir reagieren müssen, bewusst oder unbewusst. Durch unsere Reaktion hierauf lassen wir erkennen, ob wir Gott und seine Interessen berücksichtigen oder ob wir mit uns selbst und unseren eigenen Interessen beschäftigt sind.

Inmitten der Heiden — Vers 5

Die Gegenwart der Völker, in deren Mitte Israel wohnte, war durch die Untreue Israels in der Vergangenheit verursacht worden. Aber Gott lässt es nicht dabei bewenden. Er gebraucht diese Völker, um die Treue seines Volkes auf die Probe zu stellen. Er überliefert sie den Ergebnissen ihres Ungehorsams, aber er tut das, damit sie wieder nach ihm zu fragen anfangen. Tag für Tag lebten sie inmitten dieser Heiden. Sie wurden dadurch fortwährend auf die Probe gestellt, ob sie dem Herrn treu und gehorsam bleiben und diese Feinde hinterher verjagen würden. Ihre Gegenwart stellte einerseits ein Zeugnis ihrer Untreue in der Vergangenheit dar und andererseits war es eine Herausforderung, ihre Feinde zu vertreiben und das in Besitz zu nehmen, was Gott ihnen geschenkt hatte, oder wiederherzustellen, was ihnen verloren gegangen war.

Wofür stehen diese Feinde nun genau? Es sind die geistlichen Mächte, die das Verhalten des Volkes Gottes beeinflussen wollen. Welche Art Einflüsse das sind, können wir aus der Bedeutung ihrer Namen schließen. Diesen Einflüssen ist jeder Christ oder jede Gemeinschaft von Christen ausgesetzt. Geben wir ihnen nach, lassen wir uns von diesen Feinden beeinflussen oder gehen wir auf sie los und schlagen sie mit Gottes Wort. Das ist für uns der Test in geistlichem Sinn und für Israel im buchstäblichen Sinn.

• *(Noch einmal) die Kanaaniter*

Hinsichtlich der Bedeutung des Namens (»Kaufmann«) will ich noch eine Anwendung machen, die uns vielleicht schon bekannt ist. Manchmal können wir uns leicht von diesem Feind beeinflussen lassen, ohne dass wir es selbst wissen oder wollen. Ich denke jetzt nicht an den in Kapitel 1 behandelten finanziellen Nutzen. Auch in sozialer Hinsicht kann man Nutzen ziehen. Mit irgendeiner Sache erlangt man einen bestimmten Status. Manche Großen der Welt pochen besonders darauf, dass sie Christen sind. Wer sich bei solchen prominenten Herren einschmeicheln will, wird sich für einen Christen ausgeben müssen und sich christliche Werte zulegen müssen. Das christliche Gut wird auf diese Weise zu einem Handelsartikel gemacht. Es geht mir nicht um die Frage, ob jemand wirklich Christ ist oder nur von seinem Namen her. In vielen Fällen kann allein Gott diese Frage beantworten. Worum es mir geht, ist die Handlungsweise – die Weise, wie mit den Dingen Gottes umgegangen wird.

Unlängst las ich in einer Zeitung eine Illustration dafür: eine Rangliste der sechs Lieblingsprediger des US-Präsidenten Bill Clinton. Wofür soll das nun gut sein, fragt man sich. Wenn man selber auf dieser Liste steht, kommt das natürlich gut an, besonders, wenn man Nummer 1 für Clinton ist. Das stellt die Person des Predigers ins rechte Licht und auch seine Anhängerschaft. Das bringt Gewinn. Wenn du für Clinton Nummer 1 bis 6 bist, werden viel mehr Menschen kommen, die sich dir und deiner Gruppe anschließen wollen. Wir identifizieren uns lieber mit einer gefeierten Person als mit einem verworfenen und verachteten Christus. Wie Gott den Wert und Nutzen einer solchen Rangliste beurteilt, werden wir getrost ihm überlassen.

• *Die Hetiter*

Ihr Name bedeutet »Söhne des Schreckens«. Ihr Einfluss besteht darin, Menschen Angst einzuflößen. Dieser Feind ist darauf aus, die Christen mundtot zu machen. Seine erprobte Waffe ist Angst. Viele Christen haben Angst, ihren Mund aufzutun, um von ihrem Herrn zu zeugen! Dabei kann es sich um ein Wort an unbekehrte Menschen handeln, aber auch um ein Wort inmitten der Gläubigen. Warum beteiligen sich so wenige Gläubige an Evangelisationen? Warum öffnen so wenige Kinder Gottes in der Gemeinde ihren Mund, um Gott zu danken oder um zu beten? Angst hat das Volk Gottes im Griff. Angst davor, sich zu blamieren, sein Gesicht zu verlieren. Angst, weil es viel zu sehr mit sich selbst beschäftigt ist. Wenn das Herz vom Herrn Jesus voll ist, werden Angst und Scheu überwunden, denn wes das Herz voll ist, des geht der Mund über (siehe Matthäus 12,34b). Das Vorhandensein dieses Feindes ist die Herausforderung, sich mit dem Herrn Jesus zu beschäftigen. Dann kann man ihn schlagen.

• *Die Amoriter*

Sie sind die »Redner«, das ist eine der vielen Bedeutungen ihres Namens. Es ist ein ganz anderer Feind als der vorherige. Aber jemand kann auch viel reden, ohne wirklich etwas zu sagen. Ein Redseliger gebraucht viele Worte. Es gibt Christen, die Angst haben, vom Herrn Jesus zu zeugen, die aber sehr wohl ganze Geschichten über christliche Werte erzählen können. Man blicke nur einmal auf die »christliche« Politik. Dieser Feind muss durch Gemeinschaft mit dem Herrn überwunden werden. Wenn das *»Denken Christi«* (1. Korinther 1,16) das Gedankenleben zu lenken anfängt, werden die »Redner« geschlagen. Dann bekommen die Worte Inhalt und bewirken in den Hörern etwas.

• *Die Perisiter*

Perisiter bedeutet unter anderem »Regierende«. Sie stehen für eine geistliche Klasse, die über dem gewöhnlichen Volk steht. Sie sind die Menschen, die es wissen können, denn sie haben ja schließlich dafür studiert. Jemand, der nicht studiert hat, keine Titel vor seinem Namen hat, kann nicht mit Autorität sprechen. In einer Gemeinschaft, in der dies gilt, sind die Perisiter die Chefs. Die Lehre des Herrn Jesus wurde nicht angenommen, weil er nicht die Papiere besaß, die man für nötig erachtete. Wir können das aus Johannes 7,15 schließen. Heute funktioniert das immer noch so. Wer keine anerkannte theologische Ausbildung abgeschlossen hat, wird in großen Teilen der Christenheit nicht ernst genommen, wie sehr er auch die Wahrheit Gottes reden mag. Man hört einfach nicht auf ihn. Dieser Feind wird besiegt, wenn man auf das hört, was der Herr Jesus in Lukas 22,25-28 gesagt hat.

• *Die Hewiter*

Die Hewiter bilden das Gegenstück zu den Perisitern. Sahen wir in den Perisitern die »Regierenden«, so können wir in den Hewitern die »Dorfbewohner« sehen. Das ist die Bedeutung ihres Namens. Sie sind die gewöhnlichen Menschen, die Laien. Sie kümmern sich nicht um die Auslegung der Bibel. Dafür haben sie ihre »Regierenden«, die von ihnen bezahlt werden. Der Komfort dient dem Menschen und wenn man auch noch dafür bezahlt, kann man damit das Gewissen beruhigen. Viele Christen finden es sehr angenehm, wenn sie keine Verantwortung zu tragen brauchen und enthalten sich jeglicher Aktivität.

In 1. Korinther 12 begegnen wir sowohl den Perisitern als auch den Hewitern. In Vers 15 und 16 hören wir jemanden sagen, dass er *»nicht von dem Leib«* sei. Es scheint, als ob hier die »Hewiter« das Sagen haben. Obwohl es in diesen Versen um jemand geht, der mit dem Platz, den er im Leib hat, unzufrieden ist, will ich sie doch auf diesen Feind anwenden. Das Ergebnis der Bequemlichkeit und Unzufriedenheit ist nämlich dasselbe: Es geschieht nichts. Jedes Kind Gottes hat seinen eigenen, einzigartigen Platz im Leib (der Gemeinde) und darf, muss sogar, die dazugehörige Funktion ausüben. Seine Funktion dient zum Nutzen des ganzen Leibes (der ganzen Gemeinde). In Vers 21 und 22 belauschen wir die »Perisiter«. Sie bringen es allein schon fertig und haben die anderen nicht nötig. Sie stehen oben. Beide Feinde werden überwunden, indem wir auf das achten, was Gott gewollt hat (Verse 18 und 24). Gott will, dass dies in der örtlichen Gemeinde sichtbar wird (Vers 27) und darum müssen diese Feinde »verjagt« werden.

• *Die Jebusiter*

Die Jebusiter schließen die Reihe. Die Bedeutung ihres Namens, »Zertrampler«, gibt das Endergebnis alles dessen an, was wir in den vorherigen Feinden wahrgenommen haben. Sie zertrampeln alles, was von Gott ist. Sie überrennen es. Sie gleichen den Hunden und den Schweinen von Matthäus 7,6. Der Herr Jesus warnt in diesem Vers seine Jünger, *»das Heilige«* und *»eure Perlen«* ihnen nicht zu geben, denn sie werden es zertrampeln und zerreißen.

Beim Ausdruck *»das Heilige«* können wir zum Beispiel an das Abendmahl denken. Das ist nicht für unbekehrte Menschen, sondern ausschließlich für jene, die durch die Bekehrung zu Gott und den Glauben an den Herrn Jesus zur Gemeinde gehören. Ungläubige begreifen nichts von der Bedeutung des Abendmahls. Sie haben kein Teil am Erlösungswerk des Herrn Jesus. Das Einzige, was sie mit dem Abendmahl tun können, ist, es mit ihren Füßen zu zertrampeln.

Beim Ausdruck »*eure Perlen*« können wir an die kostbaren Wahrheiten denken, die in der Bibel über die Gemeinde und über so viele Segnungen des Gläubigen stehen. All diese Wahrheiten sind nicht für Ungläubige, sondern für Gläubige bestimmt. Unbekehrte Menschen können diese kostbaren Wahrheiten nicht schätzen. Sie machen sie lächerlich und verspotten sie.

Dieser Feind kann überwunden werden, wenn wir darauf achten, dass keine Unbekehrten zum Tisch des Herrn zugelassen werden. Wir dürfen nicht zulassen, dass jemand, der kein Leben aus Gott hat, am Dienst in der Gemeinde teilnehmen kann. Das ist durch die Ausübung von Gemeindezucht möglich, wozu die Schrift uns unter anderem in 1. Korinther 5 anweist. Das ist auch möglich, wenn wir uns an 2. Korinther 6,14 bis 7,1 und 2. Timotheus 2,16-22 halten.

Heiraten und anbeten — Vers 6

Der Feind weiß, wie er sich die Israeliten erfolgreich unterwerfen kann. Das glückt ihm am Besten über die Liebe. Er überlegt folgendermaßen: Lass unsere Mädchen ruhig Männer aus Israel heiraten und lass die Mädchen aus Israel ruhig unsere Männer heiraten. Nach einer Weile werden die Israeliten gewiss unsere Gewohnheiten übernehmen. Sie werden schließlich sogar unsere Götter anbeten. Dieser Gedankengang hat sich als erfolgreich erwiesen. Wenn nicht im Gehorsam dem Wort Gottes gegenüber mit dem Feind abgerechnet wird, wird eine Liebesbeziehung entstehen, die den Untergang des Volkes Gottes bedeutet. Mit dem Feind kann man nicht neutral umgehen. Er hält sich selbst nie für geschlagen und wird jede Gelegenheit beim Schopf ergreifen, um Gottes Volk zu unterjochen. Wenn wir uns in Gesellschaft der Welt heimisch fühlen, werden wir uns mit ihr verbinden, obwohl wir Christen ein Volk sind, das – genau wie Israel – für sich wohnen soll, das heißt abgesondert von der Welt (4. Mose 23,9b; Johannes 17,17). Der nächste Schritt ist, dass den Göttern der Welt gedient wird. So geht es oft: zuerst zusammen essen und trinken, dann heiraten (eine Verbindung eingehen) und schließlich zusammen anbeten. In 4. Mose 25 und 1. Korinther 10 liest man von verschiedenen Ereignissen mit gleichem Ergebnis. Essen und Trinken sind dabei keine eigenständigen Dinge. Sie werden vom Feind dazu gebraucht, Kontakte entstehen zu lassen. Diese Kontakte werden ganz allmählich zu engeren Banden, bis das engste und folgenreichste Band eingegangen wird: die Ehe. Ein nächster, kaum zu vermeidender Schritt besteht darin, den Göttern des Ehepartners zu dienen.

Teil 2

Sklaverei und Befreiung

Kapitel 3,7 – 16,31

2a) Kapitel 3,7 – 3,31

Otniel, Ehud und Schamgar

Böses in den Augen des Herrn — Vers 7

Siebenmal lesen wir in diesem Buch, dass *»die Söhne Israel taten, was böse war in den Augen des HERRN«* (2,11; 3,7.12; 4,1; 6,1; 10,6; 13,1). Diese Worte läuten jedes Mal eine neue Periode des Verfalls ein. Das Vergessen des Herrn, ihres Gottes, und der Götzendienst sind zwei Aspekte des Bösen, die hier beide sichtbar werden. Das zweite Böse geht aus dem ersten hervor. Das ist auch nicht anders möglich. Wer Gott vergisst, nimmt keine Rücksicht mehr auf seine Gebote, hört ihm nicht mehr zu. Es entsteht eine Lücke. Ein Mensch kann nämlich nicht ohne Gott leben. Wenn kein Raum für Gott ist, wird Raum für einen anderen Gott geschaffen. Der wird die entstandene Lücke mit allerlei anderen Dingen ausfüllen, denen jemand seine Aufmerksamkeit, Zeit und Energie zu widmen beginnt. Das andere wird dann ein Götze. Bei der Auslegung von Kapitel 2,11-13 haben wir bereits über die Baalim und die Astarot gesprochen.

Kuschan-Rischatajim — Vers 8

»Da entbrannte der Zorn des HERRN gegen Israel.« Gott ist durch die Handlungsweise seines Volkes in höchstem Maße betrübt worden. Er kann nicht weiter tatenlos zusehen. Aus einer tiefen Empörung heraus beginnt Gott jetzt mit seinem Volk auf eine Weise zu handeln, die gewiss nicht zu den Eindrücken passt, die wir von einem liebevollen Gott haben. Gott ist nicht der großmütige Vater, von dem wir manchmal denken, dass er Fünfe gerade sein lässt oder der das Verhalten seines Volkes mit Bösejungen-Streichen vergleicht. Nein, Gott nimmt die Taten seines Volkes höchst ernst. Er muss sie dafür züchtigen. Aber Gott handelt nie aus einer Art Irritation heraus, wie es bei uns der Fall sein kann. Wenn Gott sein Volk züchtigen muss, dann tut er das im Blick auf ihre Wiederherstellung. Er will, dass sie zur Besinnung und zur Buße kommen, damit er wieder Gemeinschaft mit ihnen haben und sein Segen wie-

der fließen kann. Darum wurden sie von ihm in die Hand des Feindes verkauft. Gott sagt gleichsam zu seinem Volk: »Ihr wollt der Welt dienen? Gut, dann sollt ihr wissen, wie die Welt ist.« Wer als Gläubiger die Welt will, wird sie bekommen, aber dann wird er sie als seinen Unterdrücker kennen lernen.

Mesopotamien bedeutet »Zweistromland« und ist ein Bild der Welt. Vergnügen und Genuss auf der einen Seite und Religion auf der anderen Seite sind die beiden Ströme, die die Welt zu einem angenehmen Aufenthaltsort für den Menschen ohne Gott machen. Dass Mesopotamien ein Bild der Welt ist, können wir aus 1. Mose 12,1 und Apostelgeschichte 7,2 ableiten. Es war ein Gebiet, in welchem den Götzen gedient wurde (Josua 24,2). Aus dieser Gegend wurde Abraham dazu berufen, der Stammvater Israels zu werden. Jeder Gläubige ist von Gott dazu berufen, auf dieselbe Weise die Welt aufzugeben. Nirgends lesen wir in der Bibel einen Aufruf, darin zu bleiben und sie zu verbessern (vergleiche Galater 1,4-5). Natürlich hat er hier eine Aufgabe, so wie der Herr auch eine Aufgabe dort hatte. Der Herr Jesus sagt das deutlich in Johannes 20,21. Aber die Welt hat kein Anrecht mehr auf uns.

Der König von Mesopotamien heißt Kuschan-Rischatajim. Sein Name bedeutet »Schwärze der Finsternis; doppelte Bosheit«. Dies spricht von der Finsternis, in welche die Welt gehüllt ist. Die Welt verschließt sich dem Licht Gottes, sie verwirft das Licht sogar (Johannes 1,5; 3,19). Wenn das Licht scheint, es aber doch verworfen wird, entsteht die größte Finsternis. Wer bekennt, ein Christ zu sein, aber Gott den Rücken zukehrt und den Götzen zu dienen beginnt, wird alles Licht verlieren, das er einmal besaß. Gott wird zulassen, dass so jemand kein Licht mehr hat über Gott selbst, die Quelle des Lichts, und über den Herrn Jesus, das Licht der Welt (1. Johannes 1,5 und Johannes 8,12). Auf einen solchen Menschen trifft Matthäus 6,23 zu: »*Wenn nun das Licht, das in dir ist, Finsternis ist, wie groß die Finsternis!*« Erst als dieser Zustand acht Jahre andauerte, fing das Volk an, zu Gott zu schreien.

Die Zahl acht spricht von einem Neuanfang, nach einer abgeschlossenen, vollkommenen Periode von sieben Jahren. Erst wenn jemand völlig festsitzt und selbst nicht mehr herauskommt, beginnt er zu Gott zu schreien und ist bereit, einen Neuanfang mit Gott zu machen.

Otniel — Vers 9

Aus dieser Lage kann Israel nur von einem Otniel befreit werden. Wir sind ihm bereits in Kapitel 1,13-15 begegnet. Dort tritt er als ein Mann hervor, der treu ist. Er ist jemand, der Interesse am Segen Gottes hat. Er lässt sich zum Handeln im Glauben anspornen. Der Ausgangspunkt seines Lebens ist das Wort Gottes. Hat er nicht sogar Debir eingenommen? (Debir bedeutet »Sprechen Gottes; 1,12-13.)

Wir haben in Kapitel 1 bereits gesehen, wie wichtig seine Beziehung zu Achsa war. Seine Ehe mit Achsa deutet an, dass er sich nicht an der allgemeinen Sünde Israels beteiligte, die in Vers 3 dieses Kapitels genannt wird. Er nahm keine Frau aus den Nationen, sondern aus dem Volk Gottes. Er hielt sich an Gottes Wort. Um es mit 1. Korinther 7,39 auszudrücken: Er heiratete *»im Herrn«*. Weil er persönlich von den Sünden des Volkes frei war, konnte Gott ihn gebrauchen. All diese Dinge machen deutlich, wie es im persönlichen Leben Otniels stand.

Wer im eigenen Haus seine Angelegenheiten nicht nach Gottes Wort regelt, muss nicht denken, er könne etwas zugunsten des gesamten Volkes ausrichten. Wer im Kleinen treu ist, ist auch im Großen treu (vergleiche Lukas 16,10). Die Prägung zu Hause, in der Familie, ist noch immer die beste Vorbereitung dafür, dem Herrn in der Gemeinde zu dienen. Richter sind heute in erster Linie Aufseher oder Älteste. Von einem Aufseher heißt es in 1. Timotheus 3,4-5, dass er jemand sein muss, *»der dem eigenen Haus gut vorsteht und die Kinder mit aller Ehrbarkeit in Unterordnung hält – wenn aber jemand dem eigenen Haus nicht vorzustehen weiß, wie wird er für die Gemeinde Gottes sorgen?«* Das sind die Menschen, die heute anderen Gläubigen helfen können, dem Zugriff der Welt zu entkommen. Mit ihrer Hilfe können die Gläubigen die Segnungen Gottes wieder neu genießen.

Der Feind geschlagen — Vers 10-11

Otniel verdankt den Sieg, den er errang, nicht sich selbst. Obwohl er ein geeignetes Instrument war, hatte er in sich selbst keine Kraft, den Feind zu schlagen. Dafür war die Kraft des Geistes des Herrn nötig. Allein der Heilige Geist kann dafür sorgen, dass die falschen Elemente aus dem Leben des Volkes Gottes weggetan werden. Die erste Aktivität, von der wir lesen, ist die Tatsache, dass Otniel Israel richtete. Er beschäftigte sich zunächst mit dem Zustand des Volkes Gottes. Er machte deutlich, wo sie falsch lagen. Das muss zum Selbstgericht führen. Sünde, die nicht bekannt wird, schwächt das Volk Gottes. Es ist dann keine Kraft zum Kämpfen vorhanden. Das erste Werk des Geistes besteht darin, uns selbst entdecken zu lassen, was verkehrt ist, so dass wir dies aus unserem Leben wegtun. Auf diese Weise werden wir freigemacht und der Geist Gottes kann uns erfüllen.

Danach kann stattfinden, was als zweites erwähnt wird, nämlich der Auszug zum Kampf. Das Kennzeichen der Jünglinge in 1. Johannes 2,14-17, dass sie den Bösen überwunden haben, wird in Otniel sichtbar. Er besaß die Kraft Gottes (sein Name bedeutet »Löwe Gottes«) und das Wort Gottes blieb in ihm (er hatte Kirjat-Sefer eingenommen und ein Debir daraus gemacht, siehe Kapitel 1,12).

Moab und Eglon — Vers 12

Die Israeliten tun wiederum, was böse ist in den Augen des Herrn. Es scheint, als hätten sie aus dem vorigen Mal nichts gelernt. Sind sie damit nicht ein bitteres Vorbild dessen, was wir sind? Gottes Kraft ist nicht mit seinem ungehorsamen Volk Israel, sondern mit dem Feind Moab. Ist Moab denn besser als Israel? Nein, das ist es nicht. Doch Gott will Moab als Zuchtrute gebrauchen, um sein Volk zur Umkehr zu ihm zu bringen. Auch dieser Feind stellt uns etwas vor. Was das ist, können wir aus seinem Namen und aus seiner Geschichte ableiten. Sein Name bedeutet »von dem Vater«. Wer war sein Vater? Das war Lot (1. Mose 19,36-37). Lot war ein Mann, der die Welt liebte. Er sah an, was vor Augen war. Er ließ sich von den Lüsten des Fleisches leiten, das heißt von der alten Natur, die jeder Gläubige noch immer in sich hat. In 1. Mose 13 kommt das durch die Wahl, die er vollzieht, zum Ausdruck. In seiner Geschichte werden zwei Kennzeichen sichtbar, die aus den Lüsten des Fleisches hervorgehen, nämlich Bequemlichkeit und Hochmut (siehe Jeremia 48,11.29 für Moabs Bequemlichkeit und Jesaja 16,6 für seinen Hochmut). Moab stellt die Werke des Fleisches dar (Galater 5,19-21).

Der Mann, der über Moab regiert, heißt Eglon. Eglon bedeutet »rund« oder »Kreis«. Wir könnten sagen, dass bei Moab (dem Fleisch) sich alles im Kreis des eigenen Interesses abspielt. Das Ich steht im Zentrum und in diesem Kreis ist für Gott kein Platz. Der vorherige Feind, ein Bild der Welt, findet seinen Nachfolger in einem Feind, der ein Bild des Fleisches ist. Jetzt wird diesem Feind Macht über Gottes Volk gegeben. Im Leben eines abgewichenen Gläubigen bedeutet das, dass er sich fleischlich zu verhalten beginnt und auf die Befriedigung seiner eigenen Lüste aus ist. Das verschafft niemals wahre Genugtuung.

Ammon und Amalek — Vers 13

Moab verbündet sich mit Ammon und Amalek. Ammon hat denselben grauenhaften Ursprung wie Moab (1. Mose 19,38). Sein Name bedeutet »selbstständig« und lässt die Eigenwilligkeit des Fleisches erkennen. Amalek ist ein Nachkomme Esaus (1. Mose 36,12); sein Name bedeutet »Herrschervolk«. Hierin tritt der Geltungsdrang, die Herrschsucht des Fleisches, zutage. Die Palmenstadt ist Jericho, die Stadt, die den Zugang zum Land darstellte (Josua 6). Indem der Feind diese Stadt in Besitz nahm, hielt er einen wichtigen strategischen Punkt in Händen.

Wenn ein Gläubiger untreu ist, nimmt das Fleisch wichtige Ausgangspunkte in seinem Leben in Besitz. Er lässt sich beispielsweise beim Fällen wichtiger Entscheidungen nicht durch den Geist leiten, sondern durch das Fleisch. Wenn er in einer örtlichen Gemeinde das Sagen bekommt, kommen Streit und Verwirrung auf. In der Bibel stellt die Gemeinde in Korinth ein Beispiel davon dar. Paulus muss sie ermahnen, weil sie fleischlich sind (1. Korinther 3,1). Wegen dieses Zustandes konnte Paulus nicht mit ihnen über die Segnungen sprechen, die das Teil des Christen sind. Er musste ihnen wieder die elementarsten Grundlagen des Glaubens vor Augen führen: den Herrn Jesus und ihn als gekreuzigt (1. Korinther 2,2).

Periode der Unterdrückung — Vers 14

Während der vorherigen Fremdherrschaft dauerte es acht Jahre, bis das Volk Israel zum Herrn zu schreien begann (Vers 8). Diesmal verstreichen achtzehn Jahre Fremdherrschaft, bevor das Volk so weit kommt. Es scheint, als ob das erneute Abweichen das Volk unempfindlicher für die Zucht macht, die Gott schickt. Erst nach achtzehn Jahren beginnt das Bewusstsein durchzudringen, dass sie Sklaven geworden sind. Dann sehnen sie sich wieder nach ihrer Freiheit zurück. Das ist die Erfahrung, die auch wir machen können. Je häufiger wir Gott vergessen, desto länger dauert es, bevor wir wieder zu ihm zurückkehren.

Ehud — Vers 15

Ehud ist der Mann, den Gott erweckt, um sein Volk zu befreien. Sein Name bedeutet »der Tatkräftige«, »der Starke«. Er ist der Sohn Geras, dessen Name »Überlegung« bedeutet. Er kam aus dem Stamm Benjamin, dessen Name »Sohn meiner Rechten« bedeutet. Wenn wir diese Namen betrachten, können wir in Ehud die folgenden Wesensmerkmale wahrnehmen. Er kommt aus Benjamin, was darauf hinweist, dass er mit einer Stellung der Kraft verbunden ist. Doch reicht es für uns nicht aus, nur zu wissen, dass wir eine bestimmte Stellung einnehmen. Wir sollen diese Stellung auch zu unserem Eigentum machen. Das heißt, dass wir darüber nachdenken, was es bedeutet, dass wir diesen Platz bekommen haben. Das ist im Namen Gera (»Überlegung«) wiederzufinden. Die Folge dieser »Überlegung« ist schließlich ein energisches Auftreten.

Ehud war Linkshänder. Er trug das Schwert rechts. Das ist ein ungebräuchlicher Ort, aber für ihn der beste. So konnte er seine Waffe auf die Weise gebrauchen, die am Besten zu ihm passte. Hieraus können wir lernen, dass wir die Bibel auf diejenige Weise gebrauchen müssen, die zu uns passt und dass wir in ihrem Gebrauch nicht andere nachmachen sollen. Das würde nicht funktionieren. So konnte beispielsweise David nichts mit der Waffenrüstung und dem Schwert Sauls anfangen. Er wusste allerdings, wie er mit Schleuder und Stein umgehen musste und diese streckten den Feind nieder (1. Samuel 17,38-39.49-50).

Die wörtliche Übersetzung der Worte »der Linkshänder war« lautet »abgeschlossen von seiner Rechten«. Er konnte seine rechte Hand nicht gebrauchen. Das könnte bedeuten, dass etwas in seinem Leben schief gegangen war, ein Unglück, wodurch er auf den

Gebrauch der rechten Hand verzichten musste. Im Leben eines Gläubigen kann etwas schief gehen, wodurch er seinen Zugriff auf die Dinge Gottes verliert. Jemand kann zum Beispiel ein gutes Wissen über die Segnungen haben, die im Brief an die Epheser beschrieben sind, aber mit den Dingen des irdischen Lebens so beschäftigt sein, dass er für diese Segnungen weder Zeit noch Aufmerksamkeit mehr hat. So »wird dem Fleisch Tribut gezahlt«, was wir auch bei Israel sehen, das durch die Hand Ehuds den Tribut an Eglon überreichte.

Für uns kann dieser Tribut darin bestehen, dass wir Gelegenheiten verstreichen lassen, bei denen wir mehr von den Segnungen Gottes kennen lernen könnten und diese Gelegenheiten bekommen wir nie mehr zurück. Wir leben für uns selbst. Wir werden von irdischen Sorgen in Beschlag genommen und denken nicht an die Dinge, die droben sind (Kolosser 3,1).

Ein zweischneidiges Schwert — Vers 16

Hier sehen wir die Grundlage für den Sieg. Dieser wird dadurch errungen, dass Ehud für sich selbst ein zweischneidiges Schwert anfertigt. An verschiedenen Stellen im Neuen Testament können wir lesen, dass dieses zweischneidige Schwert ein Bild des Wortes Gottes ist, unter anderem in Hebräer 4,12; Epheser 6,17; Offenbarung 1,16; 2,12; 19,15. Mit einem zweischneidigen Schwert ist also das Wort Gottes gemeint. Das Wort Gottes ist die Waffe, mit der jeder Feind geschlagen werden kann. Aber wir müssen es richtig zu handhaben wissen, das heißt, wir müssen das Wort Gottes kennen lernen, so dass wir es gebrauchen können. Der Herr Jesus gebrauchte dieses »Schwert« gegen den Teufel, als er in der Wüste versucht wurde. Er parierte jede Attacke des Widersachers mit einem *»es steht geschrieben«* (Matthäus 4,4.7.10).

»Zweischneidig« heißt, dass dieses Schwert auf zwei Seiten schneidet. Das bedeutet für uns, dass wir das Wort Gottes zuerst auf uns selbst und erst dann auf den Widersacher anwenden müssen. Diese Reihenfolge hält Paulus Timotheus in 1. Timotheus 4,16 vor: *»Habe Acht auf dich selbst und auf die Lehre.«*

Wir können den Widersacher nicht schlagen, wenn wir in unserem Leben Dinge zulassen, die im Widerspruch zur Bibel stehen.

Wir müssen zuerst auf die Bibel hören und wegtun, was im Widerspruch dazu steht.

Das Schwert war eine Elle lang. Es war ein genau abgemessenes Maß, nicht zu groß und nicht zu klein. Wir dürfen dem Wort Gottes nichts hinzufügen und nichts davon wegtun. Wir benötigen das gesamte Wort, nicht nur unsere Lieblingsabschnitte; nichts ist unwichtig. Auch dürfen wir unsere eigenen Ideen und Traditionen nicht dem Wort hinzufügen. Eine Elle ist auch etwas Unbedeutendes (siehe Lukas 12,25-26). Die einfachsten Wahrheiten des Wortes Gottes sind imstande, das Fleisch in all seiner Verdorbenheit zu treffen, wenn sie im Glauben gebraucht werden.

Ehud trug das Schwert unter seinen Kleidern. Niemand sah es. Das erinnert an das Wort aus Psalm 119,11: »*In meinem Herzen habe ich dein Wort verwahrt, auf dass ich nicht wider dich sündige.*« Doch das Wort gab seinem Wandel Kraft: Er trug es an seiner rechten Hüfte.

Ein sehr fetter Mann — Vers 17

Mit seinem gerade angefertigten Schwert bewaffnet, geht Ehud zum letztem Mal zu Eglon, um ihm den Tribut zu bringen. Wie gesagt, ist dieser Feind ein Bild des Fleisches, bei dem sich alles um das eigene »Ich« dreht. Das muss notwendigerweise eine gewisse Trägheit zur Folge haben. Alles wird von der Haltung aus betrachtet: Wie kann »ich« Nutzen daraus ziehen. An andere wird nicht gedacht. Der Egoismus feiert seine Siege. Das »Ich« wird groß und umfangreich. Für einen Gläubigen ist im Fleisch nichts Anziehendes zu finden.

Eine geheime Botschaft — Vers 18-19

Der Herr hat Ehud als Erlöser erweckt (Vers 15). Nach seiner persönlichen Vorbereitung ist er für seine eigentliche Aufgabe bereit. Nachdem er gemeinsam mit seinen Begleitern seiner Verpflichtung Genüge getan hat, schickt er die anderen weg. Der Auftrag Gottes war an ihn persönlich gerichtet. Er musste ihn ganz allein erfüllen, ohne weitere Anwesende. Er erringt seinen Sieg im Verborgenen, ohne großen Aufwand. Andere, das Volk, sollten von seiner Tat profitieren dürfen. Die Auswirkung seiner Glaubenstat war sehr wohl offenbar und das ganze Volk hatte Nutzen davon.

Gilgal nimmt in Ehuds Mission eine wichtige Bedeutung ein; von dort kehrt er um. Gilgal sind wir schon öfter begegnet, z.B. in Kapitel 2,1. Dort sahen wir, dass es der Ausgangspunkt war, von dem Israel auszog, um das Land zu erobern. Das Volk kehrte dorthin auch wieder zurück. Das tut Ehud ebenfalls (siehe Vers 26). Bei Gilgal fand die Beschneidung statt. Ihre geistliche Bedeutung ist das Gericht über das sündige Fleisch. Die Beschneidung lehrt uns, dass jeder Kampf, der geführt werden muss, nie in eigener Kraft, in der Kraft unseres Fleisches, angegangen werden kann. Wenn wir im Bewusstsein gehen, dass in uns keine Kraft ist, dann kann Gott uns mit seiner Kraft füllen.

Die Steine von Vers 19 sind wahrscheinlich jene, die Josua als Gedenkzeichen am Ufer aufgerichtet hatte. Das wird in Josua 4 beschrieben. Doch hier waren es behauene Steine. Das Gedenkzeichen war geschmückt, vielleicht sogar zum »Götzen« gemacht worden. Auch mit Verordnungen, die der Herr gegeben hat, wie der Taufe und dem Abendmahl, kann so etwas geschehen. Die Bibel erklärt, dass beide mit dem Tod des Herrn zu tun haben. Doch wenn dieser Gedanke losgelassen wird, können sie zu Sakramenten mit einer abgöttischen Bedeutung werden. Dann können sie sogar zu Mitteln werden, durch die man ewiges Leben zu empfangen meint.

Das Gericht über Eglon — Vers 20-23

Eglon ist allein, in einer Umgebung, die seinen Wünschen völlig angepasst ist. Er sitzt dort in seinem Obergemach, um seinen Begierden nachzugehen. Er ist hier ein treffendes Bild vom Egoismus des Fleisches, der alles für sich allein haben will. Auf solch eine Haltung gibt es nur eine Antwort, nämlich das Wort Gottes, welches Ehud spricht. Hierdurch wird das Gericht über Eglon vollzogen (Hebräer 4,12; Offenbarung 19,13-15). Das Fleisch kann allein in der Gegenwart Gottes getötet werden.

Dass Eglon aufsteht, scheint eine gewisse Ehrerbietung vor dem Wort Gottes anzudeuten, doch es handelt sich nur um eine äußere Form. Es ist nichts in seinem Herzen, was wirklich für das Wort

Gottes offen wäre. Solche Menschen hat es immer gegeben und gibt es auch noch heute. Das ändert jedoch nichts an dem Urteil, das das Wort Gottes über sie ausspricht. Wie sie von Natur aus sind, erweist sich sonnenklar, wenn das Wort Gottes in seiner vollen Schärfe angewandt wird. So geschieht es bei Eglon. Das Schwert dringt in seinen Bauch und der Dreck kommt heraus; so steht es in Vers 22 einer holländischen Bibelübersetzung. Das Verderben, das in ihm war, kommt durch das Schwert nach draußen. Die Verdorbenheit des Fleisches wird von Gottes Wort offenbar gemacht.

Erschrecken wir uns nicht manchmal auch über uns selbst, wenn plötzlich widerliche Gedanken in uns aufkommen? Das ist das Einzige, was das Fleisch hervorbringen kann. Das Fleisch eines Ungläubigen und das Fleisch eines Gläubigen sind genau gleich. Das Wort macht es offenbar und fällt sein Urteil darüber. Nachdem Ehud es auf sich selbst angewandt hat (Verse 16 und 19), wendet er es jetzt auf den Feind des Volkes Gottes an. Er tut das sehr radikal, sehr tief gehend. Er geht nicht süßlich und oberflächlich mit seinem Feind um. Er gibt sich auch nicht mit einem partiellen oder zeitweiligen Sieg zufrieden, sondern er will einen endgültigen Sieg. Er lässt das Schwert stecken, er zieht es nicht mehr heraus. Außerdem schließt er das Obergemach ab, in dem er Eglon getötet hat. Was ihn betrifft, hat er alles getan, um diesen Feind des Volkes Gottes völlig auszuschalten, so dass er nicht wieder zum Vorschein kommen kann. Die Anwendung ist deutlich. Wenn wir eine bestimmte Wirkung des Fleisches bei uns selbst oder bei anderen durch das Wort verurteilt haben und diese verschwunden ist, dann dürfen wir nicht zulassen, dass sie sich wieder Geltung verschafft.

Die Diener Eglons — Vers 24-25

Dass der König Moabs ausgeschaltet ist, bedeutet nicht automatisch, dass das Volk Moab seiner Kraft beraubt wäre. Eglon hat Diener und Kämpfer (Vers 29). Die Diener haben eine gute Erklärung für die verriegelte Tür. Sie kennen ihren Herrn und vermuten, dass er sich wieder in seine eigene Bequemlichkeit zurückgezogen hat. Irgendwann dauert es ihnen dann doch zu lange. Sie befürchten, es seit etwas passiert. Sie holen einen Schlüssel und entdecken, dass ihr Herr tot ist. Wir lesen nicht, wie sie darauf reagieren. Die Handlungen und Überlegungen der Diener passen ganz und gar zum Benehmen ihres Herrn. Sie gehören zu ihm und besitzen seinen Geist. So kennt auch das Fleisch viele Äußerungen. Doch all die verschiedenen Äußerungen atmen einen und denselben Geist. Es geht immer um die Befriedigung des Fleisches.

Der Sieg des Volkes — Vers 26-30

Nachdem Ehud seinen Sieg errungen hat, ruft er auch andere dazu auf, an seinem Sieg teilzuhaben. Er ruht nicht, bis das ganze Volk daran teilhat. Das ist der wahre Geist der Bruderliebe. Er setzt sich für andere ein. Er entzieht sich nicht dem Kampf, nachdem er seinen Anteil beigetragen hat, sondern führt das Heer an, um das Werk abzuschließen. Wie wichtig ist es, anderen ein gutes Beispiel zu geben! Das gilt insbesondere für einen Ältesten oder Aufseher, von denen wir in den Personen der Richter ein Vorbild sehen. Wenn durch Gottes Wort mit dem Fleisch radikal abgerechnet worden ist, kann ein Ältester oder Aufseher sagen, »folge mir«, um danach den Gläubigen den Weg zum Sieg zu weisen.

Jede Verbindung zwischen Ehud und dem Feind wurde zerbrochen. So müssen auch wir in unserem Leben öffentlich und entschieden mit der Welt und dem Fleisch abrechnen. Erst dann ist von dauerhaftem Sieg die Rede. Die einzige Furt am Jordan wird besetzt. Die Israeliten sind damals durch den Jordan gezogen, um ins verheißene Land zu kommen. Sie konnten den Fluss nur dort durchqueren, wo die Bundeslade den Weg fürs Volk freimachte. Für uns spricht die Lade im Jordan von Tod und Auferstehung Christi, durch die wir einen Platz in den himmlischen Örtern erlangt haben. Diesen strategischen Punkt müssen die Gläubigen um jeden Preis behalten. Niemand darf dort entkommen. Eglon war fett; das gilt auch für viele in seinem Heer. Sie ähnelten ihm, denn sie standen in seinem Dienst und kämpften für dieselbe Sache. Doch auch sie mussten umgebracht werden. Alle Reste der Welt und des Fleisches, die zehntausend fetten und kräftigen Männer, kommen ans Ufer des Jordan, an den Ort, der von Tod und Auferstehung Christi spricht. Moab wird nicht vernichtet, sondern erniedrigt. Das Fleisch bleibt ein Feind, solange wir leben, doch wir müssen es unterwerfen.

Schamgar — Vers 31

Einem Sieg über die Philister durch einen gewissen Schamgar wird nur ein einziger Vers gewidmet. »Schamgar« bedeutet »Fremdling« oder »Beisasse«. Dieser Name ist nicht jüdischer Herkunft. Das scheint darauf hinzuweisen, dass Schamgar aus den Heiden kam. Er ist der Sohn Anats, dessen Name »Antwort« bedeutet. Seine Waffe, der Viehtreiberstock, spricht auch vom Wort Gottes, allerdings vom Blickwinkel der Welt aus. Für die Welt ist das Wort ohne jeden sichtbaren Wert. Schamgar war offensichtlich ein Bauer, eine einfache Person, der vielleicht bestimmte Worte nicht einmal gut aussprechen konnte (vergleiche 1. Korinther 1,26.29). Möglicherweise war er ungebildet (siehe Apostelgeschichte 4,13). Er hatte, um es mit heutiger Sprache auszudrücken, keine Kenntnis des Grundtextes und hatte keine hohe Ausbildung genossen.

Das Volk der Philister war ein Feind, der sich im Land befand; sie bewohnten einen kleinen Landstrich am Rand des Mittelmeers. Sie beanspruchten das Land für sich selbst, drückten ihm sogar ihren Stempel auf, indem sie ihren Namen damit verbanden. In dem Wort Palästina klingt der Name Philister an. Aber Schamgar war von Gott unterwiesen. Dadurch kannte er den Unterschied zwischen einem Glied des Volkes Gottes und einem Feind desselben, auch wenn dieser Feind dieselbe Sprache wie Gottes Volk sprach. Er kannte »seine Bibel« und wusste, wie er sie gebrauchen sollte. Schamgars Viehtreiberstock hatte nie versagt, als er ihn für seine Ochsen gebrauchte. Er konnte darauf vertrauen. Aus Erfahrung wissen wir, dass wir auf Gottes Wort vertrauen können; es hat uns nie im Stich gelassen. Gegen solch ein Zeugnis kann der Feind nicht ankommen. Das ist wie mit dem Ungläubigen, der spottend zu einem Prediger sagte, er könne nicht glauben, dass der Herr Jesus Wasser in Wein verwandelt hat. Der Prediger lud ihn ein, mit in sein Haus zu kommen. Er würde ihm dort ein noch größeres Wunder zeigen. Früher war er ein Trinker gewesen, aber Gottes Wort hatte ihn geheilt. Er hatte damals begonnen, sein Geld anders zu verwenden.

Ich möchte aus diesem einen Vers sieben Dinge hervorheben:

1. Erst in Kapitel 4,1 lesen wir, dass Ehud, der vorherige Richter, gestorben ist. Es scheint, als sei Schamgar ein Zeitgenosse Ehuds

gewesen. Nach dem Sieg Ehuds (also nicht nach seinem Tod) ist Schamgar denselben Glaubensweg gegangen. So können wir gemeinsam, jeder auf seinem Gebiet, Siege erringen, die dem ganzen Volk zugute kommen.

2. Wie schon erwähnt, bedeutet sein Name »Fremdling«. Das Bewusstsein, dass unsere eigentliche Heimat der Himmel ist und dass uns als Christen erst dort Ruhe erwartet, befähigt uns den Feind zu überwinden.

3. Anat, dessen Name »Antwort« oder »Erhörung« bedeutet, lässt uns vermuten, dass das Auftreten Schamgars eine Antwort auf das »Rufen« Israels ist.

4. Dieser Feind befindet sich im Land, im Gegensatz beispielsweise zu Moab, dem vorherigen Feind, der von außerhalb des Landes kam. Philister bedeutet Vagabund. Ein Vagabund ähnelt dem Fremdling. Der Unterschied besteht darin, dass ein Vagabund keinen eigenen Wohnort hat, während ein Fremdling diesen sehr wohl hat.

5. Die Zahl 600. Auch Zahlen haben in der Bibel ihre Bedeutung. Die Zahl sechs spricht vom Werk des Menschen. Beispiele haben wir bei dem Bild Nebukadnezars in Daniel 3 und in der Zahl des Tieres in Offenbarung 13. Die Zahl sechs ist zu klein, um eine sieben zu sein; die letztere stellt Vollkommenheit vor. Schamgars Sieg war kein endgültiger Sieg.

6. Der Viehtreiberstock diente dazu, die Ochsen in der rechten Spur zu halten. An diesem Stock befanden sich scharfe Spitzen. Wenn der Ochse abwich, wurde er damit korrigiert. Das ist ein schönes Bild dafür, was Gottes Wort in unserem Leben tut. Wir lernen es oft, das Wort Gottes in unserem Leben dadurch anzuwenden, dass andere uns etwas daraus vorhalten. In Prediger 12,11 finden wir das beschrieben. Die »*Worte der Weisen*«, von denen dort die Rede ist, lassen den Pilger in die richtige Richtung laufen, damit er nicht »*hart gegen den Stachel*« ausschlägt (Apostelgeschichte 26,14; siehe Fußnote 6 in der Telos-Übersetzung: »Eiserne Spitzen am Pflug oder am Ochsenstock des Treibers, die das Zugtier davor abschrecken sollten, nach hinten auszuschlagen«).

7. »*Und auch er rettete Israel.*« Ich würde gern das Wörtchen »auch« betonen. Es deutet an, dass er, ebenso wie seine Vorgänger Otniel und Ehud, Israel aus einer bedrängten Lage erlöst hat. Da-

durch haben sie ihre Freiheit zurückerlangt. Otniel war Soldat, Ehud Diplomat und Schamgar Ochsenhirte. Gott konnte sie alle gebrauchen, weil sie sich ihm zur Verfügung stellten und Liebe zum Volk Gottes hatten.

2b) Kapitel 4 – 5

Debora mit Barak

Kapitel 4

Einleitung

In diesem Kapitel gebraucht Gott zwei Frauen zur Erlösung seines Volkes: Debora und Jael. Dadurch zeigt er, dass seine Kraft in Schwachheit vollbracht wird. Frauen sind in der Bibel nämlich ein Bild von Schwachheit. Diese Tatsache deutet auch darauf hin, dass es zu jener Zeit keinen geeigneten Mann in Israel gab, den Gott gebrauchen konnte. Wenn Gott Frauen für solche Dienste gebrauchen muss, dient das zur Beschämung des Mannes. Andererseits stellen diese Begebenheiten eine große Ermutigung für alle Frauen dar, die Gott fürchten und von ihm gebraucht werden wollen. Sie können hier gut lernen, wie Gott Frauen zum Segen für sein Volk gebrauchen will.

Nach dem Tod Ehuds — Vers 1

Wiederum bewahrheitet sich, was in Kapitel 2,19 bereits gesagt wurde. Der Mann, der das Volk bei seiner Befreiung angeführt hatte, war gestorben. Damit war sein guter Einfluss auf das Volk verschwunden. Wenn gute Führer fehlen, wird das Volk steuerlos und gibt sich allerlei Formen des Bösen hin. Die 80 Jahre Ruhe (Kapitel 3,30) hatten die Lage nicht besser, sondern schlechter gemacht. Und zum vierten Mal lesen wir den Ausdruck, dass die Israeliten taten, »*was böse war in den Augen des HERRN*«.

Der Feind — Vers 2

Dieser Feind befindet sich im Norden Israels. Zwanzig Jahre lang, von 1257 bis 1237 v. Chr., wird das Volk von diesem Feind unterdrückt. Ungefähr 130 Jahre zuvor hatte Josua mit demselben Feind zu tun gehabt. Wir können das in Josua 11,10-11 lesen. Augenscheinlich war dieser Feind vollständig vernichtet. Hier erweist er sich wieder als quicklebendig. Ein alter Feind lebt also wieder auf. Darin sehen wir eine wichtige Lektion. Satan weiß genau, wie er alte Irrtümer und Bosheiten wiederbeleben lassen muss und er weiß sie auch zu gebrauchen, um das Volk Gottes wiederum in Sklaverei zu führen. Das ist auch in unserem Leben so. Wir haben es mit einem besiegten Feind zu tun, der aber noch am Leben ist und das Volk Gottes zu unterwerfen versucht. Erst in der Zukunft wird er endgültig ausgeschaltet werden.

In den Namen, die uns in diesem Vers gegeben werden, können wir das Nötige über diesen Feind erfahren. Es geht bei der Bedeutung der Namen immer um seinen Charakter und seine Wirkungsweise. Der Feind kann viele Gestalten annehmen. Jedes Mal passt er sich der Situation an. Glücklicherweise hat Gott immer eine wirksame Antwort auf all diese Methoden. Jabin bedeutet »Einsicht«, »Verstand«, »Weisheit«. Es geht um eine Weisheit, die der Weisheit Gottes entgegengesetzt ist, eine Weisheit, die nicht von oben ist, sondern *»eine irdische, sinnliche, teuflische«* Weisheit (Jakobus 3,15). Es ist die Weisheit der Welt, über die Paulus in 1. Korinther 1 spricht. Nebenbei bemerkt, scheint es, als ob »Jabin« eine Art Titel ist, der eine Position angibt, ähnlich wie »Pharao« in Ägypten, »Herodes« in Israel und »Abimelech« bei den Philistern. Es geht also nicht um denselben Mann wie in Josua 11, sondern um eine andere Person mit demselben Namen. Hazor bedeutet »eingeschlossen«, »umschlossenes Gebiet«. Sisera bedeutet »Schlachtordnung«.

Im Zusammenhang mit diesen Namen können wir diesen Feind als die Weisheit der Welt sehen, den menschlichen Verstand, der auf seinem eigenen, abgeschlossenen Gebiet regiert und dort verwirft und ausschließt, was von Gott ist. Sobald man die Vernunft des menschlichen Verstandes auf die Dinge Gottes loslässt, wird Gott vor die Tür gesetzt. Pragmatische Überlegungen verschaffen sich Geltung, beispielsweise bezüglich des Zusammenkommens der Gläubigen, während nicht mehr gefragt wird, was Gott in der Bibel darüber sagt. Wer doch nach Gottes Normen fragt, sieht sich Sisera gegenübergestellt; es sind Menschen, die sich in »Schlachtordnung« aufstellen, um die »Quertreiber« mundtot zu machen. In großen Teilen der Christenheit ist dies eine wiederzuerkennende Situation. Wir können in 2. Korinther 10,5 lesen, wie Paulus (eigentlich der Heilige Geist) mit Feinden wie »Jabin« und »Sisera« umgeht.

Schreien zum Herrn — Vers 3

Nach zwanzig Jahren Unterdrückung erkennt das Volk, in welcher Not es sich befindet. Der Feind hat mit eiserner Hand (eisernen Wagen) regiert. In Kapitel 1,19 haben wir bereits über diese eisernen Streitwagen gesprochen. Wir haben gesehen, dass diese Wagen kein Problem dargestellt hätten, wäre Glaube vorhanden gewesen. Nun muss es zwanzig Jahre dauern, bis sie anfangen, zum Herrn zu schreien, um vom Feind, von der »Einschließung«, befreit zu werden. Doch glücklicherweise kommt dieser Moment. Gott hält sein Werkzeug schon bereit.

Debora, die Prophetin — Vers 4

Debora ist eine Prophetin. Ihr Name bedeutet »Aktivität« oder »bei«. Eine andere Bedeutung geht aus dem Zusammenhang hervor, der zwischen den Namen Debir und Debora besteht. Beide Namen haben die Bedeutung »das Wort« in sich. Für die Anwendung des Namens Debora mache ich von dieser Bedeutung Gebrauch. Dass sie eine Prophetin war, passt dazu. Ein Prophet oder eine Prophetin ist jemand, der Gottes Gedanken mitteilt, oder, wie es in 1. Petrus 4,11 steht, »*Aussprüche Gottes*« redet. In der Bibel kommen einige Prophetinnen vor: Mirjam (2. Mose 15,20), Hulda (2. Könige 22,14), Hanna (Lukas 2,36) und die Töchter des Philippus (Apostelgeschichte 21,9). Diese Beispiele stellen im gleichen Maße auch Ansporn für Frauen dar, sich von Gott gebrauchen zu lassen.

Es gibt nur zwei Einschränkungen, die Gott mit dem Dienst von Frauen verbindet. Wir lesen sie in 1. Timotheus 2,12 und in 1. Korinther 14,34. Im ersten Text steht, dass sie nicht lehren und nicht über den Mann herrschen darf. Sie hat keine Lehrgabe und darf keine Autorität über Männer ausüben. Die andere Textstelle spricht über ihre Haltung in der Gemeinde. Dort muss sie still sein. Wenn

Gläubige als Gemeinde zusammenkommen, darf die Frau weder Lieder bestimmen noch stellvertretend für die Gemeinde laut beten und erst recht nicht das Wort Gottes predigen. Die These von der »Frau auf der Kanzel« findet in der Bibel keine einzige Unterstützung. Der Grund für diese Einschränkungen wird in den beiden neutestamentlichen Abschnitten mit angegeben. Wir werden sehen, dass die Haltung und der Dienst Deboras, wie in diesem Kapitel ersichtlich, eine glänzende Veranschaulichung der neutestamentlichen Lehre über den Dienst und die Haltung der Frau sind.

Sie war mit Lappidot verheiratet. Sein Name bedeutet »brennende Fackeln«. Das erinnert unwillkürlich an Apostelgeschichte 2, wo der Heilige Geist ausgegossen wird. Wir lesen dort in Vers 4 über »Zungen wie von Feuer«. So sehen wir in Debora und Lappidot eine wunderschöne Kombination: das Wort Gottes, das in der Kraft des Heiligen Geistes angewandt wird.

Debora, die Richterin — Vers 5

Deboras Wohn- und Arbeitsort werden genau beschrieben. Sie wohnt unter einem Palmbaum, der ihren Namen trägt. Dadurch wird sie gleichsam mit diesem Baum identifiziert. Der Palmbaum ist ein Symbol der Fruchtbarkeit. Einige Palmen tragen üppig Frucht, und das manchmal sogar über eine Periode von gut 70 Jahren. In Psalm 92,12-15 wird der Gerechte mit einer solchen Palme verglichen: Er trägt Frucht im Haus des Herrn, und das bis ins Alter. Der Gedanke an das Haus des Herrn kommt auch bezüglich des Wohnortes Deboras zum Ausdruck. Sie wohnt zwischen Rama und Bethel. Rama bedeutet »Erhöhung« oder »Höhe« und Bethel bedeutet »Haus Gottes«. Aus dem Wohnort Deboras können wir lernen, dass sie eine Gerechte war, die Frucht trug und auf der Höhe der Gedanken Gottes lebte. Auch war sie mit dem Haus Gottes auf der Erde verbunden. Dadurch war sie in der Lage, in der Situation Recht zu sprechen, in der Israel sich befand. Diese Bedingungen gelten auch für uns, wenn wir von Gott zum Wohl seines Volkes gebraucht werden möchten.

Debora ist eine Frau des Glaubens, die ihren von Gott gegebenen Platz nicht verlässt. Sie reist nicht durch das Land, sondern die

Israeliten kommen zu ihr. Daran wird deutlich, dass sie ihre Aufgabe und Gabe »auf dem Gebiet« ausübte, das Gott ihr gegeben hatte. Bei anderen Prophetinnen sehen wir dasselbe. Josia sendet Botschafter zur Prophetin Hulda, um durch sie Gottes Willen zu hören (2. Chronik 34,21-28). Die Prophetin Hanna war eine Frau, *»die nicht aus dem Tempel wich«* (Lukas 2,37). In Apostelgeschichte 21,9 lesen wir über die vier Töchter des Philippus, die weissagten. Hingegen lässt Gott den Propheten Agabus aus Judäa kommen, um Paulus eine Botschaft zu überbringen und gebraucht nicht die Töchter des Philippus, weil deren Botschaft in einer öffentlichen Zusammenkunft mitgeteilt werden musste (Vers 11 und 12).

Wenn wir an die Gaben und die Aufgabe der Frau denken, ist es heute wichtiger denn je, uns zu fragen, was Gott in seinem Wort darüber sagt. In der heutigen Welt werden Frauen immer mehr angespornt, sich Geltung zu verschaffen und den gleichen Platz wie der Mann zu beanspruchen. Sie ist doch nicht etwa seine geringere Genossin? Sie braucht sich doch nicht etwa unterbuttern zu lassen? Natürlich haben diese Fragen ihren Hintergrund. Doch aller Missbrauch der Frau, der zu einer solchen Auffassung beigetragen hat, nimmt nichts von dem weg, was Gott über die Stellung sagt, in die er sowohl den Mann als auch die Frau gesetzt hat. Dieser Missbrauch wird nicht durch das Emanzipationsstreben der Frau oder den Einsatz allerlei feministischer Bewegungen aufgehoben. Dieser Missbrauch verschwindet nur dann, wenn sowohl der Mann als auch die Frau anfangen, sich an das zu halten, was die Bibel beiden jeweils klar vorgibt. Das bewirkt nicht nur gute Verhältnisse, es wird auch zu einer Segensquelle. Debora hält sich daran. Gesegnet ist jede Frau, die es ihr gleichtut. Sie bringt dadurch Segen für das ganze Volk Gottes.

Barak wird gerufen — Vers 6-7

In Übereinstimmung mit dem, was wir gerade gesehen haben, geht Debora nicht zu Barak hin, sondern lässt ihn zu sich kommen. Als sie ein Wort des Herrn, des Gottes Israels, an ihn richten muss, dann tut sie das an dem Ort, wo sie wohnt. Sie lässt sich durch den Geist Gottes leiten und handelt mit seiner Weisheit, auch wenn Gottes Handeln durch sie Baraks Gewohnheiten widerspricht und zur Beschämung des Mannes dient. Barak bedeutet »leuchtend«. Gott ist Licht (1. Johannes 1,5). Wer das Licht Gottes scheinen lässt, wird dem Feind die Niederlage beibringen. Barak musste dazu aufgerufen und angespornt werden. Er hatte offensichtlich die Bedeutung seines Namens vergessen, vielleicht bedingt durch die lange Fremdherrschaft des Feindes. Der Name seines Vaters Abinoam bedeutet »Vater der Lieblichkeit«. Barak scheint in einer Familie voller Liebe und Freundlichkeit aufgewachsen zu sein. So möchte Gott seine Kinder erziehen. In einer solchen Atmosphäre werden Menschen geformt, die er gebrauchen kann. Die Gegend, aus der er stammt, ist Kedes in Naftali. Kedes bedeutet »Heiligtum« und Naftali heißt »Ringer« oder »Kämpfer«. Das deutet darauf hin, dass Barak das Heiligtum kannte und wusste, worum es zu kämpfen galt. Er ähnelt Epaphras, von dem es in Kolosser 4,12 heißt, dass er allezeit für die Gläubigen in Kolossä in den Gebeten rang. Wenn wir beten, gehen wir ins Heiligtum Gottes. Das Gebet ist kein leichtes Werk, es ist eine sehr anstrengende Tätigkeit. Barak hat in einer solchen Umgebung seine Entwicklung genommen.

Es scheint, als wäre alles vorhanden gewesen, damit er ein Retter Israels hätte werden können, dass es ihm aber an geistlichem Mut mangelte. Deshalb ist es sehr schön zu sehen, wie Debora ihn zur Aktivität motiviert (das ist eine zuvor erwähnte Bedeutung ihres Namens). Sie vermittelt ihm ihre Überzeugung, dass Gott ihm den Feind ausliefern wird. Sie hat diesen »Bericht« von Gott empfangen. Barak muss dafür auf den Berg Tabor ziehen, dessen Name »Berg des Vorhabens« bedeutet. Ist das nicht eine große Ermutigung? Wir müssen auf den Berg gehen, also nach oben, wo wir sehen können, wie Gott denkt und was er tat. Wenn wir weiterhin auf den Zustand um uns her blicken, bleibt es möglicherweise beim Klagen und Seufzen. Doch wenn wir beginnen, uns mit den Plänen Gottes zu beschäftigen, mit dem, was in seinem Herzen ist, werden wir ermutigt werden. Kein Feind kann die Pläne und Ratschlüsse Gottes antasten. Wenn wir anfangen, uns in erster Linie mit Gottes Gedanken zu beschäftigen, dann werden wir sehen, welche Kraft uns das für den Kampf verleiht. Auf der Höhe der Pläne und Gedanken Gottes zu stehen, ist die beste Grundlage für den Sieg im Kampf. Debora tut hier das, was Paulus in Kolosser 4,17 schreibt, wo er Archippus ausrichten lässt: »*Sieh auf den Dienst, den du im*

Herrn empfangen hast, dass du ihn erfüllst.« Auf diese Weise können Schwestern Brüder ermutigen. Leider mangelt es sehr an solchen Schwestern.

Debora muss mitgehen — Vers 8-10

Trotz der schönen Bedeutung der Namen, die mit Barak in Verbindung stehen, wagt er sich nicht allein gegen den Feind vor. Er wollte zwar gehen, doch benötigte er jemanden, von dem er wusste, dass er auf Gott vertraut. Solch eine Person fand er in Debora. Hierin ähnelt er Lot, der ebenfalls auf den Glauben eines anderen vertraute, nämlich auf den Glauben seines Onkels Abraham. Debora willigt ein, doch sie sagt, dass dann die Ehre für das Unterfangen nicht ihm, sondern einer Frau zufallen wird. Gott belohnt Vertrauen auf ihn; wenn dieses Vertrauen fehlt, kann er seine Belohnung nicht geben. Das kann uns anspornen, die Aufgabe, die er uns gibt, auszuführen, ohne dabei von der Unterstützung anderer abhängig zu sein. Das bedeutet nicht, dass wir Unterstützung nicht schätzen sollten, doch sie darf nicht die Bedingung für die Erfüllung unseres Auftrages sein. Dennoch ist Barak ein Mann des Glaubens. Nicht umsonst wird er in Hebräer 11,32 als ein Glaubensheld erwähnt. Er glaubte der Weissagung Deboras und mit einem kleinen Heer zieht er gegen einen überlegenen Feind in den Kampf.

Die Keniter — Vers 11

Jetzt wird der Keniter Heber erwähnt, scheinbar ohne besonderen Anlass. In Kapitel 1,16 sind wir den Kenitern bereits kurz begegnet. Dort sahen wir, dass sie sich unter dem Volk Gottes befanden, ohne dazuzugehören. In ihrer Haltung stellten sie einen Gegensatz zu Menschen wie Kaleb und Achsa dar. Wir haben es hier mit einem Mann zu tun, der zwar zu den Kenitern gehörte, sich jedoch von diesem Volk abgesondert hatte. Er war seinen eigenen Weg gegangen, aber ohne sich mit dem Volk Gottes zu verbinden. Was das betrifft, verleugnete er seine Herkunft nicht. Dass er hier erwähnt wird, hat vielleicht den Grund, den Gegensatz zu Barak deutlich werden zu lassen, der sehr wohl aus Glauben und zum Wohl des Volkes Gottes handelte. Heber hielt sich abseits, war sogar ein

Freund der Feinde des Volkes (siehe Vers 17). Heber wird hier auch deshalb erwähnt, weil seine Frau Jael jene Frau ist, von der Debora in Vers 9 spricht.

Der Feind wird aktiv — Vers 12-13

Es ist ein immer wiederkehrendes Phänomen, dass der Feind aktiv wird, sobald das Volk Gottes im Glauben zu handeln beginnt. Der Feind bleibt inaktiv, solange das Volk Gottes inaktiv bleibt und keine Anstalten macht, etwas an der Situation zu ändern. Im Leben eines Gläubigen ist das nicht anders. Wenn ein Gläubiger ganz in den Dingen der Welt aufgeht, wird sich der Teufel keine Gedanken um ihn machen. Doch sobald ein Gläubiger zum Bewusstsein gelangt, dass er sich mit verkehrten Dingen beschäftigt und seine Verbindung mit der Welt abbrechen will, wird der Teufel rasant aktiv. Er wird alles versuchen, um den Gläubigen unter seiner Macht zu halten.

Der Feind geschlagen — Vers 14-16

Jetzt, wo der Kampf vor der Tür steht, ist es wiederum Debora, die Barak inspiriert. Durch ihren Umgang mit Gott kennt sie seinen Willen. Mit dieser Kenntnis ermutigt und treibt sie zum Kampf an und weist auf den endgültigen Sieg hin. Wer für Gott kämpft, im Vertrauen auf ihn, darf mit »Sieg« rechnen. Genauso wie in Vers 7 richtet sie hier den Glauben Baraks auf den Herrn. Nicht die zehntausend Mann, die Barak folgen, sind die Garantie für den Sieg. Sie weist darauf hin, dass der Herr selbst vorangeht; Barak braucht nur zu folgen.

Wir sehen, wie Debora sich nicht öffentlich in den Kampf einmischt; das steht in völliger Übereinstimmung mit ihrer Stellung als Frau. Doch zugleich sehen wir, wie sie durch ihr festes Vertrauen, ihren Glauben an den Herrn, die Grundlage für den Sieg über den Feind legt. So groß ist der Einfluss einer gottesfürchtigen Frau. Es sage niemand, eine Frau solle mundtot gemacht werden, solange sie sich an die Grenzen hält, die Gottes Wort ihrem Auftreten in der Öffentlichkeit setzt!

Dann geht Barak zur eigentlichen Tat über. Der Herr gibt zu

erkennen, dass er sich an Baraks Seite befindet und sät unter dem Heerlager Siseras Verwirrung. Das tut Gott allezeit. Wenn wir glauben, dann darf dieser Glaube damit rechnen, dass Gott unsere Sache zu seiner Sache macht. Wiederum ist, genau wie bei Ehud, »die Schärfe des Schwertes« das Mittel, wodurch der Feind verjagt wird. Gott gibt uns in diesem Kampf keine andere »Waffe« als sein Wort in die Hand.

Jael — Vers 17-22

Frauen spielen beim Sieg über den Feind eine Hauptrolle. Der zweiten beteiligten Frau kommt die Ehre zu, den Anführer des feindlichen Heerlagers zu töten. Debora hatte bereits in Vers 9 auf diese Frau hingewiesen, zur Beschämung Baraks, dem es an Glaubensmut fehlte. Nun lesen wir ihren Namen und werden Zeugen ihres Auftretens. Auch hier ist viel darüber zu lernen, wie Gott Frauen einsetzt. Von diesen Frauen sind leider nur wenige zu finden, genauso wenig Frauen wie echte Glaubensmänner, die sich in voller Hingabe dem Herrn übergeben, um von ihm gebraucht zu werden.

Die Frau, die in diesem wichtigen Augenblick in den Kampf einbezogen wird, heißt Jael. Sie ist die Ehefrau Hebers, über den wir schon kurz bei Vers 11 gesprochen haben. Es scheint, als hätte sie einen völlig anderen Charakter als ihr Mann. Er lebte mit dem Feind des Volkes Gottes in Frieden. Jael beteiligte sich nicht daran. Ebenso wie einst Rahab (Josua 2), macht sie sich mit dem Volk Gottes eins. Genau wie später Abigail (1. Samuel 25), ist sie mit einem Mann verbunden, der kein Interesse für die Dinge Gottes hat. In ihrem Herzen ist Glauben. Sie lädt Sisera ein, sich in ihrem Zelt zu verbergen. Sie versorgt ihn so gut, dass er sich behaglich fühlt. Nachdem er ihr aufs Herz gelegt hat, ihn nicht zu verraten, fällt er in einen tiefen Schlaf. Dann sieht Jael ihre Chance. Mit Hammer und Zeltpflock bereitet sie den Machenschaften dieses grausamen Unterdrückers ein Ende.

Was können wir nun von ihr lernen? Ihr Name bedeutet »Kletterer«. Sie stellt jemanden dar, der »*sucht, was droben ist, wo der Christus ist, sitzend zur Rechten Gottes*« (Kolosser 3,1-2). Um im Kampf einsetzbar zu sein, müssen wir uns mit Christus im Himmel beschäftigen. Das kostet Anstrengung und Mühe. Klettern funktioniert nicht von selbst. Ihr Leben auf der Erde stimmt damit überein. Sie wohnte in einem Zelt. Ein Zelt ist das Symbol der Fremdlingschaft – davon, dass man auf der Reise ist und keine Heimat hier auf der Erde hat. Der Zeltpflock, das Mittel, womit sie den Feind niederschlägt, weist darauf hin, dass es für den Sieg über den Feind erforderlich ist, dass wir uns als echte »*Beisassen und Fremdlinge*« verhalten (1. Petrus 2,11). Wir werden niemals überwinden, wenn wir uns mit der Welt einsmachen und vergessen zu suchen, was droben ist. Der Zeltpflock wird in Kombination mit dem Hammer eingesetzt. Der Hammer wird in Jerema 23,29 mit dem Wort Gottes verglichen. Die Stelle, an der Sisera getroffen wird, ist die Schläfe, die Seite seines Kopfes. Der Zeltpflock wird so hart eingeschlagen, dass er in der Erde stecken bleibt. Wir könnten sagen, dass die Schläfe der Ort ist, an dem die Gedanken des Menschen gebildet werden. Am Anfang dieses Kapitels haben wir gesehen, dass dieser Feind vom Verstand spricht, der Weisheit der Welt, die ihren Einfluss auf das Volk Gottes ausübt.

Nur durch ein konsequentes Leben als Fremdlinge können wir mit diesem Feind radikal abrechnen. Das heißt, dass wir uns nicht mit jener Politik einlassen dürfen, der diese Welt nacheifert. Allerlei »vernünftige« Gründe könnten angeführt werden, das doch zu tun. Darum müssen wir Gottes Wort studieren, denn dadurch werden wir das entdecken, was droben ist, nämlich Christus. Dann werden wir merken, dass das Wort wie ein Hammer all diese »Vernünfteleien« bzw. »Vernunftschlüsse« zunichte macht.

Wir können noch anmerken, dass Jael keinen öffentlichen Sieg erringt, sondern in ihrem Haus triumphierte, mit den Mitteln, die sie hatte. Das gilt für jede gottesfürchtige Frau. Debora und Jael nahmen die Stellung ein, die Gott ihnen gegeben hatte: niedrig, aber mit Entschiedenheit und Treue. Durch ihre tägliche Erfahrung wusste Jael, wie sie den Holzpflock und den Hammer anzuwenden hatte. So wird die Weisheit der Weisen zunichte gemacht (1. Korinther 1,19).

Der Feind umgebracht — Vers 23-24

Letztlich ist es Gott selbst, der den Feind umbringt. Ihm kommt alle Ehre zu. Doch will er für das Schlagen des Feindes die gebrauchen, die zu ihm gehören. Für die Israeliten – und das gilt auch für uns – reichte es nicht zu behaupten, Gott werde schon alles tun. Das ist zwar so, doch wir müssen uns zur Verfügung stellen. Das Land ist Gottes Land. Er will es durch sein Volk in Besitz nehmen. Das bringt, neben einer großen Verantwortung, auch einen großen Segen mit sich, denn Gott will sein Volk an dem teilhaben lassen, was sein Herz beschäftigt und wonach es sich sehnt. Gott will uns auf sein eigenes Niveau hinaufziehen, damit wir sehen, wie er alles sieht und beurteilt. Auf diesem Niveau zu leben und sich dafür einzusetzen, bedeutet das größte Glück. Je mehr wir endgültig mit dem Feind abrechnen, desto mehr werden wir in der Lage sein, die Dinge zu genießen, die Gott genießt. Bei dieser Begebenheit hat Israel genau das getan. Lasst auch uns kurzen Prozess mit dem Feind machen, der uns in diesem Kapitel vorgestellt wird, und dann gemeinsam mit Gott den Segen seines himmlischen Landes genießen.

Kapitel 5

Einleitung

Das Lied, das Barak und Debora nach dem Sieg singen, ist ein besonderes und beeindruckendes Lied. Es ist auch ein langes Lied, wenn wir die kurze Beschreibung des Kampfes beachten. Es ist das einzige Lied im Buch der Richter; im weiteren Verlauf wird nicht gesungen. Der Inhalt des Liedes passt zum Zustand jener Tage. Die durchlebten Gefühle und die Taten Gottes kommen darin zum Ausdruck.

Doch es geht nicht allein um den Blick zurück in die Vergangenheit und auf das, was Gott getan hat und wie die verschiedenen Personen und Stämme sich verhalten haben. Es ist auch ein Lied, in dem der Glaube den zukünftigen Sieg sieht. Diese Gewissheit entstammt dem, was Gott gerade für sein Volk bewirkt hat. Im Leben des Gläubigen ist jeder Sieg, den er erringt, eine Vorauszahlung auf den letzten großen Sieg. Er darf im Glauben mit der Erfüllung von Römer 16,20 rechnen: »*Der Gott des Friedens aber wird in kurzem den Satan unter euren Füßen zertreten.*« Dieser letzte Sieg steht fest. Jeder Glaubenssieg verweist auf jenen Augenblick und ermutigt den Gläubigen in seinem Vertrauen auf Gott.

Im ersten Lied in der Bibel, dem Lied Moses in 2. Mose 15, sehen wir etwas ganz Ähnliches. In den Versen 13 und 17 lesen wir, wie der Glaube Moses über die ganze Wüstenreise hinwegblickt (die damals noch vor ihnen lag) und gleichsam unmittelbar ins verheißene Land springt. Dieses Land besingt er und das ganze Volk stimmt mit ein. Im Lied der Debora singt das Volk allerdings nicht mit. Wir hören nur zwei Stimmen. Es ist schön zu sehen, wie dieses Lied mit dem Herrn beginnt und endet (Vers 1-5 und Vers 31).

Nun noch die Einteilung des Liedes, die zum besseren Verstehen des Inhalts verhelfen kann.

a. Vers 1-5 preist Gott, weil er sich für sein Volk in die Bresche geworfen hat.
b. Vers 6-8 beschreibt, wie es während der Besatzungszeit in Israel aussah.
c. Vers 9-11 ruft dazu auf, vom Sieg des Herrn zu zeugen.
d. Vers 12-18 gibt die Rollen der einzelnen Stämme wieder.
e. Vers 19-23 beschreibt den Kampf.
f. Vers 24-27 rühmt Jael für ihre Tat.
g. Vers 28-30 berichtet, wie die Mutter Siseras vergeblich wartete.
h. Vers 31 bildet den Schluss.

a. Vers 1-5 preist Gott, weil er sich für sein Volk in die Bresche geworfen hat

Vers 1. Dieses Lied wird nur von zwei Personen gesungen, einer Frau des Glaubens und einem Mann des Glaubens, während doch das ganze Volk am Sieg teilhatte. Doch es bleibt ein Lied nach dem Herzen Gottes. In Zeiten des Verfalls geht es nicht darum, eine Masse Menschen zum Singen von Lobliedern zusammenzubringen. Wir dürfen heute wirklich in Frage stellen, ob die Organisation von Lobpreis-Zusammenkünften, zu denen jeder eingeladen wird, aus der Wirksamkeit des Geistes Gottes hervorgeht. Werden solche Zusammenkünfte jedoch mit dem Ziel veranstaltet, um die Einheit unter Christen zu bewirken, dann wird das Singen missbraucht, denn für diesen Zweck unterstützt die Bibel das Singen nicht. Wie entsteht ein Loblied? Es wird in einem Herzen geboren, das eine Erfahrung mit Gott gemacht hat. In einem solchen Leben hat Gott auf eine besondere Weise seine Gegenwart gezeigt. Die Folge dessen ist ein Loblied. Wer weiß, dass seine Sünden vergeben sind, kann davon singen. Das kann zusammen mit allen geschehen, die ebenfalls die Gewissheit der Vergebung ihrer Sünden haben. Das führt zusammen; dann gibt es einen gemeinsamen Anlass zum Singen. Wie könnte man gemeinsam mit Ungläubigen zur Ehre Gottes singen? Sie haben doch keine solche Erfahrungen mit Gott gemacht!

Der Anlass für das Lied Deboras und Baraks ist das Handeln Gottes an Jabin. In Vers 23 des vorigen Kapitels steht: »*So demütigte Gott an jenem Tag Jabin.*« Vers 1 unseres Kapitels sagt: »*Debora und Barak … sangen an jenem Tag folgendes Lied.*« Das Handeln Gottes zum Wohl seines Volkes ruft bei Debora und Barak offenbar eine spontane Reaktion in Form eines Liedes hervor. So ist auch für uns jede Form der Befreiung ein direkter Grund zum Singen eines Lobliedes. Tun wir das auch?

Vers 2. Die Übersetzung des ersten Teils dieses Verses scheint nicht einfach zu sein. Das wird durch einen Vergleich der Übersetzung der Niederländischen Bibelgesellschaft mit der Statenvertaling deutlich. Die NGB übersetzt: »*Weil man seine Locken lang hängen ließ in Israel.*« Die Statenvertaling schreibt: »*Lobt den Herrn über das Rächen der Wracke.*« In einer deutschen und englischen Übersetzung steht: »*Weil Führer führten in Israel.*« Weil ich in den Übersetzungen, die ich herangezogen habe, keine Unterstützung für den Wortlaut der Statenvertaling fand, lasse ich sie weiter außer Betracht. Ich werde die beiden anderen Übersetzungen miteinander vergleichen und meine Schlussfolgerung damit verbinden. Ein Kenner der Sprache, in der das Alte Testament größtenteils geschrieben wurde, des Hebräischen, übersetzt: »*Als die Fürsten in Israel führten.*« In einer Erläuterung zu diesem Vers schreibt meine Quelle: »Der Eröffnungssatz ist einer der rätselhaftesten des Liedes. Er kann auch so übersetzt werden: ›*Als die Haarlocken lang wuchsen in Israel*‹, was ein Hinweis auf eine Praxis sein könnte, bei der man sein Haar nicht schneiden ließ, um ein Gelübde zu erfüllen (4. Mose 6,5.18). Dies würde eine Hingabe an den Herrn zur Teilnahme an einem heiligen Krieg bedeuten. 5. Mose 32,42 gibt möglicherweise einen Hinweis auf langhaarige Soldaten, obwohl ›Führer‹ dort auch möglich ist.« Soweit das Zitat.

Das lange Haar weist auf Hingabe und Unterwürfigkeit hin. Von der Frau heißt es in 1. Korinther 11, dass das lange Haar *»eine Ehre für sie ist, denn das Haar ist ihr anstatt eines Schleiers gegeben«* (Vers 15). In 1. Korinther 15 geht es um ihr Verhältnis zum Mann und um die Sichtweise Gottes dieser Beziehung. Die Frau kann an ihrem Äußeren erkennen lassen, dass sie innerlich eine Gesinnung der Hingabe und Unterwürfigkeit dem Mann gegenüber hat. Die Frau kann durch das Tragen von langem Haar zeigen, dass sie mit dem übereinstimmt, was Gott in ihrer Beziehung zum Mann von ihr verlangt. Sie gibt ihren eigenen Willen preis und nimmt eine Stellung der Unterordnung ein. Dieser allgemeine Gedanke über das lange Haar lässt sich auch auf alttestamentliche Stellen anwenden, wo langes Haar erwähnt wird.

Ein Blick auf die andere Übersetzung, in der von Führern die Rede ist, zeigt, dass diese anscheinend einen völlig anderen Aspekt beleuchtet. Aber das stimmt nicht. Nicht immer leiten Führer so, wie es von ihnen erwartet werden darf. Doch wenn sie aufs Neue ihre Verantwortlichkeit auf sich nehmen, können sie erst dann eine gute Leiterschaft ausüben, wenn sie sich Gott hingeben und sich ihrer Unterwürfigkeit ihm gegenüber bewusst sind. Das Ergebnis davon ist, dass das Volk sich freiwillig anbietet. Es werden kein Befehle erteilt, sondern es wird mit Beispiel vorangegangen. Ein gutes Vorbild lässt Gutes folgen. Wenn die Verhältnisse im Volk Gottes wieder so zu wirken beginnen, dann ist das ein Grund, den Herrn zu preisen. Tut es nicht wohl, wenn in einer Glaubensgemeinschaft Führung auf eine biblische Weise ausgeübt wird, und zwar von Führern, die von Gott eingesetzt sind (und somit nicht von Menschen)? Von solchen Personen lesen wir in Apostelgeschichte 20,28. Paulus sagt dort zu ihnen: *»Habt Acht auf euch selbst und auf die ganze Herde, in welcher der Heilige Geist euch als Aufseher gesetzt hat, die Gemeinde Gottes zu hüten, die er sich erworben hat durch das Blut seines Eigenen.«* Ist das Ergebnis ihres Auftretens nicht, dass andere sich freiwillig anbieten, für den Herrn zu arbeiten? Haben wir einen Blick dafür? Und wie reagieren wir darauf?

Vers 3. Die Treue der Führer und die Bereitwilligkeit des Volkes veranlassen Debora, ein Lied zur Ehre des Herrn zu singen. Zugleich ist dieses Lied ein Zeugnis für andere Würdenträger. Könige und andere Machthaber werden aufgerufen, auf das zu hören, was sie singen will. Sie können viel davon lernen. Machthaber, die auf den Willen Gottes achten wollen, werden von Debora in ihrem Lied ermutigt. Wer Gottes Willen jedoch nicht berücksichtigt, hört im selben Lied deutliche Warnungen. Wenn wir bedenken, dass wir als Gläubige der Gemeinde auch Könige genannt werden (1. Petrus 2,9; Offenbarung 5,10), dann hat ihr Lied auch uns etwas Nötiges zu sagen. Lasst uns unsere Ohren weit öffnen und den Inhalt dieses Liedes gut verinnerlichen.

Vers 4 und 5. In diesen Versen richtet sich alle Aufmerksamkeit auf den Herrn selbst sowie auf das, was er in der Vergangenheit getan hat. Er wird hier als sichtbare Erscheinung beschrieben. So wird Gott auch in Psalm 68,7-8 dargestellt, wo er ebenfalls als der Erlöser seines Volkes besungen wird. Debora präsentiert Gottes gerade geschehenes Eingreifen zum Wohl seines Volkes, indem sie dies mit seinem Eingreifen am Anfang der Geschichte Israels vergleicht. Sie sieht ihn mit einer Majestät ausziehen, die die Widersacher lähmt. Groß und beeindruckend ist die Majestät dieses Helden. Eine derartige Beschreibung Gottes gibt Mose in seinem Lied in 5. Mose 32. Auch Habakuk 3,3-15 beschreibt in lebendiger Weise Gottes vergangenes Eingreifen für sein Volk. Wir werden Vieles vom Handeln Gottes in der Geschichte verstehen, wenn wir uns einmal mit seinem Eingreifen in früheren Zeiten beschäftigen.

Seir ist ein Name für die Berge, in denen die Nachkommen Esaus, die Edomiter, wohnten. Als die Israeliten sie baten, durch ihr Land ziehen zu dürfen, wurden sie von den Edomitern als Feinde behandelt (siehe 4. Mose 20,14-21 und 5. Mose 2,1-8). Sie durften keinen Krieg gegen die Edomiter führen und mussten daher im Bogen um deren Land herum ziehen.

Doch hier im Lied Deboras hören wir, wie Gott selber in Erhabenheit für sein Volk auszog. Berge sind in der Bibel oft ein Bild großer irdischer Mächte. Doch sie wanken gegenüber der Größe Gottes. Sie halten vor ihm nicht stand. Auch Sinai, der Berg, an dem Gott seinem Volk das Gesetz gab, vermittelt denselben Eindruck. Hebräer 12,18-21 beschreibt diesen Eindruck. Die Tatsache, dass Gott Israel dazu auserwählt hat, sein Volk zu sein, nimmt nicht weg, dass er auch für sie eine beeindruckende Erscheinung bleibt. Obwohl wir als Gläubige der Gemeinde nicht in einer Bundesbeziehung zu Gott stehen, sondern ihn unseren Vater nennen dürfen, steht auch für uns in Hebräer 12,29: »*Auch unser Gott ist ein verzehrendes Feuer.*« Das braucht uns keine Angst einzujagen, aber es wird unsere Ehrerbietung und Ehrfurcht vor ihm steigern. Zugleich ist es eine Ermutigung, wissen zu dürfen, dass dieser Gott unser Gott ist. Er zieht für uns in den Kampf gegen den Feind. Welcher Feind wird dann standhalten können?

b. Vers 6-8 beschreibt, wie es während der Besatzungszeit in Israel aussah

Die Zeiten, in denen Schamgar und Jael lebten, gleichen einander. Es waren Zeiten, in denen der Feind das Volk Israel belagerte. Niemand wagte mehr, auf der Straße zu gehen. Die Straßen waren leer. Und wer doch irgendwohin musste, suchte Nebenpfade und Schlängelwege. In 3. Mose 26,22 hatte Gott vorausgesagt, dass die Wege »öde« würden, wenn das Volk untreu wird. In Jesaja 35,8-10 sehen wir den bevölkerten Weg als Folge der Regierung des Messias. Dort ist das Volk Gottes zurückgekehrt und empfängt den verheißenen, aufgeschobenen Segen. Unsere Zeit ähnelt den Tagen Schamgars und Jaels. Das Wort Gottes wird nur wenig berücksichtigt. Es gelingt dem Feind leider, viele Christen vom rechten Weg abzubringen und davon abzuhalten.

Schamgar und Jael haben im Glauben gehandelt und dem Feind einen empfindlichen Schlag versetzt. Sie begnügten sich nicht mit der verbreiteten Auffassung, es nütze doch nichts, sich zu widersetzen. In allen Zeiten, auch in unseren, wurde stets deutlich, wer sich der vorherrschenden Meinung fügte und wer sich öffentlich auf Gottes Seite stellte. Die krummen Wege sind ein Bild des Handelns aus eigenem Willen, wobei man nicht nach dem Willen Gottes fragt. Oft geschieht das aus Angst vor dem Kampf, der sicher kommt, wenn man sich der Meinung der Masse widersetzt.

Vers 7. Das Volk Gottes ging seine eigenen Wege! Sie bestimmten selbst, wie sie ihr Leben einrichten sollten und fragten nicht nach Gottes Willen. Es gab keine Führer, keine Menschen, die das Volk Gottes mit dem Willen Gottes bekannt machten. Mangel an

Kenntnis des Wortes Gottes, die Haltung, Gott nicht zu fragen, wie er über die Dinge denkt, führt unvermeidbar zum Untergang des Volkes Gottes (siehe Hosea 4,1.6). Dann steht Debora auf. Debora ist nicht hochmütig, als sie sich selbst *»eine Mutter in Israel«* nennt. Im weiteren Verlauf kommt noch eine Mutter zu Wort, die Mutter Siseras, doch sie ist anders als Debora.

Dass Debora sich »eine Mutter« nennt und nicht »eine Führerin«, sagt etwas über die Art und Weise aus, wie geführt werden muss. Eine Mutter ist eine Frau, die sich mit Liebe und Fürsorge ihren Kindern widmet. Sie setzt alles daran, ihren Kindern zu geben, was sie für ihr Wachstum und ihre Selbstständigkeit benötigen. An solchen Führern besteht in der Gemeinde Gottes großer Bedarf. Paulus war ein Führer, der sich in der Gemeinde in Thessalonich, einer sehr jungen Gemeinde, wie eine Mutter verhielt (1. Thessalonicher 2,7). Der echte Führer ist nicht jemand, dem gedient wird, sondern der selbst dient. Das beste Vorbild davon ist der Herr Jesus (Lukas 22,24-27).

Vers 8. Das Wort »Götter« wird im Alten Testament mehrere Male als Bezeichnung für Richter oder Leiter gebraucht, für Menschen, die das Volk führten (siehe 2. Mose 22,28 und Psalm 82). Das Tor war in Israel oftmals der Ort der praktizierten Führung (siehe Ruth 4,1-11).

Wir können uns beim ersten Teil dieses Verses einen Wahlkampf vorstellen. Das Ergebnis einer solchen Wahl war wiederum Kampf, und zwar nicht gegen einen Feind von außen, sondern gegeneinander. Das geschah, weil nicht nach dem Willen Gottes gefragt wurde. Die neuen Führer waren nicht besser als die vorherigen. Sie waren auf ihren eigenen Profit aus. Von Ruhe und Frieden konnte keine Rede sein. Ist es heute in der Welt anders? Und was sehen wir unter dem Volk Gottes? Viele Führer denken nur an ihre eigene Stellung, ihre eigene Ehre und ihr eigenes Einkommen und tragen keine wirkliche Sorge um die Herde Gottes. Dadurch werden keine Waffen beim Volk gefunden, mit denen sie sich gegen den Feind verteidigen können (Schild) oder ihn verjagen können (Lanze). Das ähnelt der Zeit Sauls, als es keinen Schmied in Israel gab und somit keine Schwerter angefertigt werden konnten (1. Samuel 13,19-21).

Die Waffen, die wir als Gläubige der Gemeinde gebrauchen, sind nicht die fleischlichen Waffen, sondern geistliche. Es ist eine traurige Tatsache, dass Streit unter den Führern des Volkes Gottes das ganze Volk kraftlos macht. Die Verantwortlichen, die eigentlich für Ausrüstung des Volkes Gottes zuständig sind, versäumen ihre Pflicht, den anderen die notwendigen Handreichungen für ein Überwinderleben zu geben. Auf das Wort Gottes, das ein Schild und eine Lanze ist, wird nicht mehr verwiesen, oder es wird ihm eine eigene, zeitgenössische und inhaltslose Auslegung gegeben. In der Christenheit werden »Schild und Lanze« kaum mehr gefunden. Wissen wir, wie wir Gottes Wort auf die richtige Weise anwenden müssen? Ich hoffe, dass wir uns dazu vom Geist Gottes unterweisen lassen.

c. Vers 9-11 ruft dazu auf, vom Sieg des Herrn zu zeugen

Vers 9. Dieser Vers setzt das ermutigende Thema von Vers 2 fort. Drangsal und Kampf sind dem Sieg gewichen. Debora macht sich mit den Menschen eins, die sich dafür zur Verfügung gestellt haben, das Volk Gottes wieder zu befreien. Ihr Herz gehört ihnen. Schließen wir uns auch den Gläubigen an, die ein Leben der Hingabe an den Herrn führen? Fühlen wir uns mit ihnen verbunden, freuen wir uns mit solchen Gläubigen? Debora preist den Herrn aufs Neue dafür, denn er hat es bewirkt. Lasst uns damit fortfahren, ihn großzumachen für alles, worin wir seine Taten sehen.

Vers 10-11. Reisende können sich wieder ohne Gefahr auf den Weg machen. Die täglichen Beschäftigungen können aufgenommen werden. Das sind die schönen Ergebnisse der Befreiung aus der Macht des Feindes. Doch Debora lädt nicht allein diejenigen ein, die gekämpft haben. Nein, alle dürfen die Früchte des Kampfes pflücken. Jeder darf von dem zeugen, was Gott zum Wohl seines Volkes getan hat und darüber nachdenken. Sie ruft dazu auf, die gerechten Taten aus Kapitel 4 untereinander mitzuteilen. Sie nennt diese Taten *»die Heilstaten des HERRN, die Heilstaten an seinen Landbewohnern in Israel«*. Sehr schön wird hier das Handeln des Herrn durch das Handeln der Führer hindurch gesehen; sie werden *seine* Führer genannt. Mit solchen Menschen will er sich gern einsmachen. Ihre Taten sind *seine* Taten.

Diese Heiltaten sind ein Gesprächsthema bei den Tränkrinnen.

Dorthin kommen die Frauen, um Wasser zu schöpfen und so für alle Durstigen etwas zu trinken zu haben. Wasser ist hier wiederum ein schönes Bild des Wortes Gottes (Epheser 5,26). Tränkrinnen stellen Gelegenheiten vor, bei denen man zusammenkommt, um aus dem Wort Gottes zu schöpfen. Das sind keine Orte, an denen gekämpft wird, sondern Orte, wo jeder seinen geistlichen Durst löschen kann. Diese Gelegenheiten können wir oftmals selbst schaffen. Ein Kaffeebesuch oder ein Geburtstag kann manchmal zu einer solchen Gelegenheit werden. Es geht nicht um tief gehende Diskussionen, sondern darum, unter den Eindruck der Heilstaten zu kommen, die der Herr entweder selbst oder durch seine Knechte getan hat. Es erfreut und ermutigt, wenn wir gemeinsam an dem teilhaben können, was der Herr getan hat (vergleiche Apostelgeschichte 15,3-4.12).

Die Folge ist, dass das Volk zu den Toren gehen kann, weil dort wieder auf eine gute Weise Recht gesprochen wird (im Gegensatz zu dem, was in Vers 4 erwähnt ist). Das gemeinsame Gespräch über das Wort Gottes ist eine der wichtigsten Bedingungen für eine gute Führung (das Tor) in der örtlichen Gemeinde.

Es heißt, dass »*das Volk des HERRN hinab zu den Toren*« zog. Das scheint darauf hinzuweisen, dass die Beziehung zwischen dem Herrn und seinem Volk wiederhergestellt war. Sie waren zwar stets sein Volk gewesen, doch sie hatten sich nicht dementsprechend verhalten. Nun waren sie dieses Namens wieder würdig. Das Volk war bereit, auf die Menschen zu hören, die der Herr »in den Toren« gegeben hatte, seinen Willen bekannt zu geben. Dadurch konnte das Volk nun erkennen, dass es wieder mit dem Herrn verbunden war. Eine echte Beziehung zum Herrn zeigt sich in unserer Liebe zu ihm und diese Liebe kommt immer in dem Wunsch zum Ausdruck, sein Wort heranzuziehen und das zu tun, was er darin sagt.

d. Vers 12-18 gibt die Rolle der einzelnen Stämme wieder

Vers 12. Es ist möglich, dass es im Leben Deboras auch eine Periode der Lauheit gegeben hat. Damals hatte der Zustand, in dem sich das Volk Gottes befand, sie nicht so tief berührt. Sie kommt zum Bewusstsein, dass es in ihrem Leben anders laufen muss. Sie ruft sich selbst dazu auf, ein Lied zu singen. Es kann sein, dass hier ein Kriegslied gemeint ist, um anzudeuten, dass sie wieder kampffähig ist. Erst nachdem sie zu sich selbst gesprochen und erkannt hat, dass sie zuerst wieder selber wach werden musste, wendet sie sich an Barak. Manchmal müssen wir uns selbst wachrütteln und uns einmal richtig anpacken, um uns dessen bewusst zu werden, dass unser Verhalten nicht gut ist. Es ist möglich, dass wir durch die angenehmen Dinge des Lebens eingenickt sind. Wir haben dann keine geistliche Aktivität mehr, wir sind mit unseren gesellschaftlichen und materiellen Interessen beschäftigt. Wir sitzen zwar in den Zusammenkünften, doch wir sind eigentlich nicht davon betroffen. Wir lesen zwar in der Bibel, doch sie berührt uns nicht wirklich. Dann dürfen wir nicht weiterschlummern, sondern es wird Zeit, dass wir wach werden und unsere Augen für die Dinge öffnen, die wirklich wichtig sind.

Wenn wir uns in einer solchen Phase befinden, sollten wir uns besinnen und anfangen, es anders zu machen, motiviert von Gottes Liebe zu uns und zu seinem Volk. Dann können wir anfangen, mit unserer Kampfbereitschaft andere dazu zu erwecken, aktiv zu werden und den Kampf aufzunehmen, so wie Debora bei Barak. Sie spornt ihn an, aufzustehen und seine Kriegsgefangenen wegzuführen. Was hier Barak zugesungen wird, steht auch in Psalm 68,18 in Bezug auf Gott und in Epheser 4,8 in Bezug auf Christus. Barak ist hier also ein Bild für Christus.

Vers 13. »Da zog, was entronnen war«. Dieser Ausdruck zeigt an, dass die Zeit der Unterdrückung ihren Tribut gefordert hatte. Viele waren im Kampf gefallen; es war kein zahlreiches Volk, das übrig geblieben war. Aber der Herr hatte für sie eine besondere Belohnung: Sie durften über ihre Feinde herrschen. »*Was entronnen war*« bildet zugleich *»das Volk des HERRN«*. Das ganze Volk des Herrn besteht also aus Menschen, die dem Feind entronnen sind. Das ganze verbliebene Volk, ein Überrest, ist in seiner Existenz ein Zeugnis der Gnade Gottes. Hatten nicht alle gesündigt und waren vom Herrn abgewichen? Dass überhaupt noch Menschen übrig geblieben sind, ist allein seiner Gnade zu verdanken.

So wird es in der Zukunft auch Israel ergehen. Um ihrer Sünden willen werden sie in eine große Drangsal kommen. Der Herr Jesus sagt darüber: »*Und wenn jene Tage nicht verkürzt würden, so würde kein Fleisch gerettet werden«* (Matthäus 24,22). Aber auch dann wird ein Rest, ein Überrest, errettet werden und dieser wird dann »*ganz Israel*« sein, das »*errettet werden*« wird (Römer 11,26).

Vers 14. Ephraim und Benjamin, die beiden Stämme, die im Süden wohnen, werden zuerst genannt. Machir wird in Josua 13,30-31 erwähnt und bildet einen Teil des halben Stammes Manasse, der im Land wohnt. Sebulon wird auch noch in Vers 18 erwähnt und für seinen Mut gepriesen. Zusammen mit Naftali hatte Sebulon auf den Aufruf Baraks in Kapitel 4,10 reagiert, vielleicht wegen seiner Verbindung mit Debora.

Der Stamm Ephraim gibt das richtige Vorbild. Sie wohnten inmitten der Amalekiter, die ein Bild des Fleisches sind. In Ephraim sehen wir Menschen, die den Lüsten des Fleisches nicht nachgeben, sondern sich für die Belange Gottes und seines Volkes einsetzen wollen. Das gute Vorbild wirkt sich auf andere aus: Benjamin geht hinter Ephraim her, um mit ihm zu kämpfen. Aus Manasse schlossen sich die Führer den Kämpfern an. Sie fühlten ihre Verantwortung. Von Sebulon werden diejenigen besonders erwähnt, »*die den Führerstab halten*«. Das sind die Offiziere, die die Namen der Freiwilligen notierten. Sie waren Werber. Diese Menschen tun ihr Bestes, um andere in den Kampf mit einzubeziehen. Sie denken nicht, dass sie es allein fertig brächten. Wir können hieraus lernen, dass wir einander im Kampf brauchen.

Vers 15a. Issaschar war auch ein Stamm, der sich voller Hingabe in den Kampf stürzte. Sowohl der Name Deboras als auch der von Barak werden in diesem Vers an diesen Stamm gekoppelt. Die Fürsten von Issaschar teilten die Überzeugung Deboras. Sie »*waren mit Debora*«. Von diesem Stamm ging eine stimulierende Wirkung auf Barak aus: »*und wie Issaschar so Barak*«. Wir dürfen hinter Menschen stehen, die einen guten Blick auf das haben, was Gottes Wort sagt, und werden selbst auch wieder andere anreizen.

Vers 15b-16. Nach dem Preisen einiger Stämme, die sich für die Belange des Volkes Gottes einsetzten, kommt Debora auf andere Stämme zu sprechen, die abwichen. Was sie darüber sagt, ist sehr lehrreich für uns. Ruben hatte wohl darüber nachgedacht, seine Zeit und seine Kräfte dem Kampf zu widmen. Was war das Hindernis? Ruben hatte viel Vieh. Die Herden Rubens hatten ihn bereits daran gehindert, seinen Anteil des Landes in Besitz zu nehmen (4. Mose 32,1). Dieser Stamm hatte sich mit dem begnügt, was jenseits des Jordan war. Nun forderte man ihn dazu auf, sich seinen Brüdern anzuschließen und mit ihnen den Feind zu bekämpfen. Er denkt und überlegt (das wird zweimal von ihm gesagt!) und er tut es nicht. Seine eigenen Dinge sind wichtiger als die Interessen Gottes.

Wir machen uns auch so viele Gedanken, ob wir am Kampf für Gottes Volk teilnehmen sollen. Immer wieder aufs Neue ergeben sich Gelegenheiten zum Zeugnis. Wir werden gefragt, ob wir beim Traktateverteilen oder bei einer Straßenevangelisation oder anderen geistlichen Aktivitäten mitwirken wollen. Das kostet Zeit und Anstrengung. Jedes Mal, wenn so etwas auf uns zu kommt, ist das ein entscheidender Moment, durch den sich zeigen wird, wie wir unsere Prioritäten verteilen. Suchen wir das Unsere oder das, was Jesu Christi ist (Philipper 2,21)? Es gibt Christen, die wirklich wollen; sie sind voller guter Vorsätze und haben sogar manchmal gute Ideen. Doch im entscheidenden Augenblick springen sie ab. Die Dinge des Lebens, die eigenen Interessen, sind für sie ausschlaggebend. Das ist Ruben.

Vers 17. Gilead liebte seine Ruhe. Stellen wir uns vor, dass wir müde werden! Angenehm im bequemen Sessel liegend, ein Lieblingsprogramm vor der Nase, das wir für keinen geretteten Sünder oder wiederhergestellten Heiligen missen wollen.

Der Stamm Dan war zu sehr mit Geschäften beschäftigt. Sie hatten einen großen Betrieb mit internationalen Kontakten. Die Geschäfte und der Profit waren wichtiger als der Kampf für die Brüder und das Erbteil des Herrn.

Asser tat überhaupt nichts. Er pflegte den Müßiggang und kümmerte sich um nichts. Er saß hinter einem Getränk auf der Terrasse und vergnügte sich, indem er sich die Menschen anschaute, die vorbeiliefen.

Vers 18. Welch einen Gegensatz stellen dann Sebulon und Naftali zu den eben erwähnten Stämmen dar. Sie sind wahre Überwinder, die ihr Leben aufs Spiel setzen (vergleiche Offenbarung 12,11 und Lukas 12,26). Sie lieben Gott mehr als sich selbst. Auch wir können das, wenn wir sehen, wie Gott uns geliebt hat. Diese Liebe ist deutlich in dem zu sehen, was der Herr Jesus am Kreuz tat. Schauen wir uns einmal 1. Johannes 3,16 an. Dort sehen wir, was von uns erwartet wird: »*Hieran haben wir die Liebe erkannt, dass er für uns sein Leben hingegeben hat; auch wir sind schuldig, für die Brüder das Leben hinzugeben.*« Paulus war so jemand, der die Liebe Gottes mit seinem eigenen Leben erwiderte, in dem er sich selbst außer Acht ließ, um anderen zu dienen. In Apostelgeschichte 20,24 sagt er: »*Aber ich achte mein Leben nicht der Rede wert. Damit ich meinen Lauf vollende und den Dienst, den ich vom Herrn Jesus empfangen habe: das Evangelium der Gnade Gottes zu bezeugen.*« In Philipper 2,30 sagt Paulus über einen anderen Knecht, dass dieser »*um des Werkes Christi willen … dem Tod sehr nahe gekommen*« sei. Wo sind heute solche Männer und Frauen zu finden? Wollen wir solche sein?

e. Vers 19-23 beschreibt den Kampf

Vers 19. In diesem lebendigen Bericht sehen wir, wie die Könige Kanaans in großer Selbstsicherheit hinaufzogen, um mit dem aufrührerischen Völkchen Israel abzurechnen. Sie hatten gedacht, einen großen Sieg und viel Beute davonzutragen. Doch mit Ironie in ihrer Stimme sagt Debora, dass sie »*Beute an Silber*« nicht holten. Der Kampf spielte sich bei Tasnach ab, an den Wassern Megiddos, das heißt in den Grenzgebieten Issaschars und Manasses. Viele Ausleger weisen auf den Zusammenhang zwischen Megiddo im Alten Testament und Harmagedon in Offenbarung 16,16. Harmagedon bedeutet vermutlich »Gebirge oder Berg von Megiddo«.

Doch die Verwandtschaft zwischen den Namen ist nicht das Einzige, das auffällt. Von noch größerer Bedeutung ist die Ähnlichkeit zwischen den Geschehnissen aus Richter 4 und dem im Buch der Offenbarung beschriebenen. Bei Megiddo werden die feindlichen Heerlager geschlagen und das Volk des Herrn wird befreit. Bei Harmagedon wird etwas Ähnliches stattfinden. Wir lesen das in Offenbarung 19,11-21. Das abfällige Israel wird sich dort im Kampf gegen den König des Nordens befinden. Dann werden ihm die Heerlager des wiederhergestellten Römischen Reiches, das heißt des vereinigten Westeuropas, zu Hilfe kommen. Schließlich werden diese Heerlager durch das Kommen Christi vertilgt werden. Der gottesfürchtige Teil Israels ist dann errettet und wird »*ganz Israel*« genannt (Römer 11,26).

Vers 20-22. Man hat vermutet, dass hier auf einen Wolkenbruch angespielt wird, wodurch sich das Schlachtfeld in einen Schlammtümpel verwandelte und die festgefahrenen Streitwagen nichts mehr ausrichten konnten. Dadurch konnten die Israeliten den Sieg erringen. Das würde erklären, warum Sisera nicht mit seinem Wagen flüchtete, sondern zu Fuß (siehe Kapitel 4,15). Die Reifen blieben im Matsch stecken und die Pferde sackten darin weg. Das erklärt auch, dass der Bach Kischon sich in eine wild strömende Wassermasse verwandeln konnte. Es ist zugleich möglich, dass Gott etwas tat, was er früher bei den Plagen über Ägypten getan hatte. Bei der siebenten Plage heißt es in 2. Mose 9,23-24: »*Und der HERR sandte Donner und Hagel; und Feuer fuhr zur Erde nieder … Und mit dem Hagel kam Feuer, das mitten im Hagel hin und her zuckte …*« Man kann sich vorstellen, dass es angesichts solcher Naturgewalt so scheinen kann, als ob die Sterne vom Himmel fielen und der Hagel den Boden morastig und den Bach wild machte.

Dieses Schauspiel ist für jeden am Kampf Beteiligten eine Ermutigung. Sie sagen zu sich selbst: »*Tritt auf, meine Seele, mit Kraft.*« Wenn man sieht, dass Gott sich in den Kampf einmischt, dann verleiht das zusätzlich Kraft und Mut. Der Ausdruck »*tritt auf*« wird in 5. Mose 33,29 übersetzt mit »*einherschreiten über ihre Höhen*«, als Beweis der Unterwerfung des Feindes. In Richter 20,43 ist er mit »*holten es … ein*« übersetzt. Das »*tritt auf*« bezieht sich also auf das Zerbrechen der feindlichen Macht und das Einholen des Sieges. Diese Sprache ist auch kennzeichnend für jemanden, der Siege Christi erringt. Eine solche Person ist nicht mit halbem Ergebnis zufrieden, sondern macht weiter, bis der volle Sieg errungen ist, und zwar in der Sicherheit, diesen auch wirklich zu erringen. Wie die Pferdehufe der feindlichen Heere den Boden auch donnern lassen, der Feind wird in der Verfolgung von den tapferen Kämpfern des Volkes Gottes geschlagen werden.

Vers 23. Es ist nicht bekannt, wo Meros lag. Aller Wahrscheinlichkeit nach war es eine Stadt, die mitten in dem Gebiet lag, in dem die Schlacht sich abspielte. Das ist aus der schweren Verfluchung abzuleiten, die über Meros ausgesprochen wird. Andere Stämme haben ebenfalls Vorwürfe zu hören bekommen, weil sie nicht am Kampf teilgenommen haben, doch diese waren nicht so ernst. Es kann sein, dass dieser Unterschied aus der Lage der Gebiete hervorgeht. Wer sich näher an einem Kampfgebiet befindet und mit eigenen Augen sieht, was dort geschieht, hat eine größere Verantwortung als jemand, der weiter entfernt steht und weniger direkt vom Geschehen betroffen ist.

Eine mögliche Bedeutung des Namens Meros ist »gebaut aus Zedern«. Das ist wohl ein Hinweis darauf, wofür sie lebten. Sie wohnten in Zedernpalästen und lebten in aller Ruhe, ohne sich über den Zustand ihrer Brüder Sorgen zu machen. Sie liebten sich selbst und nicht den Herrn. Paulus sagt in 1. Korinther 16,22: »*Wenn jemand den Herrn nicht lieb hat, der sei verflucht.*« Was Debora über Meros sagt, erinnert auch an Haggai 1,2-4.9. Durch den Mund Haggais tadelt der Herr das Volk, dass sie alle mit ihrem eigenen Haus beschäftigt seien, während sie sich nichts aus dem Haus Gottes machten. Sie lebten völlig für ihr Hier und Jetzt. Debora ist der Mund des Engels des Herrn, als sie den Fluch über Meros ausspricht. Diese Gleichgültigkeit hinsichtlich ihrer Brüder wird so gesehen, als ob sie dem Herrn bei seinem Kampf gegen den Feind ihre Hilfe versagten. Wir sehen hier, wie der Herr sich mit seinem leidenden Volk identifiziert.

f. Vers 24-27 rühmt Jael für ihre Tat

Vers 24. Was Jael getan hat, stellt einen großen Gegensatz zur Haltung Meros' im vorausgegangenen Vers dar. Da die Haltungen einander gegenübergestellt werden, treten die Taten jedes Betroffenen umso deutlicher hervor. Wir haben in Kapitel 4,17-22 bereits gesehen, welchen Anteil Jael am Kampf hatte. Hier wird sie für ihre Tat gepriesen. Sie ragt unter allen Frauen Israels hervor. Ihre Verbindung mit Heber machte sie nicht neutral und hielt sie nicht davon zurück, ihre Glaubenstat zu vollbringen. Sie war eine einfache Hausfrau, wie so viele andere, doch durch ihren Mut, den sie bewiesen hat, hat sie sich von allen anderen unterschieden. Noch einmal: Das ist eine große Ermutigung für alle Hausfrauen. Sie können auf ihrem eigenen Gebiet große und entscheidende Siege für den Herrn erringen!

Vers 25. Debora beschreibt, wie Jael gehandelt hat. Sie ging sehr aufmerksam zu Werke und gebrauchte die Mittel, die ihr zur Verfügung standen. Sie machte es dem Feind bequem. Obwohl Sisera erschöpft bei ihr ankam, war das nicht der richtige Moment, um ihn zu töten. Sie sah das ein. Es ist sehr wichtig, den richtigen Moment dafür abzuwarten, dem Feind die Niederlage beizubringen. Wenn sie zu früh gehandelt hätte, wäre viel mehr Energie nötig gewesen. Dabei können wir uns fragen, ob das bezweckte Ergebnis in der Tat erreicht worden wäre. Diese Übung ist für uns alle notwendig. Jael gerät nicht in Panik, als der mächtige Feind in ihr Zelt kommt. Sie kommt seiner Bitte entgegen und gibt sogar mehr, als er erbeten hat. Sie passt sogar das Trinkgefäß ihrem vornehmen Gast an und gibt ihm aus einer »*kostbaren Schale*« zu trinken. Das ganze Verhalten Jaels muss Sisera das Gefühl vermittelt haben, dass er sich auf sicherem Boden befand. Erschöpft versinkt er in Schlaf. Dann nutzt Jael ihre Chance. Das ist der Moment, auf den sie gewartet hat, und ohne zu zögern rechnet sie mit diesem Feind ab.

Vers 26-27. Auf eine wunderschöne Weise besingt Debora die Handlungen, die Jael verrichtet, um den gefürchteten Feind umzubringen. Man sieht es gleichsam vor sich. Auf die Bedeutung der Mittel, die sie gebraucht, sind wir bereits im vorigen Kapitel eingegangen. An dieser Stelle werden einige Einzelheiten hinzugefügt. Sie sind wichtig genug, um die Aufmerksamkeit darauf zu richten. Hier steht, dass sie »*ihre Rechte*« gebrauchte und dass es der »*Arbeitshammer*« war. Die rechte Hand spricht von Kraft. Der Hammer ist das Wort Gottes, aber die Hinzufügung »*Arbeitshammer*« lässt erkennen, dass das Wort praktiziert werden muss. Zugleich lernen wir an Jael, dass man einfältig sein kann, um die Werkzeuge einzusetzen, und dass man nicht zu den »Hochgebildeten« zu gehören braucht.

Was Jael mit dem Hammer tut, wird hier mit unterschiedlichen Worten besungen: *Sie schlägt mit dem Hammer, durchnagelt, zerschmettert und durchbohrt.* Verschiedene Worte für dieselbe Handlung. Das weist auf die mächtige Wirkung des Wortes hin. Das Ergebnis wird uns genauso anschaulich vorgestellt. Die Macht dieses Feindes ist völlig zerbrochen und er ist endgültig ausgeschaltet. Er *krümmte sich, fiel, lag da, vernichtet,* zu Füßen einer Frau. Von seiner früheren Größe und Macht bleibt nichts übrig. Es ist ein Bild dessen, was letztlich mit allen Widersachern Gottes geschehen wird. Wir können uns am Glauben Jaels ein Beispiel nehmen.

g. Vers 28-30 berichtet, wie die Mutter Siseras vergeblich wartete

Vers 28. Von Jaels einfachem Zelt wird unser Blick nun auf das luxuriöse Haus Siseras gelenkt. Dort wohnt auch eine Frau, jedoch ein ganz anderer Typ als Jael und Debora. Ihre Verzweiflung kommt auf treffende Weise zum Ausdruck: Ihr Sohn kam nicht nach Hause zurück. Das war sie nicht gewöhnt. Meistens kam er von einem Gefecht sehr bald zurück und brachte dann die Beweise seines Sieges mit. Dass er so lange wegblieb, konnte bedeuten, dass er geschlagen war.

Die Mutter Siseras schien frei und ungebunden zu sein, aber sie war es nicht. Sie saß hinter »geistlichen« Gitterstäben. Sie kannte keine echte Freiheit. So ist das mit jedem Feind Gottes. Sie meinen, mit niemand etwas zu tun zu haben, während sie sich nach allen Seiten hin mit Schutzmechanismen umgeben. Die Gitterstäbe, die als Schutz dienen sollen, sind gerade der Beweis ihrer Gefangenschaft. Sie wagt ihrem Sohn auch nicht entgegenzugehen. Sie bleibt in ihrer Festung, denn eine solche ist es, so luxuriös sie auch eingerichtet sein mag. Wo man auf Menschen oder auf Dinge anstatt auf Gott vertraut, herrscht die Angst.

Vers 29-30. Die Fragen der Mutter Siseras werden von klugen Damen beantwortet. Deren Antworten schließen sich ihren eigenen Auffassungen an. Es sind Antworten, die das Gewissen beruhigen sollen: »Du brauchst keine Angst zu haben, es wird alles wieder gut. Es liegt an der großen Beute, die sie mitführen. Die verspätet den Rückzug.«

Es war üblich, dass die Soldaten hübsche Mädchen als Trophäen mit nach Hause nahmen. Das Wort für »Mädchen« bedeutet eigentlich »Schoß« oder »Gebärmutter«, was darauf hinweist, dass diese Mädchen zur Befriedigung der Lüste der Soldaten dienen mussten. Zur Kriegsbeute gehörte auch schöne und teure Kleidung. Die gefärbten Gewänder waren für Sisera, die bunte Stickerei für seine Mutter und die Edelfrauen. Außer zur Lustbefriedigung diente diese Kleidung dazu, jedem zu zeigen, wie groß ihr Sieg war. Sie schmeichelte dem Hochmut, das Ansehen wuchs. Sie entspricht den Wesensmerkmalen des Feindes: Er ist egozentrisch und sucht seine eigene Ehre.

Wir sollten darauf achten, dass das, was der Feind hier vorbildet, auch in unserem bösen Herzen vorhanden ist. Wir müssen verhindern, dass diese Wesensmerkmale Eingang bei uns finden. Und wie? Indem wir auf das blicken, was am Kreuz auf Golgatha damit geschah und auf das, was bei der Wiederkunft des Herrn Jesus damit geschehen wird. Am Kreuz ist der Feind geschlagen worden. Doch er will sich noch gern Geltung verschaffen und erhält die Gelegenheit dazu, wenn wir uns nicht der Sünde für tot halten und das Fleisch doch wirken lassen. Beim Kommen des Herrn Jesus für die Gemeinde werden wir alles zurücklassen, was wir durch Sünde und Fleisch erworben haben. Nichts davon nehmen wir mit in den Himmel. Sind wir nicht dumm und töricht, wenn wir doch den Lüsten des Fleisches folgen wollen? Wollen wir nun auf das hören, was Debora am Ende ihres Liedes sagt.

h. Vers 31 bildet den Schluss

Vers 31. In diesem Vers stellt Debora die Feinde und die Getreuen nebeneinander. Achten wir auf das Ende jeder Gruppe. Die Feinde kommen um, wie Sisera und sein Heerlager. Ihre Herrschaft ist zerbrochen und endgültig vorbei; sie sind erniedrigt und zunichte gemacht. Und die Getreuen? Debora nennt sie *»die, die ihn lieben«*. Es geht um die Getreuen aus den Versen 13, 14, 15 und 18 dieses Kapitels. Ihre Liebe zu Gott ist in der Liebe zum Ausdruck gekommen, die sie für die Sache seines Volkes zeigten. Es ist sehr leicht mit Worten zu sagen, dass wir Gott lieben. Doch wir dürfen es nur sagen, wenn es unser aufrichtiger Wunsch ist, dies in unseren Taten und unserem Verhalten erkennen zu lassen. Das haben die verschiedenen Stämme in diesem Kapitel also deutlich gezeigt.

Wer ihn so liebt, wird mit der Sonne verglichen, *»die aufgeht in ihrer Kraft«*. Die Sonne lässt ihr Licht scheinen und bewirkt, dass es Tag wird. Das ist ein wunderbarer Hinweis auf den Herrn Jesus. Er wird in Maleachi 4,2 *»die Sonne der Gerechtigkeit«* genannt. Mit seinem Licht vertreibt er die Finsternis aus unserem Leben, aus all den Gebieten, in denen Unsicherheit oder Sünde unser Leben verdunkeln. Die Zeit, auf die Maleachi verweist, ist die Zeit, wo der Herr Jesus als der Sohn des Menschen über die gesamte Erde regieren wird. Tausend Jahre lang wird er dafür sorgen, dass die Sünde auf der Erde keine Chance erhält, das Elend zu verursachen, das jetzt noch gegenwärtig ist. Doch im Leben derer, die ihn lieben, will er das schon jetzt tun. Sie dürfen sein wie die Sonne. Sie dürfen ihm immer ähnlicher werden und darin zunehmen, so wie auch die Sonne an Kraft zunimmt. Davon wird Segen ausgehen, genauso wie es für jeden Segen geben wird, wenn der Herr Jesus über die Erde regiert. Zwar gibt es jetzt noch Widerstand und Feindschaft. Diese wird es nicht mehr geben, wenn der Herr Jesus regiert.

Ein Thema zum Selbststudium: Der Ausdruck »*die ihn (Gott* bzw. *mich) lieben*« kommt noch einige Male vor. Immer wird etwas anderes damit verbunden, wie zum Beispiel hier die aufgehende Sonne. Ich nenne lediglich die Textstellen; wir dürfen für uns selbst über diesen besonderen Ausdruck nachdenken: Psalm 145,20; Sprüche 8,17; Römer 8,28; 1. Korinther 2,9; Jakobus 1,12; 2,5.

2c) Kapitel 6 – 9

Gideon, dann Abimelech und Jotam

Kapitel 6

Einleitung

Gideon ist kein Richter, dem – wie Schamgar – nur ein Vers gewidmet wird. Er ist auch kein Richter, der – wie Barak – von einer Frau überschattet wird. In Gideon wird uns ein Richter vorgestellt, der von Gott selbst erweckt und ausgebildet wird. Anders als bei den zuvor erwähnten Richtern, werden wir bei Gideon in die Lage versetzt, seine persönlichen Übungen zu sehen und wie er dazu gebracht wird, mit Gottes Gedanken eins zu werden. Gott geht mit Gideon an die Arbeit. Mit Weisheit und Geduld macht Gott aus Gideon ein Werkzeug, das er zum Segen seines Volkes gebrauchen kann. Gottes Handlungsweise mit ihm ist ein Vorbild davon, wie Gott jeden auf den Dienst vorbereitet, der ihn kennt, liebt und danach verlangt, ihm zu dienen. Der Dienst besteht dann nicht aus einer einmaligen Handlung, sondern aus einem ganzen Leben der Dienstbarkeit.

In der Hand der Midianiter — Vers 1

Nach vierzig Jahren Ruhe ist es wieder soweit. Eine neue Generation in Israel ist aufgestanden. Für sie sind Gottes vergangene Bemühungen mit seinem Volk nur Tradition. Dieses neue Geschlecht ist nicht besser als das ihrer Väter. Auch sie tun, was böse ist in den Augen des Herrn. Wiederum muss Gott seine Zucht über das Volk kommen lassen. Er liebt sie zu sehr, als dass er sie auf dem verkehrten Weg weitergehen ließe.

Gott will Gemeinschaft mit seinem Volk. Er will ihnen gerne mitteilen, was er in seinem Herzen für sie trägt. Er möchte auch gern, dass sie ihm mitteilen, was sie in ihrem Herzen für ihn haben. Wie traurig muss es Gott stimmen, wenn er sehen muss, wie sein Volk auf alle seine Liebe so reagiert. Er will sein Volk durch die Gemeinschaft mit ihm lehren und unterweisen, doch wenn es das nicht will, muss er es durch die Hand eines Feindes belehren und unterweisen.

Diesmal gebraucht Gott Midian. Midian ist ein mit Israel verwandtes Volk. Sie sind über Abraham miteinander verbunden. Midian ist ein Sohn Abrahams und seiner Frau Ketura (1. Mose 25,1-2). Sieben Jahre, das spricht von einem vollkommenen Zeitabschnitt, seufzen die Israeliten unter dieser Fremdherrschaft. Der Name Midian bedeutet »Zank«. Ist dieser Feind nicht im Leben vieler abgewichener Christen wiederzuerkennen? Ist er nicht auch in Glaubensgemeinschaften gegenwärtig, wo man sich miteinander überworfen hat? In den folgenden Versen werden wir die Auswirkung davon sehen.

In den Höhlen und Bergfesten — Vers 2

Noch nie waren die Israeliten so tief gesunken. Sie waren gezwungen, in ihrem eigenen Land Vagabunden und Flüchtlinge zu sein, und sie verloren ihre Freiheit. Das ist das Ergebnis, wenn Gottes Volk die Dinge Gottes nicht mehr schätzt. Das Volk wird zerstreut, jeder gräbt seinen eigenen Unterschlupf, es gibt keine Einheit mehr.

In einer Gemeinschaft von Christen, in der man sich nicht mehr gemeinsam mit den Segnungen beschäftigen kann, die Gott gegeben hat, wo man nicht mehr gemeinsam auf die Bibel hört, gewinnen Zwist und Streit leicht die Überhand. Anstatt gemeinsam auf den Herrn Jesus zu blicken, blickt man aufeinander, wobei man dann nicht versucht, etwas vom Herrn Jesus aneinander zu entdecken, sondern aneinander Anstoß nimmt. Die Verhältnisse können dann so getrübt werden, dass man einander nicht mehr vertraut. Anstatt Freundschaft, Offenheit, Vertrauen und Freiheit zu pflegen, hält man seinen Mund und weicht einander aus. Hinter der Hand kommen Argwohn und Geflüster auf. Man hat sich in seine eigenen Stellungen vergraben, die Höhlen und Bergfesten. Es wird ein Grabenkrieg. Das Ende vom Lied ist, dass man einander beißt und frisst (siehe Galater 5,15). So wird das Schöne der christlichen Gemeinschaft verdorben und werden langwierige Freundschaften zerbrochen. Manches Leben wird bitter und Glaubensgemeinschaften brechen auseinander.

Als Israel gesät hat — Vers 3

Der Feind weiß genau, wann er kommen muss: in dem Augenblick, als gesät worden ist. Er wird alles tun, um zu verhindern, dass die Saat aufwächst, so dass es keine Nahrung für das Volk gibt und es kraftlos wird. Um den Gläubigen zu schwächen, tut Satan sein Äußerstes, damit er ihm seine Nahrung wegnehmen kann. Durch allerlei Mittel hält er ihn davon ab, die Bibel zu lesen oder die Zusammenkünfte zur Auferbauung zu besuchen. Er weiß dabei sehr gut, welches Mittel er bei uns gebrauchen kann; er kann aus einem gewaltigen Arsenal schöpfen.

Die Midianiter kommen nicht allein. Amalek ist auch dabei. Amalek ist ein Bild des Fleisches. Diese beiden Feinde gehen immer Hand in Hand. In Galater 5,20 wird als eines der Werke des Fleisches »*Zank*« genannt. Ihm folgen eine Menge Erscheinungsformen des Bösen, die wir in den »*Söhnen des Ostens*« vorgestellt sehen. Satan mobilisiert all seine Kräfte, um zu verhindern, dass ein Gläubiger auch nur etwas von den Früchten des Landes einsammelt.

Keine Lebensmittel, weder Schafe noch Rinder, noch Esel — Vers 4-5

Gaza ist eine Stadt der Philister. Die Philister machen sich hier, ebenso wie anderswo, mit den Feinden Israels eins. Gaza ist ein großer Umschlagplatz für gestohlene Güter, die von den Midianitern dorthin gebracht wurden. Der Ertrag des Landes gelangt also schließlich in die Hände der Philister.

Ich habe schon früher darauf hingewiesen, dass die Philister Namenschristen vorstellen, Menschen, die behaupten, zum Volk Gottes zu gehören, die in Wirklichkeit jedoch außerhalb stehen, weil sie kein Leben aus Gott haben. Sie beanspruchen die Frucht des Landes, den geistlichen Segen, für sich selbst, während sie ihn denen rauben, die wirklich das Volk Gottes bilden. Das kann allein durch die Untreue des Volkes Gottes, der Gemeinde, geschehen, weil es nicht in dem lebt, was Gott geschenkt hat. Die vereinten

Feinde sorgen dafür, dass keine Nahrung für Gottes Volk übrig bleibt. Die Folge ist völlige Kraftlosigkeit.

Was ist von der Gemeinde übrig geblieben, wenn es um ihr Zeugnis in der Welt geht? Schauen wir nur einmal in der Apostelgeschichte nach, wie kräftig ihr Zeugnis am Anfang war. Diese Kraft ist verschwunden. Eine der Ursachen davon ist, dass in der Christenheit nicht mehr die Bibel als die wahre Nahrung geboten wird. Menschen, die den Geist nicht besitzen, haben die Bibel »erobert« und legen sie nach ihren eigenen Einsichten aus. Eine andere Ursache besteht darin, dass Christen selber nicht für das reine Wort Gottes offen sind. In 2. Timotheus 4,3 warnt Paulus davor, dass eine Zeit kommen werde, *»da sie die gesunde Lehre nicht ertragen, sondern nach ihren eigenen Lüsten sich selbst Lehrer anhäufen werden, weil es ihnen in den Ohren kitzelt«*.

So bleiben *»keine Lebensmittel in Israel übrig«*, zudem *»weder Schafe noch Rinder, noch Esel«*. Wenn Christen sich nicht mehr aus der Bibel ernähren können, ist es auch um die Opfer (von denen Schaf und Rind sprechen) und den Dienst für den Herrn (von dem der Esel spricht) geschehen.

Sehr verarmt — Vers 6

Das Land, von dem Gott gesagt hatte, *»in dem du nicht in Armut dein Brot essen wirst«* (5. Mose 8,9), war in große Armut gekommen. Wenn die Bibel im Haus ist, haben wir damit alle Schätze des Himmels in greifbarer Nähe. Doch wenn wir nicht dazu kommen, die Bibel zu öffnen und sie betend zu lesen, haben wir nichts davon. Wir können wissen, dass wir im Land wohnen, mit anderen Worten, dass wir *»gesegnet sind mit jeder geistlichen Segnung in der Himmelswelt in Christus«* (Epheser 1,3), aber was haben wir davon, wenn unser Leben von Bitterkeit und Zank beherrscht wird? Wir sind trotz unseres Reichtums Habenichtse. Es wird Zeit, zu Gott zu schreien, so wie es die Israeliten taten, damit er Befreiung schenkt.

Ein Prophet und seine Botschaft — Vers 7-10

Das Geschrei der Israeliten wird von Gott beantwortet, allerdings nicht mit einer direkten Befreiung. Die Antwort Gottes ist nicht das, was sie erwartet hatten. Bevor Gott sein Volk befreit, muss erst etwas anderes geschehen. Um das zu bewirken, bedient Gott sich zum ersten Mal in diesem Buch eines Propheten. Gott will nämlich, dass sein Volk die Sünde im Gewissen spürt. Ihr Geschrei war offenkundig nur die Folge ihres Elends und war nicht durch die tiefere Ursache dieses Elends veranlasst. Als Antwort auf ihr Geschrei offenbart Gottes heilige Weisheit durch den Propheten die Ursache ihres Elends, damit das Volk zu einer gründlichen Verurteilung dieser Ursache kommt. Allein dann kann von einer dauerhaften Wiederherstellung die Rede sein.

Der Prophet spricht durch den Geist Gottes, der das Gewissen des Volkes wachrüttelt und aufzeigt, wo es abgewichen ist. Das ist keine Aufgabe, die dankbar angenommen wird. Jeremia hat am eigenen Leib erfahren, wie man ihm wegen der Botschaft, die er im Namen Gottes sprach, nach dem Leben trachtete. Ja, solange Propheten etwas sagen, das gerne gehört wird, brauchen sie nichts Böses zu befürchten (siehe Jesaja 30,10). Solche Propheten haben oft großen Erfolg, aber das Resultat wird nicht von großer Dauer sein. Wenn Gott einen Propheten sendet, der das Volk auf sein Versagen hinweist, geschieht das, damit das Verkehrte eingesehen und bekannt wird, sodass für Gott der Weg wieder frei ist, sie zu segnen. Gottes Endziel ist immer Segen. Darum kann ein Bekenntnis keine flüchtige, oberflächliche Sache sein. Ein solches Bekenntnis bewirkt keine echte Bekehrung. Wenn im Leben eines Gläubigen etwas schief gegangen ist, ist es notwendig, dass nicht allein der Fehler bekannt, sondern auch seine Ursache eingesehen wird. Jemand wird erst wiederhergestellt, wenn er zu der aufrichtigen Erkenntnis gelangt ist, dass seine Sünde aus seiner sündigen Natur hervorging. Eine Sünde ist kein Schönheitsfehler, sondern sie ist eine Äußerung des sündigen Fleisches, das nicht an dem Ort gehalten wurde, wo es hingehört, nämlich im Tod. Wer dies aufrichtig anerkennt, sucht keine Entschuldigungen für seine Handlungsweise mehr, er sucht auch nicht nach mildernden Umständen. Ehrliches Selbstgericht, ohne andere für schuldig oder mitschuldig zu erklären, ist der beste Beweis für die Wahrhaftigkeit des Bekenntnisses eines Menschen.

Der Name des Propheten wird nicht genannt, er tut nichts zur Sache. Bei einem Propheten geht es um seine Botschaft. Er zeugt von Gottes früheren Taten zum Wohl seines Volkes. Auf Seiten Gottes gibt es kein Versagen. Der Prophet stellt die Treue Gottes dem Ungehorsam des Volkes gegenüber. Das Gute, das Gott für sie getan hatte, wäre Anlass genug gewesen, ihm treu zu bleiben. Außerdem hatte er sie gewarnt, keine anderen Götter zu verehren. Leider muss das Schlusswort, die Schlussfolgerung des Propheten so lauten: »*Aber ihr habt meiner Stimme nicht gehorcht.*« Diese Aussage muss tief ins Gewissen des Volkes dringen und dort ihr heilsames Werk tun. Inzwischen wird das Werkzeug für seine Aufgabe zubereitet. Dieses Werkzeug, Gideon, hat Gott dazu auserwählt, sein Volk zu erlösen.

Gideon — Vers 11

Der Engel des Herrn (das ist, wie wir früher gesehen haben, der Herr Jesus) besucht Gideon. Dieser ist schwer mit dem Ertrag des Landes beschäftigt; den will er nicht in die Hände der Midianiter fallen lassen, sondern ihn selbst genießen. Die Bedeutung der Namen in diesem Vers vermittelt uns einen Eindruck von der Geisteshaltung Gideons. Ofra bedeutet »Staub«. Wer sich der Schande eines der Welt unterworfenen Volkes Gottes wirklich bewusst ist, wird sich im Staub befinden. Dort gibt es kein Rühmen über eine bestimmte Position, sondern tiefe Demut. Joasch heißt »der Herr ist Unterstützung«. Wer die Schwachheit und Hoffnungslosigkeit der Lage kennt, in der sich Gottes Volk befindet, wird seine Stütze im Herrn suchen und finden. Beim Namen Abieser, »mein Vater ist Hilfe«, können wir an dasselbe denken, wobei hier der Gedanke an eine Beziehung hinzugefügt wird. Wir dürfen Gott als Vater kennen. Gideon bedeutet »Niederhauer«. Alles, was sich selbst erhöht, muss niedergehauen werden. Bald wird er diesem Namen öffentlich alle Ehre machen, jetzt macht er diesem Namen Ehre, indem er sich selber in den Staub (Ofra) niederwirft. Bei Ofra steht eine Terebinthe oder Eiche. Das Wort Terebinthe bedeutet buchstäblich: ein starker Baum. Wenn wir nun diese beiden, Terebinthe und Ofra, zusammenfügen, erkennen wir also eine Kombination von Kraft und Schwachheit. Wir werden in der Geschichte Gideons sehen, wie die Kraft Gottes in der Schwachheit Gideons wirksam ist.

Gideon ist damit beschäftigt, Weizen in der Kelter, einem ungewöhnlichen Ort, auszuschlagen. Die Kelter war leer, das heißt, dass es keine Freude gab. Wein ist ein Bild der Freude (siehe Kapitel 9,13). Die Kelter steht auch für Gericht (Jesaja 63,2-3). In Zeiten von Zank und Streit (wenn Midian die Oberhand hat) können wir nur bei der Kelter Nahrung bekommen, das heißt in der Anerkennung des Gerichtes, das Gott über uns bringen musste. Wer sich wirklich unter dieses Gericht beugt, darf auf das Kreuz blicken. Das ist schließlich der Ort, wo das Gericht Gottes über unsere Untreue am Herrn Jesus vollzogen wurde. Für den Glauben gibt es dort allezeit Nahrung und dort allein sind wir vor »Midian«, dem Geist des Streits, sicher, denn der kann beim Kreuz nicht bestehen. Gideon stellt einen Grundsatz dar: einen Geist bzw. eine Gesinnung, die das Volk vom Streit befreien kann. Er war unbewusst damit beschäftigt, sich dafür vorzubereiten, der Befreier des Volkes zu werden. Wer sich mit dem Herrn Jesus und mit seinem Werk am Kreuz beschäftigt, wie es im Wort Gottes beschrieben wird, kann in einem bestimmten Augenblick von Gott dazu gebraucht werden, ein Führer, Hirte, Ältester oder Befreier zu sein.

Der Herr ist mit dir — Vers 12

Gideon wird erschrocken aufgeblickt haben, als er plötzlich eine Stimme hörte, die zu ihm sagte: »*Der HERR ist mit dir.*« Dennoch wird er nicht ängstlich, das wird er erst in Vers 22, als er erfährt, wer ihn da gerade besucht. Und was sollen wir von dem Ausdruck »*du tapferer Held*« denken? Von Tapferkeit ist bei diesem Mann, der sich vor dem Feind versteckt, auf den ersten Blick nichts zu sehen. Aber für Gott zählt, dass Gideon fest entschlossen ist, sich selbst mit Nahrung zu versorgen. Trotz der Übermacht des Feindes, trotz der Angst bei den Israeliten, ist hier ein Mann, der sich mit der Frucht des Landes beschäftigt. In einer Zeit, in der sich jeder zurückzieht, steht die persönliche Treue im Vordergrund. Das nennt Gott Tapferkeit. Dann sind wir in seinen Augen auch Helden.

Wenn wir uns persönlich damit beschäftigen, Nahrung aus Gottes Wort aufzunehmen und uns nicht am »Zank« unserer Umgebung beteiligen und nicht damit abfinden, werden wir die besondere Nähe des Herrn erfahren und hören, dass der Herr mit uns ist. Diese Zusage gilt für jeden Moment, in dem wir uns so mit der

Bibel beschäftigen, dass wir deutlich die Stimme Gottes hören können. Diese Zusage gilt auch für alle Aufträge, die wir von ihm erteilt bekommen. So beginnt Gott sein Gespräch mit Gideon. Ist das nicht ein ermutigender Beginn?

Wo sind alle Wunder Gottes? — Vers 13

Es entsteht ein Gespräch zwischen Gideon und dem Herrn. Es ist wunderschön zu sehen, wie er Gideon allen Raum gibt und ihn ausreden lässt, wie er die Umstände erlebt. Er geht jedes Mal auf die Fragen Gideons ein und beantwortet sie auf eine Weise, wie allein er das kann. Die Antworten sind voller Ermutigung für jeden, der vom Herrn einen bestimmten Auftrag erhält. Wir werden sehen, dass hier viel über die Ausbildung des Knechtes gelernt werden kann, der ein Werk für den Herrn tun darf. Ähnliche Gespräche kommen in der Bibel häufiger vor, wie zum Beispiel zwischen Mose und Gott in 2. Mose 3 und 4 und zwischen Hananias und dem Herrn Jesus in Apostelgeschichte 9. Wenn wir wissen, dass Gott uns dazu beruft, etwas für ihn zu tun, dann dürfen wir darüber mit ihm sprechen. Wir dürfen mögliche Einwände vorbringen. Gott hört uns zu und nimmt unsere Einwände ernst; er antwortet. Es gibt aber eine Bedingung: Gott bleibt mit uns im Gespräch, solange er bei uns die Bereitschaft sieht, das zu tun, worum er uns bittet. Beruhen unsere Einwände jedoch auf Unglauben oder Eigenwillen, macht Gott nicht mit uns weiter.

An Gideon ist noch ein wunderbarer Charakterzug zu sehen. Gott hat gesagt: »*Der HERR ist mit dir, du tapferer Held.*« Was sagt Gideon? »*Wenn der HERR mit* uns *ist.*« Er macht sich selbst mit dem ganzen Volk eins. Auch wenn er persönlich treu ist, beansprucht er Gott nicht für sich allein. Gott ist der Gott des ganzen Volkes. Das Wohl des ganzen Volkes geht ihm zu Herzen und nicht allein sein eigenes Wohl. Dann kommen die Fragen. Gideon hatte von allem gehört, was der Herr zugunsten seines Volkes getan hatte, als er sie aus Ägypten führte. Er zweifelte nicht an der Geschichte des Volkes und an dem, was Gott mit ihnen und für sie getan hatte. Aber wo blieb Gott jetzt? War er nicht mehr derselbe? Ja, er wohl, aber das Volk nicht. Der Herr hatte sie verstoßen, wenigstens erfährt Gideon es so. In Römer 11,1 wird diese Frage auch gestellt:

»Hat Gott etwa sein Volk verstoßen?« In Vers 2 kommt die Antwort: *»Gott hat sein Volk nicht verstoßen, das er vorher erkannt hat.«* Gott hat sie wegen ihrer Untreue eine Zeit lang ihren Feinden preisgeben müssen, aber mit dem Ziel, sie wieder zu sich zurückzubringen. So wird Gott sich auch in Zukunft durch den großen Befreier, den Messias des Volkes, den Herrn Jesus Christus, über sein Volk erbarmen. Auch hier bei Midian lässt Gott erkennen, dass er sein Volk nicht verstoßen hat. Er bereitet einen Befreier für seine Aufgabe zu: Gideon. Wenn wir Gideon in diesem Vers sprechen hören, dann sehen wir zwei Dinge, die bei jemandem, der von Gott zu einer Aufgabe an seinem Volk berufen wird, immer zusammengehen: Er identifiziert sich mit dem Volk Gottes und er glaubt dem Wort Gottes, wie es ihm von den Vätern überliefert wurde.

Der Auftrag — Vers 14

Gideon hat Gott sein Herz über die hoffnungslose Lage ausgeschüttet. Nun bekommt er den Auftrag, sie zu verändern. Oft sind es gerade die Dinge, die wir als eine Not zu Gott bringen, bei denen er uns dann beauftragt, etwas daran zu ändern. Dann sind wir für Gott die am besten geeigneten Werkzeuge. Wenn wir sehen, dass ein Bedarf an Kinderarbeit besteht, fangen wir an dafür zu beten, ohne daran zu denken, dass es etwas für uns wäre. Dennoch deutet unser Empfinden für die Not bereits darauf hin, dass wir in dieses Werk für den Herrn einbezogen sein könnten. Das können wir auf eine ganze Anzahl anderer Dinge beziehen. Es gilt übrigens ausschließlich für Menschen, die, genau wie Gideon, in Gemeinschaft mit Gott leben; es geht nämlich um Menschen, die in ihrem Leben dem Herrn allen Raum geben. Im Leben solcher Menschen nehmen Bibellese und Gebet den zentralen Platz ein. Darum dreht sich ihr Leben, daraus schöpfen sie ihre Kraft.

Gott gibt Gideon für seinen Auftrag keine neue Kraft, sondern sagt: *»Geh hin in dieser deiner Kraft.«* Welche Kraft ist das? Das ist die Kraft, mit der er sein Essen vor der Hand der Feinde bewahrt hat, um es selbst zu genießen. Dadurch hat er auch genügend Kraft, um Israel zu befreien.

Was der Herr weiter zu ihm sagt, muss allen Zweifel über seinen Auftrag aufheben. Gideon darf im Namen seines Auftraggebers gehen. Er hört ihn sagen: »*Habe ich dich nicht gesandt?*« Das ist alles, was nötig ist, um ein Werk des Dienstes zu tun, aber es ist auch wirklich notwendig. Ohne dass Gott uns auf diese Weise beauftragt, können wir nicht gehen, dann richten wir nur Unheil an. Eine wichtige Lektion in Hinsicht auf die Berufung zu einem Werk des Dienstes ist, dass Gott jemanden ruft, der beschäftigt ist. Gideon war bei der Arbeit, als er berufen wurde. Dasselbe sehen wir bei der Berufung der Jünger in Matthäus 4,18-22. Gott sucht keine Menschen, die nichts zu tun haben, sondern Menschen, die fleißig mit der Erledigung »gewöhnlicher« Dinge beschäftigt sind.

Ein neuer Einwand — Vers 15

Gideon führt nun ein Argument an, wodurch er meint, dass er Gottes Auftrag nicht genügen könne: Er selbst fühlt sich dazu nicht in der Lage. Nun ist es immer gut, niedrig von sich selbst zu denken. Dazu wird jeder von uns in Römer 12,3 ermahnt, wo Paulus sagt, dass jeder »*nicht höher von sich*« denken soll, »*als zu denken sich gebührt*«. Doch dies darf niemals eine Entschuldigung dafür sein, sich dem zu entziehen, was Gott verlangt. Gideon verweist auf seine geringe Herkunft und auf den Platz, den er in seiner Familie einnimmt. Manasse ist der Stamm, der als Einziger geteilt ist. Die eine Hälfte wohnt im Land und die andere außerhalb. Er wusste, was es bedeutete, sich in einer Situation der Uneinigkeit zu befinden. Oft hat man dann schon seitens der Familie so viel Streit oder Widerstand, dass man keine Lust mehr hat, weitere Kämpfe zu bestreiten.

Seine Stellung in der Familie – er war der Jüngste – scheint darauf hinzuweisen, dass er nie wirklich in das Familiengeschehen einbezogen wurde. Das ist auch David in 1. Samuel 16 so ergangen. Als Samuel die ganze Familie zusammenrufen ließ, wurde er einfach vergessen. Das kann dem Betroffenen ein Gefühl der Wert- und Nutzlosigkeit vermitteln. Auch Gideon kann sich so gefühlt haben. Vielleicht fühlen wir uns auch so. Doch wir dürfen sicher sein, dass Gott gerade dann etwas mit uns anfangen kann. Unsere Schwachheit und der Umstand, dass wir von anderen nicht besonders geschätzt werden, macht uns als Werkzeuge für Gott geeignet. Was Gott durch uns tun will, muss allein ihm zugeschrieben werden und nicht uns. Ist es nicht großartig, dass Gott uns in unserer Unscheinbarkeit und Schwachheit gebrauchen will? Hören wir auf das, was Paulus in 2. Korinther 12,9-10 sagt. Nachdem er um Befreiung von etwas gebeten hatte, das ihn schwach und verächtlich machte, sagt der Herr zu ihm: »*Meine Gnade genügt dir, denn meine Kraft kommt in Schwachheit zur Vollendung.*« Und Paulus antwortet: »*Sehr gerne will ich mich nun vielmehr meiner Schwachheiten rühmen, damit die Kraft Christi bei mir wohne. Deshalb habe ich Wohlgefallen an Schwachheiten … um Christi willen; denn wenn ich schwach bin, dann bin ich stark.*« Das ist der Punkt, an den wir kommen müssen. Wir sollen erkennen, dass es nicht um unser eigenes Können geht, sondern Gott führt sein Werk nur in Schwachen aus. Doch das kleine »Ich« ist ein genauso großes Hindernis dafür, von Gott gebraucht zu werden, wie das große »Ich«. Wenn wir das erkennen, dürfen wir nachsprechen, was Paulus in Philipper 4,13 sagt: »*Alles vermag ich in dem, der mich kräftigt.*«

Ich werde mit dir sein — Vers 16

Die Weise, wie der Herr auf das letzte Argument Gideons eingeht, ist sehr ermutigend. In Vers 14 wurde er in seinem Auftrag von dem Bewusstsein gestützt, dass es der Herr war, der ihn sandte. Das verlieh der Aufgabe, die er ausführen sollte, den Wert. In diesem Vers geht es noch einen Schritt weiter. Der Herr sagt, dass er selbst mitgeht. Diese Verheißung des Herrn gilt auch heute! Nach seiner Auferstehung gibt er seinen Jüngern den Auftrag: »*Geht nun hin und macht alle Nationen zu Jüngern, indem ihr diese tauft auf den Namen des Vaters und des Sohnes und des Heiligen Geistes und sie lehrt alles zu bewahren, was ich euch geboten habe*« (Matthäus 28,19). Dann fügt er die Verheißung hinzu und schließt damit das Evangelium nach Matthäus ab: »*Und siehe, ich bin bei euch alle Tage bis zur Vollendung des Zeitalters*« (Vers 20). In den vergangenen Jahrhunderten sind zahllose Gläubige durch diese Worte ermutigt worden und haben die Aufgabe ausgeführt, die ihnen aufgetragen worden war. So wollen auch wir uns ruhig zu den uns aufgetragenen Aufgaben ermutigen lassen. Wenn wir zwar ein Heer von Helfern, aber den Herrn nicht haben, werden wir doch verlieren. Auch wenn wir ganz allein sind, doch den Herrn an unserer Seite haben, dann können wir die größte feindliche Heeresmacht schlagen, als wäre es ein einzelner Mann. Die weitere Geschichte Gideons wird uns lehren, dass das wirklich die »Logik« des Glaubens ist.

Die Bitte um ein Zeichen — Vers 17

Gideon ist nun von seinem Auftrag überzeugt und fasst durch die Zusagen des Herrn Mut. Er hat noch eine Bitte. Er will absolute Sicherheit, dass er es mit dem Herrn selbst zu tun hat. Diese Sicherheit ist für ihn von großer Bedeutung bei der Erfüllung seines Auftrags. Darum bittet er um ein Zeichen. In der Art und Weise, wie Gideon seine Frage stellt, sehen wir ein schönes Vorbild, das der Nachahmung wert ist. Er fragt nicht mit einer Haltung, als stünde ihm das Recht zu, ein Zeichen einzufordern, sondern seine Haltung zeigt, dass er keinen Anspruch darauf erheben kann: »*Wenn ich denn Gunst gefunden habe in deinen Augen*«.

Für einen Christen ist die Bitte um ein Zeichen eigentlich nicht angebracht. Er benötigt kein Zeichen, weil er das ganze Wort Gottes und auch den Heiligen Geist hat, der in ihm wohnt. Wer Sicherheit über eine bestimmte Sache haben will, kann das Wort Gottes lesen und im Gebet Gott bitten, durch sein Wort und seinen Geist die Dinge deutlich zu machen. Gott kann dafür auch andere Mittel gebrauchen: Zusammenkünfte, in denen das Wort Gottes verkündigt wird, oder persönliche Gespräche mit Gläubigen, die mit dem Herrn leben.

Gideon besaß nicht die volle Offenbarung Gottes und der Heilige Geist wohnte nicht in ihm. Ich will noch anmerken, dass auch im Alten Testament Gott am meisten durch bedingungslosen Glauben geehrt wurde. Auch damals war es nicht notwendig, ein Zeichen zu erbitten, um Gottes Willen kennen zu lernen. Einen deutlichen Beweis dafür finden wir in Hebräer 11. Von den Gläubigen, die dort aufgezählt werden, wird immer wieder gesagt, dass sie »*durch Glauben*« etwas getan haben, ohne dass sie dafür bestimmte sichtbare Zeichen empfangen hätten.

Ein Vers, der durch alle Jahrhunderte hindurch von großer Bedeutung bei der Suche nach dem Willen Gottes war, ist Psalm 32,8: »*Ich will dich unterweisen und dich lehren den Weg, den du wandeln sollst; mein Auge auf dich richtend, will ich dir raten*« (UElb). Bei der

Betrachtung der Verse 36-40 werde ich noch etwas mehr über die Bitte um ein Zeichen zum Kennenlernen des Willens Gottes sagen.

Ich will bleiben — Vers 18

Es ist sehr treffend: Gott kommt der Bitte Gideons nach. Sie erscheint beinahe wie ein Befehl für ihn, doch er geht darauf ein. Wie gnädig ist er in seinem Handeln mit Gideon und mit uns, wenn er das aufrichtige Verlangen sieht, ihn zu ehren! Dann sieht er über viel Unwissenheit hinweg. Gideon will dem Herrn etwas anbieten. Durch das Gespräch mit ihm ist bei Gideon ein Verlangen entstanden, ein Opfer zu bringen. Das ist es, was Gott im Herzen Gideons sieht und darauf will er gerne warten. Wenn wir mit dem Herrn Jesus gesprochen haben, bekommen wir dann auch ein Verlangen, ihm ein Opfer zu bringen? Ein solches Opfer können wir in Form von Danksagung und Aussprechen unserer Bewunderung für ihn und für das, was er getan hat, bringen.

Das Opfer — Vers 19-21

Während Gideon sein Opfer zubereitet, wartet der Herr geduldig. Das Opfer, das er bringt, ist nicht gering, wenn wir bedenken, dass es eine Zeit großer Knappheit war (siehe Vers 4). Das Ziegenböckchen, das Gideon als Opfer zubereitet, wurde meistens für das Darbringen eines Sündopfers gebraucht. Das steht im 3. Buch Mose, beispielsweise in Kapitel 4,23 und 16,5. Durch dieses Opfer bringt Gideon bildlich etwas zum Ausdruck, wovon wir viel lernen können. Das Sündopfer ist ein Bild des Herrn Jesus am Kreuz, wo er das Gericht über die Sünde erlitt. Ohne es zu begreifen, veranschaulicht Gideon, dass es für die Sünde des Volkes und für ihn persönlich Rettung allein durch das gibt, was der Herr Jesus auf dem Kreuz getan hat. Das andere Opfer, das er bringt, erinnert an das Speisopfer, das in 3. Mose 2 auf verschiedene Weisen beschrieben wird. Dies ist ein unblutiges Opfer und spricht nicht so sehr vom Tod, sondern vom Leben des Herrn Jesus.

Es ist für Gott eine Freude, wenn wir ihm sagen, wer der Herr Jesus in seinem Leben auf der Erde und in seinem Werk am Kreuz gewesen ist. So kommen wir mit geistlichen Opfern zu ihm. In Johannes 4,23 sagt der Herr Jesus darüber: »*Es kommt aber die Stunde und ist jetzt, da die wahren Anbeter den Vater in Geist und Wahrheit anbeten werden; denn auch der Vater sucht solche als seine Anbeter.*« Wenn wir wirklich etwas von der Schönheit und Herrlichkeit des Sohnes Gottes gesehen haben, dann wird Gott, der Vater, sich darüber freuen, wenn wir ihm das sagen. Es steht jedoch noch etwas dahinter: »*Gott ist Geist, und die ihn anbeten, müssen in Geist und Wahrheit anbeten.*« Gott überlässt es nicht unserem Belieben, wie wir anbeten. Er wünscht, dass wir kommen, doch er gibt auch an, wie wir kommen müssen. Es muss »*in Geist*« geschehen, das heißt geleitet durch den Heiligen Geist und nicht nach menschlicher Weise. Und es muss »*in Wahrheit*« geschehen, also gemäß der Offenbarung, die er von sich selbst in der Bibel gegeben hat, und nicht so, wie wir meinen, über Gott denken zu können.

Auch bei Gideon war das so. In Vers 20 ordnet Gott an, was er mit dem Opfer tun soll. Er muss es auf dem Felsen darbringen (auch ein Bild Christi; siehe Matthäus 16,18 und 1. Korinther 10,4). Der Vers schließt mit den Worten: »*Und er machte es so.*« Der Vers zeigt die wunderbare Gesinnung Gideons. Es ist zu wünschen, dass auch unsere Gesinnung dem entspricht.

Gott nimmt das Opfer an — Vers 21

Die Weise, wie der Herr das Opfer behandelt, ist beeindruckend. Er berührt es mit dem Stab, den er in der Hand hält. Dieser Stab ist ein Herrscherstab, ein Zepter. Solch ein Stab wird von vornehmen Personen getragen, die Befehlsgewalt über andere haben. Er ist ein Zeichen königlicher Würde. Aus Esther 4,11 und 5,2 können wir die Bedeutung des Zepters entnehmen. In seiner Erhabenheit und Majestät nimmt der Herr das Opfer an, das Gideon in seiner Schwachheit bringt. Feuer, ein Bild der untersuchenden und prüfenden Heiligkeit Gottes, kommt aus dem Felsen hervor und verzehrt das Opfer. Nachdem er so das Opfer Gideons angenommen hat, verschwindet der Herr von der Bildfläche. Durch dieses Opfer nimmt Gideon seinen wahren Platz vor Gott ein. Allein auf der Grundlage des Opfers Christi ist jemand vor Gott angenehm und kann von ihm akzeptiert werden. Damit ist die Basis für Gideons weiteren Dienst gelegt.

Wehe mir — Vers 22

Und dann ertönt das »*Wehe mir*«! Gideon ist sich nämlich dessen bewusst geworden, dass er dem Herrn Auge in Auge gegenübergestanden hat. Plötzlich wird er sich in vollem Maße bewusst, mit wem er es zu tun hatte. Dieses Bewusstsein zerbricht ihn völlig. Jeder Gedanke an sich selbst und an sein eigenes Können verschwindet. Allein der Herr bleibt in seiner Größe und Herrlichkeit übrig und das ist der richtige Ausgangspunkt für den kommenden Kampf. Das macht klein und gibt Vertrauen.

Bei Jesaja sehen wir dieselbe Reaktion, als er von Gott berufen wird. Er sieht den Herrn auf einem hohen und erhabenen Thron, während er die Seraphim einander zurufen hört: »*Heilig, heilig, heilig ist der HERR der Heerscharen. Die ganze Erde ist erfüllt mit seiner Herrlichkeit. Da erbebten die Türpfosten in den Schwellen von der Stimme des Rufenden und das Haus wurde mit Rauch erfüllt. Da sprach ich: Wehe mir, denn ich bin verloren. Denn ein Mann mit unreinen Lippen bin ich und mitten in einem Volk mit unreinen Lippen wohne ich*« (Jesaja 6,1-5).

Jesaja kommt zu diesem persönlichen Ausruf, nachdem er im vorausgegangenen Kapitel bis zu sechsmal das »*Wehe ihnen*« über verschiedene Gruppen von Menschen und ihre verschiedenen Sünden ausgesprochen hat. Bevor er zu ihnen gesandt werden kann, muss er zuerst erkennen, dass er selbst nicht besser ist. Gott bringt ihn dazu, indem er ihn Auge in Auge mit sich selbst gegenüberstellt. Das lässt ihn dann zum siebenten Mal ein »*Wehe*« ausrufen, doch nun über sich selbst: »*Wehe mir*«. Dann gibt Gott Jesaja den Beweis der Versöhnung und somit ist er bereit, dorthin zu gehen, wohin Gott ihn senden wird und das zu tun, was er von ihm verlangt: »*Hier bin ich, sende mich*« (Vers 6-8).

Dies ist die beste und gründlichste Weise der Vorbereitung des Dienstes auf seine Aufgabe. Sie deutet einerseits auf einen tiefen Eindruck über das Wesen des Menschen hin und zeigt die eigene Unwürdigkeit und Unfähigkeit. Andererseits wird dieser Eindruck in der Gegenwart Gottes, des Allmächtigen, gewonnen und das ist eine enorme Motivation, das zu tun, was er von uns verlangt. Er sendet aus und ist mit jedem, der auf der Grundlage des Opfers seines Sohnes steht (Richter 6,14.16.21).

Friede — Vers 23-24

Dann hört Gideon das »*Friede sei mit dir*« aus dem Mund des Herrn. Obgleich er dem Herrn Auge in Auge gegenüber gestanden hat, brauchte er sich nicht zu fürchten. Hatte Gott ihn nicht aufgrund des Opfers angenommen? Er konnte jetzt in Frieden gehen. Viele haben diesen Frieden ihres Gewissens bekommen, nachdem sie im Glauben das Werk des Herrn Jesus angenommen hatten. In Römer 5,1 steht: »*Da wir nun gerechtfertigt worden sind aus Glauben, so haben wir Frieden mit Gott.*« Das ist der Frieden, über den der Herr Jesus in Johannes 14,27a spricht, als er sagt: »*Frieden lasse ich euch*«. Durch den Frieden mit Gott, der durch den Herrn Jesus am Kreuz bewirkt worden ist, ist kein Platz mehr für Angst vor Gott. Wenn man vor Gott Angst hat, wird man eigentlich dem Werk des Herrn Jesus nicht gerecht. Gott hat das Werk seines Sohnes angenommen und den Beweis dafür gegeben, indem er ihn aus den Toten auferweckte und ihm einen Platz an seiner Rechten im Himmel gab.

Gideons Furcht ist genommen und er baut einen Altar mit dem schönen Namen »der Herr ist Friede«. Das zeigt, dass Gideon kein Problem mehr mit Angst hat. Er nimmt nicht länger seine Gefühle zum Ausgangspunkt, sondern den Herrn selbst. Der Friede, den er jetzt besitzt, ist nicht die Folge eines guten Gefühls, sondern erwächst aus der Erkenntnis der Person des Herrn. *Er* hat diesen Frieden gemacht. Das macht Gideon zu einem Anbeter, wovon der Altar spricht, den er baut. Hier sehen wir die erste Auswirkung, die der empfangene Friede hat: Gott wird dafür angebetet.

Dieser Friede wirkt sich im Leben Gideons auch praktisch aus; das sollte auch in unserem Leben so sein. Den innerlichen Frieden, den er jetzt besitzt, hat er in der Erfüllung der Aufgabe gezeigt, die ihm aufgetragen worden war. In der Umgebung, wo Gideon wohnte, blieb dieser Friede ein Zeugnis. Es war kein vergänglicher Friede. Er hat in diesem Frieden gelebt und so die Feinde bekämpft. Das ist der Friede, über den der Herr Jesus in Johannes 14,27b spricht, als er sagt: »*Meinen Frieden gebe ich euch.*« Dieser Frieden ist sein eigener Frieden, den er auf seinem irdischen Weg besaß, weil der Vater ihn beauftragt hatte, diesen Weg zu gehen. Dieser Friede darf das Teil jedes Menschen sein, der im Auftrag Gottes einen Dienst zu verrichten hat. Es ist dieser Friede, der am Anfang vieler neutestamentlicher Briefe den Lesern gewünscht wird.

Der erste Auftrag: Umhauen — Vers 25

Gideon erhält seinen ersten Auftrag erst, nachdem er von Gott in das richtige Verhältnis zu ihm gebracht wurde. Nun kann Gott ihn gebrauchen. Doch bevor er Gideon in der Öffentlichkeit auftreten lässt, muss er zuerst in seiner eigenen Familie anfangen. Er muss daheim beginnen. Dasselbe machte der Herr Jesus seinen Jüngern deutlich, als er ihnen auftrug, »*anfangend in Jerusalem*« von ihm zu zeugen (Lukas 24,48), das heißt in ihrer direkten Umgebung, so nahe wie möglich an der Heimat. Danach konnten sie weitergehen nach »*ganz Judäa und Samaria und bis an das Ende der Erde*« (Apostelgeschichte 1,8).

Der Auftrag, den Gideon erhält, ist deutlich. Er hatte gerade eben einen Altar für den Herrn gebaut und zu Hause stand noch ein Altar für Baal. Es kann keine zwei Altäre geben. Wer einen Altar für den Herrn baut, wird dahin kommen müssen, jeden anderen Altar abzubrechen. Erst dann kann ein Zeugnis im Kampf für den Herrn gegeben werden. Zuerst muss Baal weggetan werden, anders würde womöglich ihm der Sieg zugeschrieben. Auch das Holz der Aschera, das dabeistand, musste den Kürzeren ziehen. Das Holz der Aschera schien eine Art Schutz für den Altar darzustellen. Sowohl der Altar als auch das Holz mussten umgehauen werden. Hier erhält der Name Gideon (»Niederhauer«) seine praktische Bedeutung.

Im Altar Baals können wir die Ehrerbietung sehen, die Menschen für allerlei Dinge in ihrem Leben haben können, ohne dass Gott seinen Platz darin hätte. Sie wissen noch gut, dass Baal »Herr« bedeutet. So kann es Dinge in unserem Leben geben, die Gewalt über uns haben, von denen wir uns beherrschen lassen. Wir reden uns mit äußerst einleuchtenden Gründen ein, dass diese Dinge einfach zu unserem Leben dazugehören und wir Nutzen daraus ziehen.

Ein Beispiel. Ein bestimmter Sport kann in unserem Leben eine solche Bedeutung einnehmen, dass wir alles dafür übrig haben. Wir machen uns selbst weis, dass er für unseren Körper nützlich sei. Um vom Herrn gebraucht werden zu können, werden wir sowohl unsere Haltung zu diesem Sport als auch unsere pragmatischen Erwägungen verurteilen müssen. Hiermit will ich nicht sagen, es sei verkehrt, Sport zu treiben. Ich möchte nur darauf hinweisen, dass der Sport ein »Altar« in unserem Leben sein kann, der umgehauen werden muss, zusammen mit den falschen Vorstellungen, mit denen wir diesen »Altar« beschützen.

Der zweite Auftrag: Bauen und Opfern — Vers 26

Das Niederhauen des Verkehrten ist nicht der einzige Auftrag, den Gideon bekommt. Er muss auch einen neuen Altar bauen. Darauf muss er den zweiten Stier seines Vaters mit dem Holz der Aschera opfern. Was hat das alles zu bedeuten? Etwas Neues musste den Platz des Alten einnehmen. Das Alte hatte mit Baal zu tun, das Neue mit dem Herrn.

In Vers 24 baute Gideon spontan einen Altar, um der Anbetung Ausdruck zu verleihen, die in seinem Herzen für den Herrn war. Nun erhält er von Gott den Auftrag, einen neuen Altar zu bauen. Man könnte ihn den Altar seines Zeugnisses für Gott nennen. Er muss ihn auf einem Platz bauen, wo er für jeden sichtbar war. Hiermit bringt er öffentlich zum Ausdruck, dass er sich für Gott und gegen Baal entscheidet.

Zusammen mit dem zweiten Jungstier muss das Holz der Aschera geopfert werden. Das bedeutet, dass alle Argumentationen, die wir bislang bereit hatten, um unseren Dienst für »Baal« zu rechtfertigen, ihr Ende im Opfertod Christi finden. Wir erkennen, dass im Tod Christi alle Gedanken gerichtet sind, die unserem Fleisch entstammen. Der zweite Stier redet vom Herrn Jesus. Der zweite bekommt den Vorzug vor dem ersten. Dies erinnert an 1. Korinther 15,47, wo von einem ersten und einem zweiten Menschen die Rede ist. Der erste Mensch, Adam, hat versagt; der zweite Mensch, das ist Christus, hat in allem Gottes Wünschen entsprochen. Gideon musste den zweiten Stier nehmen, weil dieser eine schöne Widerspiegelung des Herrn Jesus ist, der Gott allezeit in völliger Hingabe gedient hat, im Gegensatz zu einem immer wieder versagenden Volk.

Er tat es bei Nacht — Vers 27

In Begleitung von zehn Knechten begibt er sich auf den Weg, um seinen Auftrag auszuführen. In Ruth 4,2 finden wir ebenfalls 10 Männer. Sie symbolisieren ein hinreichendes Zeugnis entsprechend dem Gesetz. Was Gideon tut, kann von diesen Männern bestätigt werden, sie können bezeugen, was geschehen ist und wie es geschehen ist. Wenn es auf das Handeln ankommt, ist Gideon kein »Einzelgänger«, niemand, der alles allein tut. Er sorgt dafür, dass er von Zeugen unterstützt wird. Dennoch fehlt im der Mut, sein Zeugnis am hellichten Tag abzulegen. Er tut es bei Nacht.

Ich kann ihm das nicht verübeln. Ich weiß noch gut, wie ich zum ersten Mal evangelistische Traktate in der Gegend verteilen ging, wo ich damals wohnte. Das tat ich damals auch erst, nachdem es dunkel geworden war.

Nikodemus war ebenfalls ein solcher Mensch. Auch er wagte es zunächst nicht, öffentlich dazu zu stehen, dass er Interesse am Herrn Jesus hatte (Johannes 3,2). Doch das änderte sich; in Johannes 7,50 ergreift er gegenüber seinen Mitpharisäern Partei für den Herrn Jesus und in Johannes 19,32-42 zeigt sich seine Liebe zum Herrn Jesus. Sowohl in Johannes 7 als auch in Johannes 19 wird daran erinnert, dass er *»zuerst bei Nacht zu Jesus gekommen war«*. Wie dem auch sei, Gideon handelt im Gehorsam und wo Gehorsam vorhanden ist, können wir die Folgen Gott überlassen. Wenn wir tun, was Gott von uns verlangt, tut Gott das für uns, was wir nicht können. Gott ergreift für Gideon Partei gegen seine Feinde.

Heraufbeschworener Widerstand — Vers 28-32

Als die Einwohner der Stadt am folgenden Tag entdecken, was geschehen ist, ist die Bestürzung groß. Die Nachforschungen ergeben, dass Gideon der Täter ist, und sein Leben wird gefordert.

Es gibt nichts, was so viel Feindschaft hervorruft, als wenn jemandes Religion verachtet wird. Man lädt sich die Wut der Fans auf den Hals, wenn man etwas Negatives über ihren Verein zu sagen wagt. Sport, in den Niederlanden vor allem Fußball, ist zur Religion geworden. In der Zeit, in der ich schreibe (1995/96) werden biblische Ausdrücke dazu gebraucht, Fußballstars zu verherrlichen. Sie werden »Göttersöhne« genannt. Und was sollen wir von der Macht des Islam halten? Zeugnisse von bekehrten Moslems berichten, dass sie mit dem Tod bedroht wurden, weil ihr Glaube an den Herrn Jesus bedeutete, dass sie dem Islam abgeschworen haben. Damit wurde vor Gott gezeigt, dass ihre frühere Religion wertlos für sie war. Für einen bekehrten Juden gilt häufig dasselbe. Wer sich in einer Umgebung, wo Menschen sich Götter nach ihrer eigenen Einbildung gemacht haben, für den wahren Gott entscheidet und öffentlich dafür eintritt, wird mit sehr heftigem Widerstand rechnen müssen.

Dieses öffentliche Eintreten für Gott ist der Moment, in dem Gott eine Wende in die Ereignisse bringt. Hinter den Kulissen ergreift er für Gideon Partei. Dafür gebraucht er den Vater Gideons. Die Freimütigkeit Gideons in der Nacht macht seinen Vater am Tag freimütig. Gideons Vater nimmt mit einer einfachen Geschichte den Verstand der Einwohner der Stadt in Anspruch. Er behauptet einfach: wenn Baal ein Gott ist, dann soll er sich für die ihm erwiesene Respektlosigkeit ruhig rächen. Das erinnert an die Herausforderung Elias, mit der er in 1. Könige 18 die Baalspriester konfrontiert und sie fragt, wer wirklich Gott ist. Die Männer der Stadt haben keine Widerworte. Sie geben ihm nur den Namen Jerub-Baal, womit sie zum Ausdruck bringen, dass sie von Baal erwarten, dass er sich wohl an Gideon rächen werde. Dieser Name scheint ein Ehrenname geworden zu sein, als sich zeigte, dass nichts mit Gideon geschah.

Durch die Tat Gideons wird offenbar, was in den Herzen der Menschen ist. Sie bekennen deutlich, dass sie Baal als ihren Gott anerkennen. Ein öffentliches Eintreten für Gott und seine Wahrheit macht auch heute klar, was in den Herzen der Menschen regiert. Wenn wir uns in Wort und Tat dazu bekennen, dass wir uns für den Herrn Jesus entschieden haben, werden wir auf Widerstand stoßen. Der heftigste Widerstand kommt vielleicht von denen, die uns am Nächsten stehen, aber kein Teil am Herrn Jesus haben, während sie sich selbst für religiös halten. Wenn wir als Kinder Gottes das Verkehrte in unserem eigenen Leben sehen und es aus unserem Leben entfernen, ist es schmerzhaft, wenn es dann nicht die Welt ist, die ihre Bemerkungen dazu macht, sondern dass es gerade die Mitgläubigen sind, die negativ reagieren. Aber wenn wir uns für Gott und gegen das Verkehrte entscheiden, dürfen wir damit rechnen, dass Gott für uns eintritt. Er steht dann an unserer Seite. Auf welche Weise er das bemerkbar macht, ist bei jedem wieder anders. Sicher ist jedenfalls, dass er von unerwarteter Seite aus Rettung bringen wird, wenn wir nur treu und gehorsam tun, was er von uns verlangt. So hat es Gideon schließlich auch erlebt.

Der Geist erfüllt Gideon — Vers 33-35

Der Feind wird immer dann aktiv, wenn im Volk Gottes Dinge geschehen, die von einem erneuerten Bewusstsein der Gegenwart Gottes und seines alleinigen Anrechts auf sein Volk zeugen. Wir sahen diese Aktivität der Feinde auch in Kapitel 4,12. Sie machen sich bereit, um ihren Anspruch auf das Land zu bestätigen und zu verstärken. Das ist der Augenblick, als der Geist des Herrn Gideon erfüllt. Wörtlich steht dort, dass der Geist des Herrn sich mit Gideon bekleidet. Der Geist war natürlich schon länger in diesem Kapitel wirksam, aber jetzt wird er in Gideon aktiv, um durch ihn zu wirken und die Feinde zu verjagen. Es ist eine Sache, zu wissen, dass der Geist in unserem Leben wirksam ist; es ist eine andere Sache, uns tatsächlich vom Geist gebrauchen zu lassen, um in unserem Leben Siege zu erringen.

Was in den vorausgegangenen Versen über Gideon erwähnt wurde, war eine Vorbereitung, um ihn zu einem Gefäß zu machen, das der Heilige Geist gebrauchen kann. Bei dieser Vorbereitung hat Gideon seine Treue zum Herrn und seinen Gehorsam ihm gegenüber gezeigt. Das ist der fruchtbare Boden, auf dem der Heilige Geist weiter bauen kann. In Epheser 5,18 steht geschrieben: »Werdet voller Geist«. Der Auftrag (denn um einen solchen handelt es sich!), mit dem Geist erfüllt zu werden, folgt auf eine Reihe von Dingen, die in einem christlichen Lebenswandel vorhanden bzw. nicht vorhanden sein sollen. Wer mit dem Heiligen Geist erfüllt ist, kann sich im selben Moment nicht durch das Fleisch leiten lassen. In Epheser 5 folgt dann: »*... indem ihr zueinander in Psalmen und Lobliedern und geistlichen Liedern redet und dem Herrn mit eurem Herzen singt und spielt*« (Vers 19). Ein wunderbares Ergebnis des Erfülltseins mit dem Heiligen Geist. Was wir einander zu sagen haben, wird dann auf eine wohllautende Weise geäußert, unabhängig davon, ob es um Ermunterung, Trost oder Ermahnung geht. Ich stelle mir das so vor, dass wir es damit vergleichen können, dass Gideon ins Horn stieß. Als Ergebnis kommen die Abiesriter zu ihm;

das ist seine Verwandtschaft. Wenn der Geist Gottes die Gelegenheit bekommt, unsere Herzen zu erfüllen, dann ist das der Anfang vom Ende des Streits unter Gläubigen (Midian bedeutet »Zank«). Durch das Horn (ein Bild des Wortes Gottes, auf das wir hören) wird das Volk versammelt und Einheit entsteht. Wenn wir uns befleißigen, »*die Einheit des Geistes zu bewahren durch das Band des Friedens*« (Epheser 4,3), wird der Streit aufhören.

Gideon sendet auch Boten zu seinem eigenen Stamm, Manasse, und zu anderen, nördlich gelegenen Stämmen. Sie alle schließen sich ihm an. Manasse ist der einzige Stamm, der in zwei Gebiete geteilt ist; eine Hälfte im Land, die andere außerhalb davon. So weiß Gideon aus eigener Erfahrung, was Uneinigkeit bedeutet. Vielleicht war das sogar ein besonderer Ansporn für ihn, sich so sehr für die Einheit unter Gottes Volk einzusetzen. Wer weiß, was Uneinigkeit ist, die durch Streit innerhalb der eigenen Reihen verursacht wurde und die unglückseligen Folgen kennt, wird dafür kämpfen, Gottes Volk wieder zusammenzubringen und zu halten. Jede Trennung im Volk Gottes verursacht viel Leid unter Gläubigen und ist zur Unehre des Herrn.

Ich sage damit nicht, dass die Einheit um jeden Preis bewirkt oder bewahrt werden müsste. Die Einheit, die bewahrt werden muss, ist die des Geistes, nicht die des Fleisches oder eine anderweitig von Menschen gemachte Einheit. (Die Schlusskapitel unseres Bibelbuches geben reichlich Gelegenheit, noch etwas darüber zu sagen.) Das nimmt jedoch den Schmerz und die Schande eines solchen Geschehens nicht weg. Ich hoffe, dass wir dem Geist die Gelegenheit geben, in Ihrem und meinem Leben etwas zu bewirken, was das Wohl der Gemeinde fördert und zu ihrer sichtbaren Einheit dient.

Das Vlies — Vers 36-40

Es ist bemerkenswert, wie sehr Gott allen Fragen Gideons zu seinem Auftrag entgegenkommt. Gott hatte bereits sonnenklar mitgeteilt, was er von Gideon wollte (Vers 14-16). Als Gideon ein Zeichen erbat, hatte Gott es gegeben (Vers 17). Jetzt erbittet Gideon noch eine Bestätigung seines Auftrages, sogar zweimal. Er bekommt keinen Vorwurf zu hören, sondern Gott gibt ihm das, worum er bittet, auch zweimal. Das »Auslegen eines Vlieses« ist beinahe sprichwörtlich geworden, wenn es darum geht, den Willen Gottes in einer bestimmten Angelegenheit zu erfahren. Es ist die Bitte um ein bestätigendes Zeichen für eine Aufgabe, die wir ausführen wollen. An und für sich ist es nicht verkehrt, wenn wir Sicherheit über das haben wollen, was wir für den Herrn tun werden.

Über diese Bitte um ein Zeichen habe ich bereits etwas bei der Betrachtung von Vers 17 gesagt. Dem will ich im Zusammenhang mit dem »Vlies« Folgendes hinzufügen. Gott kann seinen Willen auch durch Umstände, in denen wir uns befinden oder in die wir kommen, deutlich machen oder bestätigen. Sie werden wahrscheinlich schon einmal von Joni Earickson gehört haben. Diese Frau brach sich bei einem Kopfsprung in ein flaches Gewässer die Halswirbelsäule und wurde so Vollinvalide. Sie wird von Gott noch immer auf eine besondere Weise gebraucht. Nun brauchen sich unsere Umstände nicht so drastisch zu verändern. Ich will damit andeuten, dass Dinge in unserem Leben geschehen können, durch die wir wissen: das ist es, was Gott von mir verlangt. Das werden übrigens niemals Dinge sein, die seinem Wort widersprechen. Wenn beispielsweise ein Gläubiger um einen Ehepartner bittet und die Umstände scheinen ihm jemand auf seinen Weg zu bringen, doch dieser erweist sich als ein Ungläubiger, dann kann das niemals die Leitung Gottes sein. Er verbietet nämlich in seinem Wort, dass ein Gläubiger einen Ungläubigen heiratet (2. Korinther 6,14).

Ich möchte versuchen, noch etwas über die geistliche Bedeutung des Vlieses mit Bezug auf den Boden und den Tau sagen. Ein Zeichen »bezeichnet« etwas, gibt etwas wieder, stellt etwas vor, lässt etwas erkennen. Tau spricht von Erfrischung, Erquickung. Er ist die Frische eines neuen Tages, der im Alten Testament mehrere Male als ein Segen des Himmels für das Land Gottes beschrieben wird. Als Gideon dann beim ersten Zeichen um Tau auf dem Vlies und Trockenheit auf dem umgebenden Boden bittet, scheint das ein Symbol für den Segen Gottes für sein irdisches Volk Israel zu sein, während die Völker der Umgebung kein Teil daran hatten. Durch die Verwerfung seines Messias hat Israel den Segen jedoch verspielt, aber er wird für später aufbewahrt.

Das zweite Zeichen symbolisiert das Gegenteil, denn jetzt bleibt das Vlies trocken und der ganze Boden wird durch den Tau nass.

Das bedeutet, dass Gott nach der Verwerfung des Messias durch Israel sein Volk beiseite gesetzt und die Nationen gesegnet hat. Beide »Zeichen« finden wir in Römer 11,11-15 wieder. Dort lesen wir im Blick auf Israel über *»ihren Fall …«, »ihren Verlust …«, »ihre Verwerfung …«.* Diese Ausdrücke zeigen an, dass sie von Gott beiseite gesetzt worden sind. Durch *»ihren Fall ist den Nationen das Heil geworden«* und dadurch ist die Rede vom *»Reichtum der Welt …«*, dem *»Reichtum der Nationen …«* und der *»Versöhnung der Welt«*. Doch damit ist Israel nicht endgültig verstoßen. Es kommt eine Zeit, die *»ihre Vollzahl«* und *»ihre Annahme«* genannt wird. Dann wird Israel nachträglich den Segen empfangen. In beiden Zeichen wird deutlich, dass Gott der Handelnde ist. Gideon trägt nichts dazu bei. Allein in Gottes Macht steht es, den Segen zu geben, sowohl Israel als auch den Nationen.

Der Ort, wo Gideon das Vlies niederlegt, ist ebenfalls von Bedeutung. Er wählt dafür die Tenne. Das ist der Ort, wo er zum ersten Mal dem Herrn begegnet ist und wo er seine Wertschätzung für Gottes Segen gezeigt hat. Dort war er mit der Frucht des Landes beschäftigt. Von diesem Ort aus, der von dem Gericht spricht, das der Herr Jesus auf dem Kreuz erlitt (siehe Vers 11), kommt alle Erquickung und Kraft, das uns aufgetragene Werk zu tun. Wie gesagt: Gideon brauchte nichts zu tun. Was er wohl tut, ist früh aufstehen, wodurch er sein Verlangen nach dem Ergebnis zeigt. Die Weise, wie Gideon sich hier an den Herrn wendet, erinnert an die Haltung Abrahams in seiner Fürbitte für Sodom um Lots willen (siehe 1. Mose 19,29-32).

Kapitel 7

Einleitung

Wir sehen Gideon hier, wie er in Verbindung mit dem Volk steht und öffentlich auftritt. Nach Gideons persönlichen Lektionen wird nun das Volk auf seinen Dienst vorbereitet. Das Heer, das das Volk befreien soll, besteht aus sorgfältig ausgewählten Menschen. Die Auswahlkriterien sind anders als die, die wir anwenden. Es wird ihnen nichts auferlegt. Jeder Soldat erhält die Chance, zu beweisen, dass er den Kriterien genügt. Diese Kriterien haben nichts mit körperlicher Kraft oder militärischem Sachverstand zu tun. Der wichtigste Grundsatz ist: völlige Hingabe an die Sache des Herrn unter Verzicht auf jedes andere Interesse. Einige Merkmale von Menschen, die diesen Kriterien genügen, sind:

1. Sie sind mutig (Vers 3).
2. Sie nehmen nur mit, was sie benötigen (Vers 6).
3. Sie achten auf ihren Anführer und sind ihm gehorsam (Vers 17).
4. Sie lassen ihr Licht leuchten (Vers 20).
5. Sie gebrauchen den Schlachtruf (Vers 20).
6. Sie stehen an ihrem eigenen Ort (Vers 21).

Beim Betrachten dieses Kapitel werden wir näher auf diese Merkmale eingehen. Es ist jedoch gut, wenn wir sie jetzt schon auf uns wirken lassen. Wollen wir nicht auch zu einer »Gideons-Garde« gehören, um Siege für den Herrn und sein Volk zu erringen?

Harod und More — Vers 1

Dann beginnt Gideon mit seiner Aufgabe. Er wird hier Jerub-Baal genannt. Jedes Mal, wenn er mit diesem Namen bezeichnet wird, ist das eine Erinnerung an seinen Sieg über Baal in Kapitel 6. Er zieht jetzt aus, um neue Siege zu erringen. In aller Frühe steht er auf. Auch bei anderen wichtigen Ereignissen in der Bibel sehen wir, dass früh aufgestanden wird, zum Beispiel in 1. Mose 22,3, wo Abraham hingeht, um seinen Sohn Isaak zu opfern. Auch Hiob stand früh morgens auf, um für seine Kinder Gottes Angesicht zu suchen (Hiob 1,5). Wir können selbstständig anhand einer Konkordanz noch mehr Texte nachschlagen, in denen das Wort »früh« vorkommt. In allen Jahrhunderten im Lauf der Geschichte des Volkes Gottes auf der Erde waren Menschen, die große Bedeutung für das Werk des Herrn hatten, stets Frühaufsteher. Gideon war einer davon.

Wir haben bereits gesehen, dass Gideon kein Held von der Art ist, wie sie in der Welt Ansehen genießt. Er erscheint bis jetzt immer noch etwas ängstlich. Der Ort, wo er und das Volk sich lagern, heißt Harod, das bedeutet »zitternd«. Sie sind nun nahe beim Feind, der sich in einer überwältigenden Menge beim Hügel More befindet. More bedeutet »Furcht«. Der Eindruck, den der Feind auf das Volk macht, ruft Furcht und Zittern hervor. Das ist heute nicht anders. Die größte Waffe des Feindes, des Teufels, ist die Angst, die er Menschen einflößen kann. Wer vor dem Teufel Angst hat, fällt seinen Angriffen zur Beute. Der Christ darf wissen, dass er auf dem Sieg steht, den der Herr Jesus am Kreuz errungen hat. In ihm sind wir sogar mehr als Überwinder. Dies einerseits zu wissen und andererseits danach zu leben, sind zwei Dinge.

Was Gideon durchlebt, durchleben alle, die ein Werk für den Herrn tun wollen. Die Einschüchterung durch den Teufel, der auf allerlei Weise versuchen wird, dem Werk für den Herrn den Garaus zu machen, kommt auf jeden zu, der sich bereit erklärt, für den Herrn zu kämpfen. Das Wunderbare ist, dass Gott das Zittern gebraucht, um eine Sichtung im Heer vorzunehmen, das sich bereit erklärt hat, den Feind zu verjagen.

Zu viele Soldaten — Vers 2

Gideon bekommt ein merkwürdiges Wort zu hören: »*Zu zahlreich ist das Volk, das bei dir ist!*« Hat man so etwas je bei einem Volk gehört, das sich anschickte, Krieg zu führen? Sein Heer bestand aus 32.000 Mann. Doch was bedeutete das gegenüber einem Heer von mindestens 135.000 Mann (siehe Kapitel 8,10)? Die Relation betrug schon lediglich 1 zu 4. Dennoch ist Gideons Heer für Gott zu groß. Als Begründung sagt Gott, dass die Israeliten sich bei einem Sieg selber rühmen würden, sie hätten aus eigener Kraft gesiegt. Gott würde dann vergessen. Er wollte verhindern, dass das Volk hochmütig und stolz wird, wodurch es wiederum von ihm abweichen würde. Die Kämpfer Gideons – und wir – müssen lernen, was in Sacharja 4,6 steht: »*Nicht durch Macht und nicht durch Kraft, sondern durch meinen Geist, spricht der HERR der Heerscharen.*«

Es ist lehrreich, das, was Gott hier sagt, mit den Ereignissen in Josua 7 und 8 zu vergleichen. Bei allen Eroberungen musste das ganze Volk hinaufziehen. Im Fall von Ai meinte Josua, das sei nicht nötig. Aber Gott kann mit menschlichen Überlegungen nichts anfangen. Das Einzige, was er verlangt, ist Gehorsam, und dann sorgt er für den Rest. Im Kampf um Ai war das Ergebnis eine Niederlage für Israel. Glücklicherweise gab es eine Wiederholungsprüfung, obwohl dieser Sieg dann sehr viel Mühe kostete. Sie hätten besser direkt nach Gottes Willen handeln können.

Im Buch Richter ist die Zeit vorbei, dass das ganze Volk hinaufziehen kann. Der Verfall hat dem Zustand des Volkes Gottes seinen Stempel aufgedrückt. So ist es auch heute. Wir leben in einer Zeit, in der die Gemeinde nicht mehr als Einheit hinaufzieht. Es ist außerdem eine Zeit, in der für jeden, der sich dem Herrn völlig hingeben will, enorme Herausforderungen bereitliegen.

Die erste Auslese — Vers 3

Das Heer muss von allen Elementen gereinigt werden, die einem Sieg im Wege stehen könnten. Das erste Element ist Angst. Jede Person, die bei näherem Hinsehen sich offensichtlich fürchtet, den Kampf gegen einen übermächtigen Feind aufzunehmen, darf nach Hause gehen. Das knüpft an das Kriegsgesetz aus 5. Mose 20 an. In Vers 8 dieses Kapitels steht: »*Und die Aufseher sollen weiter zum Volk reden und sagen: Wer ist der Mann, der sich fürchtet und ein verzagtes Herz hat? Er mache sich auf und kehre in sein Haus zurück, damit nicht das Herz seiner Brüder verzagt werde wie sein Herz.*« Es wirkt enorm entmutigend, wenn jemand in der Hitze des Kampfes es nicht mehr aushält und wegläuft. Darum muss jeder von vornherein wissen, was er tut. Die Kosten müssen berechnet werden (siehe Lukas 14,31-33).

Die Männer, die zuerst heimgehen dürfen, sind die Menschen, die mehr unter dem Eindruck der Macht des Feindes als unter dem Eindruck der Macht Gottes stehen. Sie hatten sich nach dem Aufruf Gideons zwar gemeldet, um mitzukämpfen, doch jetzt, wo sie dem Feind Auge in Auge gegenüberstehen, zeigt sich, dass sie zu wenig Glauben haben. Auch wir können von jemandem angezogen werden, der sehr begeistert einen Plan vorstellt, um ein Werk für den Herrn zu tun. Diese Person selbst ist für den Plan motiviert, weil sie selber mit dem Herrn darüber gesprochen hat. Es ist ein Auftrag, den sie bekommen hat. Dass dieser Mensch andere darin einbeziehen möchte, ist eine gute Sache. Doch die anderen werden erst gute Mitarbeiter werden, wenn sie selbst diesen Plan mit dem Herrn durchgesprochen haben und nicht nur aufgrund eines begeisternden Aufrufs mitgehen. Man kann durch den Glauben angesprochen werden, den jemand an ein bestimmtes Werk hat, aber das ist noch etwas anderes als der *persönliche* Glaube an dieses bestimmte Werk. Wer nur aufgrund eines zeitweiligen emotionalen Eindrucks mitmachen will und nicht aus persönlicher Überzeugung heraus, hat keinen Platz in diesem Werk. Das darf und muss auch gesagt werden. Paulus gibt in 2. Thessalonicher 3,2 ein Beispiel dafür. Dort bittet er die Thessalonicher um Fürbitte für sich und seine Mitarbeiter, damit *sie »errettet werden von den schlechten und bösen Menschen«*, weil *»die Treue* (dasselbe Wort wie Glaube) ... *nicht aller Menschen Sache«* ist. Wer nicht dieselbe Treue und Hingabe für das Werk des Herrn hatte, die ihn kennzeichneten, den konnte Paulus nicht gebrauchen.

Die zweite Auslese — Vers 4

Was muss Gideon durch den Kopf gegangen sein, als er sein ohnehin nicht allzu großes Heer immer kleiner werden sah? Mindestens 22.000 Mann gehen nach Hause. War das Verhältnis zuerst noch 1 zu 4 – und schon das war gewiss keine gewaltige Voraussetzung –, jetzt wurde es bis auf das (in menschlichen Augen) unmögliche Verhältnis von 1 zu 13 bis 14 reduziert. Und was muss Gideon durch den Kopf gegangen sein, als Gott zu ihm sagte: *»Noch immer ist das Volk zu zahlreich«*? Wir hören jedenfalls keine Einwände von Gideon. Seine Haltung hier ist bewundernswert. Er schließt sich stets dem an, was der Herr ihm sagt.

Wurde es bei der ersten Auswahl noch jedem überlassen, selbst zu entscheiden, so ist das bei dieser zweiten Auswahl nicht mehr der Fall. Die 10.000, die übrig geblieben sind, werden von Gott geprüft, ohne dass sie es selbst durchschaut hätten. Gideon muss sie auffordern, Wasser zu trinken, und, so sagt der Herr zu ihm, dann will er sie ihm *»dort läutern«*. Auf welche Weise das Wasser getrunken werden soll, wird nicht angegeben. Trotzdem entscheidet die Weise des Wassertrinkens darüber, ob man zur Kerntruppe gehört oder als zum Kampf ungeeignet erklärt wird.

Die Haltung beim Trinken — Vers 5

Gott hätte die Kämpfer auf jede erdenkliche Weise auswählen können, aber er sorgt dafür, dass die echten Kämpfer sich selbst offenbaren. Die natürliche Haltung beim Trinken wäre das Niederknien, sich zum Trinken hinzulegen. Wer nicht kniet, sondern das Wasser nur mit seiner Hand schöpft, bleibt jeden Augenblick in Aktionsbereitschaft. Diese unnatürliche Trinkhaltung verdeutlicht, dass nicht das Trinken an sich das Wichtigste ist, sondern der Grundsatz des Glaubens vorherrscht. Was beim Wasser offenbar wird, ist der Unterschied zwischen solchen, die in aller Gemütsruhe Wasser trinken und solchen, die nebenbei trinken, weil sie mit dem Kampf beschäftigt sind.

Durst darf gelöscht werden. Vom Herrn Jesus lesen wir: »*Auf dem Weg wird er trinken aus dem Bach, darum wird er das Haupt erheben*« (Psalm 110,7). Er fand dort eine Erquickung für seine Seele, aber ohne jemals aus dem Auge zu verlieren, wozu er gekommen war: der Triumph des Kreuzes und die Verherrlichung Gottes, seines Vaters. Durst darf also gelöscht werden, aber die Frage ist, welche Bedeutung das Durstlöschen in unserem Leben einnimmt. Die Aufnahme von Wasser können wir vergleichen mit den täglichen Bedürfnissen des Lebens wie Nahrung, Kleidung und Wohnung, auch mit der nötigen Ruhe nach getaner Arbeit. Es geht darum, welche Bedeutung wir diesen Dingen in unserem Leben geben. Gott sieht, wie wir damit umgehen, ohne dass wir selbst viel daran finden. Die Weise, wie wir uns mit den irdischen Dingen beschäftigen, macht deutlich, wie wir zu den Dingen Gottes stehen.

Das Wasserschöpfen mit der Hand bedeutet, dass wir nur solche irdischen Dinge aufnehmen, die wir unter Kontrolle halten können, wie es in 1. Korinther 6,12 steht: »*Alles ist mir erlaubt, aber nicht alles ist nützlich. Alles ist mir erlaubt, aber ich will mich von nichts beherrschen lassen.*« Der hingegebene Christ ist frei, alles zu genießen, aber er ist sich gleichzeitig bewusst, dass es Dinge gibt, die seine Hingabe an den Herrn in Gefahr bringen. Er nimmt nur das, was er in der Hand halten kann, nicht mehr. Schlürfen wie ein Hund bedeutet, die Stellung eines Hundes einzunehmen. Diese Stellung nahm zum Beispiel Mephiboseth David gegenüber ein (2. Samuel 9,8). Das spricht vom Anerkennen, dass wir in uns selbst nicht würdig sind, etwas für den Herrn zu sein oder zu tun. Die Gnade des Herrn wird uns größer, wenn wir daran denken, wer wir sind und wofür er uns gebrauchen will, trotz dessen, was wir in uns selbst sind.

Gefragt sind nicht nur Tapferkeit und Mut, sondern auch völlige Hingabe, und diese erweist sich in unserem Umgang mit irdischen Segnungen. Der hingegebene Christ ist daran zu erkennen, dass er nur ein Ding tut, dem alles Andere untergeordnet wird. Paulus sagt: »*Eines aber tue ich*«, und er vergaß, was hinter ihm lag und streckte sich nach Christus Jesus aus (Philipper 3,14). Wegen dieser Einstellung kann er zu Recht zu Timotheus (und zu uns) sagen: »Niemand, der Kriegsdienste leistet, verwickelt sich in die Beschäftigungen des Lebens, damit er dem gefalle, der ihn angeworben hat« (2. Timotheus 2,4). Der Herr Jesus sagte zu Marta, die sehr beschäftigt mit irdischen, notwendigen Dingen war: »*Marta, Marta, du bist besorgt und beunruhigt um viele Dinge, eins aber ist nötig*« (Lukas 10,41-42). Dieses Eine war das Sitzen zu seinen Füßen, wie Maria es tat. Diese erfuhr, dass sie das gute Teil erwählt hatte. Was Marta tat, war an und für sich nicht verkehrt, es war sogar notwendig. Aber es nahm für sie einen so großen Raum ein, dass dadurch das Hören auf den Herrn zu kurz kam, und das wollte der Herr sie lehren.

Die 300 Männer — Vers 7-8

Da gehen sie. Von den 10.000 Übriggebliebenen muss Gideon noch einmal 9.700 wegschicken. Sie hatten, ohne es selbst zu wollen, bewiesen, dass sie nicht aus dem richtigen Holz geschnitzt waren, um im Kampf gegen Midian eingesetzt zu werden. Auch hier kein Widerstand von Gideons Seite.

Gott ist dort, wo er sein will. Das übrig gebliebene Heer von 300 Mann ist in sich selbst völlig ohnmächtig, den Feind zu vertreiben. Die Relation ist auf 1 zu 450 geschrumpft. Alle Hoffnung auf das Gelingen dieses Unterfangens muss sich wirklich auf Gott richten. Und genau das ist es, was er will. Hören wir dann, was der Herr zu Gideon sagt: »*Mit den dreihundert Mann, die geleckt haben, will ich euch retten und (ich will) Midian in deine Hand geben.*« Zweimal sagt der Herr hier »*ich will*«. Wenn er das sagt, kann kein Zweifel über das Ergebnis bestehen. Er garantiert den guten Ablauf des Kampfes. Das ist die große Ermutigung, die Gideon mitbekommt. Zunächst empfängt er diese Verheißung und erst danach sagt Gott ihm, dass der Rest des Volkes weggehen kann.

Bevor diese 9.700 jedoch weggehen, geben sie ihren Proviant und ihre Hörner an die Männer ab, die in den Kampf ziehen werden. Das spiegelt einen schönen Charakterzug wider. Obwohl sie keinen Teil der auserlesen Garde bilden können, unterstützen sie die Kämpfer mit ihren Mitteln. Von Eifersucht ist nichts zu spüren. Auch wenn wir nicht tatsächlich am Kampf teilnehmen können, vielleicht weil wir zu sehr um die irdischen Dinge besorgt sind, dann können wir doch mithelfen, indem wir die Kämpfer mit allem Nötigen versorgen. Auf diese Weise tragen wir, auch wenn es nur im Hinterland ist, zum Sieg bei, der errungen wird und teilen die Freude daran.

Dann ziehen die 9.700 fort, »*aber die dreihundert Mann behielt er da*«. Dieses Wort »*behielt er da*« bedeutet »*kräftig festhalten*«. Das kann darauf hinweisen, dass bei den 300 Mann ein starkes Verlangen aufgekommen war, dem Beispiel ihrer weggehenden Kameraden zu folgen und dass Gideon auf sie einreden musste, um sie bei sich zu halten. Es ist ja auch keine Kleinigkeit, einen Massenauszug zu beobachten und feststellen zu müssen, dass man mit nur einigen wenigen übrig bleibt. Dann wird der Drang sehr groß, der Masse auf ihrem Rückzug zu folgen. Der Kampf musste schließlich noch gekämpft werden!

Um noch einmal deutlich vor Augen zu führen, dass sich am Ernst der Krise nichts verändert hatte, weist der Heilige Geist am Ende von Vers 8 noch einmal auf die Gegenwart der Feinde hin.

Glücklicherweise bleiben die 300 Mann bei Gideon. Das erinnert mich an Johannes 6. Aufgrund all dessen, was der Herr Jesus in jenem Kapitel gesagt hatte, heißt es in den Versen 66-69: »*Von da an gingen viele seiner Jünger zurück und gingen nicht mehr mit ihm. Da sprach Jesus zu den Zwölfen: Wollt* ihr *etwa auch weggehen? Simon Petrus antwortete ihm: Herr, zu wem sollten wir gehen? Du hast Worte ewigen Lebens; und* wir *haben geglaubt und erkannt, dass du der Heilige Gottes bist.*« Obwohl es um verschiedene Ereignisse geht, kommt es doch in beiden Fällen darauf an, wofür wir uns entscheiden. Wenn wir innerlich überzeugt sind, dass der Herr Jesus uns mit allem versorgt hat, was wir brauchen, werden wir bei ihm bleiben wollen. Was auch immer geschieht und wie viele auch weggehen mögen, weil die Opfer zu groß werden, es wird uns nicht an der Treue des Herrn zweifeln lassen.

Der Auftrag — Vers 9

Als die Vorbereitungen abgeschlossen sind, sagt Gott, Gideon soll den Feind angreifen. Gideon bekommt die Gewissheit des Sieges zugesagt. Gott hatte ihm diese Gewissheit bereits in Kapitel 6,16 gegeben. Gott war auch auf Gideons Zweifel eingegangen, als er um das Zeichen mit dem Vlies bat (Kapitel 6,36-40). Als der Auftrag kommt, in das Heerlager des Feindes einzufallen, bestätigt Gott, um alle Zweifel auszuschließen, seine Zusage, dass er den Feind in seine Hand gibt. Gideon hat es mit einem besiegten Feind zu tun. Er muss sich diesen Sieg nur noch aneignen. Etwas Derartiges wurde Josua in Josua 1,1-9 gesagt. Gott hatte den Israeliten das ganze Land gegeben. Sie mussten nur noch anfangen, es in Besitz zu nehmen. Auch dort sagte er, dass er mit ihnen sein würde.

Ein Traum zur Ermutigung — Vers 10-14

Wir dürfen durchaus sagen, dass Gott seinen Knecht kennt. Trotz aller Ermutigungen und Zusagen hapert es in Gideons Herzen noch an etwas. Es ist noch ein Rest von Zweifel übrig geblieben. Schauen wir, wie Gott darauf eingeht. Welch ein Gott der Geduld ist er! Die Vorgehensweise, wie er die Hände Gideons stärkt, erfordert ziemlichen Mut. Zusammen mit Pura soll Gideon ins Heerlager des Feindes hinabgehen, um dort etwas zu hören, wodurch seine Hände »*stark werden*«. Wie wunderbar ist es, wie Gott Gideon Mut machen will. Gideon muss wohlgemerkt zum Feind gehen, um dort etwas zu hören, wenngleich Gott selbst ihn bereits auf die Kraft hingewiesen hatte, die in ihm vorhanden ist.

Was Gott ihn noch lehren will, ist, dass der Feind mehr von dieser Kraft Gottes wusste als er. Der Feind sieht sich selbst bereits als besiegt an (nur gibt er sich nie geschlagen und wir müssen ihn tatsächlich noch schlagen). Er hört aus dem Mund seiner Feinde: »*Gott hat Midian und das ganze Heerlager in seine Hand gegeben*« (Vers 14). Die Kundschafter, die in Josua 2 das Land erkunden sollten und zur Hure Rahab kamen, hörten dasselbe. Rahab sagte, dass »*alle Bewohner des Landes vor euch mutlos geworden sind*« (Josua 2,9). Sie hatten gehört, welche großen Werke der Herr für sein Volk getan hatte (Vers 10 und 11). Trotz dieses Wissens ergab auch Jericho sich nicht, sondern es musste erobert werden.

Bei dieser Unternehmung nimmt Gideon auf Befehl Gottes seinen Diener Pura mit. Der Name Pura bedeutet »Kelter« oder »Wachstum«. Wenn Gott diesen Diener Gideons bei seinem Namen nennt, geschieht das vielleicht, um Gideon an seine Erscheinung vor ihm zu erinnern, als er bei der Kelter damit beschäftigt war, Weizen auszuschlagen (Kapitel 6,11). Eine Erinnerung an unsere früheren Begegnungen mit dem Herrn und an das, was er bei diesen Gelegenheiten zu uns sagte, verleiht uns oft neuen Mut, um weiterzugehen. Diese Erinnerung weist ihn auch darauf hin, dass er durch den Umgang mit Gott geistlich gewachsen ist.

Gideon nimmt Gottes Angebot an. Er geht und hört, wie einer der Midianiter einen Traum erzählt. Er erfährt sogar die Bedeutung dieses Traumes durch die Auslegung von einem anderen Midianiter. Wie der Mann die Bedeutung des Traumes kannte, weiß ich nicht. Ich vermute, dass Gott ihn die Bedeutung erkennen ließ. Wenn Gott die Dinge so lenken kann, dass Gideon im richtigen Augenblick zum richtigen Ort kommt, um Zeuge dieses Gespräches zu werden, ist er auch in der Lage, den Mann etwas sagen zu lassen, das für Gideon von Bedeutung ist. Was Gideon hört, ist für ihn nicht sonderlich erhebend. Er wird daran erinnert, wie schwach er in sich selbst ist. Im Traum wird er als ein Laib Gerstenbrot dargestellt. Doch die Auslegung lässt erkennen, dass Gott ein Schwert daraus macht, um damit den Feind zu schlagen. Gerstenbrot ist das Brot der Armen. Gott wirkt sehr oft durch Armut und Schwachheit. Das Schwert, das hier den Sieg erringt, besteht aus Nahrung.

Wenn Gottes Volk mit Christus genährt ist, hat es damit ein Schwert in der Hand, das den Feind schlägt. Gott kann unsere geringste Wertschätzung für Christus gebrauchen, um den Feind zu schlagen. So rollt Paulus gleichsam einen Gerstenkuchen ins Heerlager (die Gemeinde) in Korinth hinein, als er sagt: »*Ist etwa Paulus für euch gekreuzigt?*« (1. Korinther 1,13). Er will damit nur sagen, dass er und andere nicht als Parteiführer fungieren wollen. Er war nur ein Diener. Es ging um Christus; sich selbst zieht er nicht in

Betracht. Demgegenüber stellt er das Kreuz Christi. Was bleibt dem Hochmut und der eigenen Weisheit des Menschen übrig, wenn er auf das Kreuz blickt? Paulus »trägt« das Kreuz Christi in die Gemeinde in Korinth hinein und wirft damit das »Zelt« des Streits, des Misstrauens und der Uneinigkeit um. Die Auswirkung jeder einfachen Wahrheit über Christus, die in Liebe weitergegeben wird, besteht darin, dass das »Zelt« der Bosheit, des Streites und Zanks umgekehrt wird.

Die Reaktion Gideons — Vers 15

Diese Ermutigung bewirkt zu allererst Anbetung. Damit gibt er uns ein schönes Vorbild. Wenn der Herr uns etwas deutlich gemacht hat, möchte er gern, dass wir ihm zuerst dafür danken. Erst danach können wir unsere eigene Erfahrung an andere weitergeben. Das gilt besonders fürs Bibelstudium. Was wir dabei an Wahrheiten und anderen schönen Dingen entdecken, wird unser Herz dazu bringen, zu allererst ihm zu danken und ihn dafür groß zu machen. Wenn das nicht geschieht, besteht die Gefahr, dass das Empfangene und Erkannte größer wird als er selbst, der der Geber ist. Dabei ist doch der Geber immer größer als die Gabe! Außer natürlich beim Herrn Jesus, der die Gabe Gottes ist. Da sind Geber und Gabe gleich. Aber alles, was wir aufgrund des Werkes des Herrn Jesus empfangen haben, haben wir Gott zu verdanken. Alles, was wir davon entdecken werden, dürfen wir mit Dank ihm sagen und es danach anderen weitergeben. Jemand hat einmal gesagt: Man kann erst dann etwas sein Eigentum nennen, wenn man es zuerst mit Dank Gott zurückgegeben hat.

Bei Daniel finden wir dieselbe Haltung wie hier bei Gideon. In Daniel 2,18 fleht Daniel, ob Gott ihm eine Sache bekannt machen will. Gott geht darauf ein, und das Erste, was Daniel macht, ist Gott zu loben (Vers 19). Nachdem Gideon selbst ermutigt ist und angebetet hat, sagt er dem Volk, dass der Herr den Sieg bereits gegeben hat. Es fällt wiederum auf, dass er zu den Männern sagt, dass der Herr den Feind in *ihre* Hand gegeben hat, während Gott zu ihm gesagt hatte, dass er den Feind in *seine* Hand geben wird. Was ihm persönlich von Gott zugesagt worden war, macht er zu einer Sache fürs ganze Volk. Dasselbe sahen wir in Kapitel 6,12-13.

Seltsame Waffen — Vers 16

Die Waffen, die Gideon seiner Mannschaft austeilt, sind nicht von der Art, die Eindruck auf den Feind machen könnte. Der Trupp wird nicht zu einem bis zu den Zähnen bewaffneten Heer. Jeder erhält drei »Waffen«: ein Horn, einen leeren Krug und eine Fackel, die in den Krug gehört. Das Horn, das hier gebraucht wird, ist das Widderhorn. Es spricht von Kraft und Energie und wurde geblasen, wenn man verteidigen musste. Diese Hörner oder Trompeten haben die Einwohner Jerichos Tag für Tag gehört, als Israel sieben Tage nacheinander um Jericho zog (Josua 6). Das Blasen der Hörner in der Nähe des Feindes spricht vom starken Vertrauen, dass Gott sein Wort am Feind vollziehen wird. Es ist ein gegebenes Zeugnis dafür, dass der Sieg sicher ist. Wir können Gottes Wort erschallen lassen, weil wir von seiner Wahrheit überzeugt sind. Paulus sagt es in 2. Korinther 4,13 so: »*So glauben auch wir, darum reden wir auch.*«

Auch den Krügen begegnen wir in 2. Korinther 4 in Vers 7. Dort werden sie irdene Gefäße genannt. In diesen irdenen Gefäßen befindet sich ein Schatz. Mit einem Gefäß ist in der Bibel oft eine Person oder ein menschlicher Körper gemeint. Einige Beispiele dafür finden wir in Apostelgeschichte 9,15, 1. Thessalonicher 4,4 und 1. Petrus 3,7. In 2. Korinther 4 steht dann noch der Zusatz, dass es sich um ein irdenes Gefäß handelt. Dadurch liegt die Betonung auf seiner Zerbrechlichkeit. Im Gegensatz zu einem Schatz, der etwas Kostbares darstellt, ist ein irdenes Gefäß von geringem Wert. Was der Schatz ist, steht in Vers 6, es ist »*der Lichtglanz der Herrlichkeit Gottes im Angesicht Jesu Christi*«. Ich denke, dass Paulus beim Schreiben von 2. Korinther 4 an Richter 7 gedacht hat.

Kurz zusammengefasst sind die Waffen Gideons und seiner Männer:

1. Ein Horn, das ist ein Bild des Wortes Gottes,
2. ein irdenes Gefäß, das ist ein Bild eines schwachen, zerbrechlichen Leibes, und
3. eine Fackel, das ist ein Bild des Lichtglanzes der Herrlichkeit Gottes.

In den folgenden Versen sehen wir, wie sie gebraucht werden.

Seht es mir ab und macht es ebenso — Vers 17-18

Der wahre Führer ist jemand, der nicht allein sagt, was getan werden muss, sondern dabei selber voran geht. Das sehen wir in Vollkommenheit beim Herrn Jesus. In Johannes 13 wäscht er die Füße der Jünger. Danach sagt er zu ihnen: »*Wenn nun ich, der Herr und der Lehrer, eure Füße gewaschen habe, so seid auch ihr schuldig, einander die Füße zu waschen. Denn ich habe euch ein Beispiel gegeben, dass auch ihr tut, wie ich euch getan habe*« (Vers 14-15). Dieses »Vorbildsein« können wir im ganzen Leben des Herrn Jesus erkennen. Nie verlangte er etwas von seinen Jüngern, das er nicht selbst verwirklichte und worin er nicht selbst voranging. Wir können andere nur für eine bestimmte Sache motivieren, wenn sie deren Wert in unserem Leben erkennen können. In Apostelgeschichte 3 steht noch ein treffender Fall. Petrus konnte zu dem Krüppel, der etwas von ihm und Johannes erwartete, sagen: »*Sieh uns an!*« (Vers 5). Das erscheint anmaßend, doch das ist es nicht. Petrus und Johannes besaßen etwas, das den Mann verbessern konnte. Daran glaubten sie selbst felsenfest, und davon zeugten sie ihr ganzes Leben lang.

Wenn ein Christ das nicht sagen kann, dann steht es eigentlich nicht gut um ihn. Das hat nichts mit Hochmut oder Selbsterhebung zu tun. Wer von der Macht des Herrn überzeugt ist und das in seinem Leben zum Ausdruck bringt, ist damit eine lebendige Illustration für sein Bekenntnis. Dieses Bekenntnis wird durch sein Leben bekräftigt. Es ist sicher wahr, dass wir versagen können, doch für den, der mit dem Herrn leben will, braucht das nicht das tägliche Muster zu sein. Wer von uns Christus nachfolgt, kann das auch von sich sagen: »Sieh auf mich!« Paulus sagte das in 1. Korinther 11,1: »*Seid meine Nachahmer, wie auch ich Christi.*« Das ist eigentlich der Inhalt des Schlachtrufes, den Gideon ausrufen lässt: »*Für den HERRN und für Gideon*!« Er hatte den Auftrag vom Herrn empfangen und folgte ihm darin nach. Die anderen erkannten das in Gideon und gingen hinter ihm her. Durch sein Vorbild motiviert Gideon sein Heer, es ihm gleich zu tun. Das bedeutete völligen Gehorsam gegenüber seinem Vorbild. Würde jemand etwas anderes rufen oder auf eigene Faust und mit eigenen Mitteln dem Feind zu Leibe rücken, dann würde das Verwirrung und Niederlage bedeuten. Die Parole war: Gut auf den Anführer achten und genau das tun, was er tat.

Der Kampf bricht los — Vers 19-20

Kurz nach Mitternacht bricht der Kampf los. Jeder Kämpfer hatte den Platz eingenommen, den Gideon ihm zugewiesen hatte. Alles hatte sich in größtmöglicher Stille vollzogen. Der Zeitpunkt der Wachaufstellung, was sicher nicht geräuschlos vonstatten ging, wurde dazu benutzt, dem Heer des Feindes nahe zu kommen. Alle Kämpfer hielten die Augen auf Gideon gerichtet und auf die 100 Männer, die bei ihm waren. Dann kam das Signal. 300 Hörner ließen ihren durchdringenden Lärm in der Stille der Nacht hören. Der Lärm schallte von den Bergen wieder und das Tal füllte sich mit schwellendem Hörnerschall. Im selben Augenblick wurden die Krüge zerschlagen und rund um das feindliche Heerlager wurden 300 Fackeln sichtbar. Hinter jeder Fackel scheint sich eine große Heeresmacht zu verbergen. Die Überraschung ist komplett. Das gewaltige Heer Midians ergreift die Flucht, bereits schreiend, wodurch der Lärm nur zunimmt. In der großen Verwirrung, die entstanden ist, wissen die Midianiter nicht mehr, wie ihnen geschieht. Jeder Midianiter sieht in dem anderen einen Feind. Sie denken, sie seien von einer Übermacht überrumpelt und erfechten sich einen Weg aus dem Kampfgewühl, ohne zu sehen, dass sie es mit ihren eigenen Kameraden zu tun haben. Auf diese Weise rechnet der Herr mit dem Feind ab, denn es ist seine Hand, die dieses ganze Geschehen lenkt.

Hieraus können wir lernen, wie wir mit unseren (geistlichen) Feinden abrechnen können. Als Erstes sehen wir, dass das Blasen des Hornes mit dem Zerbrechen des Gefäßes verbunden ist. Das ist auch nicht anders möglich. Ein Zeugnis können wir nicht geben, ohne auf uns selbst zu verzichten. Weiter sehen wir, dass durch das Zerbrechen des Kruges das Licht sichtbar wird. Zeugnis und Dunkelheit gehören nicht zusammen. Licht und Zeugnis gehören zusammen. Auch in Philipper 2,15 werden diese beiden zusammen erwähnt, im Blick auf unseren Aufenthalt inmitten der Menschen der Welt, »*unter denen ihr leuchtet wie Himmelslichter in der Welt, indem ihr das Wort des Lebens festhaltet*«. Das gibt eine solche Offenbarung von Kraft, dass es den Feind besiegt.

Es werden in den Evangelien vier Dinge genannt, die das Leuchten des Lichtes verhindern können. In Lukas 8,16 werden zwei davon erwähnt. Dort sagt der Herr Jesus: »*Niemand aber, der eine Lampe angezündet hat, bedeckt sie mit einem Gefäß oder stellt sie unter ein Bett, sondern er stellt sie auf ein Lampengestell, damit die Hereinkommenden das Licht sehen.*« Das Gefäß symbolisiert einen Menschen. Das Hindernis ist hier, dass jemand sich selbst wichtig findet. In der Geschichte Gideons haben wir gesehen, dass das Gefäß oder der Krug zerbrochen werden muss. Der Eigendünkel muss verschwinden und dann kann das Licht ungehindert scheinen. Das andere Hindernis, das Bett, spricht von Lauheit und Bequemlichkeit. Wer es sich im Bett bequem macht und nicht die Absicht hat, sich für den Herrn einzusetzen, wird wenig Licht um sich her verbreiten.

In Lukas 11,33 werden noch zwei weitere Hindernisse genannt: »*Niemand aber, der eine Lampe angezündet hat, stellt sie ins Versteck, auch nicht unter den Scheffel, sondern auf das Lampengestell, damit die Hereinkommenden den Schein sehen.*« Ein »Versteck« weist auf die verborgenen Sünden in unserem Leben hin, auf etwas, was wir heimlich tun und mit dem wir nicht ans Tageslicht kommen wollen. Solange wir die Sünde nicht bekennen und lassen, sind diese Dinge ein Hindernis, unser Licht leuchten zu lassen. Der Scheffel ist ein Bild des Handels, davon, dass man schwer damit beschäftigt ist, Geld zu verdienen. Das kann einen so wichtigen Platz in unserem Leben einnehmen, dass es ebenfalls ein Hindernis dafür wird, unser Licht leuchten zu lassen. Alles, was das Licht daran hindert, zu leuchten, muss aus unserem Leben verschwinden. Andere Stellen in den Evangelien, wo dieselben Dinge genannt werden, sind Matthäus 5,15 und Markus 4,21. Das Einzige, was mit dem Krug geschehen musste, war Zerbruch. Dann stößt das Licht auf keinen Widerstand mehr und kann voll leuchten. Wir begreifen nur allzu gut, dass wir selbst die größten Blockaden für das Strahlen des »*Lichtglanzes der Erkenntnis der Herrlichkeit Gottes*« bilden. Die Fackeln werden in der linken Hand gehalten und das spricht von der Anerkennung der Schwachheit, mit der wir Licht verbreiten. Das Zerbrechen der Krüge hat eine ähnliche Bedeutung: kein Vertrauen auf das Fleisch setzen. Wer den Krug zerbricht, kann auch das Horn blasen, das in der rechten Hand gehalten wird. Die rechte Hand spricht von Kraft. Der Ruf von Vers 18 »*Für den HERRN und für Gideon*!« wird in der Praxis (Vers 20) »*Schwert für den HERRN und für Gideon*!« Das will sagen, dass die Entscheidung für den Herrn und für Menschen, die ihm folgen, auf praktischen Gehorsam zum Wort Gottes hinausläuft. Das Schwert ist ein Bild des Wortes, wie Gott es gegeben hat und wie es im Leben von Männern Gottes sichtbar ist. Wenn wir sagen, dass wir dem Herrn folgen wollen, können wir das nur zum Ausdruck bringen, wenn wir seinem ganzen Wort gehorchen.

Jeder an seinem Platz — Vers 21-22

Im Kampf ist es sehr wichtig, dass jeder den Platz einnimmt, der ihm vom Anführer zugewiesen wird. Um deutlich zu machen, wie wichtig das ist, will ich auf ein Bild hinweisen, das in der Bibel als Vorbild auf die Gemeinde gebraucht wird: das Bild vom menschlichen Körper. Bei einem Körper denken wir zunächst nicht an Kampf, aber wir werden sehen, wie unsere Brauchbarkeit im geistlichen Kampf vom Einnehmen unseres zugewiesenen Platzes am Körper abhängt. Jedes Glied der Gemeinde ist in diesem Vergleich ein Körperglied und hat darin also eine Aufgabe zu erfüllen, die mit der Funktion dieses Gliedes zusammenhängt. Was jedes Glied tun soll, wird vom Haupt gesteuert. Damit nun die Gemeinde als eine harmonische Einheit funktioniert wie ein Körper, ist es wichtig, dass jedes Glied den Befehlen Folge leistet, die vom Haupt, das heißt von Christus, gegeben werden. Über das Haupt sind alle Glieder miteinander verbunden.

Die Probleme beginnen, wenn ein Glied nicht mit dem Platz zufrieden ist, den Gott ihm gegeben hat, denn er ist es ja, der »*die Glieder bestimmt, jedes einzelne von ihnen am Leib, wie er wollte*« (1. Korinther 12,18). Unsere Unzufriedenheit, weil wir keinen bedeutenderen Platz haben, oder unser Hochmut, weil wir meinen, dass wir die anderen Glieder nicht brauchen und auch allein zurechtkämen, verursachen, dass der Leib als Ganzes nicht mehr als eine Einheit funktioniert. Dann denken wir nicht an den Nutzen, den ein anderes Glied von uns hat, sondern ausschließlich an uns selbst. Sowohl Unzufriedenheit als auch Hochmut gehen aus Egoismus hervor. Dieser Hochmut lässt sich heute oft in Individualismus übersetzen. Jeder geht seinen eigenen Gang und kümmert sich nicht viel um den anderen und um das Ganze. Hauptsache »ich« fühle mich gut dabei.

Die Christenheit ist ein hoffnungslos zerteiltes Ganzes. Durch den besagten Individualismus offenbart sich dieselbe Uneinigkeit leider auch immer mehr in Glaubensgemeinschaften, in denen man in Übereinstimmung mit Gottes Wort zusammenkommen und leben will. Dadurch entsteht eine Unordnung in den eigenen Reihen. Das Ergebnis ist Kraftlosigkeit im Kampf gegen den Feind. Die Gemeinde hat große Gebiete preisgeben müssen, weil die Glieder nicht alle dabei blieben, unter Anweisung des Hauptes den eigenen Platz einzunehmen. Die Lösung besteht jedoch nicht darin, alles zu strukturieren und selbst eine Ordnung hineinzubringen. Es gibt nur eine Lösung: zurück zur Abhängigkeit vom Haupt und Gehorsam den Aufträgen gegenüber, die er durch sein Wort gibt. Dann übernimmt er den Kampf und sät Verwirrung unter dem Feind.

Andere in den Kampf einbezogen — Vers 23-24

Es ist gut denkbar, dass viele der Männer, die jetzt zusammengerufen werden und sich in den Kampf einmischen, zu den 32.000 gehörten, die sich schon vorher für den Kampf gemeldet hatten. Obwohl sie selbst nicht den Mut und die Hingabe hatten, die für den Einsatz beim Angriff erforderlich waren, konnten sie jetzt doch ihre Dienste bei der Vollendung des Werkes beweisen, das andere begonnen hatten. Gideon war nicht so eigensinnig zu denken, dass er weiterhin auch gut allein zurechtkäme. Sein Verhalten und das seiner 300 Mann werden dabei ein großer Ansporn für die anderen gewesen sein.

Oreb und Seeb — Vers 25

Die Fürsten und Könige der feindlichen Völker nehmen im Kampf um das Land immer einen besonderen Platz ein. Sie sind insbesondere ein Bild dämonischer Mächte, die darauf aus sind, das Volk Gottes in den Untergang zu führen. Sie sind die Anführer und Vordenker der Strategie, mit der sie ihre Herrschaft ausüben. Sie legen diese Strategie ihren Untertanen vor und befehlen ihnen, sie auszuführen. Das Reich des Satans ist ein gut organisiertes Reich. Doch, so sagt 2. Korinther 2,11, »*seine Gedanken sind uns nicht unbekannt*«. Wir brauchen uns also nicht von seinen listigen Angriffen überraschen zu lassen.

Wie er zu Werke geht, wird durch die Namen der beiden Fürsten deutlich. Oreb bedeutet »Rabe«, Seeb bedeutet »Wolf«. Hierin sehen wir die zwei Hauptformen des Bösen, das in der Welt vorkommt. Der Rabe stellt den Grundsatz des Verderbens, der Unreinheit vor. Der Rabe ist ein unreiner Vogel. Der Wolf stellt den Grundsatz der Gewalt, des Raubens und Verschlingens vor. Durch diese beiden Grundsätze, den des Verderbens und den der Gewalt, hat der Satan seit dem Sündenfall die Welt beherrscht. Die erste Sünde, die begangen wurde, war die des Verderbens. Durch die Lüge des Satans, der Eva Glauben schenkte, wurde das Bild Gottes und das reine Verhältnis zwischen dem Menschen und Gott verdorben. Die zweite Sünde war die der Gewalt, denn Kain erschlug seinen Bruder Abel. Wir können jede Form des Bösen unter einem dieser beiden Grundsätze unterbringen. Diesen Formen des Bösen muss im Leben der Gemeinde Einhalt geboten werden; das heißt, sie müssen verurteilt werden, wenn sie durch Untreue Zugang zur Gemeinde gefunden haben und dort das Sagen haben. Lüge und Gewalt finden an einem Felsen und einer Kelter ihr Ende. In beiden sehen wir ein Bild des Kreuzes des Herrn Jesus, an dem der Feind besiegt wurde.

Kapitel 8

Einleitung

Auch dieses Kapitel dreht sich um Kampf. Der Kampf im vorigen Kapitel richtete sich gegen einen Feind von außen, der im verheißenen Land Fuß gefasst hatte. Die Hauptmacht ist geschlagen. Der Sieg ist errungen, kann aber noch nicht gefeiert werden. Andere Arten von Kampf stehen noch an: die Folgen von Eifersucht (Vers 1-3), von Verweigerung der Mithilfe (Vers 4-17) und von Schmeichelei (Vers 18-31). Die Weise, wie Gideon damit umgeht, liefert wieder wichtiges Anschauungsmaterial für unseren geistlichen Kampf. Das Kapitel endet mit Gideons Tod.

Eifersucht — Vers 1

Ephraim ist ein eifersüchtiger Stamm. In Jesaja 11,13 wird Eifersucht als spezielles Kennzeichen dieses Stammes angegeben. Ihr eigenes »Ich« ist aufgestachelt, weil sie nicht zum Kampf gerufen wurden. Ihr Eigendünkel wurde angetastet. In Josua 17,14 sehen wir bereits, wie schlecht es um Ephraim stand. Sie waren nicht mit dem ihnen zugewiesenen Land zufrieden. Schließlich waren sie ja ein großer Stamm und hatten daher Anrecht auf ein größeres Stück. Sie sahen sich als den wichtigsten Stamm.

Wenn Gott daran arbeitet, die Gläubigen beieinander zu halten, wird es immer jemanden geben, der neue Schwierigkeiten verursacht. Für Eifersucht ist es unerträglich, dass Gott andere gebraucht, aber nicht uns! Wenn jemand etwas tut, das der Herr segnet, wird anstatt eines »Preis dem Herrn« ziemlich schnell eine Frage im Sinne von »warum hast du mich nicht gerufen?« aufkommen. Diese Frage läuft auf folgende Ansicht hinaus: »Es kann nicht gut sein, denn es ist ohne mich geschehen.« Die Ephraimiter sind noch immer nicht ausgestorben. Den Geist der Eifersucht, der die Ephraimiter kennzeichnete, finden wir aber keineswegs bei Paulus. Er erfreute sich daran, dass Christus gepredigt wurde, auch wenn das auf Kosten seiner Person ging (Philipper 1,15-18).

Die Gesinnung Christi — Vers 2-3

Die Gesinnung der Ephraimiter wird gerade durch den Sieg Gideons offenbar; und durch die Reaktion der Ephraimiter wird wiederum die Gesinnung Gideons offenbar. Es besteht eine Wechselwirkung. Wenn wir einen Sieg für und durch den Herrn errungen haben, werden andere auf die Probe gestellt, doch ebenso gut auch wir. Sind *wir* durch diesen Sieg wichtig geworden? Gideon tut, was in Philipper 2,3 steht: »*... nichts aus Eigennutz oder eitler Ruhmsucht, sondern dass in der Demut einer den anderen höher achtet als sich selbst*«. Das ist das Mittel zur Verhinderung von Zwietracht oder zur Bewahrung der Einheit unter dem Volk. Er besänftigt ihren Zorn, indem er sie preist: »*Eine sanfte Antwort wendet Grimm ab*« (Sprüche 15,1).

Obwohl die Ephraimiter nicht in das eigentliche Gefecht einbezogen waren, achtet er sie höher als sich selbst. Sie hatten mehr Feinde getötet als er; das hebt er hervor. Es werden mehr Feinde getötet, wenn sich der Feind auf der Flucht befindet, als zu der Zeit, wo der Kampf in aller Heftigkeit wütet. Gideon macht ihren Anteil groß und wichtig und verkleinert seinen eigenen Anteil. Mit dieser Haltung und Gesinnung gewinnt er gegen seine getäuschten Brüder und beweist damit, dass er etwas Verhärteteres als eine befestigte Stadt überwinden kann. »*Ein getäuschter Bruder ist unzugänglicher als eine befestigte Stadt*« (Sprüche 18,19). Wir mögen uns zwar gelegentlich geringschätzig über den Dienst eines anderen äußern; Jeftah hingegen geht (in Kapitel 12) an diese Sache ganz anders heran und die Folge ist ein Bürgerkrieg. Darauf werden wir in Kapitel 12 noch ausführlich zu sprechen kommen.

Die Ephraimiter gingen mit der Vorstellung weg, der Krieg sei durch ihren Einsatz gewonnen worden. Es kann ein Mittel zur Bewahrung des Friedens in der örtlichen Gemeinde sein, dem »lästigsten« Bruder die Vorstellung zu vermitteln, er sei der Beste, indem man seine guten Seiten stark betont. Das verlangt von uns die Gesinnung der Niedrigkeit, die der Herr Jesus in vollkommenem Maße hatte. Er wird uns in Philipper 2 zum Vorbild gesetzt. Seine Erniedrigung war freiwillig und umfassend. Er suchte allezeit das der anderen. Sein Vorbild ist das Absolute dafür, was jemand jemals für einen anderen getan hat. Er kam vom Himmel auf die Erde, wurde Mensch, wurde ein Sklave und starb den Tod am Kreuz. Eine größere Erniedrigung ist nicht denkbar. Und wir haben oft die größte Mühe, den geringsten Kniefall vor einem anderen zu machen. Es geht hier nicht um das Gutheißen einer Sünde. Es geht um unsere Gesinnung jemandem gegenüber, der lästig ist und an dem unsere Gesinnung daraufhin getestet wird, ob wir etwa denken, wir selbst seien wichtig.

Trotz Erschöpfung weiterkämpfen — Vers 4

Die 300 Mann, die sich kaum die Zeit gönnten, um Wasser zu trinken (Kapitel 7,6-7), begreifen, dass die Zeit zum Ausruhen noch nicht gekommen ist. Die Hingabe an die Sache des Herrn beseelt sie weiterhin. Sie erfahren das Wort aus Jesaja 40,29: »*Er gibt dem Müden Kraft und dem Ohnmächtigen mehrt er die Stärke.*« Oft erringt der Feind doch noch einen teilweisen Sieg, weil wir durch Ermüdung den Kampf vorzeitig beenden. Natürlich sind unsere Kräfte begrenzt. Aber es kommt darauf an, dass wir einen Blick für das Endziel eines bestimmten Kampfes haben. Wir dürfen nicht eher ruhen, als dieses Ziel erreicht ist. Lesen wir nur einmal in 2. Korinther 11, was Paulus in seinem Dienst für den Herrn alles durchgemacht hat. Und in Philipper 2 wird ein Mann erwähnt, von dem Paulus sagt: »*Denn um des Werkes willen ist er dem Tod nahe gekommen und hat sein Leben gewagt, um den Mangel in eurem Dienst für mich auszugleichen.*« Solche Menschen »*haben ihr Leben nicht geliebt bis zum Tod*« (Offenbarung 12,11). Menschen mit einer solchen Einstellung machen weiter, trotz ihrer Erschöpfung. Leider sind solche Kämpfer Gottes selten!

Verweigerung der Mitarbeit — Vers 5-9

Nachdem der Konflikt mit Ephraim durch das sanftmütige Auftreten Gideons beigelegt ist, bekommt er es mit einem neuen Konflikt zu tun. Beim Konflikt mit Ephraim ging es noch um den Anteil am Kampf. Der Konflikt, der jetzt entsteht, betrifft solche, die nicht an dem Kampf teilnehmen wollen. Es geht noch nicht einmal um eine aktive Teilnahme, sondern lediglich um *die Unterstützung* derer, die an der Befreiung des Volkes aktiv beteiligt sind. Gideon hatte ein Recht auf ihre Anteilnahme und Unterstützung.

Die Einwohner von Sukkot (das im Gebiet des Stammes Gad lag) rechneten aus, dass 300 erschöpfte Männer niemals gegen 15.000 erfahrene Kämpfer gewinnen könnten. Nach dem ersten Überraschungsangriff Israels würden sie sich natürlich umgruppieren. Gideon soll erst einmal beweisen, dass er wirklich die Könige des Feindes erwischen kann. Diese unbestimmte, zögernde und schließlich abweisende Haltung nehmen die Einwohner von Sukkot ein. Sie wollen erst einmal die Ergebnisse sehen. Was sie übersehen, ist das Einzige, worauf es wirklich ankommt: Ist der Herr mit den 300 erschöpften Männern oder nicht? Sie stehen für solche Menschen, die zuerst sehen müssen und dann erst glauben. Sie wollen zuerst ein greifbares Ergebnis sehen und beabsichtigen, sich erst dann zu beteiligen. Es geht ihnen um die Dinge, die man sieht. Das ist der Geist der Welt und des Unglaubens. Hier ist eine Stadt, die jegliche Gemeinschaft mit den Kämpfern Gottes verweigert. So etwas kann sehr entmutigend für jeden sein, der sich für den Herrn einsetzen möchte. Diese Menschen denken noch zu groß von der Macht des Feindes und legen denen, die sich der Sache Gottes weihen, allerlei Hindernisse in den Weg.

Paulus hat ebenfalls die Erfahrung gemacht, dass alle ihn verließen, doch er reagierte anders als Gideon. Er sagt: »*Es werde ihnen nicht zugerechnet*« (2. Timotheus 4,16). Das heißt nicht, Gideon hätte falsch reagiert. Es verlangt nach Vergeltung, wenn jemand Brot hat und es nicht herausgibt, während das doch für den Fortgang des Zeugnisses nötig wäre. Wer sich dem Werk des Herrn widersetzt, wird seiner gerechten Strafe nicht entgehen, auch wenn die Zeit dafür jetzt noch nicht gekommen ist, weil der Kampf alle Aufmerksamkeit erfordert.

Pnuel verhält sich genauso wie Sukkot und wird daher dasselbe Los teilen. Pnuel bedeutet »Angesicht Gottes«. Diese Stadt erinnert an das Ringen Jakobs mit Gott, das dort etwa 500 Jahre zuvor stattgefunden hatte. Dort wurde Jakob an der Hüfte geschlagen, wodurch er sich beständig dessen bewusst war, dass seine Schwachheit Gott die Gelegenheit gab, seine Kraft zu erweisen. Diese Lektion hatten die Einwohner vergessen. Ebenso wie Sukkot sehen sie auf das, was vor Augen ist und rechnen mit menschlichen Faktoren. Auf die Strafen, die Gideon ankündigt, werden wir bei den Versen 16 und 17 eingehen.

Der Rest geschlagen — Vers 10-12

Das Hauptziel, das Gideon durch die Verfolgung des Restes der Midianiter erreichen will, ist die Gefangennahme und das Ausschalten der beiden Könige. Ohne die Befehlsgewalt und die Strategie dieser Könige war das Heer der Midianiter orientierungslos. Die Könige mischten sich nicht selbst in den Kampf, sondern befanden sich im Hintergrund. Von dieser Position aus gaben sie ihre Befehle an die Kämpfer weiter. Diese Könige stehen für böse Mächte in den himmlischen Örtern, die im Hintergrund operieren ihre Befehle an die sichtbare Welt weitergeben und ihren Einfluss darauf ausüben. Die Fürsten aus Kapitel 7,25 stellen hingegen Personen dar, durch die diese bösen Mächte ihre Befehlsgewalt ausüben.

Die Bedeutungen der Namen dieser Könige drücken deren Charakter gut aus. Sebach bedeutet »ein gottesdienstliches Opfer« oder »ein Schlachtopfer zum Opfern«. Zalmunna bedeutet »ein verbotener Schatten« oder »ein geistlicher Todesschatten«. Die Tatsache, dass es sich um zwei Könige handelt, weist auf die Verschiedenheit der Bosheit innerhalb des Befehlsbereiches Satans hin, des *»Fürsten der Macht der Luft«* (Epheser 2,2). Sebach stellt nicht ein Opfer für Gott vor, sondern die Schlachtung, die der Satan erbarmungslos unter Gottes Volk anrichten will. Zalmunna bezeichnet die Umgebung, in der dies stattfindet.

Wenn wir wirklich frei sein wollen, also ungebunden, dürfen wir diesen Feinden nicht erlauben, in unserem Leben Einfluss zu nehmen. Zank (wie wir bereits wissen, die Bedeutung des Namens Midian) ist ein Feind, der auch heute zahllose Opfer unter dem Volk Gottes fordert. Das Gebiet, auf dem, und die Umgebung, in der sich Zank abspielt, ist der Bereich des Todesschattens. Zank bringt kein Leben, sondern sät Tod und Verderben. Diese beiden Könige befanden sich nicht umsonst in der Stadt Karkor, was so viel bedeutet wie »Stadt der Verwüstung«. Ein wirklich passender Name!

Es gibt noch einen Aspekt an diesem Sieg, den wir beachten sollten. Der Sieg über Midian ist nämlich eine Vorschattung des endgültigen Sieges, den Israel in der Zukunft über seine Feinde erringen wird. Darüber können wir in Psalm 83 und Jesaja 9,3-4 lesen.

Die Vergeltung — Vers 13-17

Bevor er mit den gefangen genommenen Königen abrechnet, löst Gideon zuerst seine Versprechen an Sukkot und Pnuel ein. Diese beiden Städte hatten sich nicht nur neutral im Kampf verhalten, sie hatten sich sogar geweigert, sich mit den Kämpfern für Gott einszumachen und hatten ihnen die notwendige Unterstützung vorenthalten. Das bedeutete, dass sie praktisch die Seite des Feindes gewählt hatten. Wer Gottes Volk die Mittel vorenthält, durch die es Kraft zum Kampf empfängt, während diese Mittel durchaus bereitliegen, macht es dem Feind gerade recht. Dieser hat es dann mit einem geschwächten Widersacher zu tun. Gideons Empörung ist somit gerechtfertigt. Um seiner Empörung angemessen Ausdruck verleihen zu können, gebraucht er einen Jungen aus Sukkot, den er in die Finger bekommen hat. Er lässt ihn die Namen derer aufschreiben, die er für das Verhalten der Stadt zur Verantwortung ziehen will. Als er in der Stadt ankommt, erinnert er die Männer der Stadt an ihre Haltung und ihre höhnischen Bemerkungen. Sie werden gewiss beschämt dagestanden haben. Nun müssen sie sich der angekündigten Zucht beugen. Gideon züchtigt sie, weil sie sich dem Feind gegenüber freundlich verhalten haben, und zwar in einem Augenblick, wo die Knechte Gottes erschöpft waren und doch die Verfolgung standhaft fortsetzten. Dornen und Disteln lassen ihre scharfen Stacheln spüren und erinnern sie noch lange daran, wie unentschlossen sie am Tag der Entscheidung waren. Es war eine *»empfindliche Lektion«*. Die Dornen und Disteln als Zuchtmittel stellen Drangsale, Enttäuschungen und Leiden dar, die nötig sind, um solche, die in ihrem Bekenntnis zum Herrn Jesus unentschlossen waren, zur Umkehr zu bringen und einsehen zu lassen, dass sie betreffs der Sache Gottes einen Fehler gemacht haben.

In Pnuel riss er den Turm nieder, der dieser Stadt wahrscheinlich ein bedeutsames Ansehen gab, und tötete ihre Männer. Auch hier wird das Gericht an denen vollzogen, die gegen den Feind hätten kämpfen können, indem sie zumindest die Männer Gideons bei ihrer Verfolgungsjagd ermutigt hätten. Ihr Verhalten war Folge purer menschlicher Berechnung. Solche Gedanken sind Festungen, die sich gegen die Erkenntnis Gottes erheben und die niedergerissen werden müssen. Der Turm von Pnuel scheint ein Symbol des menschlichen Denkens, Beurteilens und Selbstvertrauens zu sein und dafür ist kein Platz (siehe 2. Korinther 10,4-5). Der erste Turm, von dem in der Bibel die Rede ist, wird in 1. Mose 11 erwähnt. Die Geschichte ist als der Turmbau von Babel bekannt. Warum dieser Turm gebaut wurde, steht dabei: *»So wollen wir uns einen Namen machen«* (Vers 4). Der Turm diente zur Verherrlichung des Menschen. Wer einen solchen Turm besitzt und in Ehren hält, wird sich vom Kampf des Glaubens abseits halten. Aber wer für den Glauben kämpft (Judas 3), reißt diesen Turm nieder.

Sebach und Zalmunna getötet — Vers 18-21

Der Sieg ist errungen, doch er muss noch abgerundet werden. Die Gefahren sind noch nicht endgültig verschwunden. Die Gefahr verbirgt sich im Schwanzstachel. Nach dem Sieg treten einige subtile Gefahren ans Licht und zwar in Form von schmeichelnden Worten. Zum ersten Mal kommen solche aus dem Mund des Feindes hervor. Nach dem Schwert des Feindes bekommt Gideon es nun mit dessen Mund zu tun. Möglicherweise hat der Sieg Gideon doch ein wenig selbstsicher gemacht; er scheint jedenfalls seine Abhängigkeit vom Herrn etwas zu verlieren. Warum begann er mit seinen Feinden zu sprechen? Es war doch klar, dass sie getötet werden mussten! Er will sie zur Verantwortung für den Mord an seinen Brüdern ziehen. Aber indem er mit ihnen ins Gespräch kommt, öffnet er sich für ihren Einfluss. Es ist genauso wie bei Eva, die auch mit der Schlange (dem Teufel) ins Gespräch kam und dadurch unter seinen Einfluss gelangte. Das hatte für sie und für das ganze Menschengeschlecht fatale Auswirkungen. Jetzt, wo die Macht der beiden Könige gebrochen ist, versuchen sie Gideon mit ihren schmeichelnden Worten zu betören. Und obwohl er sich von ihrer Schmeichelei nicht beeindrucken lässt, scheint er sich doch nicht ganz ihrem Einfluss entziehen zu können. Er verliert das wahre Verständnis der Macht des Feindes und sagt zu seinem Sohn, dass er sie töten solle. Ganz anders war es in Josua 10,22-27, wo Josua fünf Könige gefangen genommen hatte. Den Auftrag, diese Könige zu töten, erteilte Josua nicht jungen Männern, sondern *»den Anführen der Kriegsleute, die mit ihm zogen«*. Es ist nicht anzunehmen, dass der Junge zu den 300 Männern gehörte. Der Junge war ängstlich, und alle, die Angst gezeigt hatten, waren schon weggegangen, bevor der Kampf begann. Gideon überschätzt die Kraft seines Sohnes. Das ist eine Lektion für alle Eltern (und Leiter), die mit einer gewissen Genugtuung bemerken, dass ihre natürlichen (oder geistlichen) Kinder am geistlichen Kampf mitwirken. Sie dürfen sich nicht dazu verführen lassen, von ihnen Dinge zu verlangen, die ihre (geistliche) Kraft übersteigen. Oft sind das die Situationen, in denen die Macht des Feindes unterschätzt wird.

Nach dieser »Niederlage« Gideons lässt der Feind wiederum schmeichelnde Worte hören, diesmal mit herausfordernden Worten. Ihre Äußerung hat mit der Ehre zu tun, an die sie sich selbst halten wollten: Sie wollten lieber durch die Hand des Anführers als durch die Hand eines Jungen sterben. Gideon nimmt diesmal die volle Verantwortung auf sich und tötet die beiden Könige. Er nimmt jedoch etwas von ihnen als eine Art Kriegsbeute mit, eine Trophäe, ein Gedenkzeichen des Sieges. Es ist möglich, dass die Halbmonde, die er von den Kamelen der Könige holt, darauf hinweisen, dass die Midianiter Anbeter des Mondgottes waren. Es ist ein Symptom, das andeutet, dass Gideon nicht Gott alle Ehre gab und selbst auch eine Erinnerung an seinen Sieg aufbewahren wollte. Von keinem der anderen von Gott gegebenen Richter lesen wir, dass sie etwas Derartiges getan hätten. Allein Simson geht noch einen Schritt weiter. Bei ihm sehen wir nicht, dass er eine Sache vom Feind mitnimmt, sondern eine Person. Diese sorgt dafür, dass er in seinem Dienst versagt und endgültig zu Fall kommt. Bei Gideon geht es nicht so weit. Aber es scheint, als sei der Keim für sein kommendes Versagen bereits hier gelegt.

Einem Fallstrick entlaufen — Vers 22-23

Die nächste Schmeichelei, mit der Gideon es zu tun bekommt, kommt nicht von Seiten der Welt, sondern von der Seite des Volkes Gottes. Sie wollen einen sichtbaren Führer, ebenso wie die Nationen. Wovor Gott in Kapitel 7,2 gewarnt hatte, geschieht hier. Sie schreiben den Sieg einem Menschen zu. Sie geben Gideon die Ehre, die allein Gott zukommt. Zudem wollten sie durch Nachfolge die Monarchie sicherstellen. Man wusste ja schließlich nie, wer der nächste Richter sein würde. Das Erbkönigtum bot ein Stück Sicherheit. Alles erscheint so vernünftig, aber es deutet darauf hin, dass das Volk seine wahre Abhängigkeit von Gott verloren hat.

Es wird heute viel über Führerschaft gesprochen. Ihre Bedeutung wird immer mehr betont. Ohne deutliche Führerschaft werde es dem Volk Gottes nicht gut ergehen. Doch vieles von solchem Gerede deutet in Wirklichkeit darauf hin, dass man keinen Weg mit der Führerschaft des Herrn Jesus weiß, die er durch den Heiligen Geist ausübt. Das heißt nicht, es gäbe keine Brüder mit der Gabe der Leitung oder die als Führer oder Aufseher oder Älteste fungierten. Doch fehlt Gottes Volk oft der geistliche Zustand dazu, solche Menschen zu erkennen und anhand der geistlichen Kennzeichen, die in der Schrift angegeben werden, anzuerkennen. Dann werden einfach Männer ernannt oder öffentlich benannt oder wie immer man es nennen will. Jedenfalls will man äußerlich hören und sehen können, wer die Führer sind. Damit ist der Keim für den Unterschied zwischen »Geistlichen« und »Laien« gelegt. Was Israel verlangt, ist mit der Einführung eines Klerus, einer Geistlichkeit, zu vergleichen. Der Diener wird groß gemacht und Gott wird vergessen. Später wird Israel diese Frage wiederholen; dann bekommt das Volk allerdings einen König in Saul (1. Samuel 8). Erst danach gibt Gott den Mann nach seinem Herzen, David (1. Samuel 16).

Glücklicherweise durchschaut Gideon die Gefahr der Bitte und verweigert es, König zu werden. Er weist sie auf Gott als ihren König hin. Das muss auch uns als Antwort dienen, wenn Bemerkungen kommen, jemanden oder einige ohne göttliche Bevollmächtigung in der Führerposition zu bestätigen. Ein Führer nach Gottes Gedanken wird jede Bestätigung durch Menschen von der Hand weisen. Paulus gibt in Galater 1,1 eine gute Beschreibung seiner Apostelschaft. Als Apostel war er ein Führer ersten Ranges, doch seine ganze Apostelschaft ist losgelöst vom Menschen, so dass er sagen kann, dass er Apostel ist *»nicht von Menschen, auch nicht durch einen Menschen, sondern durch Jesus Christus«*. Das heißt, dass der Ursprung, die Quelle seiner Apostelschaft, nicht bei einem Menschen lag und dass er auch nicht durch einen Menschen in dieser Apostelschaft bestätigt wurde.

Das Ephod — Vers 24-27

Worum Gideon jetzt bittet, stammt nicht von anderen, sondern diese Begierde entspringt in seinem eigenen Herzen. Die Worte, mit denen er das Königtum abweist, sind kaum ausgesprochen, da streckt er seine Hand nach dem Priestertum aus. Er bittet das ganze Volk um einen Beitrag für die Anfertigung eines Ephods. Das Ephod ist ein Kleidungsstück, das allein vom Hohenpriester oder von Priestern getragen wurde. Daher kam es Gideon nicht zu, ein solches Ephod anzufertigen. Seine Bitte hätte er mit dem Hinweis auf das Opfer, das er gebracht hatte und auf den Altar, den er in Ofra aufgerichtet hatte (Kapitel 6), verteidigen können. Hatte er dort nicht etwas wie einen priesterlichen Dienst verrichtet? Doch der Altar, den er dort gebaut hatte, hatte keinen vermittelnden Charakter. Er diente nicht dazu, im Namen des Volkes sich Gott zu nahen.

Gideons Ephod sollte ein Gedenkzeichen des errungenen Sieges werden. Daher bat er das ganze Volk, etwas dafür zu geben. Machen wir das nicht auch alles einmal: ein Andenken des Sieges, den der Herr uns gegeben hat, anfertigen oder aufhängen? Wir erzählen gern von unseren Siegen, dem Segen, den der Herr durch unseren Dienst geben wollte; natürlich alles unter dem Deckmantel, dass es zur Ehre des Herrn sei. Aber ist es nicht so, dass wir eigentlich Trophäen für uns selbst »aufhängen«? Waren wir nicht die gefeierten Werkzeuge? So etwas wird uns zu einem Fallstrick.

Das Volk ist sofort bereit, diesen Beitrag zu liefern. Wenn ein Mensch etwas dazu beitragen darf, ein Gedenkzeichen für einen bestimmten Sieg zu machen, wirkt er gern daran mit. So stellt Gideon jetzt an dem Ort, wo zuerst ein Bild für Baal stand, das er niedergerissen hatte, ein Bild für Gott auf. Doch das Resultat ist dasselbe: Götzendienst. Das Ephod wird als ein Mittel betrachtet, durch das man Gott nahen könne. Doch weil das Ephod nicht mit dem Hohenpriester in Verbindung stand, der es tragen musste, und es somit lediglich eine Form war, wird es hier zu einem Mittel zum Götzendienst.

Alles, was in der Christenheit von Christus getrennt wird, wird zu einem Mittel zum Götzendienst. Die Form tritt an die Stelle des Inhalts. So wird z. B. gesagt, man empfange durch die Taufe neues Leben. Gleiches sagt man vom Abendmahl. Ebenso kniet man vor einem Kruzifix. Solche Ergebnisse sind im Gemeindeleben zu erwarten, wenn man sich von religiösen Gefühlen leiten lässt, ohne sich von dem leiten zu lassen, was Gott in seinem Wort über die Gemeindepraxis und die Anbetung seiner Person gesagt hat. Es wird nicht allein für Gideon zu einem Fallstrick; er zieht sein ganzes Haus mit in diesen Götzendienst hinein. Das zeigt den Ernst der folgenden Worte, die ich einmal hörte: Den Weg von Gott weg geht man nicht allein!

Gideons weiteres Leben — Vers 28-31

Nachdem wir alles über den Kampf gehört haben sowie über die

Ereignisse, die direkt daraus hervorgingen, kommt in Vers 28 die Schlussfolgerung. Midian ist geschlagen und das Volk hat unter der Führung Gideons vierzig Jahre Ruhe. Doch damit ist die Geschichte Gideons nicht zu Ende. Es scheint, als habe Gideon es sich gemütlich gemacht und den Lüsten des Fleisches nachgegeben, als die Tage seines Kampfes für Gott vorbei waren. Nicht umsonst steht in Epheser 6,13 für den Christen die Warnung, dass er sich nach einem errungenen Sieg nicht auf seinen Lorbeeren ausruhen soll. Er soll die ganze Waffenrüstung Gottes aufnehmen, nicht allein während des Tages des Kampfes, sondern auch, um am bösen Tag zu widerstehen und, wenn alles ausgerichtet ist, stehen bleiben zu können. Gideons weiteres Leben ist leider ein sprechendes Beispiel dafür, dass er dies nicht berücksichtigt hat. Er zieht sich in aller Ruhe in sein Haus zurück, nimmt sich viele Frauen und bekommt dadurch eine große Nachkommenschaft. Einerseits ist das ein Beweis des Erfolges. Im gleichem Maße, wie Wohlstand und Einfluss einer Person zunahm, wuchs auch ihr Harem. König Ahab hatte 70 Söhne (2. Könige 10,1) und manche der Nachfolger Gideons hatten ebenfalls viele Söhne (Richter 10,4; 12,9.14). Andererseits sind der Hass und Mord, die in Gideons Familie eindringen, geradezu charakteristisch für diese alttestamentlichen Fälle von Polygamie.

In dieser Zeit bekommt Gideon auch einen Sohn von seiner Nebenfrau aus Sichem, dem er den Namen Abimelech gibt. Dieser ist der einzige Sohn Gideons, dessen Name erwähnt wird. Das geschieht nicht umsonst. Das nächste, sehr lange Kapitel wird uns den Charakter dieses Mannes vor Augen führen und zeigen, was für eine Quelle des Elends er sein wird. In *seiner* Geschichte werden wir sehen, dass Gideons spätere Bequemlichkeit und Genusssucht zu einer fruchtbaren Quelle für das Böse wird. Allein der Umstand, dass die Mutter Abimelechs nicht in Ofra wohnte, sondern irgendwo anders, ist aufschlussreich. Gideon wollte die Lüste, aber nicht die Lasten. Noch aufschlussreicher ist die Bedeutung des Namens, den er diesem Kind gibt. Abimelech bedeutet nämlich »mein Vater ist König«. Das ist ein Name, den auch Könige der Philister tragen (siehe 1. Mose 20, 21, 26). Dass Gideon seinem Sohn diesen Namen gibt, lässt etwas von dem erkennen, was möglicherweise in seinem Herzen mitgespielt hat: Es ist nicht undenkbar, dass die Schmeichelei der Verse 18 und 22 doch ihren Einfluss gehabt hat.

Wer etwas von seinem eigenen Herzen kennt, weiß, wie leicht bestimmte Schmeichelei in seinem Denken Fuß fassen kann. Sie kann uns im Gedächtnis bleiben und »im Untergrund« kann der Gedanke, wir wären wichtig und jemand, zu dem andere aufsehen könnten, doch weiterhin eine Rolle spielen. Bei bestimmten Gelegenheiten kann dieser Gedanke dann nicht mehr unterdrückt werden und tritt in den Vordergrund. Dann wird sich die eigene Wichtigkeit Geltung verschaffen und dann ist der Herr nicht mehr Nummer eins. Allein dann, wenn man solche Gedanken radikal verurteilt und sie »im Tod« hält, ist es möglich, davor bewahrt zu bleiben, dass sie wieder eine aktive Rolle zu spielen beginnen. Wer solche Gedanken radikal verurteilt, setzt in die Tat um, wozu Kolosser 3,5 aufruft: »*Tötet nun eure Glieder, die auf der Erde sind: Unzucht, Unreinheit, Leidenschaft, böse Begierde und Habsucht, die Götzendienst ist.*« Ist die Begierde nach eigener Wichtigkeit keine böse Begierde? Ist sie keine Form der Habsucht, eine Stellung einnehmen zu wollen, die allein Gott zukommt? Sie ist nichts anderes als Götzendienst! Daher muss mit solchen Dingen gebrochen werden. An Stelle dieser Begierden kann dann treten, was in Kolosser 3,12 steht: »*herzliches Erbarmen, Güte, Demut, Milde, Langmut*«.

Das Zweite, das ich erwähnte, nämlich diesen Gedanken im Tode zu halten, ist die Verwirklichung von Römer 6,11: »*So auch ihr: Haltet euch der Sünde für tot, Gott aber lebend in Christus Jesus.*« Hier haben wir den Schlüssel dafür in Händen, hochmütigen Gedanken – denn um solche handelt es sich – das Genick zu brechen und nicht zuzulassen, dass sie wieder aufkommen. Die Grundlage für eine solche Haltung dem Hochmut gegenüber liegt in dem, was der Herr Jesus am Kreuz tat. Darum geht es in den Versen, die dem Vers 11 von Römer 6 vorausgehen. Daher ist es so wichtig, vor allem den Römerbrief gründlich zu studieren. Wir erhalten dann Einsicht, wer wir selbst von Natur aus sind, was Gott in Christus mit uns getan hat und wie wir uns als Folge dessen Gott gegenüber sehen dürfen. Das gibt uns die richtigen Waffen in die Hände, um der Sünde jeden Anspruch auf uns und jede Autorität über unser Leben zu nehmen.

Gideons Ende — Vers 32-35

Das Ende Gideons ist ein Zeugnis des Geistes darüber, wer er für Gott gewesen ist. Von ihm (und im weiteren Verlauf nur noch von Simson) wird in diesem Buch gesagt, dass er im Grab seines Vaters begraben wurde. Weiter heißt es, dass er *»in gutem Alter«* starb. Soweit ich weiß, wird dies im Alten Testament nur noch von Abraham (1. Mose 15,15 und 25,8) und von David (1. Chronika 29,28) gesagt.

Leider folgen die Israeliten nicht dem Guten, das in Gideons Leben zu erkennen gewesen ist, sondern dem Verkehrten, wozu Gideon in seinem Leben ebenfalls Anlass gegeben hat. Durch das Anfertigen des Ephods hat er das Volk auf den Weg des Götzendienstes zurückgebracht. Dadurch richtete er sein Werk von Kapitel 6,25-27 zugrunde und hat den Keim für ein erneutes Abweichen des Volkes Gottes gelegt. Die Israeliten *»hurten den Baalim nach«*. Rund 40 Jahre, nachdem Gideon den Altar des Baal niedergerissen hatte, machten sich die Israeliten den Baal-Berit zum Gott. Baal-Berit bedeutet »Herr des Bundes«. Die Anbetung Baals war ein Zeichen eines Bundes mit den Kanaanitern, von etwas, was Gott so ausdrücklich verboten hatte. Das Volk vergisst Gott und auch das Gute, das Gideon für das Volk getan hatte.

Trotz der Tatsache, dass Gideon eigentlich an dieser Entwicklung mitgewirkt hatte, macht Gott die Israeliten selbst für ihr Verhalten verantwortlich. Er tadelt sie für ihre Undankbarkeit dem gegenüber, was Gideon getan hat. Undankbarkeit ist auch ein Kennzeichen unserer Zeit. Wie gehen wir mit Brüdern um, die uns gedient haben und die uns durch die Verkündigung des Wortes Gottes den Herrn Jesus größer gemacht haben, sodass unsere Anbetung wesentlich tiefer wurde? Außerdem haben sie unseren Wunsch vermehrt, dem Wort Gottes zu gehorchen, sodass wir begonnen haben, ihm mit gesteigerter Hingabe zu dienen. Wir müssten dankbar sein für Menschen, die durch ihre Verkündigung und ihr Leben Christus näher zu uns und uns näher zu Christus gebracht haben. Von solchen Menschen lesen wir zum Beispiel in Römer 16,3-4 und in Hebräer 13,7.17.

Kapitel 9

Einleitung

Dieses Kapitel ist eine Fortsetzung der letzten Verse des vorherigen Kapitels, wo von einem erneuten Abweichen vom Herrn die Rede war. Hier lesen wir von einem noch weiter gehenden Verlassen Gottes. Die Folge ist Sklaverei und Erniedrigung. Aber hier ist die Sklaverei nicht die Folge einer feindlichen Macht von außen, sondern von innen. Die vorausgegangenen »Lektionen« drehten sich um die Haltung des Volkes seinen Feinden gegenüber; die »Lektion« hingegen, die wir in der Geschichte Abimelechs zu sehen bekommen, hat mit den Beziehungen innerhalb des Volkes Gottes zu tun.

In Abimelech begegnen wir jemandem, der nicht gegen Feinde kämpft, sondern stattdessen über Gottes Volk herrscht. Ihm und seinem Verhalten wird das längste Kapitel des Buches Richter gewidmet, ganze 57 Verse. Abimelech ist kein Befreier Israels, sondern er ist jemand, der einen Grundsatz vorstellt, der auch bei einem gewissen Diotrephes zu sehen ist. Diotrephes wird vom Apostel Johannes in seinem dritten Brief erwähnt. Er ist jemand, *»der gern unter ihnen* (das heißt in der Gemeinde) *der Erste sein will«* (3. Johannes 9). Er ist jemand, der sich Autorität anmaßt, unter Ausschluss anderer, wie Johannes weiter von ihm sagt: Er *»nimmt uns nicht an«*. Er duldet keine Konkurrenz. Dieses Auftreten sehen wir in Abimelech veranschaulicht. Es fällt auf, dass er nicht ein einziges Mal den Namen Gottes nennt. Zudem ist er eine der düsteren Personen, die im Alten Testament eine Vorschattung des Menschen der Sünde, des Antichristen, darstellen. Das sollten wir im Auge behalten, wenn wir uns mit seiner Geschichte beschäftigen.

Das Wichtigste ist jedoch, dass er etwas von dem erkennen lässt, was in unser aller Herzen vorhanden ist. Es steckt uns allen im Blut, der Erste, der Wichtigste sein zu wollen. Wir müssen auf den Herrn Jesus blicken, der sich selbst zu nichts machte und Diener aller wurde. Er ist *»nicht gekommen, um bedient zu werden, sondern um zu dienen und sein Leben zu geben als Lösegeld für viele«* (Matthäus 20,28). Das hat er nicht nur gesagt, sondern auch praktiziert. Darum kann er zu seinen Jüngern sagen, als sie sich darüber streiten, wer unter ihnen wohl der Größte sein darf (dieser Geltungsdrang steckte also auch in ihnen): »*Ihr aber nicht so! Sondern der Größte unter euch sei wie der Jüngste und der Führende wie der Dienende. Denn wer ist größer, der zu Tisch Liegende oder der Dienende? Nicht der zu Tisch Liegende? Ich aber bin in eurer Mitte wie der Dienende*« (Lukas 22,26-27). Lasst uns bei der Betrachtung des Auftretens von Abimelech stets auf den Gegensatz zum Auftreten unseres Heilands achten.

Der Griff nach der Macht — Vers 1-6

Abimelech wird nicht Richter genannt. Er ist auch nicht von Gott dazu erweckt worden, Israel zu befreien. Vielleicht ist er aber durch die Bedeutung seines Namens (»mein Vater ist König«) auf die Idee gekommen, auf Grundlage der Sukzession die Herrschaft zu beanspruchen. Sein Vater war der Führer des Volkes; er sollte ebenfalls Führer sein. Wie dem auch sei, fordert er schließlich, was sein Vater verweigert hatte und wird auf diese Weise jemand, der »*über seinen Bereich herrscht*« (1. Petrus 5,3). Er gehört zu der Art von Menschen, die Paulus meinte, als er in Apostelgeschichte 20,30 zu den Ältesten von Ephesus sagte: »*Und aus eurer eigenen Mitte werden Männer aufstehen, die verkehrte Dinge reden, um die Jünger abzuziehen hinter sich her.*« Wie in der Einleitung gesagt, ist er ein Diotrephes. Abimelech gehört zu der Sorte Menschen, die die Gemeinde so leiten, wie Manager ihre Firmen. Ein solcher Mensch wird immer versuchen, Menschen um sich zu sammeln, um so seine Ideen über die Gemeindepraxis zu verwirklichen und Veränderungen durchzusetzen. Um dieses Ziel zu erreichen, erweist er seine Gunst, damit man sich ihm verpflichtet fühlt. Sein Werbekampagne läuft gut und seine Sprache kommt an.

Abimelech tut so, als wollte er sich für die Belange seiner Familie einsetzen und geht geschickt auf ihre Gefühle ein, während er seine 70 Halbbrüder beiseite schafft. Er präsentiert sich nicht als der Sohn Gideons, sondern nimmt den Charakter seiner Mutter an. Gideon hat seine 70 Söhne zweifellos in seinem eigenen Haus aufgezogen, während Abimelech in Sichem aufgewachsen ist. Er kennt überhaupt keinen Respekt gegenüber seinen Halbbrüdern. Als er einmal gewählt ist, lässt er sie umbringen. Dafür bezahlt er pro Person ein Silberstück an nichtswürdige Leute, die alle 70 Brüder gefangen nehmen und festhalten, während Abimelech sie einen nach dem anderen auf einem Stein tötet. Vielleicht handelte es sich hierbei um den Stein, den Josua in Sichem als Zeugen gegen das Volk aufrichtete (Josua 24,25-27). Dass das Geld aus dem Götzentempel kommt, stört ihn nicht im Geringsten.

Abimelech will sich selbst erhöhen und ähnelt darin der Person, die in Daniel 11,36 beschrieben wird. Ich habe bereits auf die Entsprechung zwischen Abimelech und dem Antichrist hingewiesen. Die Kennzeichen des Antichrist erfahren wir in 1. Johannes 2,22; 4,3 und 2. Thessalonicher 2,3-4. Der Antichrist geht genauso zu Werke wie Abimelech. Auch er wird durch schöne Worte die Gunst des Volkes zu gewinnen wissen (Psalm 55,22; Daniel 11,32). Bei Absalom, einem Sohn Davids, finden wir dieses Kennzeichen (schmeichelnde, gewinnende Sprache) ebenfalls. Sein Verhalten wird in 2. Samuel 15,1-6 beschrieben. Der Abschnitt endet mit den Worten: »*So stahl Absalom das Herz der Männer von Israel.*« Genau das tut auch Abimelech hier.

Ein Mann entkommt dem Mordkommando: Jotam (siehe auch 2. Chronik 22,10-12). Sein Name bedeutet »der Herr ist vollkommen«. Er ist ein wahrer Zeuge seines Namens. Gott wird niemals ohne einen Zeugen sein. Jotam legt sein Zeugnis in den folgenden Versen ab. Er ist ein wahrer Antipas, das bedeutet »einer gegen alle«. Einem Antipas begegnen wir in Offenbarung 3,13. Er stellt den treuen Überrest dar, den Gott zu allen Zeiten aufrechterhält, nach der Wahl seiner Gnade (Römer 11,5).

Abimelech ist der erste Mensch, der sich in Israel zum König ausrufen lässt. Er setzt sich völlig über 5. Mose 17,14-20 hinweg, wo Gott seine Anforderungen für dieses Amt niedergelegt hat. Ironischerweise findet die Huldigung in der Nähe des Baumes in Sichem statt, wo Josua dem Volk das Buch des Gesetzes Gottes gegeben hatte (Josua 24,26).

Das Gleichnis Jotams — Einleitung zu Vers 7-21

Jotam geht es mit seiner Parabel bzw. seinem Gleichnis darum, zu verdeutlichen, dass das Herrschen über andere das Verderben des Segens Gottes bedeutet, den Gott geben will. Wo Menschen die

Chance zu herrschen bekommen, werden wesentliche Dinge verdorben: das Wirken und der Segen des Heiligen Geistes (dargestellt im Olivenbaum), die Freude (dargestellt im Weinstock) und die Gerechtigkeit (dargestellt im Feigenbaum), allesamt Gaben Gottes. Das Endresultat des Herrschens ist im Dornstrauch zu sehen (mittels dessen die Einwohner von Sukkot eine empfindliche Lektion gelernt hatten), der nichts anderes als Schmerzen verursachen wird. Hier wird gezeigt, worauf menschliche Regierung im Haus Gottes immer hinausläuft. Der Baum ist ein Bild einer regierenden Macht. Wir können das beispielsweise auch bei Nebukadnezar sehen (Daniel 4,20-22). Bei den Bäumen geht es immer um das Fruchttragen und die Preisgabe der Frucht, wenn sich menschliche Herrschaft breit macht. Von Natur wollen Menschen gerne von jemandem regiert werden, in dessen Leben Frucht zu sehen ist. Der wahre Geist des Regierens ist der Geist des Dienens, wie es aus Lukas 22,27 deutlich wird. Autorität in einem herrschenden Sinn auszuüben, ist von viel geringerem Wert als fruchtbares Dienen.

In der Parabel von den Bäumen legt Jotam Abimelechs Charakter bloß sowie das unrechte und unehrliche Handeln der Bürger Sichems gegen die Erinnerung an seinen Vater Gideon. Wir werden sehen, dass wir Jotams Geschichte auf die Führerschaft bei Personen anwenden können, aber auch auf die Überbetonung einer bestimmten Lehre. Das Ziel des Gleichnisses ist, dass wir die Führung Gottes erkennen und aufpassen, dass wir uns selbst nicht in einer solchen Position behaupten oder uns von anderen bestätigen lassen, die uns einen Ehrenplatz geben wollen.

Wo und warum Jotam spricht — Vers 7

Als Jotam berichtet wird, dass Abimelech zum König ausgerufen worden ist, legt er seine Hände nicht in den Schoß. Er geht auf den Berg Garizim, den Berg des Segens (5. Mose 27,12). Damit zeigt er, dass er Segen für das Volk sucht. Dafür will er sich von Gott gebrauchen lassen und so die Aufgabe erfüllen, die Gott ihm gegeben hat. Wer wie Jotam durch die Gnade Gottes dem Gericht entkommen ist, kann als geeignetes Werkzeug zum Segen für jene gebraucht werden, die sich von Gott abgewandt haben.

Jotam kündigt das Gericht nicht ohne weiteres an. Was er zu erzählen hat, ist von tiefer Bedeutung. Er sprach nicht in Rätseln. Jeder verstand sehr gut, wovon er sprach. Er stellt den Weg des Segens vor und gibt zu erkennen, was die Folgen sind, wenn man diesen Weg nicht gehen will. Wer auf ihn hört, also die Wahrheit seiner Worte erkennt und danach handelt, wird einen offenen Weg zu Gott finden und zugleich auf ein offenes Ohr bei ihm stoßen. So steht dort der Einzelgänger, der zum Segen für das ganze Volk sein will. Das Gleichnis Jotams enthält das Geheimnis, wie man von Gott erhört wird.

Der Olivenbaum — Vers 8-9

Als erster Baum kommt der Olivenbaum zu Wort. Er ist ein Bild der Energie und Erleuchtung, Kraft und Frucht des Heiligen Geistes. Olivenöl sorgte dafür, dass im Heiligtum der Leuchter ständig brannte, sodass dort Licht war (2. Mose 27,20). Wir lesen auch, dass im Alten Testament Priester, Propheten und Könige mit Öl gesalbt wurden. Im Neuen Testament werden die Gläubigen als Priester und Könige gesehen (Offenbarung 1,6) und sie werden geschildert als solche, die gesalbt sind, nicht mit buchstäblichem Öl, sondern mit dem Heiligen Geist (1. Johannes 2,20.27). Öl ist also ein Bild für den Heiligen Geist.

Wenn nun im Leben eines Menschen das Werk des Heiligen Geistes deutlich sichtbar wird, ist es sehr wahrscheinlich, dass man ihn bitten wird, die Leitung zu übernehmen. Es kann in einer Glaubensgemeinschaft auch vorkommen, dass man die Wirkung und das Reden des Heiligen Geistes so sehr überbetont, dass damit sein wahrer Platz verloren geht. Dann werden die Geistesgaben zum Maßstab für die Beurteilung des geistlichen Lebens der Gläubigen. Wer eine bestimmte Geistesgabe hat, genießt dann ein höheres Ansehen als jemand, der die betreffende Gabe nicht hat. Wer in dieser Hinsicht die Bibel untersucht, wird entdecken, dass der Heilige Geist nicht gekommen ist, um sich selbst darzustellen, sondern dass er gekommen ist, um den Herrn Jesus zu verherrlichen. Das lesen wir in Johannes 16,13-14, wo der Herr Jesus vom Heiligen Geist sagt: »*Wenn aber jener, der Geist der Wahrheit, gekommen ist, wird er euch in die ganze Wahrheit leiten; denn er wird nicht aus sich selbst reden, sondern was er hören wird, wird er reden und das Kommende wird er euch verkündigen. Er wird mich verherrlichen, denn von dem Meinen wird er nehmen und euch verkündigen.«* Das nimmt nichts von der Herrlichkeit und Gottheit der Person des Heiligen Geistes weg. Die Frage ist, welchen Platz der Heilige Geist innerhalb der Gottheit einnimmt und was er auf der Erde tut. (Nebenbei bemerkt: Darum ist auch das Ansprechen und die Anbetung des Heiligen Geistes in Wort und Lied und das Gebet zu ihm unangemessen; dazu gibt es in der Bibel keinen einzigen Grund.)

Was tatsächlich im Leben eines Christen sichtbar werden kann, ist die Frucht des Heiligen Geistes, wie in Galater 5,22 beschrieben. Bei wem diese Frucht gefunden wird, den wird man ziemlich schnell bitten, die Leitung zu übernehmen. Lautet dann die Antwort: »Ich bin zu sehr mit den Dingen Gottes beschäftigt, um die Leitung zu übernehmen?« Der Olivenbaum hat ferner mit den Verheißungen zu tun, die Gott seinem Volk gegeben hat (Römer 11,16-24). Auch stellt er die Gläubigen als diejenigen vor, die alles auf Gott zurückführen (Psalm 52,10).

Zusammenfassend können wir sagen, dass ein »Olivenbaum-Bruder« jemand ist, der sich durch den Heiligen Geist leiten lässt und bei dem die Frucht des Geistes sichtbar wird. Er ist jemand, der die Verheißungen Gottes berücksichtigt und in allem auf ihn vertraut. Wenn es in der örtlichen Gemeinde einen »Olivenbaum-Bruder« gibt, könnte zu ihm gesagt werden: »Wir wollen dich als Führer anstellen, so wie in den Kirchen um uns her.« Es ist zu hoffen, dass seine Antwort der des Ölbaums gleich kommt, sodass er weiterhin zur Ehre Gottes Frucht tragen kann.

Der Feigenbaum — Vers 10-11

Der Feigenbaum begegnet uns in der Bibel zum ersten Mal in 1. Mose 3,7. Nachdem Adam und Eva gesündigt haben und sehen, dass sie nackt sind, wollen sie ihre Blöße mit Blättern des Feigenbaumes bedecken. Das ist ein Hinweis, dass der Feigenbaum von Gerechtigkeit spricht. Adam und Eva fertigen eine eigene Bedeckung an, um vor Gott erscheinen zu können. Doch diese Bedeckung hält nicht Stand. So ist es mit allen Werken eigener Gerechtigkeit, durch die ein Mensch meint, angenehm vor Gott sein zu können. Das ist Gerechtigkeit ohne Frucht für Gott, nichts als Blätter, eine äußerliche Sache. Gleiches finden wir in Markus 11,13-14. Der Herr Jesus hat Hunger und will von einem Feigenbaum essen. Doch finden sich nur Blätter daran und keine Frucht. Der Herr verflucht daraufhin diesen Feigenbaum.

Der Feigenbaum ist ein Bild für Israel (siehe auch Hosea 9,1). Gott kam in Christus zu seinem Volk, um Frucht bei ihm zu suchen. Ihn hungerte danach. Doch was traf er an? Ein Volk, das völlig von einer selbst aufgebauten, eigenen Gerechtigkeit beherrscht wird. Aber niemals wird etwas, das aus eigener Anstrengung getan wurde, den Menschen vor Gott angenehm machen. Als der Herr Jesus von diesem Volk voller eigener Gerechtigkeit ans Kreuz gebracht und getötet wurde, hat sich vollends erwiesen, dass der Mensch durch und durch sündig ist. Es geht Gott um die *Frucht* der Gerechtigkeit, nicht um einen *Schein* von Gerechtigkeit. Diese Frucht wird gewiss nur dann sichtbar, wenn sie die Folge einer Liebe ist, die überfließt in Erkenntnis und aller Einsicht und die im praktischen Glaubensleben ausgelebt wird, mit dem Blick, der auf das Kommen Christi ausgerichtet ist (siehe Philipper 1,9-10). Bei wem dies zu finden ist, der ist *»erfüllt mit der Frucht der Gerechtigkeit, die durch Jesus Christus gewirkt wird, zur Herrlichkeit und zum Lobpreis Gottes«*. Der Feigenbaum spricht von Nahrung, aber auch von Heilung. In Jesaja 38,21 ist von einem Feigenkuchen die Rede, der auf Hiskias Geschwüre gelegt werden sollte. Dadurch sollte er genesen.

Ich denke, dass wir von diesem allem Folgendes lernen können: In der Gemeinde haben insbesondere die Hirten und Lehrer einen Dienst der Ernährung und Erquickung, der Heilung und Unterstützung für die Glieder des Volkes Gottes. Ihr Dienst wird darauf abzielen, in den Gläubigen die Frucht der Gerechtigkeit zum Wachstum und zur Blüte kommen zu lassen, sodass Gott sie genießen kann. Diese »Feigenbaum-Brüder« müssen davor aufpassen, dass sie diesen Dienst nicht durch einen Platz der Herrschaft über Gottes Volk austauschen. Darin ist auch eine Warnung inbegriffen, dass die praktische Glaubenserfahrung keinen zu großen Stellenwert erhalten darf. Diese Gefahr besteht dort, wo vor allem ständig auf das praktische Christsein gedrängt wird, während man die entsprechende biblische Lehre übergeht. Dann geht der Feigenbaum hin, um über den anderen Bäumen zu schweben.

Der Weinstock — Vers 12-13

Der nächste Baum ist der Weinstock. Der Weinstock bzw. Wein steht in der Bibel stets für Freude. Wir lesen das in Vers 13, wo von dem Wein gesagt wird, dass er »*Götter und Menschen erfreut*«. Psalm 104,15 bestätigt diesen Gedanken: »*... und Wein, der des Menschen Herz erfreut*«. Israel wird in Jesaja 5,1-7 mit einem Weinberg verglichen. Gott wollte ein Volk, an dem er Freude erleben konnte. In Vers 7 steht es treffend so: »*Denn der Weinberg des HERRN der Heerscharen ist das Haus Israel und die Männer von Juda sind die Pflanzung seiner Lust.*« Leider muss dieser Aussage folgen: »*Und er wartete auf Rechtsspruch und siehe da: Rechtsbruch; auf Gerechtigkeit und siehe da: Geschrei über Schlechtigkeit.*« Israel brachte ihm nicht die Freude, womit er gerechnet und wofür er alles getan hatte. In Johannes 15, wo der Herr Jesus als der wahre Weinstock gesehen wird, erzählt der Herr, wie wir Frucht zur Verherrlichung und Freude des Vaters tragen können. Kurz gesagt: Was der Herr Jesus sagt, läuft auf Gehorsam hinaus. Die Verse 10 und 11 von Johannes 15 zeigen das sehr schön: »*Wenn ihr meine Gebote haltet, so werdet ihr in meiner Liebe bleiben, wie ich die Gebote des Vaters gehalten habe und in seiner Liebe bleibe. Dies habe ich zu euch geredet, damit meine Freude in euch sei und eure Freude völlig sei.*«

Im Leben eines »Weinstock-Christen« wird Gehorsam sichtbar, der Freude für den Vater und für ihn selbst einbringt. Er will Gott gehorsam sein und möchte die Freude, die ihm das schenkt, nicht gegen eine Position des Herrschens über das Volk Gottes eintauschen. In den Zusammenkünften der Gemeinde kann tatsächlich die Freude zu stark betont werden, beispielsweise als eine Reaktion auf die Trübseligkeit, die bisweilen in den Zusammenkünften herrscht. Diese Trübseligkeit ist nicht gut. Wir dürfen uns über alles freuen, was Gott uns gegeben hat.

Doch auch hier geht es um eine Ausgewogenheit: zwischen dem Bewusstsein, wer wir von Natur aus sind und dass der Herr Jesus dafür leiden musste einerseits, und andererseits der großen Dankbarkeit und Freude über das, was der Herr Jesus getan hat sowie über die Ergebnisse, an denen wir teilhaben dürfen. Eine zu große Betonung der Freude verwässert in der Praxis die echte Freude zu einem »schönen« Gefühl und entfernt sich immer mehr von dem, was das Herz Gottes wirklich erfreut. Und um letzteres geht es. Das Herz Gottes wird durch alles erfreut, was wir ihm über den Herrn Jesus sagen, über sein Werk am Kreuz und darüber, wie er in allem Gott verherrlicht hat. Das Herz Gottes wird durch alles erfreut, was er in unserem Leben vom Herrn Jesus zu sehen bekommt, vom gehorsamen und hingegebenen Leben seines Sohnes.

Der Dornstrauch — Vers 14-15

Dann ist der »echte« Herrscher an der Reihe. Die Bäume, die unterwegs waren, um einen König über sich zu salben (Vers 8), hatten an den Olivenbaum, den Feigenbaum und den Weinstock vergeblich appelliert. Und – sehr merkwürdig – das Ergebnis ist nicht, dass sie sich etwa hinterfragen, ob sie wohl das richtige Ansinnen haben, sondern sie bleiben auf ihrem Weg und gehen nicht zurück an ihren angestammten Platz, um dort ihre eigene Frucht zu tragen. Sie waren und blieben unzufrieden mit ihrem Standort im Wald. Wenn niemand von den echten Kandidaten bereit war, König zu werden, dann ruhig jemand, an den sie zunächst nicht gedacht haben, der es aber sicher wollen würde.

In Vers 14 lesen wir etwas, was bisher nicht der Fall war, nämlich dass die Bitte von allen Bäumen ausgeht. Durch all die Abweisungen ist die Sehnsucht nach einem Führer anscheinend nur noch stärker geworden. Sie mussten und sollten jemanden haben, der über sie herrschte. Das ist ein idealer Ausgangspunkt für den Dornstrauch.

Ein Dornstrauch erweckt lebhafte Erinnerungen bei jedem, der einmal damit in Berührung gekommen ist. Von einem Dornstrauch kann man nur Schmerz erwarten. Der Dornstrauch sagt nichts von Frucht, sondern spricht von Schatten (als könnte ein Dornstrauch Schutz vor der brennenden Sonne bieten!) und Feuer. Wer sich unter einen Dornstrauch begibt, kann nur Schrammen und Schmerzen davontragen.

Dornen sind eine direkte Folge der Sünde (siehe 1. Mose 3,17). Wer seine Zuflucht zu sündigen Mitteln nimmt, um die eigenen Lüste zu befriedigen, kann nichts anderes als den Untergang erwarten. Der Dornstrauch stellt den Fluch infolge der Sünde vor, der in einem Mann Gestalt annimmt, der sich selbst sucht. Ein Kompromiss ist nicht möglich – entweder Unterwerfung oder Tod. Das erweist sich im Rest dieses Kapitels. Wer unter den Brüdern selber etwas sein will, beweist lediglich, dass er ein Dornstrauch ist.

Die Auslegung der Parabel — Vers 16-20

Von der sicheren Höhe des Berges Garizim aus beginnt Jotam, seinen Zuhörern das Gleichnis auszulegen. Durch die Akustik zwischen den Bergen ist er für jeden klar verständlich. Was er sagt, muss einen mächtigen Eindruck auf die Gewissen der Hörer machen (Vers 16), die sich im Tal unter ihm befinden. Er erinnert sie an die Gunst, die ihnen in der Vergangenheit von Gideon erwiesen worden ist (Vers 17) und erwähnt ihre große Undankbarkeit (Vers 18). Dann betont er das Ergebnis ihrer Rebellion (Vers 20). In seiner Auslegung verdeutlicht Jotam den Gegensatz zwischen Gideon und Abimelech. Er beschreibt die Wertlosigkeit Abimelechs, den die Männer von Sichem bereitwillig als König über sich angenommen hatten, und beschuldigt sie einer schamlosen Behandlung des Hauses seines Vaters, dem sie so viel zu verdanken hatten. So viel Unrecht kann nicht ungestraft bleiben. Sie werden die Frucht ihrer eigenen Taten essen. Der Bund zwischen Abimelech und den Bürgern von Sichem wird auf Kampf hinauslaufen, ein gegenseitiges Ausrotten. In Vers 20 sagt Jotam, wer mit dem Dornstrauch gemeint ist: Abimelech.

Der Gegensatz zu seinem Vater Gideon kommt auch darin zum Ausdruck, dass Gideon das Königtum ablehnte, genau wie die guten Bäume. Das Königtum Abimelechs wird das Verderben des Volkes und seiner selbst bedeuten. Das ist ein weiterer Gegensatz zu Gideon, von dem Jotam in Vers 17 sagt: »*Denn mein Vater hat für euch gekämpft und sein Leben eingesetzt.*« Gideon hatte sein Leben riskiert; wörtlich heißt es »sein Leben weggeworfen«. Das lässt den vollen Einsatz Gideons für die Befreiung des Volkes Gottes erkennen. Er gleicht darin dem Herrn Jesus, der sein Leben nicht allein riskierte, sondern es gab, um uns zu retten. Abimelech gleicht dem Teufel, der kommt, um zu stehlen, zu schlachten und zu verderben. In Johannes 10 lesen wir diesen Gegensatz. Der Herr Jesus sagt dort: »*Der Dieb kommt nur, um zu stehlen und zu schlachten und zu verderben. Ich bin gekommen, damit sie Leben haben und es in Über-*

fluss haben. Ich bin der gute Hirte; der gute Hirte lässt sein Leben für die Schafe.« Im Ersteren erkennen wir Abimelech wieder, im Letzteren Gideon.

Jotam flüchtet — Vers 21

Nach dieser kurzen, aber viel sagenden Rede flüchtet Jotam. Vielleicht versuchten Leute aus Sichem den Berg zu erklimmen, um ihn zu ergreifen. Er landet in Beer, das »Quelle« bedeutet. Ein Brunnen ist ein guter Bergungsort. An einem Brunnen ist frisches Wasser; man kann sich dort beständig erquicken. Zugleich bildet er einen Schutz gegen den Feind. Aus Furcht vor seinem Bruder blieb Jotam dort.

Auch für uns gibt es eine solche Quelle der Erquickung und des Schutzes. Diese Quelle ist das Wort Gottes. Wenn wir wie Jotam auf verkehrte Dinge im Volk Gottes hingewiesen haben und uns Feindschaft entgegen schlägt, dann finden wir unsere einzige Erquickung und Sicherheit im Wort Gottes. In 4. Mose 21,16-18 wird ebenfalls der Name Beer erwähnt. Dort treffen wir nicht einen Einzelnen an, was ein Kennzeichen einer Zeit des Verfalls und der allgemeinen Untreue ist, sondern dort sehen wir das ganze Volk. Was tut das Volk dort? Es singt. Hier haben wir ein wunderbares Ergebnis des Aufenthalts bei der Quelle. Die treuen Zeugen ziehen sich zur Quelle zurück, bei der lebendiges Wasser ist und singen dort Lieder und Lobgesänge zur Ehre Gottes und des Herrn Jesus.

Gott beginnt zu vergelten — Vers 22-25

Eine Redeweisheit sagt: Gottes Mühlen mahlen langsam, aber sicher. Manchmal scheint es, als würde Gott seine Zusagen nicht erfüllen. Auch in 2. Petrus 3,3-10 haben wir solch eine Situation. Der Herr Jesus hat gesagt, dass er bald kommen würde und ist immer noch nicht gekommen. Doch was sind für den ewigen Gott tausend Jahre? Nun, im Fall von Abimelech sind drei Jahre verstrichen. Aber was sind drei Jahre für den ewigen Gott? Er hat wirklich nicht vergessen, was er durch Jotam gesagt hat. Das kann zwar sehr lange dauern, aber es kommt eine Zeit, da Gottes Wort in Erfüllung geht.

Er holt die Sünde ein. Nachdem Abimelech drei Jahre über Sichem regiert hat, sendet Gott einen bösen Geist; dieser treibt einen Keil der Untreue zwischen Abimelech und die Bürger von Sichem. (Gott bedient sich des öfteren durchaus eines bösen Geistes, um ein von ihm gewünschtes Ziel zu erreichen. Wir finden das beispielsweise in 1. Samuel 15,14 und 1. Könige 22,19-23.)

Das Wort, das in Vers 22 mit »herrschte« übersetzt ist, kommt im Buch Richter nur hier vor und wurde wahrscheinlich gewählt, um Abimelechs schlechte, eigenmächtige Regierung von der Führerschaft der treuen Richter zu unterscheiden.

Gottes Gericht kommt gleichermaßen über Abimelech und über die Bürger von Sichem. Wie beurteilt Gott diese Sache? Er lässt das Gericht über Abimelech als den Mörder seiner Brüder ergehen sowie über die Bürger Sichems als die Mitschuldigen. Gott erachtet die Bürger Sichems als nicht weniger schuldig. Sie haben Abimelech unterstützt. Das zeigt, wie übel es bei Gott ist, jemanden zu unterstützen, der mit verkehrten Dingen beschäftigt ist, auch wenn man selber nicht aktiv daran mitwirkt. Es scheint, als ob Abimelech nicht mehr in Sichem wohnte. Das wird vielleicht daraus deutlich, dass er in Sebul einen Statthalter oder Befehlshaber hatte (Vers 28.30), der seine Geschäfte vertrat. Er selbst hatte sein Ziel erreicht und brauchte die Bürger von Sichem nicht mehr. Seine persönliche Betroffenheit, mit der er am Anfang dieses Kapitels ihre Gunst gewonnen hatte, war verschwunden. Die Bürger Sichems wurden ihm einer nach dem anderen untreu. Ein verräterischer Bürger Sichems berichtete Abimelech vom betrügerischen Verhalten der Stadt. Es ist eine schier endlose Folge von Verrat, Lüge und Betrug.

Gaal — Vers 26-29

Nun betritt eine neue Gestalt die Szene, namens Gaal, das bedeutet »Ekel, Abneigung«. Er ist der Sohn Ebeds, dessen Name »Sklaverei, Dienstbarkeit« bedeutet. Er macht geschickt von dem entstandenen Machtvakuum Gebrauch und stellt sich auf die abneigenden Gefühle ein, die die Bürger Sichems gegen Abimelech hegen. Er verbreitert die Kluft zwischen beiden Parteien nur noch mehr. Als passende Gelegenheit dafür gebraucht er ein Erntefest, als jeder in ausgezeichneter Stimmung und somit leicht zu beeinflussen ist. Dabei appelliert er an ihre nationalen Gefühle. Abimelech hatte an ihren Familienverband appelliert, doch Gaal geht auf die weiter entfernten Vorfahren zurück. Er zeigt ihnen die gemeinsamen Wurzeln auf. Das spricht die Bürger von Sichem offenbar an. So sät er die Saat der Unzufriedenheit über ihren gegenwärtigen König und merkt dabei, wie leicht seine Worte einen Umschwung im Volk bewirken. Seine Taktik scheint erfolgreich.

Nach diesen vorbereitenden Aktionen greift er nach der Macht und spielt sich selbst als der bessere Leiter auf. Absalom sollte später derselben Strategie folgen, um auf Kosten Davids die Gunst Israels zu erwerben (2. Samuel 15,1-6). Er macht Abimelech lächerlich und die einstigen Untertanen Abimelechs wenden sich nun gegen ihn. So einfach ist die Volksgunst zu verändern. Der eine fleischliche Führer wird durch den anderen ausgewechselt. Aber Gaal hatte lediglich schönes Gerede zu bieten. Das sehen wir in der Fortsetzung der Geschichte.

Sebul — Vers 30-33

Wie bei allen klug aufgesetzten Plänen, die dazu dienen, sich selbst zu fördern, finden wir auch hier Elemente, die man nicht berücksichtigt hat. Gaal hatte sich in dem getäuscht, was Sebul betraf. Dieser blieb Abimelech treu. Er lässt eine Botschaft an Abimelech senden, die gleichzeitig einen Plan enthält, den Eindringling zu verjagen. Er ist ein Mann mit militärischem Scharfsinn. Wenn Abimelech unverzüglich kommt, kann er Gaal überraschen. Der hätte dann keine Zeit, die Bürger Sichems zu einem geordneten Heer zusammenzustellen. Sebul empfiehlt außerdem noch, einen Hinterhalt zu legen. Darüber hinaus überlässt er es Abimelech, nach den Erfordernissen der Situation zu handeln.

Der Widerstand gebrochen — Vers 34-49

Abimelech folgt dem Rat Sebuls und gebraucht die Taktik seines Vaters Gideon: Er handelt nachts und teilt sein Heer in Gruppen ein. Als Gaal aus dem Stadttor geht, sieht er das Heer Abimelechs von den Bergen herabkommen. Sebul jedoch sagt, es handle sich wohl um eine Sinnestäuschung. Als Gaal sich nicht hinters Licht führen lässt, fordert Sebul ihn heraus; er soll zeigen, dass er nicht nur ein Sprücheklopfer ist, sondern jemand, der den Mut zu kämpfen hat. Die Bürger von Sichem sind bei diesem Kampf die Zuschauer. Sie haben noch nicht wirklich Partei für Gaal ergriffen. Gaal wird geschlagen und Sebul sieht seine Chance, sich Gaals zu entledigen, sodass er die Befehlsgewalt über Sichem behält. Das heißt nicht, dass er Sichem wieder unter die Regierung Abimelechs bringt. Das Einvernehmen zwischen Abimelech und Sichem war völlig in die Brüche gegangen. Nachdem Gaal geschlagen ist, will Abimelech sich die abfällige Stadt wieder unterwerfen. Er will sich rächen für ihre mangelnde Treue ihm gegenüber. In seinem persönlichen Stolz gekränkt, erhebt er sich gegen die Einwohner der Stadt, als diese auf dem Feld ans Werk gehen. Gekränkter Stolz mit Eigendünkel war zu allen Zeiten auch in der christlichen Gemeinde die Ursache von viel Streit mit vielen Opfern.

Abimelech lässt kein Gras darüber wachsen. Während die Bürger von Sichem auf dem Land bei der Arbeit sind, besetzt er mit einer Truppe die Stadt und zwei andere Abteilungen überfallen die Menschen auf dem Feld. Wer in seine Hände fällt, entkommt seiner Wut nicht und die Stadt reißt er nieder. Er bestreut sie mit Salz, um eine vollständige Verwüstung und immer dauernde Unfruchtbarkeit zu symbolisieren (5. Mose 29,23; Psalm 107,34). Erst zwei Jahrhunderte später wird Sichem wieder aufgebaut (1. Könige 12,25).

Die Rachsucht und der Blutdurst des erbarmungslosen Abimelech richtet sich gegen die ungefähr 1.000 übrig gebliebenen Männer und Frauen von Sichem, die ihre Zuflucht im Kellergewölbe des Tempels des Gottes Berit genommen haben. Vielleicht dachten sie, ihr Götze würde ihnen Schutz bieten. Sie kommen betrogen heraus. Abimelech erteilt seinen Truppen den Auftrag, das zu tun, was er tut (Vers 48), genau wie einst sein Vater in Kapitel 7,17. Allerdings war das Vorbild Gideons gut, Abimelechs hingegen schlecht. Auf ein gutes Vorbild folgt Gutes, aber auf ein schlechtes Vorbild folgt Schlechtes. Abimelech geht seinem Heer in einem Kampf voraus, in dem es ausschließlich um sein eigenes Interesse geht und darum, dass er zu seinem Recht kommt – auf Kosten seiner Volksgenossen, seines eigenen Fleisches und Gebeins, wie er sie in Vers 2 dieses Kapitels genannt hatte. Doch das alles nützt nichts mehr. Mit dem Schleier der Rachsucht vor seinen Augen verbrennt er die Menge im Kellergewölbe. Der erste Teil von Jotams Prophetie ist erfüllt (siehe Vers 20a).

Abimelechs Ende — Vers 50-57

Die Erfüllung des zweiten Teils von Jotams Prophetie (siehe Vers 20b) lässt nicht lange auf sich warten. In seinem unersättlichen Hunger nach Macht zieht Abimelech weiter nach Tebez, einer Stadt, die offenbar ebenfalls unter seiner Verwaltung stand, aber auch abtrünnig war. Ebenso wie Sichem hatte Tebez ein Gebäude, das als Fluchtort für seine Bewohner diente, nämlich einen Turm. Weil es sich in Sichem als erfolgreich erwiesen hatte, das Kellergewölbe in Brand zu stecken, will Abimelech dieses Mittel auch hier einsetzen, um die Bewohner für ihre Untreue ihm gegenüber zu bestrafen. Doch dann ist Gottes Zeit gekommen, Abimelech das Böse zu vergelten, das er verübt hatte. Gott gebraucht eine Frau, um sein Gericht auszuführen. Wir sahen das schon eher in Kapitel 4, wo Jael den Feind schlägt.

Bis in seinen Tod denkt Abimelech an seine eigene Ehre. Es ist kein Gedanke der Reue über sein Leben und das von ihm betriebene Böse bei ihm vorhanden. Er will nicht als jemand, der von einer Frau getötet wurde, in die Geschichte eingehen. Doch sträubt er sich vergeblich. Nicht der Mensch schreibt die Geschichte, sondern Gott. In 2. Samuel 11,21 wird David von Joab an diese Geschichte erinnert, der den Tod Abimelechs durch eine Frau erwähnt. Nach dem Tod Abimelechs geht jeder an seinen eigenen Ort. Das strenge Regime des machtgierigen Abimelech hatte keinen Einfluss mehr auf sie.

Die letzten Verse beweisen die Wahrheit von Galater 6,7-8: »*Irrt euch nicht, Gott lässt sich nicht verspotten. Denn was ein Mensch sät, das wird er auch ernten. Denn wer auf sein Fleisch sät* (wie Abimelech und die Bürger von Sichem) *wird vom Fleisch Verderben ernten.*« Es ist eine Warnung, die auch zu jedem von uns spricht.

2d) Kapitel 10

Tola und Jair

Kapitel 10

Einleitung

Die kurze Regierungszeit Abimelechs hatte für viel Geschichte gesorgt. Jetzt kommen zwei Richter, über die wenig berichtet wird, die aber lange gerichtet haben. Zusammen bringen sie es auf genau 45 Jahre Richterschaft. Sie stellen durchaus einen Gegensatz zu Abimelech dar und sind eine Korrektur zu seiner Regierung oder ein Heilmittel zur Genesung davon. Es ist oft gesagt worden: Glücklich das Volk, das keine Geschichte hat, denn Geschichte ist oft nicht mehr als eine Geschichte der Sünde, der Traurigkeit und der Leiden. Es sind die »Abimelechs«, die für lange Kapitel in der Bibel sorgen.

Abimelech hatte das Land ins Chaos gestürzt und so zurückgelassen. So kann auch eine örtliche Gemeinde durch »Misswirtschaft« von Aufsehern verwüstet werden. Dann muss ein Mann wie Tola heran, ein Mann, der für das Volk in den Riss treten kann. Es besteht Bedarf an solchen »Tola-Brüdern« und »Jair-Brüdern«. Wir werden hierunter sehen, was sie vorstellen. Wir lesen nichts über große Taten beider Richter. Das Einzige, was sie taten, war den Frieden unter dem Volk Gottes zu bewahren. Nach dem Machtmissbrauch Abimelechs muss das eine Erleichterung für das Volk gewesen sein.

Tola — Vers 1-2

Wir wissen nicht viel über diesen Richter, aber wir können vielleicht etwas von der Bedeutung seines Namens lernen. Tola bedeutet »ein Wurm«. Hierin liegt schon ein enormer Gegensatz zu Abimelech. Der Wurm spricht von Erniedrigung und steht dem Mann gegenüber, der sich selbst erhöhte. Tola ist *»der Sohn des Puwa«*, und das bedeutet *»Äußerung, Sprechen«*, *»des Sohnes des Dodo«*, was »sein Geliebter, zur Liebe gehörend« bedeutet. Hierbei können wir bemerken, dass alles seinen Ursprung in der Liebe findet. Das Bewusstsein der göttlichen Liebe ist die Quelle, aus der alles hervorgeht. Die Folge davon ist, dass derjenige, der sich bewusst ist, der Gegenstand dieser Liebe zu sein, darüber sprechen wird (Puwa) und eine niedrige Gesinnung haben wird (Tola). Das ist die Antwort auf das, was Menschen wie ein Abimelech sind und tun; und das Ergebnis ist die Erlösung Israels.

Tola spricht von dem, der in Vollkommenheit die Gesinnung der Niedrigkeit offenbarte und sein Volk erlöste. Der Herr Jesus sagt prophetisch in Psalm 22,7: *»Ich aber bin ein Wurm und kein Mann.«* Das war seine Haltung und sein Verhalten gegenüber allem Hochmut der religiösen Führer Israels und ihrem Erstreben eigener Ehre.

Tola wohnte in Schamir, das unter anderem »Diamant« bedeutet. Dieser Name spricht einerseits von Glanz und Licht und andererseits von Härte, Kraft und Unveränderlichkeit. So ist es auch bei einer echten Gesinnung der Niedrigkeit. Sie ist voller Glanz und Anziehungskraft für den, der ein Auge dafür hat und keine einzige Beleidigung oder Verleugnung wird diese Gesinnung zu einer Veränderung veranlassen können.

Tola wird dort begraben, wo er gelebt hatte. Hierbei möchte ich die Anwendung machen, dass sein Leben ein konsequentes Leben war, ohne Abweichen von den Grundsätzen, die darin zum Ausdruck gekommen sind. Sein Tod bewirkte keine Veränderung in den Grundsätzen, die er bis zum Äußersten verteidigt hatte.

Jair — Vers 3-5

Der Nachfolger Tolas ist Jair. Sein Name bedeutet »Erleuchter«. Er scheint jemand zu sein, der in seiner Umgebung Licht verbreitet, göttliches Licht. Wenn wir seinen Namen mit dem Namen Tolas verbinden, dann können wir sagen, dass die Gesinnung des »Wurmes« zur Einsicht führt, die weitergegeben werden kann. Von diesem Weitergeben spricht der Name Gilead, der »Zeuge« bedeutet. Im Leben Jairs wird Erweiterung des Lebensraums sichtbar. Er hatte zuerst 23 Städte (siehe 4. Mose 32,41; 2. Chronik 2,22); in diesen Versen werden nun 30 daraus. Wir sehen auch, dass durch seine 30 Söhne das Licht ihres Vaters weiter verbreitet wird. Das kommt in der Bedeutung des Namens Havvoth-Jair zum Ausdruck. Dieser Name ist übersetzt mit »die Zeltdörfer Jairs«, bedeutet aber buchstäblich »die Leben von Jair«. Dort, wo die Söhne Jairs wohnten, offenbarten sie das Licht, dass aus dem Leben Jairs strahlte. So breitet das Licht sich aus. Die Eselhengste, auf denen sie ritten, sind ein Sinnbild des Erfolgs und einer Regierung in Frieden. Der Herr Jesus ritt auf einem Esel nach Jerusalem.

Jairs Söhne waren Regenten, aber ohne die Führerschaft zu beanspruchen. Sie waren Führer in der Praxis. Sie hatten jeder seinen eigenen, kleinen Kreis (Dorf), für den sie verantwortlich waren. Auf dieselbe Weise hat jeder Gläubige seinen eigenen, kleinen Kreis, für den er Verantwortung trägt. Das ist sein Platz in der Familie, das ist sein Platz in der Gemeinde, das ist sein Platz in der Welt, der Gesellschaft. So wie die Städte, in denen die Söhne lebten, Reproduktionen der Stadt ihres Vaters waren, so dürfen die Gläubigen das Licht Gottes in ihrem Leben scheinen lassen. Die Gläubigen sind jetzt das Licht der Welt. Sie dürfen in ihrem Leben »Reproduktionen« Christi sein, der das Licht der Welt ist (Johannes 8,12). Es ist von 30 Söhnen die Rede. Die Zahl 30 ist in 10 mal 3 einteilbar. Zehn ist die Zahl für Verantwortlichkeit (die Zehn Gebote); drei ist die Zahl, die volle Offenbarung vorstellt (der dreieine Gott, der in Christus geoffenbart ist).

Ich denke, dass wir hier auch einen Hinweis auf das Tausendjährige Friedensreich haben. Dann wird Christus regieren, dann dürfen alle Gläubigen an seiner Regierung teilhaben und jeder wird gemäß seiner Treue, die er während der Abwesenheit Christi erwiesen hat, die Befehlsgewalt über eine Anzahl Städte erhalten. Das lesen wir in Lukas 19,11-27. In dieser Zeit wird Christus als die »*Sonne der Gerechtigkeit*« aufgehen (Maleachi 4,2) und als der wahre Jair scheinen, der Erleuchter. Dann wird er in Herrlichkeit gesehen werden. Diese Herrlichkeit wird Gott ihm geben, weil er sich zuerst so tief erniedrigt hat und ein »Wurm« geworden ist, der uns in Tola bildhaft vorgestellt wurde.

Den »Wurm« und die »Sonne« finden wir in der Verwerfung (Wurm) und der Verherrlichung (Sonne) Christi wieder. Beide werden wunderbar in Philipper 2,5-11 beschrieben.

Jair wurde in Kamon begraben, das bedeutet »Auferstehung«, »Leben aus dem Tod«.

Erneutes Abweichen — Vers 6-9

Nachdem Jair gestorben ist, setzen die Israeliten wiederum die ersten Schritte in die Tretmühle des »bösen Tuns, der Sklaverei und des Schreiens zum Herrn«, wodurch schon früher so viel Unheil über sie gekommen war. Sie haben nichts daraus gelernt. Geben wir als Christenheit ein besseres Bild ab?

Zum sechsten Mal wird gesagt, dass Israel tat, *»was böse war in den Augen des HERRN«*. Noch nie zuvor haben wir so viel Götzen in Israel vereinigt gesehen. Sieben davon werden genannt, um die Vollständigkeit anzudeuten, mit der sich die Israeliten ihnen hingeben.

Das Land war ganz voller Götzen. Für alle Arten falscher Götter ist Platz, außer für den wahren Gott. Der lebendige Gott wird gegen tote Götzen eingetauscht. Die Götzen werden nicht hinzugefügt, sondern treten an die Stelle Gottes. Gott überlässt das Volk nun sich selbst, damit es das Joch fühlt, das es freiwillig auf sich genommen hat, indem es den Götzen diente. Wenn der Sinn für Gottes Autorität über die Seele verloren geht und diese Autorität anderen Dingen, Götzen, zugestanden wird, ist Gott genötigt, uns die Autorität dieser anderen Dinge spüren zu lassen. Um die Israeliten zum Bewusstsein dafür zu bringen, worauf sie sich eingelassen und wem sie sich anvertraut hatten, übergibt er sie der Macht der Philister und Ammoniter.

• *Die Ammoniter*

In der jetzt folgenden Geschichte treten besonders die Ammoniter in den Vordergrund. Sie befinden sich am anderen Ufer des Jordan und schlagen dort zu. Sie überqueren den Jordan, um auch im Land Krieg zu führen. Moab und Ammon sind Halbbrüder, von ihrem Vater Lot mit seinen zwei Töchtern gezeugt. Über die Linie Lots sind sie mit dem Volk Israel verwandt. Moab sind wir bereits in Kapitel 3 begegnet; dort ist uns auch Ammon kurz begegnet. Hier treten sie als der Feind auf, den Gott zur Züchtigung seines Volkes gebraucht. Wie in Kapitel 3 bereits bemerkt, bedeutet der Name Ammon »selbstständig«.

Ammon wird sich im nächsten Kapitel als jemand erweisen, der ganz auf seine eigene Weise mit den Dingen Gottes und seines Volkes umgeht. Er gibt seine eigene, selbstständige, auf den ersten Blick logische Erklärung dafür, sein Recht auf das Land geltend zu machen, welches Israel in Besitz genommen hat. Daher meine ich, dass wir in den Ammonitern ein Bild für den Verstand des Namenschristen finden, der über die Dinge Gottes nachdenkt und dabei zu anderen Schlussfolgerungen kommt, als Gott in seinem Wort sagt. In Ammon wird die Gefahr des Rationalismus gezeichnet, der Religion, die den Verstand als Ausgangspunkt hat. Wo dieser Feind die Oberhand über das Volk Gottes gewinnt, wird das Volk seines Lobpreises (Juda), seiner Kraft (Benjamin) und Fruchtbarkeit (Ephraim) beraubt (Vers 9).

Prüfung der Echtheit des Bekenntnisses — Vers 10-16

Der Druck auf Israel wird schwer. Dann schreit das Volk zu dem Herrn und erkennt das Verkehrte. Aber wie reagiert der Herr? Er erinnert sie an die vorherigen Erlösungen, die er bewirkt hat, und wie sie damit umgegangen sind. Sie haben ihn nach jeder Erlösung immer wieder verlassen und haben wiederum begonnen, den Götzen zu dienen. Jetzt sollen sie nur diese Götter bitten, sie zu erlösen.

Dieses Verhalten Gottes verfehlt seine Wirkung nicht. Das Volk begreift, dass Bekenntnis allein nicht genug ist. Die Götzen müssen weggeschafft werden. Ich denke an Jakob. In 1. Mose 35,1-5 lesen wir, dass er seinen Hausgenossen den Auftrag gibt, die Götzen zu entfernen. Jakob ist mit seinem Haus auf dem Weg nach Bethel. Dort wird er Gott begegnen. Er begreift, dass das Leben mit Gott und das Hegen von Götzen nicht zusammen passt. Sowohl Jakob damals als auch das Volk jetzt gelangen zur Einsicht, dass die Entfernung des Verkehrten der Prüfstein für wahre Reue ist.

Mit welchen Götzen haben wir zu tun? Was sind die Dinge, die uns von Gott abirren lassen? Das kann für jeden etwas anderes sein. Ich will ein Ding nennen, das für mich ein Götze war und wovon ich weiß, dass es für viele immer noch ein Götze ist. Wir müssen uns nur selbst fragen, ob dies auch für uns gilt. Wenn man diesem Götzen viel Zeit und Interesse widmet, gehen sehr viele gute Gelegenheiten verloren, um den Herrn Jesus besser kennen zu lernen und ihm zu dienen, in einer Welt, die dem Gericht entgegen eilt. Der Einfluss dieses Götzen auf das Denken und Verhalten des Christen ist enorm. Wir können diesem Götzen viele Stunden unserer Aufmerksamkeit schenken, ohne dass es Folgen für unsere Sicht der Dinge in unserer Umgebung hat. Der Christ entlehnt seine Werte und Normen dem wertbeständigen Wort Gottes. Aber der Christ, der sich Abend für Abend durch den Schein des Mediums Fernsehen blenden lässt – denn davon rede ich – fängt unbemerkt an, seine Werte und Normen dem Fernsehen zu entlehnen. Es wirkt wie eine Infusion: tröpfchenweise erfahren wir eine Veränderung, bis wir ganz in unserem Denken verändert sind. Die Bibel dagegen ruft zu Folgendem auf: »*Und seid nicht gleichförmig dieser Welt, sondern werdet verwandelt durch die Erneuerung des Sinnes, dass ihr prüfen mögt, was der Wille Gottes ist: das Gute und Wohlgefällige und Vollkommene*.«

In seinem Buch »Lass die Posaune erschallen« widmet David Wilkerson ein ganzes Kapitel den tödlichen Auswirkungen, die das Fernsehen auf das christliche Leben hat. Über diesem Kapitel steht: »Mein Volk treibt Götzendienst.« Er schreibt, wie der Herr ihm deutlich gemacht hat, dass er seinen Fernseher wegschaffen sollte. Die Auswirkung und Folgen in seinem Dienst beschreibt er wie folgt: »Die Erlösung war so herrlich. Dann erst wurde ich mir bewusst, wie schrecklich stark der Zugriff Satans auf mich und auf die meisten Kinder Gottes war. Jetzt warne ich Christen vor dem Fernseher und sie finden es beinahe unmöglich, sich von ihm zu trennen. Können Sie es? Ich merke, wie sehr Christen dem Fernsehen versklavt sein können und es betrübt mich, dass sie mir darin nicht zustimmen. Selbst Kinder Gottes, die in großer Hingabe an den Herrn leben, sind dem Fernsehen versklavt, doch das geben sie nicht zu. Die Zeit ist gekommen, dass der Heilige Geist den Schrecken dieses Götzen so deutlich offenbaren wird, dass kein Gläubiger in der Lage ist, sich davor hinzusetzen und doch noch Gemeinschaft mit dem Herrn zu haben.«

Was Wilkerson vom Gebrauch und Einfluss des Fernsehens hält, ist vollkommen klar. Ich schließe mich ihm darin von Herzen an.

Ich möchte empfehlen, dieses Kapitel aus dem Buch von Wilkerson zu lesen (wenngleich das Buch insgesamt nur mit Einschränkung zu empfehlen ist; Anm. d. Hg.). Vor einigen Jahren habe ich eine Broschüre über das Fernsehen geschrieben: »Christelijke visie op televisie« (»Die christliche Sicht des Fernsehens«). Jetzt, wo ich gelesen habe, was Wilkerson darüber sagt, denke ich, dass ich doch noch zu zurückhaltend war. Was er darüber sagt, hat mich wiederum davon durchdrungen, dass dieser Götze aus den Häusern der Christen entfernt werden muss, wenn von einem Aufleben unter dem Volk Gottes die Rede sein soll. Wir können beten und bekennen, aber wenn wir nicht bereit sind, die Götzen aus unseren Häusern und unserem Leben wegzuschaffen, erhalten wir keine Antwort auf unser Gebet. Die Aufrichtigkeit unseres Bekenntnisses wird aus dem Wegschaffen der Götzen deutlich. Wie gesagt, ist das Fernsehen nicht der einzige Götze. Jemand kann auch noch andere Götzen haben, zusätzlich oder an dessen Stelle. In dieser Zeit gibt es eine Legion von Götzen.

Aber wenn sie weggetan werden … »*Und sie entfernten die fremden Götter aus ihrer Mitte und dienten dem HERRN.* ***Da wurde seine Seele unruhig über das Elend Israels***« (Vers 16). Was für ein wunderbares Wort! Es deutet auf Gottes besonderen Wunsch hin, mit all der Rührung seines Herzens seinem Volk zu helfen.

Der Ruf nach einem Befreier — Vers 17-18

Es scheint, als würde der Feind aktiv, als Israel das Verkehrte bekannt und die Echtheit des Bekenntnisses gezeigt hat, indem es die Götzen wegschaffte. Wenn das Volk Gottes mit dem Dienst für Gott Ernst macht, wird der Feind nicht untätig zusehen. Er macht sich auf, um zu kämpfen. Israel tut dann zwei Dinge. Zum Ersten gehen sie nach Mizpa und versammeln sich dort. Mizpa bedeutet »Wachturm«. Sie sind wach geworden und passen nun gut auf, was der Feind beabsichtigt. Das bringt sie, zum Zweiten, zur Frage, wer der Führer von Gilead sein soll. Leider zeigt sich aus dieser Frage, dass die vorausgegangenen Abweichungen das Gefühl der Zusammengehörigkeit unter dem Volk vermindert haben. Sie fragen nach jemandem, der allein Oberhaupt über Gilead sein soll; das Bewusstsein der Einheit des Volkes Gottes ist offensichtlich verschwunden.

Außerdem ist für diese Abwärtsspirale kennzeichnend, dass Gott nicht gefragt wird, wen er als Befreier geben will. Dieser geistliche Niedergang findet seinen Tiefpunkt in der Geschichte Simsons, wo das Volk überhaupt nicht mehr nach einem Befreier verlangt, sondern sogar dahin kommt, den von Gott gegebenen Befreier dem Feind auszuliefern.

An die Frage nach einem Führer sind zwei wichtige Gedanken zu knüpfen. Erstens bedeutet die Frage nach einem Führer, dass wir nach Menschen verlangen, die uns im Kampf vorangehen. Zweitens es ist auch möglich, bei dieser Frage an etwas anderes zu denken, nämlich sie als Frage nach einem Grundsatz zu verstehen, nach einer Auffassung oder Sichtweise, die auf eine Wahrheit in der Schrift gegründet ist, von der wir überzeugt sind, dass wir dadurch den Sieg erringen werden. Wir werden in Jeftah einen Mann sehen, der uns einen solchen Grundsatz vorstellt, nämlich eine bestimmte Weise des Denkens und des Umgangs mit der Schrift, mit dem Feind und miteinander.

2e) Kapitel 11 – 12,7

Jeftah

Kapitel 11

Einleitung

Abimelech war der Sohn einer Nebenfrau, Jeftah ist der Sohn einer Hure. Der Zustand in Israel ist so niedrig geworden, dass solch ein Mann das Instrument von Gottes Befreiung wird. Damit setzt Gott den Stempel seines moralischen Urteils auf ihren Zustand. Er kann wegen ihres Zustands keinen Menschen höherer Herkunft gebrauchen. Bei Jeftah sehen wir keine Erscheinung des Herrn, wie bei Gideon. Es ist die Not, die Jeftah auf den Plan ruft, im Auftrag der Ältesten von Gilead, die keine andere Wahl hatten.

Jeftah lässt uns etwas von der Reformation erkennen, als es Gott gefiel, Menschen Glauben und Kraft zu geben, die nicht immer geistlich waren, die sich aber doch für Gott als geeignete Werkzeuge für die Befreiung seines Volkes erwiesen. Der Kampf findet nicht im Land selbst statt, sondern am Wüstenufer des Jordan. Ein solcher Kampf kennzeichnete auch die Reformation. Es wurde viel Kampf geführt, um die Wahrheit der Schrift den Gläubigen bekannt zu machen, während man auch dafür eiferte, diese Wahrheiten in der Gesellschaft zur Wirkung zu bringen: Gottes Ehre in allen Lebensbereichen. Dabei vergaß man jedoch, dass die Gemeinde ein himmlisches Volk ist, das von Gott nicht dafür auf der Erde gelassen worden ist, mitzuregieren, sondern ein Zeugnis eines verherrlichten Herrn im Himmel zu sein, der bald zurückkommen wird, um sein Reich der Gerechtigkeit und des Friedens aufzurichten.

Im Leben Jeftahs sind zwei Seiten zu sehen: die eines Grolls, den er durch die Behandlung seitens seiner Brüder mit sich trägt, und die des Mannes, der das Wort kennt, mit dem Geist bekleidet wird und den Feind schlägt. Hin und wieder treten seine negativen Charakterzüge in den Vordergrund, wie bei jedem von uns. Wer oder was jemand vor seiner Bekehrung gewesen ist, macht ihm danach gehörige Mühe, den alten Dingen nicht nachzugeben. Trotz aller falschen Beispiele Jeftahs müssen wir daran denken, dass Gott ihn in die Reihe der Glaubenshelden aus Hebräer 11 aufnimmt.

Jeftah — Vers 1-3

Der Name Jeftah bedeutet »Er, der öffnet«. Das weist uns auf Gott hin, der auch das Herz öffnet, in dem geistliche Wahrheiten ihren Platz bekommen. Jeftah ist das Werkzeug, das Gott dafür gebraucht. Wo die Ammoniter (die wie gesagt die Verstandesreligion oder den Rationalismus vorstellen) den Zugang zu Gottes Wort verschlossen haben, muss jemand kommen, der das Wort wieder öffnet. Jeftah kommt aus Gilead, also aus Manasse. Er ist ein aus Unzucht geborenes Kind, aber er ist das von Gott dazu erwählte Instrument, gegen einen Feind zu kämpfen, der auf dieselbe Weise wie er geboren ist. So schrieb Paulus auch an die Korinther, dass Gott das Törichte gebraucht, um das Weise zu beschämen (1. Korinther 1,27).

Zuerst wird Jeftahs Qualität erwähnt: er ist ein tapferer Held. So wurde auch Gideon in den ersten Worten genannt, die Gott zu ihm sprach (Kapitel 6,12). Danach erfahren wir seine Herkunft: Er ist der Sohn einer Hure. Jeftah konnte nichts dafür, dass er der Sohn einer Hure war. Das beruhte auf der Sünde seines Vaters und bereitete ihm eine unglückliche Jugend, die ihn zugleich für den Dienst formte, für den Gott ihn später gebrauchen konnte. Gott macht oft von Menschen Gebrauch, die von anderen nicht besonders geschätzt werden. Abweisung ist vielleicht die wohl schmerzlichste Erfahrung, die ein Mensch in seinem Leben machen kann. Doch wer lernt, damit in Gemeinschaft mit Gott umzugehen, wird immer mehr dem Herrn Jesus ähneln und wird dadurch zu einem Instrument, das Gott gebrauchen kann. Als er auf der Erde war, war der Herr Jesus der große Abgewiesene und ist es für die Welt noch immer. Jeftah wurde von seinen Brüdern verstoßen, so wie auch der Herr Jesus von seinen Brüdern verstoßen wurde. Auch er wurde wegen seiner niedrigen Geburt verachtet. Die Menschen sagten von ihm: »*Ist dieser nicht der Zimmermann, der Sohn der*

Maria?« (Markus 6,3). Man spielte sogar darauf an, dass er aus Hurerei geboren sei (siehe Johannes 8,41).

Der wahre Grund dafür, dass Jeftah verstoßen wurde, war Habsucht: Er würde das Erbteil verkleinern. Die Habsucht nach Ruhm und Ehre ist auch heute noch ein Grund, weshalb jemand verworfen wird. Religiöse Führer verwarfen den Herrn Jesus und religiöse Führer verwerfen immer noch jeden, der durch die Verkündigung der Wahrheit ihre angesehene Position in Gefahr bringt. Was für religiöse Führer gilt, gilt eigentlich auch für jeden. Wenn uns jemand die Wahrheit Gottes vorhält, wollen wir ihn los werden. Denn seine Botschaft fordert uns auf, etwas aufzugeben, obwohl wir dazu nicht bereit sind. Jeftah lehnt sich nicht auf. Er hätte mit seiner Kraft zurückschlagen können. Schließlich war er doch ein tapferer Held! Er flieht und sucht seine Zuflucht in Tob, das »Güte« bedeutet, wobei wir an die Güte des Herrn denken könnten. Dort wird er weiter auf den Dienst vorbereitet, zu dem Gott ihn berufen wird. Eine solche Vorbereitung als Folge der Verwerfung finden wir auch bei Moses und David. In Tob kommen allerlei Männer zu ihm, die ebenfalls keine Heimat haben. Dasselbe lesen wir in der Geschichte Davids in 1. Samuel 22. Durch ihre Verbindung mit Jeftah werden auch diese Männer zu tapferen Helden.

Jeftah als Anführer gefragt — Vers 4-7

Die Anfangsverse dieses Kapitels bilden eine Art Zwischensatz: sie teilen uns etwas über Jeftah mit. Vers 4 schließt bei den Versen 17 und 18 des vorherigen Kapitels an. Nach den vorbereitenden Handlungen bricht der Kampf los. Die Ammoniter beginnen den Krieg gegen Israel. Die Ältesten von Gilead sehen sich vor ein großes Problem gestellt: Immer noch gibt es niemanden, der sie in dem Kampf gegen die Ammoniter anführen könnte. Sie sehen nur noch eine Möglichkeit: Jeftah zu fragen. Durch die Umstände gezwungen, sind sie bereit, den einst verhassten und wegen seiner geringen Herkunft verworfenen Mann jetzt für seine Qualitäten als ihren Führer anzuerkennen. So ist es auch mit dem Glauben an den Herrn Jesus als den einzigen Retter. Erst wenn ein Mensch keine einzige Aussicht mehr hat, nimmt er seine Zuflucht zu ihm. Die Not bringt jemanden dazu, ihn in Anspruch zu nehmen.

Bevor Jeftah auf ihre Bitte eingeht, erinnert er sie daran, wie ungerecht er von ihnen behandelt worden ist. Es ähnelt ein wenig dem, was Joseph mit seinen Brüdern tat. Die Brüder hatten ihn nach Ägypten verkauft. Gott lenkte alles so, dass Joseph dort der zweite Mann nach dem Pharao wurde.

Als die Brüder, vom Hunger genötigt, später zu Joseph kamen, ging Joseph hart mit ihnen um. Er wollte die Brüder zur Einsicht bringen, dass sie verkehrt gehandelt hatten, sodass sie es eingestehen und er ihnen vergeben konnte. Wir lesen diese Geschichte in 1. Mose 42–45. Dennoch scheint ein Unterschied zwischen Jeftah und Joseph zu bestehen. Joseph hat alles aus der Hand Gottes angenommen, doch bei Jeftah scheint das nicht so sehr der Fall zu sein. Er beschuldigt sie einer üblen Behandlung. Er hat in all den Jahren nicht vergessen, was sie ihm angetan haben, und wirft ihnen seine Anklagen vor.

Auch uns fällt es manchmal sehr schwer, eine schlechte Behandlung, die wir erlitten haben, zu vergeben und vergessen. Unter bestimmten Umständen tritt sie, manchmal erst Jahre später, wieder in den Vordergrund. Ein Beispiel: Jemandem wird gesagt, er sei für bestimmte Dienste nicht mehr nötig. Das kann jeder mögliche Dienst sein, aber wir wollen einmal annehmen, es geht um einen Hausmeisterdienst. Ein anderer meldet sich, diese Aufgabe zu übernehmen. Der Hausmeister kann sich aufs Abstellgleis geschoben fühlen. Wenn man ihn später wieder in Anspruch nehmen will, ist es schwierig, nicht mehr an das früher Geschehene zurückzudenken. Ein anderes Beispiel: Wir werden bei einem bestimmten Dienst übergangen, obwohl wir der Meinung sind, dass wir für diese Aufgabe am besten geeignet wären. Doch ein anderer erhält den Vorzug. Wenn dieser andere einmal ausfällt und man sich an uns wendet, für die erste Wahl einzuspringen, kann leicht der Gedanke aufkommen, dass wir nicht mit uns spielen lassen. Jetzt solle halt auch ein anderer gesucht werden. Die zweite Geige ist oft das schwierigste Instrument.

Jeftah wird zum Anführer ernannt — Vers 8-11

Die Verhandlungen über Jeftahs Position sind noch nicht abgeschlossen, als Jeftah schon seine Beschwerden über die Vergangenheit zum Besten gegeben hat. Die Ältesten von Gilead setzen ihre Versuche fort, Jeftah zu überreden, ihr Führer zu werden. Ich habe in meiner Einleitung zu diesem Buch gesagt, dass wir in den Richtern ein Bild der Aufseher oder Ältesten sehen können, von denen im Neuen Testament die Rede ist. Wir sehen nirgends, dass sie dazu überredet werden müssten, Aufseher zu werden. Es ist eine Sache der Freiwilligkeit. *»Hütet die Herde Gottes, die bei euch ist, nicht aus Zwang, sondern freiwillig, Gott gemäß, auch nicht aus schändlicher Gewinnsucht, sondern bereitwillig, nicht als die, die über ihren Bereich herrschen, sondern indem ihr Vorbilder der Herde werdet«* (1. Petrus 5,2-3). Wir finden in diesem Vers einige Aspekte, die Jeftah hätte mehr berücksichtigen können. Aber wir sollten bedenken, dass diese Tatsache auch für Sie und mich gilt. Wir können von Jeftah viel lernen, auch das, wie es nicht sein soll. Es geht also nicht darum, »nur« anzudeuten, wo Jeftah überall Verstöße beging. Wir müssen bei dem, was wir von Jeftah lernen wollen, immer daran denken, dass Gott ihm in Hebräer 11 einen Platz inmitten der Glaubenshelden zugeteilt hat.

Bei Jeftah sehen wir, dass er nur helfen will, wenn sie ihn als ihren Führer akzeptieren. Das ist nicht das Kennzeichen eines Führers nach Gottes Gedanken. Ein echter Führer ist bereit, sobald Gefahr für sein Volk droht. Er wird sich direkt einsetzen, ungeachtet dessen, ob er gefragt oder akzeptiert wird. Jeftah geht es auch nicht einmal so sehr darum, Anführer des Kampfes zu sein, sondern er will auch Führer sein, nachdem er den Sieg errungen hat. Es scheint, als ob Jeftah aus einem persönlichen Gekränktsein heraus zu den Ältesten von Gilead spricht; aber es ist auch schön zu sehen, dass er vor seinem Sieg über die Ammoniter nicht auf seine eigene Kraft baut. Er gibt seine Abhängigkeit von Gott deutlich zu erkennen, als er sagt: *»Wenn … der HERR sie vor mir dahingibt …«*

Die Ältesten von Gilead stimmen Jeftahs Vorschlag zu und antworten mit einem Eidschwur, dass sie sich an ihre Absprachen halten werden. Jeftah erklärt seinerseits, dass er sich an die Absprache halten wird, indem er den Herrn zum Zeugen macht für alles, was er gesagt hat. Das scheint die Bedeutung dieser Worte zu sein: *»Und Jeftah redete alle seine Worte vor dem HERRN in Mizpa«*, und nicht so sehr, dass Gott mit allen Aussprüchen Jeftahs einig war.

Jeftahs erstes Gespräch mit dem König von Ammon — Vers 12-14

Jeftah beginnt seine Begegnung mit dem König von Ammon, indem er eine deutliche Trennungslinie zwischen Israel und seinen Feinden zieht. Das kann unverträglich scheinen, aber es ist die einzig richtige Weise, um mit diesem Feind umzugehen. Ammon bedeutet in geistlichem Sinn: Irrtum über das, was Gott gesagt hat. Jede Form des Kompromisses ist hier völlig fehl am Platze. Darum kann niemals auf freundschaftlicher Basis mit modernen Theologen umgegangen werden, die den menschlichen Verstand als Grundlage dafür nehmen, die Autorität der Bibel zu beurteilen. Solchen Menschen muss deutlich gemacht werden, dass sie kein Teil haben an der Beziehung zwischen Gott und seinem Volk. Wie freundlich solche Gelehrte auch wirken können, im Grunde sind sie große Feinde des Volkes Gottes. Unwissenheit können wir ertragen, Feindschaft nicht.

Die Reaktion lässt nicht lange auf sich warten. Der König von Ammon bekräftigt seinen Anspruch auf das Land, indem er auf die Geschichte verweist. Er lässt noch eine freundliche Geste folgen: Sie können das Land gutwillig zurückgeben; dann braucht Israel nicht zu befürchten, dass er Gewalt anwenden könnte. Es klingt so vernünftig.

Hätte Jeftah die Geschichte des Volkes Gottes nicht gekannt, wäre er wahrscheinlich den Argumenten erlegen. So ergeht es heute vielen: sie fallen dem schönen Geschwätz moderner Theologen zur Beute, weil sie selbst nicht die Bibel lesen. Sie kennen das Wort Gottes nicht und werden *»hin- und hergeworfen und umhergetrieben von jedem Wind der Lehre durch die Betrügerei der Menschen, durch ihre Verschlagenheit zu listigem Irrtum«* (Epheser 4,14).

Jeftahs zweites Gespräch mit dem König von Ammon — Vers 15-26

Jeftah kennt die Geschichte von Gottes Volk ausgezeichnet. Er ist gut über das Handeln Gottes mit dem Volk in der Vergangenheit im Bilde. Er geht zurück auf den Ursprung, auf das, was *»von Anfang«* ist (1. Johannes 1,1; 2,13-14.24). Johannes schreibt im Blick auf bestimmte Irrlehren, die die Wahrheit über Christus (wahrer Gott und wahrer Mensch in einer Person) angriffen. Dann kann man nichts Besseres tun, als auf das zurückzugehen, was am Anfang von Gott mitgeteilt worden ist. Was uns von Anfang an von Gott anvertraut worden ist, müssen wir bewahren und verteidigen, doch dazu müssen wir diese Worte gut kennen. Die beste Weise, einen Konflikt mit »Ammon« aufzulösen, besteht darin, ein Kapitel aus der Bibel vorzulesen.

Bei allem, was Jeftah von Israels Geschichte hervorhebt, sehen wir die Unterwürfigkeit dem gegenüber, was Gott gesagt hat. Er erzählt die Geschichte so, wie sie in Wirklichkeit stattgefunden hat und wie Gott sie hat niederschreiben lassen. Er kannte seine »Bibel« gut und kannte sich in 4. Mose 21 und 5. Mose 2 aus, wo geschrieben steht, dass Israel dieses Gebiet von den Amoritern und nicht von den Ammonitern eroberte. (Das sind zwei verschiedene Völker, auch wenn die Namen einander noch so sehr ähneln.) Gott hatte Israel verboten, durch das Gebiet der Ammoniter zu ziehen und daran hatten sich die Israeliten gehalten (5. Mose 2,37).

Die Schlussfolgerung Jeftahs in Vers 23 ist einleuchtend: Der Herr, der Gott Israels, hat seinem Volk das Land gegeben und sie hatten es in Besitz genommen.

Dasselbe gilt für uns. Auch wir dürfen und müssen in Besitz nehmen, was Gott uns an geistlichen Segnungen in den himmlischen Örtern gegeben hat und dürfen uns diese nicht rauben lassen. Jeftah fordert den König von Ammon heraus, das in Besitz zu nehmen, was die Götter der Ammoniter ihnen geben haben, und macht die Meinungsverschiedenheit so zu einem Kampf zwischen Gott und den Götzen.

Das letzte Argument, das er gebraucht, gründet sich auf die Anzahl der Jahre, die Israel im umstrittenen Gebiet gewohnt hat. Balak, der König von Moab, hatte versucht, sich Israels zu entledigen, indem er Bileam anheuerte und durch ihn das Volk Gottes verfluchen ließ (siehe 4. Mose 22-24). Dieser Versuch war missglückt und in den 300 Jahren, die danach verstrichen sind, wurde nie ein Versuch unternommen, die Städte, die Israel von den Amoritern erobert hatte, zu befreien. Das Recht Israels auf diese Städte blieb schon in dieser Zeit unumstritten. Und sollten sie dieses Gebiet jetzt aufgeben? Davon kann nicht die Rede sein!

Das Ergebnis des Gesprächs — Vers 27-29

Jeftah kommt zu dieser unmissverständlichen Schlussfolgerung: »*Nicht ich habe gegen dich gesündigt, sondern du tust mir Böses an, indem du gegen mich Krieg führst.*« Das Gespräch mit dem König von Ammon ist zu Ende. Jeftah übergibt die Sache der Hand des Herrn, damit er als Richter zwischen beiden Völkern auftreten kann. Er wartet nicht auf Antwort, weiter zu reden hat keinen Sinn. Er überlässt dem Herrn das letzte Wort: »*Es richte der HERR, der Richter, heute zwischen den Söhnen Israel und den Söhnen Ammon.*«

Jeftah hat den überzeugenden Beweis von Israels Anrecht auf das Land aufgrund des Wortes Gottes geliefert. Doch der König von Ammon will nicht hören. Dann kommt »*der Geist des HERRN über Jeftah*« und er zieht in den Kampf. Es besteht kein Zweifel, dass er den Kampf für eine gerechte Sache aufnimmt. Allen Zuhörern seiner Darlegung wurde damit Mut zugesprochen. Es geht um einen Kampf, der vollkommen im Sinne von Gottes Wort ist. Somit besteht Jeftahs Ansprache vor dem König wirklich aus motivierenden Worten, die eine große Ermutigung für alle sind, die mit ihm in den Kampf ziehen.

Jeftahs Gelübde — Vers 30-36

Bevor Jeftah den Kampf tatsächlich aufnimmt, tut er etwas, was nicht nötig gewesen wäre. Er schließt eine Art Abkommen mit Gott ab und verpflichtet sich dadurch, etwas zu tun, dessen Folgen er nicht absieht. Damit zeigt er, dass er sowohl Gott als auch sich selbst nicht gut kennt. In 1. Mose 28,20-22 lesen wir etwas Ähnliches von Jakob. Jeftah, der gezeigt hatte, dass er die Geschichte des Volkes Gottes ausgezeichnet kannte, zieht keine Lehre aus dem Fehler Jakobs. Mit seinem Gelübde verhandelt er, genau wie Jakob, tatsächlich mit Gott und deutet damit an, dass er nicht bedingungslos auf Gott vertraut. Er meint, genau wie Jakob, selber imstande zu sein, das Versprechen einzulösen, ohne sich des wirklichen Inhalts seines Gelübdes bewusst zu sein. Er war beim Abschluss dieses Abkommens mit Gott zu voreilig. Hätte er einigermaßen darüber nachgedacht, hätte er wohl kaum erwarten können, dass ihm ein Ochse oder Schaf aus seinem Haus entgegenkommen würde. Er ist also eines zu schnell ausgesprochenen Gelübdes schuldig. Sprüche 20,25 und Prediger 5,1 warnen vor solchen Aussprachen. Es sind in der Bibel auch gute Gelübde abgelegt worden, wie zum Beispiel das Gelübde von Hanna in 1. Samuel 1. Das war ein Gelübde, das aus einer guten geistlichen Gesinnung hervorging und es wurde abgelegt im Blick auf die Ehre, die Gott inmitten seines Volkes zukam. Hanna verlangte danach und wünschte, dass ihr Kind das Werkzeug dafür sein durfte.

Gott gibt Jeftah einen Sieg von großem Umfang. Seinen Teil des Abkommens hat Gott auf überzeugende Weise erfüllt. Die Siegesnachricht wird schnell verbreitet und als Jeftah zu Hause eintrifft, kommt seine Tochter ihm entgegen. Sie ist sein einziges Kind. Das erinnert an 1. Mose 22,2, wo Gott zu Abraham über dessen Sohn als seinen Sohn spricht, seinen einzigen, den er lieb hat. Die Reaktion Jeftahs ist herzzerreißend. Er hat sein Gelübde nicht vergessen, wird sich aber plötzlich der verhängnisvollen Folgen seines unüberlegten Redens bewusst. Es scheint, als gäbe er zunächst seiner Tochter die Schuld dafür, dass er sein Gelübde auf diese Weise einlösen muss. Er nimmt es ihr übel, dass sie ihm als Erste entgegenkommt und tadelt sie dafür, dass sie ihn ins Unglück stürzt.

Das Gelübde, das er abgelegt hat, ist für ihn unwiderruflich. Er kann es nicht widerrufen, es ist ihm unmöglich. 3. Mose 5,4 würde ihm die Möglichkeit einräumen, seine unbesonnenen Worte zu widerrufen. Allerdings hätte er dann ein Schuldopfer bringen müssen. Dass er das nicht tut, lässt etwas vom Charakter Jeftahs erkennen. Einerseits zeigt es, dass er ein Mann mit Charakter ist: Er steht zu seinen Worten. Andererseits lässt es erkennen, dass er ein Mann mit unbeugsamen Grundsätzen ist. Wir sehen dann in Jeftah jemanden, der nicht bereit ist, sein Gesicht zu verlieren, »sich zu blamieren«. Das ist ein Kennzeichen vieler gesetzlicher Menschen. Die konsequente Haltung dieser Menschen verlangt Respekt, solange sie diese Haltung auf sich selbst anwenden. Sobald sie ihre Prinzipien jedoch anderen Menschen auferlegen, richten sie viel Schaden beim anderen an. Sie opfern manchmal Frau und Kinder, nur um ihre getroffenen Versprechen einzulösen und fügen ihnen geistlich viel Schaden zu, weil sie um des Gesichtsverlustes willen ihre voreilig ausgesprochenen Gelübde nicht widerrufen wollen. Das folgende Kapitel wird diesen Charakterzug Jeftahs bestätigen.

Es ist übrigens bemerkenswert, dass die Bibel selbst sich nicht wertend zu Jeftahs Vorgehen äußert. Was ich hierüber sage, ist also eine Anwendung, die auf meine Rechnung geht. Dazu kommt, dass es unklar ist, ob Jeftah seine Tochter buchstäblich geopfert hat oder ob es bedeutet, dass sie unverheiratet geblieben ist. Ich gehe im folgenden Abschnitt darauf ein.

In der Tochter Jeftahs tritt eine wunderbare Gesinnung ans Licht. Sie unterwirft sich völlig ihrem Vater und unternimmt keinen Versuch, um ihn auf andere Gedanken zu bringen. Sie spornt ihren Vater dazu an, das getroffene Gelübde einzulösen, obwohl das auf Kosten ihrer selbst geschieht. Darin ist sie ein herrliches Vorbild auf Christus hin, der sich auch vollkommen dem Weg unterwarf, den er von seinem Vater aus gehen musste. In der Geschichte in 1. Mose 22, auf die ich bereits hingewiesen habe, sehen wir in Isaak denselben Hinweis auf den Herrn Jesus.

Hat Jeftah seine Tochter buchstäblich geopfert? — Vers 37-40

Über diese Frage haben sich viele Ausleger den Kopf zerbrochen. Eine kleine Blütenlese dessen, was geschätzte Gelehrte hierüber zum Besten gegeben haben, zeigt, dass es sehr schwierig ist, eine eindeutige Antwort auf diese Frage zu geben. Wir dürfen unseren eigenen Eindruck daraus entnehmen oder unsere Auffassung daran prüfen.

- *Henri Rossier:* Sie würde ihr ganzes Leben als eine Abgesonderte verbringen müssen und kein Mann sollte mit ihr Gemeinschaft haben, sodass sie zeitlebens kinderlos bleiben würde. In diesem Sinne sollte sie als eine Tote weiterleben.
- *William Kelly:* Er opferte seine Tochter, entsprechend seinem fest entschlossenen, unbeugsamen Geist. Die heilige Weisheit der Schrift vermeidet die Einzelheiten über eine Tatsache, die so krass im Gegensatz zu den Gedanken Gottes steht.
- *Frederick William Grant:* Was Jeftahs Gelübde anbelangt: Übereile und Versagen scheinen damit verbunden zu sein, aber sicher nicht das Menschenopfer, das viele unterstellt haben. Die meisten neueren Kommentatoren stimmen darin überein und glauben, dass seine Tochter einfach Gott geweiht wurde, um ein unverheiratetes Leben zu führen, wie die Verse 37-39 deutlich zeigen.

• *Martin Luther:* Manche sind der festen Überzeugung, dass sie nicht geopfert wurde, doch der Text ist zu deutlich, um diese Auslegung zuzugestehen.

• *Kurtz, in Sacred History:* Beweise für ein buchstäbliches Opfern sind in der Verzweiflung des Vaters, der großmütigen Ergebenheit der Tochter, dem jährlichen Gedächtnis und der Trauer der Töchter Israels und in der Geschichte des Schreibers selbst zu finden, der nicht dazu in der Lage ist, das schreckliche Schauspiel deutlich und klar zu beschreiben, das er gleichzeitig sowohl mit Bewunderung als auch mit Abscheu betrachtet.

• *Edersheim:* Die großen jüdischen Kommentatoren des Mittelalters haben, im Gegensatz zum Talmud, darauf hingewiesen, dass die beiden Ausdrücke in Vers 31 (*»dem HERRN gehören«* und *»als Brandopfer bringen«*) nicht identisch sind. Niemals wird von einem tierischen Brandopfer gesagt, dass es »für den Herrn sein soll«, aus dem einfachen Grund, dass ein Brandopfer als solches bereits dem Herrn gehört. Doch wenn es um Menschen geht, die dem Herrn geopfert werden, dann wird dieser Ausdruck wohl gebraucht, wie im Fall der Erstgeborenen von Israel und von Levi (4. Mose 3,12-13). Aber in diesen Fällen wird nie vermutet, dass es um ein buchstäbliches Menschenopfer geht. Wenn die liebe Tochter sich selbst dem Tode geweiht hätte, dann ist es beinahe unverständlich, dass sie wünscht, die zwei ihr verbleibenden Monate nicht mit ihrem im Herzen gebrochenen Vater zu verbringen, sondern in den Bergen mit ihren Freundinnen.

• *Samuel Ridout:* Ich habe nie meine Gedanken über die Tatsache verändern können, dass Jeftah mit seiner Tochter das getan hat, was jeder einfältige Leser, der diesen Abschnitt liest, glaubt, dass er es getan habe. Er gibt sich als ein strenger, selbstgerechter Mann zu erkennen, der später guten Gewissens 42.000 seiner israelitischen Brüder tötet. Solch ein Mann ist auch dazu in der Lage, seine eigene Tochter buchstäblich zu opfern. Er hatte das Schwert gezogen, um die Ammoniter zu schlagen; er tötete seine Tochter, weil er es gelobt hatte und tötete seine Brüder. Freund und Feind erfahren dieselbe Behandlung.

Persönlich neige ich zu der Auffassung, dass Jeftah tatsächlich seine Tochter geopfert hat. Das ist der Eindruck, den ich bekomme, wenn ich den Text so lese, wie er dort steht.

Nach dieser Blütenlese verbleibt mir noch eine Bemerkung über den letzten Vers dieses Kapitels. Wenn man jährlich der Tochter Jeftahs gedachte, wie viel mehr ist der Herr Jesus wert, dass man an jedem Tag und insbesondere am ersten Tag der Woche seiner gedenkt.

Kapitel 12

Einleitung

Das Ende der Geschichte Jeftahs ist nicht sonderlich erhaben und nachahmenswert. Jeftah benimmt sich hier nicht sanftmütig, sondern hart. Dadurch müssen viele ihr Leben lassen. Er lässt sich nicht durch die Liebe leiten, sondern sucht seine eigene Ehre.

Der Anlass zum Konflikt — Vers 1

Die Männer von Ephraim haben sich nach den Ereignissen vom Anfang von Kapitel 8 keinen Deut verändert. Gideon ist dort den Ephraimitern auf sehr niedrigem Niveau entgegen gekommen. Leider ist es nicht zu ihnen durchgedrungen, wie selbstsüchtig sie beschäftigt waren. Daraus zeigt sich, dass eine gute Behandlung nicht unbedingt zu einer besseren Selbsterkenntnis führt. Ihre stolze Haltung aufgrund einer Position, die ihnen vermeintlich ein Recht auf einen Ehrenplatz gab, war noch immer vorhanden. Sie beklagen sich hier wiederum, weil sie meinen, nicht mit der geziemenden Achtung behandelt worden zu sein. Eine Sünde, die nicht aufrichtig bekannt wird, taucht früher oder später wieder auf. Es zeigt sich, dass sie hier sogar noch tiefer gesackt sind. In Kapitel 8 hatten sie zumindest noch etwas getan, hier jedoch nichts mehr. Sie drohen, Jeftah zu verbrennen. Sie konnten es noch immer nicht ertragen, dass andere gebraucht wurden, sie selbst jedoch nicht. Das steht in krassem Gegensatz zur Gesinnung von Paulus, von der wir in Philipper 1,15-18 lesen. Sie geben sich als schnell gekränkte Brüder zu erkennen.

Jeftahs Reaktion — Vers 2-4

Jeftah reagiert in diesem Fall nicht wie Gideon; er macht ihnen Vorwürfe. Auf ihn ist der zweite Teil von Sprüche 15,1 zutreffend, so wie der erste Teil jenes Verses auf Gideon zutreffend war: »*Eine sanfte Antwort wendet Grimm ab, aber ein kränkendes Wort erregt Zorn.*« Es ist auffällig, wie oft er in seiner Rede zu den Ephraimitern das Wörtchen »ich« gebraucht. Das »*ich und mein Volk*« (das heißt Gilead) deutet auf parteiisches, sektiererisches Handeln hin. Er hat keinen Blick mehr für das ganze Volk Gottes. Jeftah äußert sich so, weil er sich persönlich beleidigt fühlt.

Wenn das eigene »Ich« in den Vordergrund tritt, ist man nur noch auf die eigenen Interessen bedacht und erstrebt die eigene Ehre. Solche Dinge werden bei den Menschen gefunden, die sich vom Gesetz leiten lassen. Wer ein Eiferer für das Gesetz sein will, kommt nicht umhin, sich selbst wichtig zu finden und seine eigene Ehre zu suchen. Das Gesetz ist nämlich dem Menschen gegeben, damit er durch dieses Gesetz zeige, dass er nach der Norm Gottes lebt. Doch es gibt niemanden, der das Gesetz gehalten hat oder halten kann. Das liegt nicht am Gesetz, sondern am Menschen. Wer aufrichtig das Gesetz halten will, gelangt zur Entdeckung, dass er einfach nicht dazu imstande ist. Er bestätigt das Ziel des Gesetzes: den Menschen erkennen zu lassen, wer er von Natur aus ist. In 1. Timotheus 1,8-9 steht deshalb: »*Wir wissen aber, dass das Gesetz gut ist, wenn jemand es gesetzmäßig gebraucht, indem er dies weiß, dass für einen Gerechten das Gesetz nicht bestimmt ist, sondern für Gesetzlose und Widerspenstige, für Gottlose und Sünder, für Heillose und Unheilige, Vatermörder und Muttermörder, Mörder*« usw. Durch das Gesetz lernt der Mensch seine Sündhaftigkeit kennen. Das wird ihn zu Christus bringen, bei welchem Erlösung durch sein Werk am Kreuz zu finden ist.

Wer seine Zuflucht zu Christus genommen hat, ist frei vom Fluch des Gesetzes. Wir lesen in Galater 3,13: »*Christus hat uns losgekauft vom Fluch des Gesetzes, indem er ein Fluch für uns geworden ist – denn es steht geschrieben: Verflucht ist jeder, der am Holz hängt!*« In Römer 10,4 steht sogar, dass der Gläubige überhaupt nichts mehr mit dem Gesetz zu tun hat: »*Denn Christus ist des Gesetzes Ende, jedem Glaubenden zur Gerechtigkeit.*«

Wer als Christ dennoch das Gesetz halten will – und sei es nur aus Dankbarkeit –, stellt sich wiederum unter den Fluch des Gesetzes. Das Gesetz kann nichts anderes zuwege bringen. Es kann nicht anders als verurteilen, den Tod bringen, weil es für den natürlichen Menschen bestimmt ist. Wenn ein Gläubiger wieder das Gesetz zu halten beginnt, dann tut er etwas, das Paulus in seinem Brief an die Galater scharf an den Pranger stellt. Die Folgen dieser Haltung im Umgang untereinander beschreibt er in Galater 5: »*Wenn ihr aber einander beißt und fresst, so seht zu, dass ihr nicht voneinander verzehrt werdet*« (Vers 15). »*Lasst uns nicht nach eitler Ehre trachten, indem wir einander herausfordern, einander beneiden*« (Vers 26).

Dies finden wir im Leben Jeftahs wieder und das werden wir auch im Leben von Christen wiederfinden, die das Gesetz als Lebensregel annehmen. Wenn die eigene Ehre gekränkt wird und die Lebensregel das Gesetz ist, dann reagiert man mit Vergeltung und Eintreten für die eigene Ehre. Das Ergebnis ist, dass keine Frucht mehr für Gott da ist. Dabei bedeutet Ephraim doch »die Fruchtbaren«! Ich sage nicht, dass Ephraim zu entschuldigen sei. Sie verhielten sich am allerwenigsten ihres Namens würdig. Sie stiften Jeftah zu seiner Haltung an. Aber wie viel Blutvergießen hätte verhindert werden können, wenn Jeftah anders reagiert hätte? Wie viel Zank und Zwietracht und geistlicher Totschlag wäre in den örtlichen Gemeinden verhindert worden, wenn die eigene Ehre und das eigene Interesse beiseite geblieben und die Bruderliebe in die Praxis umgesetzt worden wäre?

Der Anlass: eine Schimpferei — Vers 4

Der direkte Anlass zum Bruderstreit ist eine ordinäre Schimpferei, die vom anderen nicht hingenommen wird. Die Männer von Gilead waren von den Ephraimitern beleidigt worden, sie waren tief gekränkt. Sie waren wohlgemerkt als weggelaufene Ephraimiter beschimpft worden. Was für eine Beleidigung! Das konnten sie nicht auf sich beruhen lassen. So kommt es zu einer Begegnung zwischen den beiden Parteien. Es ist eine gute Sache, dass ich keinen Zollbreit nachgebe, wenn dem Herrn Jesus oder dem Wort Gottes Unrecht getan oder sie angegriffen werden, aber wenn ich selbst angegriffen werde, liegt die Sache anders. Im letzteren Fall kann ich das

Böse durch das Gute überwinden, aber nicht, indem ich Böses mit Bösem vergelte (siehe Römer 12,21.17). Dann handelt es sich nicht um göttliche Grundsätze. Wir werden sehen, dass in Kapitel 20 durchaus eine Situation vorhanden ist, die einen Bruderkrieg rechtfertigt, weil dort sehr wohl göttliche Grundsätze auf dem Spiel stehen. Jeftah widmet dem Feind viel Zeit und hat auch viel Geduld mit ihm, aber Gottes Volk gegenüber ist er kurz angebunden.

Die Furten des Jordan — Vers 5

Die Stämme, die durch den Jordan voneinander getrennt waren, konnten sich über die Furten erreichen. Und gerade dort findet das Blutbad statt. Der Jordan spricht von Tod und Auferstehung Christi und davon, dass wir mit Christus gestorben und auferstanden sind. Der Jordan ist also eigentlich ein Ort, wo die Einheit des Volkes Gottes und seine Verbindung mit ihm am sichtbarsten werden muss. Wir können dies auf den Platz anwenden, an dem die Einheit der Gemeinde am sichtbarsten zutage tritt, nämlich am Tisch des Herrn. Dort wird sein Tod verkündigt: »*Denn so oft ihr dies Brot esst und den Kelch trinkt, verkündigt ihr den Tod des Herrn, bis er kommt*« (1. Korinther 11,27). Der Kelch spricht vom Blut Christi und das Brot vom Leib Christi. Die Gemeinde hat diesem Werk all ihre Segnungen zu verdanken, auch den Segen ihrer Einheit. Bei der Feier des Abendmahls am Tisch des Herrn darf sie diese Einheit erkennen lassen. »*Denn ein Brot, ein Leib sind wir, die vielen, denn wir alle nehmen teil an dem einen Brot*« (1. Korinther 10,17). Aber was ist in der Praxis daraus gemacht worden? Von dieser Einheit ist nicht mehr viel zu sehen, weil jede Gruppe so ihre eigenen Gedanken und Vorstellungen von diesem »Einssein« hat. Das können zu weite Gedanken sein, wodurch jeder, der nur sagt, dass er ein Gläubiger sei, ohne jegliches Nachprüfen und allein aufgrund seines eigenen Bekenntnisses am Abendmahl teilnehmen kann. Diese unbiblische Einheit ist in der ökumenischen Bewegung zu finden, sowohl in etablierten Kirchen als auch im breiten Strom der evangelikalen Bewegung. Weil dieser Aspekt in der vorliegenden Geschichte nicht hervortritt, gehe ich nicht weiter darauf ein.

Bei der Haltung, die Jeftah hier annimmt, können wir an die andere Gefahr denken, das Gegenteil der zu großen Weite, nämlich die zu große Enge. Sie ist dann festzustellen, wenn Gläubigen das Abendmahl verweigert wird, die aufgrund der Schrift durchaus dazu eingeladen sind. Die Schrift lehrt, dass ein Gläubiger am Abendmahl teilnehmen kann, wenn er

a. nicht in der Sünde lebt (1. Korinther 5);
b. keine falsche Lehre über den Herrn Jesus und die Schrift vertritt (Galater 5,1-10);
c. keine Gemeinschaft mit Gläubigen hat, die in der Sünde leben oder eine falsche Lehre haben (2. Timotheus 2,16-21; 2. Johannes Vers 9-11);
d. keine Gemeinschaft mit Gläubigen hat, die zwar selbst nicht in Sünde leben und keine falsche Lehre vertreten, aber weiter einer Kirche oder Gruppe angehören, von der sie wissen, dass diese Dinge dort vorhanden sind, ohne verurteilt und abgeschafft zu werden (1. Korinther 10,18; Offenbarung 18,1-5; siehe auch 2. Korinther 6,14-17 und Hebräer 13,9-13).

Aus all diesen Schriftstellen tritt deutlich zutage, dass Gott und die Sünde sich nicht verbinden können. Kurz gesagt, läuft es darauf hinaus, dass jemand persönlich rein sein muss in Lehre und Leben und keine Gemeinschaft mit Gläubigen haben darf, auf die das *nicht* zutrifft. Andere Bedingungen für die Teilnahme am Abendmahl stellt die Schrift nicht und wir dürfen sie somit auch nicht stellen. Wenn wir zum Beispiel von jemandem fordern, exakt dasselbe über die Zukunft Israels zu denken wie wir, bevor er zum Abendmahl zugelassen wird, machen wir aus der »Zukunft Israels« ein »Schibbolet«. Wir machen dann ein Verständnis der Prophetie zu einer Bedingung für die Zulassung. Es kann durchaus sein, dass jemand darin nicht die richtige Einsicht hat. Er kann darin unterwiesen werden. Aber so etwas als Bedingung zur Zulassung aufzustellen, ist eine unbiblische Einschränkung oder Verengung der Gemeinschaft.

Es ist wichtig, nach den Furten zu suchen, das heißt, danach zu schauen, was an gemeinsamem Glaubensgut vorhanden ist, um das miteinander zu teilen. Aus dieser Position heraus kann ein »Erbauen auf unserem allerheiligsten Glauben« (Judas Vers 20) stattfinden. Es geht also nicht um das, was Trennung verursacht, sondern um das, was vereinigt und verbindet.

Schibbolet oder Sibbolet — Vers 6

Das Wort *Schibbolet* bedeutet »Kornähre« oder »Flut«. Wer dieses Wort nicht so aussprach, wie die Gileaditer es für richtig hielten, wurde niedergemetzelt. Dieses Wort diente einer deutlichen Sortierung zwischen den Gileaditern und den Ephraimitern. Der Ausdruck erinnert also an den Vollzug einer Trennung. Es ist eine Gefahr, die wir auch heute erkennen können, vielleicht in unserem eigenen Herzen, vielleicht in unserer Umgebung. Wir denken oder hören, dass es doch wohl wichtig sei, zu wissen, was die eigene Glaubensgemeinschaft von anderen Glaubensgemeinschaften unterscheidet. Was bei anderen alles nichts taugt, wird ausführlich erörtert, während man die eigenen Erkenntnisse für richtig hält.

Ich will hiermit nicht sagen, dass wir nicht für uns selbst vom richtigen Platz überzeugt sein könnten, den wir inmitten einer verworrenen Christenheit einnehmen. Es ist eine gute Sache, wenn wir einer örtlichen Gemeinde angehören, die nach biblischen Prinzipien zusammenkommt, und dort Verantwortung tragen. Es kann sein, dass wir diesen Platz gefunden haben, nachdem wir zuvor verschiedene Kirchen bzw. Glaubensgemeinschaften kennen gelernt haben. Dann können wir tatsächlich erklären, warum wir an einem bestimmten Platz nicht bleiben konnten. Aber der Grund, weshalb wir weggingen, hat dann mit einem der oben genannten Punkte a–d zu tun. Wir können nicht aus einer Gemeinschaft weggehen, weil man dort einmal unfreundlich zu uns war. Unsere persönliche Erfahrung mag wichtig sein, aber ein Grund zum Weggehen kann nur dann bestehen, wenn es dort Dinge gibt oder geschehen, die nachweisbar im Widerspruch zur Bibel stehen und wenn man nicht beabsichtigt, dort anhand des Wortes Gottes etwas zu verändern. Jeder Test, der das Volk Gottes voneinander trennt – anstatt von ihren Feinden –, ist ein neues »Schibbolet«.

Jeftahs Ende — Vers 7

Gottes Wort erwähnt, dass Jeftah Israel sechs Jahre gerichtet hat. Damit erhält Jeftah den Stempel Gottes, dass er jemand ist, der trotz seines Versagens gegenüber Ephraim von Gott eingesetzt wurde. Aus 1. Samuel 12,11 wird deutlich, dass Jeftah ebenso sehr von

Gott gesandt war wie Gideon, Barak und Samuel. Wir erinnern uns auch, dass Jeftah ein Mann war, der in Hebräer 11 in der Liste der Glaubenshelden genannt wird. Er wusste, was Gott mit seinem Volk getan hatte. Er kannte sozusagen die Bibel. Sie war seine Grundlage bei der Erfüllung der Aufträge, die Gott ihm gab.

Das Leben wurde ihm schwer gemacht. In unseren Augen hat er vielleicht einmal zu viel versagt. Ich habe versucht, die Lektionen daraus aufzuzeigen. Dennoch ist es letztlich Gott, der völlig gerecht den Maßstab am Leben Jeftahs anlegen wird. Jeftah gehört zu den Gerechten, die noch nicht empfangen haben, was verheißen war (Hebräer 11,39). Doch dieser Augenblick wird kommen. Dann wird Gott auch Jeftah für die Treue belohnen, die er auf der Erde im Dienst für Gottes Volk erwiesen hat. Im Blick darauf wird er begraben.

2f) Kapitel 12,8-15

Ibzan, Elon und Abdon

Ibzan — Vers 8-10

Nach Jeftah erscheinen wiederum einige Richter, über die nicht viel gesagt wird, genau wie nach der Regierung Abimelechs (siehe Kapitel 10,1-5). Zusammen sind sie für 25 Jahre Ruhe gut. Wenn wir eine Zeit der Ruhe kennen dürfen, ist das ein Geschenk Gottes. Er gibt sie uns nicht zum Einschlafen, sondern als Gelegenheit, uns geistlich zu stärken.

Die erwähnten Richter stehen im Gegensatz zu Jeftahs Versagen. Der Erste heißt Ibzan, was »Reinheit« bedeutet. Über Reinheit in unserem persönlichen Leben und in der Gemeinschaft der Gläubigen, zu der wir gehören, habe ich bereits geschrieben. In Jakobus 3,17 lesen wir etwas vom Ursprung der Reinheit und dem Platz, den sie darin einnimmt: *»Die Weisheit von oben aber ist erstens rein«*. Hier sehen wir, dass Reinheit aus einer Weisheit hervorgeht, die ihre Quelle im Himmel, in Gott, hat und dass diese Weisheit auf der Erde zu allererst »Reinheit« bewirkt. Das kommt daher, dass die Weisheit einen Blick für das Verderben hat, das in der Welt ist und wovon sie umgeben ist. Wer in Reinheit lebt, das bedeutet also in Gemeinschaft mit Gott, wird Frieden in seiner Seele erfahren und Frieden wird von ihm ausstrahlen. Daher steht dabei, dass sie *»sodann friedvoll«* ist. Was darauf folgt, bezieht sich alles auf das Leben in einer vollkommen unreinen Welt. Die Weisheit, die von oben ist, darf inmitten dieser Welt erkennen lassen, was in Gott gefunden wird. Aber, wie gesagt, es beginnt mit Reinheit, der Bedeutung des Namens Ibzan.

Ibzan kommt aus Bethlehem, das »Brothaus« bedeutet. Das sollte jede Glaubensgemeinschaft sein. Eine örtliche Gemeinde wird ein »Brothaus« für die hungrige Seele sein, wenn vor allem die Aufseher auf die Reinheit und Heiligkeit achten, die dafür notwendig sind, mit der Gegenwart Gottes rechnen zu können. Der Gegensatz zu Jeftah zeigt sich in dem, was Ibzan tut. Anstatt seine eigene

Tochter zu opfern und seine Brüder zu töten, findet sich bei ihm Wachstum und Vermehrung. All seine dreißig Töchter lässt er heiraten. Sie nehmen die Reinheit, die sie bei ihrem Vater gesehen haben, in ihre neue Umgebung mit. So gibt er seinen eigenen Grundsatz der Reinheit weiter. Für seine Söhne gilt dasselbe; sie unterstützen seine persönliche Position. Das können wir aus der Tatsache schließen, dass sie in seiner Nähe bleiben. So kann jeder Aufseher, der treu handelt (d. h. nach den Grundsätzen des Wortes Gottes), mit der Verbreitung und Unterstützung dieser Grundsätze durch andere rechnen.

Alle seine Söhne und Töchter heirateten. Ibzan muss eine Familie gehabt haben, in die jeder junge Mann und jede junge Frau gern aufgenommen wurde, als er oder sie einheiratete. Es tut Eltern gut, wenn sie sehen, dass sich ihre Kinder in Gläubige aus anderen örtlichen Gemeinden verlieben und sie heiraten, um mit ihnen den Weg des Herrn zu gehen und ihm mit ihrem Leben zu dienen. Ibzan blieb nicht zu Hause sitzen, sondern zog für seine Kinder aus. Als er einen guten Platz für sie gefunden hatte, ließ er seine Kinder ruhig ziehen. Sein Einfluss auf Israel dauerte sieben Jahre. Die Zahl sieben weist auf Vollkommenheit hin, wie wir schon zuvor sahen. Die Zeit, in der er richtete, muss eine Wohltat für das Volk gewesen sein. Der Ort, woher er kam, wurde der Ort seines Begräbnisses.

Elon — Vers 11-12

Elon bedeutet »stark«. Er ist ein Nachkomme Sebulons, dessen Name »Wohnung« bedeutet. Sebulon erhält seinen Namen in 1. Mose 30,20. Dort sagt Lea: »*Diesmal wird mein Mann bei mir wohnen.*« Sie dachte, dass sie durch den sechsten Sohn, den sie Jakob gebar, seine Zuneigung gewonnen hätte. Das drückt den Gedanken an eine Versöhnung zwischen Jakob und Lea aus. Woran können wir nun denken, wenn wir von Elon, den Sebuloniter, lesen? Daran, dass jemand ein starker Mann genannt wird, wenn er Versöhnung dort zustande bringt, wo Streit ist. Es ist jemand, der seine Hände auf die Schultern zweier zankender Brüder oder Schwestern legt. In Philipper 4,3 ist Paulus solch ein starker Mann. Ich hoffe, dass auch wir unsere Kraft zu erkennen geben, indem wir zankende Brüder oder Schwestern zusammenführen.

Elon wird in Ajalon begraben. Eine der Bedeutungen dieses Namens ist »Platz der Eichen«. Die Eiche ist ein Schaubild der Kraft und Beständigkeit. Mit seinem Tod ist sein Leben nicht vorbei und vergessen. Dieselbe Kraft, die er in seinem Leben zeigte, ist mit seinem Tod verbunden. Elon zeigt etwas von der Art Führer, von denen wir in Hebräer 13,7 lesen. Es geht dort um Führer, die bereits verstorben sind: »*Gedenkt eurer Führer, die das Wort Gottes zu euch geredet haben, und, den Ausgang ihres Wandels anschauend, ahmt ihren Glauben nach!*« (UElb).

Abdon — Vers 13-15

Auch hier können wir wieder das eine und andere aus der Bedeutung der Namen lernen. Abdon bedeutet »Dienst«; Hillel »Lobgesang«; Piraton »Freiheit«, »fürstlich«, »Höhepunkt« oder »Vergeltung«. Wenn der Dienst eines Aufsehers aus einem Herzen voller Lobpreis hervorgeht und in Freiheit ausgeübt werden kann, dann ist das eine Wohltat für die Gemeinde. Solch ein Aufseher oder Führer wird sein Werk mit Freude tun. Viel hängt dabei von den Gläubigen ab, inmitten derer er seinen Dienst ausübt. Er darf ihm nicht schwer gemacht werden. Die Ermahnung in Hebräer 13,17 ist hier zutreffend: »*Gehorcht und fügt euch euren Führern! Denn sie wachen über eure Seelen, als solche, die Rechenschaft geben werden, damit sie dies mit Freuden tun und nicht mit Seufzen; denn dies wäre nicht nützlich für euch.*« So besteht in jeder örtlichen Gemeinde eine Wechselwirkung zwischen den Aufsehern bzw. Führern und denen, die geführt werden. Wenn ein Aufseher sein Werk gut tun kann, dann werden seine (geistlichen) Söhne und Enkel den Dienst und den Lobpreis ihres (geistlichen) Vaters und Großvaters weiterhin bringen. Ältere und Jüngere folgen ihm nach. Auch das dritte Geschlecht (meistens die Generation, die weggeht) nimmt daran teil.

Das Geheimnis seines Erfolges wird durch seinen Sieg über die Amalekiter sichtbar. Während seines Lebens hat er ein Stück Boden von ihnen erobert. Amalek ist ein Bild des Fleisches. Abdon zeigt uns im Bild eine Person, die in der Praxis verwirklicht hat, was wir in Galater 5,24 lesen: »*Die aber dem Christus Jesus angehören, haben das Fleisch samt den Leidenschaften und Lüsten gekreuzigt.*«

Sein Grab wird zu einem Denkmal dafür. Abdon hatte sich durch seinen Sieg über das Fleisch (die Amalekiter) einen Weg nach oben (in das Gebirge) gebahnt. Auf seinem Grab könnte stehen: »das Fleisch überwunden«.

2g) Kapitel 13 – 16

Simson

Kapitel 13

Allgemeines

Die Geschichte Simsons regt stets die Fantasie an. Ein Mann, gewaltig an Kraft, und doch so schwach. Im Gegensatz zu den vorherigen Richtern, die beim Bekämpfen des Feindes immer Volksgenossen bei sich haben, macht Simson alles allein. Er führt kein Heer an wie Gideon und Jeftah. In diesem Auftreten als Einzelgänger, bei dem keine Verbindung mit dem Volk Gottes besteht, kommt bei Simson ein Egozentrismus zum Vorschein.

Andererseits passt das Auftreten als Einzelgänger zu einem Volk Gottes, das als Ganzes weit von Gottes Wort abgewichen ist.

Was die Christenheit betrifft, ist diese Situation im 2. Thimotheusbrief wiederzufinden. Wenn der Verfall in der Christenheit solche Formen angenommen hat, dass keine Wiederherstellung mehr möglich ist, kommt es auf persönliche Treue gegenüber dem Herrn und seinem Wort an. Diese Treue zeigt sich in der Absonderung von der Sünde. Dann kann von dem »*Mensch Gottes*« (2. Timotheus 3,17) die Rede sein. Das ist der Mensch, der in einem allgemeinem Zustand des Verfalls dennoch in seinem eigenen Leben die Merkmale Gottes zeigt. Er ist jemand, der für Gott und seine Rechte eintritt, inmitten einer Christenheit, die sich nicht darum schert. Der ganze Grundsatz der Kraft liegt in der Absonderung zu Gott.

Ich will uns noch kurz an das erinnern, was ich schon eher geschrieben habe, nämlich dass die Menschen von damals nicht so sehr die Menschen von heute darstellen, sondern dass sie vielmehr für moralische oder geistliche Kräfte stehen, die heute ein ganzes Volk oder den Einzelnen leiten. Wenn wir diese Gegebenheit auf Simson anwenden, sehen wir, dass er den Grundsatz der Nasiräerschaft verdeutlicht. Das heißt, Gott möchte durch ihn zeigen, dass in einer Zeit des Verfalls geistliche Kraft allein in jemandem zu finden ist, der in Absonderung vom Bösen und in Gemeinschaft mit Gott lebt. Völlige Absonderung zu Gott hin ist im Kampf gegen unsere Feinde die Quelle der Kraft. Auf vollkommene Weise ist das in Jesus Christus zu sehen. Er war der wahre Nasiräer.

Simsons Geschichte birgt merkwürdige Gegensätze in sich. Wir sehen bei ihm einerseits die Gnade und den Ratschluss Gottes, den Plan, den Gott mit ihm hatte. Andererseits sehen wir, wie wenig davon im Leben Simsons zum Ausdruck kommt. Es sind zwei verschiedene Dinge: Was Gott mit Simson beabsichtigte und was Simson in der Praxis war. Simson braucht schließlich selbst einen Befreier und stirbt sogar in den Händen seiner Feinde, der Philister. Er ist zudem ein Bild für Israel, das Gott für sich selbst als Volk abgesondert hatte, das sich jedoch nicht als solches verhalten hat.

So erging es auch der Gemeinde, die Gott sich als ein himmlisches Volk auserwählt hat. Die Gemeinde ist ihrer Berufung untreu geworden, sich auf der Erde als ein himmlisches Volk zu verhalten. Sie hat sich ein irdisches Verhalten angeeignet. Grundsätze der Philister sind eingedrungen und bestimmen größtenteils das Gesicht der Gemeinde, oder besser gesagt, der Christenheit. Auf sie trifft zu, was wir in 2. Timotheus 3,5 lesen: »… *die eine Form der Gottseligkeit haben, deren Kraft aber verleugnen.*« Das ist es, was die Philister darstellen. Dieser Erscheinung einer »Form der Gottseligkeit« werden wir in der vor uns liegenden Geschichte Mal für Mal begegnen. Für die Gemeinde ist keine völlige Wiederherstellung zu erwarten, wenngleich es Zeiten der Erweckung gibt. Ihre irdische Geschichte endet, wie in diesem Buch, in einer immer noch ungebrochenen Gefangenschaft bei den Philistern.

Das Leben Simsons verdeutlicht uns etwas vom christlichen Zeugnis auf der Erde, sowohl in gemeinschaftlicher als auch in persönlicher Hinsicht. Wenn das Zeugnis anstelle einer gemeinschaftlichen zu einer individuellen Sache wird, hat das zu bedeuteten, dass die Gesamtheit sich im Verfall befindet.

Einleitung

In diesem Kapitel wird alles von der Seite Gottes aus gesehen. Wir sehen, wie er am Werk ist und dafür sorgt, dass alles für die Geburt eines Nasiräers vorbereitet wird. Das »Nest« des Nasiräers wird zubereitet. Gott wollte, dass Simson sein ganzen Leben lang ein Nasiräer sein sollte. In 4. Mose 6 findet sich das Gesetz des Nasiräers. Darin lesen wir, dass jemand sich auf der Grundlage der Freiwilligkeit für eine bestimmte Zeit der Nasiräerschaft weihen konnte. Simson hatte keine Wahl. Gott hatte ihn zur Nasiräerschaft bestimmt, für sein ganzes Leben. Aber Gott regelt alles so, dass es für ihn auch möglich ist, dem zu genügen. Wie in diesem Kapitel deutlich wird, zeugt die ganze Vorbereitung davon. Dass Gott so handelt, verdeutlicht noch einmal seine unaufhörliche Fürsorge und seine Liebe zu seinem Volk. Das ist umso deutlicher, wenn wir daran denken, wie dieses Volk ihm immer wieder so untreu geworden ist, zum soundsovielten Mal und jetzt in schlimmstem Maße. Gott beginnt allmächtig zu handeln.

Wiederum abgewichen — Vers 1

Zum siebten Mal lesen wir nun: »*Und die Söhne Israels taten weiter, was böse war in den Augen des HERRN.*« Die Zuchtrute, die Gott jetzt gebraucht, sind die Philister. Sie waren schon früher zu einer Züchtigung herangezogen worden. Das sahen wir in Kapitel 10,7. Aber dort waren sie nicht der Hauptfeind wie jetzt. Sie nahmen das Land in Beschlag. Die Philister werden nicht unter den bösen Nationen Kanaans genannt. Auf das, was die Philister darstellen, bin ich bereits bei Kapitel 3,3 eingegangen. Um der Bedeutung der Erkenntlichkeit dieses Feindes willen werde ich kurz einige Dinge wiederholen, während ich auch neue Merkmale herausstelle. Die Philister scheinen Menschen darzustellen, die äußerlich eine Stellung einnehmen, die mit dem übereinstimmt, was Gott seinem Volk gegeben hat. Sie besitzen eine Form der Gottseligkeit (2. Timotheus 3,5). In unserer Zeit sind sie mit Namenschristen zu vergleichen, mit Menschen, die vorgeben, Christen zu sein, aber nicht wiedergeboren sind. Es sind Nachahmer.

Philister stellen eine Religion dar, die für den nicht wiedergeborenen Menschen annehmbar ist. Ihr Werk ist zum Beispiel die Verstopfung von Brunnen, wie in 1. Mose 26. Dessen Bedeutung ist, dass sie den Heiligen Geist am Wirken hindern, denn Brunnen sind ein Bild des Wortes Gottes, das vom Heiligen Geist lebendig gemacht wird. Der Herr Jesus spricht in Johannes 4 und 7 darüber. Philister gebrauchen die Dinge Gottes zu ihrem eigenen Vorteil. Das ist die Klage, die Gott durch den Propheten Joel (Joel 3,5) unter anderem gegen die Philister erhebt. Ein Beispiel: der Namenschrist gibt bestimmten wichtigen biblischen Begriffen einen völlig anderen Inhalt. Man denke nur einmal an den Segen der Kindschaft und der Sohnschaft des Gläubigen. Gläubige werden Kinder Gottes und auch Söhne Gottes genannt. Was macht der Namenschrist daraus? Er sagt, alle Menschen seien Kinder Gottes. So wird dieser Segen auf das Niveau des natürlichen, nicht wiedergeborenen Menschen herabgewürdigt. Und wie steht es mit ihrer Sichtweise der leibhaftigen Auferstehung Christi, ein Fundament des christlichen Glaubens? Der Namenschrist spricht auch über die Auferstehung Christi, aber er meint damit, dass Christus in den Ideen weiterlebt, die von seinen Anhängern verbreitet werden.

Es geht bei den Philistern darum, dass wir die Taktik zu erkennen beginnen, die sie gebrauchen, um die Wahrheit Gottes auszuhöhlen und inhaltslos zu machen. Um es mit 2. Timotheus 3,5 zu sagen: »… *deren Kraft aber verleugnen* (sie).« Sie berufen sich auf die Bibel, aber in Wirklichkeit nehmen sie sich von der ganzen Bibel nichts an. Dennoch wollen sie nichts lieber, als ihre Gedanken im christlichen Gebiet einzuführen. Die Philister sind ja keine Feinde von außerhalb des Landes, sondern sie wohnen darin. Und obwohl sie kein Recht auf das Land haben, denn Gott hatte es seinem Volk zugeteilt (5. Mose 32,8.9), verbinden sie doch ihren Namen damit: Palästina. Von allen Feinden Israels wird im Alten Testament am meisten über die Philister gesagt. Sie haben Israel länger in Sklaverei gehalten als jedes andere Volk. David erst hat sie endgültig geschlagen.

Auch wenn wir keine Namenschristen sind, müssen wir doch enorm aufpassen, dass wir nicht in den Bann des angenehmen Lebens geraten, das der Namenschrist zu führen scheint. Es ist ein Leben aus dem Fleisch und für das Fleisch und nicht für Gott. Bewahren kann uns einzig und allein die Beschäftigung mit dem Herrn Jesus, von dem David ein Bild ist. Simson geriet in den Bann der anziehenden Seite der Philister, hier in Form einiger Frauen. Er war kein Herr über seine Lüste. Das bedeutete seinen Untergang als Nasiräer und dadurch versagte er in seinem Auftrag. So wird es auch uns ergehen, wenn wir nicht von dem abgesondert bleiben, was die Christenheit dem fleischlichen Menschen zu bieten hat. Wir können dann nie länger ein Zeuge für Gott sein; unser Zeugnis wird untergehen.

Gott beginnt zu wirken — Vers 2

Die Züchtigung hat hier nicht das gewünschte Ergebnis. Sie bringt Israel diesmal nicht dazu, zum Herrn zu schreien. Gott wartet vergeblich. Das Volk hat sich an sein Elend und seine Sklaverei gewöhnt, so tief ist es schon gesunken. Wenn es kein Schreien gibt, kann es auch keine Rückkehr geben. Aber damit sind die Quellen der Gnade Gottes nicht erschöpft. Er sieht diejenigen unter dem Volk, die ihn fürchten. Er will zur Erfüllung seiner Pläne von einem gottesfürchtigen Ehepaar Gebrauch machen, das zugleich alle Merkmale von Schwachheit darstellt.

Manoach und seine Frau gehören mit Dan zum schwächsten Stamm Israels, dem Stamm, der am wenigsten den Auftrag Gottes erfüllt hat (Kapitel 1,34). Sie bilden einen Überrest, so wie Josef und Maria, Zacharias und Elisabeth, Anna und Simeon es in der Zeit der Geburt des Herrn Jesus waren. Auch das waren dunkle Tage in der Geschichte Israels. Hinzu kommt noch, dass die Frau unfruchtbar war. Auch die Bedeutung des Namens macht die Sache nicht rosiger. Zora bedeutet »Hornissennest« oder »Wespennest«, während die Bedeutung des Namens Manoach »Ruhe« ist. Wespen oder Hornissen stechen oder beißen gemein. Sie sind ein Bild satanischer Angriffe, verführerischer Geister, mit denen wir in den letzten Tagen zu tun bekommen werden (1. Timotheus 4,1-2). Sie »stechen«, wo sie können, vor allem, um uns zu entmutigen, etwas für Gott zu tun.

Der Stamm Dan ist ein verräterischer Stamm (1. Mose 49,17). Er lag von allen Stämmen am weitesten von Jerusalem entfernt. Sich an einem solchen Ort bequem zu fühlen, dort Ruhe zu haben, ist kein gutes Zeichen. Wie kann es Ruhe geben, wenn alles so im Widerspruch zum Willen Gottes steht? In Sacharja 1,11-12 ist die Ruhe auch nicht gesund. Der Vorwurf dort lautet: Wie kann die Erde in Ruhe sein, während die Stadt Jerusalem in Trümmern liegt! Aber die folgenden Verse lassen erkennen, dass diese Sache Gott keine Ruhe lässt und dass er sich für Jerusalem einzusetzen beginnt. Das ist auch hier der Fall. Wenn wir auf den Hintergrund der Geburt Simsons blicken, dann erscheint alles hoffnungslos. Aber Gott beginnt sein Werk dort, wo nichts mehr zu erwarten ist. So wirkt er meistens.

Unfruchtbar — Vers 3

Der Erste, der etwas vom Vorhaben Gottes zu hören bekommt, ist nicht Manoach, sondern seine Frau. Gott richtet sich an sie, um anzuzeigen, wie schwach der Zustand des Volkes ist. Die Frau ist im Allgemeinen in der Bibel ein Bild der Schwachheit. Diese Schwachheit wird noch mit der Aussage betont, dass sie eine unfruchtbare Frau ist. Es wird noch ein Akzent gesetzt, indem hinzugefügt wird, dass sie nicht gebar. So richtet sich Gott auch an uns, wenn er Gefäße seines Segens aus uns machen will. Wenn Gott uns gebrauchen will, tut er das nicht aufgrund dessen, was wir von Natur aus sind. Darüber müssen wir uns klar sein. Von Natur aus sind wir nicht in der Lage, Frucht zu bringen. Er sagt das zur Frau Manoachs nicht als Tadel, sondern aus Liebe.

Es scheint, dass sie sich durch ihre Unfruchtbarkeit auf den Herrn geworfen hat. Sie wird ihm ihre Not und ihre Sehnsucht oft genannt haben. Als rechtschaffene israelitische Frau wünschte sie Nachkommenschaft. Vielleicht hat sie sogar, wie Hanna in 1. Samuel 1, um einen Sohn gebeten, der von Gott gebraucht werden kann. Bei den gottesfürchtigen, aber unfruchtbaren Frauen Sara, Rebekka und Hanna war die Unfruchtbarkeit ebenfalls eine Übung für die Seele. Nun ist Gottes Zeit für Manoachs Frau gekommen. Er verheißt ihr einen Sohn und gibt dazu noch einige Anweisungen, sowohl für sie selbst als auch für ihren Sohn.

Anweisungen für die Frau — Vers 4

Bevor die Bedingungen genannt werden, denen der Sohn genügen muss, um ein Nasiräer sein zu können, wird zuerst der Mutter gesagt, worauf sie zu achten hat. Daraus können wir lernen, dass alles, was der Heranbildung eines Nasiräers im Wege stehen kann, weggetan werden muss. Es ist wichtig, dass Eltern sich diese Anweisungen zu Herzen nehmen. Eltern müssen dafür sorgen, dass sie keine Einflüsse zulassen, durch die ihre Kinder verkehrt geprägt werden können. Eltern, denen die Interessen Gottes und seines Volkes nahe am Herzen liegen, werden in ihrem Wunsch nach Kindern um Kinder bitten, die für das Volk Gottes von Nutzen sein können. Sie wünschen, dass sie echte Dienstknechte Gottes werden. Mit weniger werden sie nicht zufrieden sein. Es geht um Gottes Gemeinde.

Die Familie ist das einzige Gebiet, wo der prägende Einfluss bestimmt werden kann; auch die örtliche Gemeinde ist eine Umgebung, in der Kinder geprägt werden. Jeder, der zu einer örtlichen Gemeinde gehört, tun gut daran zu bedenken, dass auch sein Verhalten die geistliche Entwicklung der Kinder beeinflusst, die die Zusammenkünfte besuchen. Das gilt auch, wenn die Kinder mit den Eltern in die Häuser der Glaubensgeschwister kommen.

Die Erziehung unserer Kinder ist darauf ausgerichtet, dass sie für den Herrn abgesondert leben sollen. Das verlangt von den Eltern, das richtige Vorbild abzugeben. Diese Lebenshaltung muss schon bei den Eltern vorhanden sein, bevor die Kinder geboren werden. Wein oder Rauschtrank bezieht sich auf die angenehmen Dinge des Lebens, die an sich nicht einmal verkehrt zu sein brauchen. Wir sahen schon zuvor, dass Wein das Herz Gottes und der Menschen erfreut. Er ist ein Bild der irdischen Freude. Aber wenn der Wunsch vorhanden ist, ganz als Nasiräer für Gott zu leben, muss die Gefahr erkannt werden, die sich in der irdischen Freude verbirgt. Von den Dingen der Erde kann ein berauschender Einfluss ausgehen. Dieser kann die Sicht auf die wahre Berufung, ganz für Gott zu leben, benebeln. Die irdischen Dinge können einen so großen Stellenwert bekommen, dass sie das Herz und die Zeit von jemandem, der dazu berufen ist, für Gott zu leben, ganz in Beschlag nehmen. Die Interessen werden allmählich von einem Ausgerichtetsein auf Gott und die Dinge des Himmels zu einem Ausgerichtetsein auf sich selbst und die Dinge der Erde verlagert. Es geht immer mehr um unser Wohlbefinden als um das, was Gott im Blick auf sein Volk beschäftigt. Es ist auch viel angenehmer, die guten Dinge dieses Lebens mit vollen Zügen zu genießen, als Abstand von diesen Dingen zu nehmen und anstelle dessen Entbehrung, Schmach und Einsamkeit aufgrund der Untreue des Volkes zu leiden. Wir müssen dann tatsächlich sehr gut durchschauen, wofür wir leben, oder besser: für wen wir leben.

Neben diesen an sich nicht verkehrten Dingen durfte die Mutter Simsons außerdem nichts Unreines essen. Was unrein ist, steht mit der Sünde in Verbindung. Sie durfte in ihrem Leben nichts zulassen, was sündig war. So konnte sie in Verbindung mit Gott bleiben, der nicht mit etwas verbunden sein kann, das unrein ist. Eltern können nichts von ihren Kindern verlangen, worin sie selbst hinken. Wenn Eltern selbst schlechte Lektüre lesen, können sie nicht erwarten, dass ihre Kinder davon fernbleiben. Das geistliche Leben wird dann nicht blühen, sondern eher absterben. Wenn Unreinheit keine Chance hat, wird die Kraft des geistlichen Lebens sich entwickeln können. Allein der Verzicht auf Schädliches wird noch kein gesundes Wachstum bringen. Dafür muss gute Speise verabreicht werden. Dennoch stellt der Heilige Geist in dieser Geschichte vor allem in den Vordergrund, wie notwendig es ist, von jedem Hindernis für eine richtige Erfüllung der Nasiräerschaft Abstand zu nehmen. Wie wichtig sind diese Anweisungen für Eltern, die ihre Kinder zu brauchbaren Werkzeugen in der Hand des Herrn erziehen möchten. Ein Nasiräer ist jemand, der vor dem zurückscheut, was die Natur erregt, der den Platz der Frau in Schwachheit einnimmt und in dem allein die Kraft des Lebens wirksam ist. Dies sind die notwendigen Bedingungen, um zur Heranbildung des Nasiräers zu kommen, mit dem Gott seinen Plan ausführen kann. Dieser Plan besteht darin, die Religion des Fleisches zur Seite zu stellen (von der die Philister ein Bild sind), um damit den Weg für den Mann nach dem Herzen Gottes vorzubereiten: David, ein Vorbild auf den Herrn Jesus.

Der Nasiräer — Vers 5

Das Wort Nasiräer bedeutet »Abgesonderter« oder »Geweihter«. Beide Bedeutungen sind wichtig, um Gottes Absicht mit der Nasiräerschaft kennen zu lernen und hoffentlich auch in der Praxis zu verwirklichen. Der Sinn ist: abgesondert von der Sünde und Gott geweiht zu sein. Gott stellt uns diese Dinge nicht vor, damit wir uns an ihnen als nützlichen Zeitvertreib erfreuen. Er will, dass diese Dinge auf unser Herz und Gewissen einwirken und in unserem Leben verwirklicht werden.

In der Bibel werden mehrere Nasiräer erwähnt. Von Joseph heißt es, dass er der »Abgesonderte« (wie ein Nasiräer) unter seinen Brüdern war (1. Mose 49,26). Auch Samuel und Johannes der Täufer sind Nasiräer (1. Samuel 1,11 und Lukas 1,15). Der Herr Jesus war der Nasiräer schlechthin. Das bestand bei ihm nicht in der Einhaltung der Vorschriften von 4. Mose 6 oder Richter 13. Er hat Wein getrunken und unreine Menschen (Aussätzige) und auch Tote angerührt. Nirgends gibt es einen Hinweis, dass er langes Haar getragen habe. Dennoch war er der wahre Nasiräer, weil er vollkommen der *geistlichen* Bedeutung der Vorschriften entsprochen hat, die für den Nasiräer galten. Auch wir haben es mit der geistlichen Bedeutung dieser Vorschriften zu tun, und wir werden dazu aufgerufen, dem Herrn darin zu folgen.

Wie gesagt, ist Simsons Nasiräerschaft keine freiwillige Sache, sondern eine Berufung Gottes. Seine Übung wird sein, dieser Berufung zu entsprechen. Es ist bemerkenswert, dass die Vorschriften, denen der Nasiräer in 4. Mose 6 genügen musste, hier über die Mutter Simsons und über Simson selbst verteilt werden. Die Mutter durfte keinen Wein oder starkes Getränk trinken (obwohl das natürlich auch für Simson galt), während von Simson allein gesagt wird, dass er sein Haar nicht abschneiden durfte. Das lange Haar war ein äußerliches Kennzeichen, sichtbar für andere, während die übrigen Kennzeichen für andere nicht sichtbar waren. Die Kennzeichen, die nicht sichtbar sind, stehen mehr mit der Gesinnung des Herzens in Verbindung. Sein langes Haar, das sehr wohl sichtbar war, stand mehr mit dem äußerlichen Zeigen dieser Gesinnung in Verbindung.

Bei der Betrachtung von Kapitel 5,1 habe ich bereits etwas über die allgemeine Bedeutung gesagt, die langes Haar in der Schrift hat; dort kann bei Bedarf noch einmal nachgelesen werden. Mit Bezug auf Simson kann dem Folgendes hinzugefügt werden: Die Frau trägt langes Haar, das ist normal. Es ist ihr Schmuck. Das lesen wir in 1. Korinther 11. Es ist ein beständiges Symbol ihrer Abhängigkeit und ist zugleich ihre Herrlichkeit. Wenn ein Mann langes Haar trägt, ist es eine Schande für ihn. Gott erlegt dem Nasiräer diese Schande auf. Er zeigt damit, dass er seinen Platz als Mann, als Haupt der Schöpfung, aufgibt und dass er einen Platz der Abhängigkeit (wie die Frau) einnimmt. Er deutet damit an, dass er schwach sein will, damit die Kraft Christi in ihm wohnen kann (2. Korinther 12,9). Ein negatives Beispiel dessen, was das lange Haar vorstellt, steht in Offenbarung 9,7-8. Dort sind die Monster scheinbar stark, aber in Wirklichkeit erhalten sie ihre Kraft von jemand anderem, nämlich von Apollyon. Sie folgen nicht ihrem eigenen Willen, sondern sind von Apollyon, dem Engel des Abgrunds, abhängig, der Macht über sie hat und sie lenkt. Für den Nasiräer hat das lange Haar die Bedeutung, dass seine ganze Kraft in seiner Abhängigkeit von Gott liegt.

Über Simson steht noch in unserem Vers geschrieben: »*Er aber wird anfangen, Israel aus der Hand der Philister zu retten*.« Darin wird ausgedrückt, dass er nicht eine endgültige Erlösung zustande bringen wird.

Der Bericht der Frau — Vers 6-7

Als Manoachs Frau die Voraussage gehört hat, eilt sie zu ihrem Mann. Sie berichtet ihm zuerst von der Erscheinung des Engels des Herrn, bevor sie erzählt, was er ihr gesagt hat. Der Überbringer der Botschaft hat größeren Eindruck auf sie gemacht als die Botschaft an sich. Sie nennt den Boten einen »*Mann Gottes ... sein Aussehen war wie das eines Engels Gottes, sehr furchtbar*«. Im Alten Testament wird ein Prophet manchmal »Mann Gottes« genannt. Da Manoachs Frau dem Engel diese Bezeichnung gibt, erkennt sie die göttliche Quelle der Botschaft an. Doch der Zusatz, dass er auch aus wie ein »Engel Gottes« aussah, weist darauf hin, dass diese Person für sie mehr war als bloß ein Mensch. Wer er genau war, konnte sie nicht sagen. Wohl brachte seine Erscheinung sie zum Fürchten. Als Gideon in Kapitel 6,22 entdeckt, dass er es mit dem Herrn selbst zu tun hat, wird auch er ängstlich. Jesaja äußert dieselben Gefühle in Jesaja 6,5 und Mose in 2. Mose 2,6.

Wegen dieses erschreckenden Anblicks hatte die Frau Manoachs es nicht gewagt, nach seinem Namen zu fragen. Auch hatte der Besucher ihr seinen Namen nicht mitgeteilt. Wohl hatte er einiges gesagt: Er hatte dort die Verheißung gegeben, dass sie schwanger werden sollte. Er hatte ihr vorgeschrieben, was sie nicht trinken und essen durfte. Schließlich hatte er ihr mitgeteilt, dass Gott will, dass dieses Kind ein Nasiräer Gottes wird. Doch verschweigt sie ihrem

Mann den Auftrag ihres Kindes, dass er gegen die Philister kämpfen sollte.

Manoachs Gebet — Vers 8

Es ist wunderschön zu sehen, wie Manoach auf alles reagiert, was seine Frau ihm erzählt. Er vertraut ihr völlig. Er kannte den Umgang seiner Frau mit Gott und wusste, dass sie sich nichts einbildete. Es war für dieses Ehepaar nicht fremd, sich über das auszutauschen, was sie vom Herrn gehört oder gesehen hatten. Manoach und seine Frau konnten gut miteinander über die Dinge des Herrn reden. Es war ihr gemeinsames Verlangen, nach Gottes Willen zu leben. Auch heute ist die Grundlage einer guten Ehe die Weise, wie Mann und Frau die Belange des Herrn einander mitteilen können. Beide müssen ihren eigenen Umgang mit dem Herrn haben, und zwar durch persönliches Bibellesen und durch persönliches Gebetsleben. Das kann der eine nicht für den anderen tun. Aber sie dürfen darin nicht aneinander vorbei leben. Das wird zu einer harmonischen Ehe führen, wenn Mann und Frau einander mitteilen, was jeder von dem Herrn gesehen und empfangen hat und außerdem einander gegebenenfalls korrigieren.

Manoach glaubt, dass es sich bei dem, wovon seine Frau erzählt hat, um eine Botschaft Gottes handelt. Das ist der Ausgangspunkt für sein Gebet. Er zweifelt nicht: Was Gott gesagt hat, wird geschehen. Er hat nur noch eine Frage, und zwar bezüglich der Erziehung des erwarteten Kindes. Werdende Eltern dürfen hierin ein gewaltiges Vorbild sehen.

Antwort auf das Gebet — Vers 9-14

»*Und Gott hörte auf die Stimme Manoachs.*« Welche Ermutigung für jeden, der wünscht, Kinder nach den Gedanken Gottes zu erziehen. Die Weise, wie das Gebet erhört wird, schließt sich an den vorherigen Besuch des Engels Gottes an. Wieder geht Gott an dem Mann vorbei, um deutlich zu machen, dass nichts von der Kraft des Mannes in der Erlösung einen Platz haben kann. Er sucht wiederum die Frau auf, als sie allein ist. Sie erkennt ihn sofort wieder und geht eilends ihren Mann holen. Bei ihr ist kein einziger Zweifel zu sehen, während Manoach doch seine Fragen hat. Er muss zuerst Sicherheit haben, dass er es in der Tat mit der Person vom ersten Besuch zu tun hat. Er empfängt die kürzeste mögliche Bestätigung. Dann wiederholt er die Frage, die er in seinem Gebet in Vers 8 gestellt hat. Aber es besteht doch ein Unterschied zwischen Vers 8 und Vers 12. In Vers 12 fragt er, wie sie als Eltern mit dem Kind umgehen sollen. In Vers 12 bezieht sich die Frage mehr auf das Kind selbst. Er fragt nach der »*Lebensweise*« und dem »*Tun*« des Jungen.

Solche Fragen zu stellen, ist von großer Bedeutung. Welche Eltern solche Fragen stellen, sind sich bewusst, dass sie keine Kinder für sich selbst bekommen, sondern dass sie diese für Gott erziehen dürfen, damit er im Leben dieser Kinder verherrlicht wird. Es geht also um die Frage, wofür wir unsere Kinder erziehen: für eine hohe Position in dieser Welt oder für eine hohe Position im Reich Gottes? Eine hohe Position im Reich Gottes erfordert, einen niedrigen Platz einzunehmen. Um in das Reich Gottes kommen zu können, muss ein Kind zuerst von neuem geboren werden (Johannes 3,5). Danach muss die Entwicklung des christlichen Charakters stattfinden. Das geschieht durch das Wachstum in den Dingen Gottes. Ein so geprägtes Kind wird sich später als von großem Nutzen für die Gemeinde und im Dienst für Gott erweisen.

Es ist wichtig, gut auf die Lebensweise des Kindes zu achten. Eltern müssen im Auge behalten, dass die Kinder sich Zeit für die Dinge des Herrn einräumen, auch wenn sie mit Schulaufgaben und dergleichen belastet sind. Sie müssen ihre Kinder lehren, persönlichen Umgang mit dem Herrn zu haben und ihn in alles einzubeziehen, was sie tun. Kinder dürfen im Herrn jemanden kennen lernen, mit dem sie einen vertraulichen Umgang pflegen dürfen. Wichtig ist ferner, auf die Art der Arbeit zu achten, die sie womöglich für den Herrn beginnen. Jedes Kind hat andere Fähigkeiten, ist anders vom Herrn ausgerüstet worden. Eltern müssen ihre Kinder dazu anreizen, ihre natürlichen Fähigkeiten für den Herrn zu gebrauchen. Sie dürfen ihre Kinder auch lehren, dass Gott es schön findet, wenn sie tun, was sie können. Sie brauchen nicht mehr zu sein, als sie sind. Dieses Bewusstsein der Annahme durch Gott hängt zu einem großen Teil von dem Gefühl ab, das Eltern ihrem Kind vermitteln, dass es von ihnen so akzeptiert wird, wie es ist. Für die meisten ist das zwar selbstverständlich, aber um jedem Missverständnis zuvorzukommen, möchte ich noch sagen, dass ich natürlich nicht vom Akzeptieren von Dingen spreche, die verkehrt sind.

Die Antwort, die Manoach bekommt, ist dieselbe wie die, die seine Frau bereits bekommen hat. Diese Antwort bezieht sich nicht auf den Jungen, sondern auf die Mutter. Es ist bemerkenswert, dass der Engel diese Dinge nicht dem Vater aufträgt. Ich denke, dass wir hieraus lernen können, dass die Atmosphäre im Haus am meisten von der Mutter bestimmt wird und dass vor allem ihr Einfluss auf die Prägung eines Kindes groß ist. Der Titel eines Buches von Professor Waterink über Erziehung gibt das schön wieder: »An Mutters Hand zu Jesus«. Als der Engel seine Antwort wiederholt, die er zuvor der Frau gegeben hat, gibt er eine kleine Darlegung der Dinge, derer sie sich enthalten muss: *»Von allem, was vom Weinstock ist, soll sie nicht essen.«* Das deutet darauf hin, dass die Erziehung eines Kindes viel von den Eltern verlangt.

Das Aufgeben eigener Interessen und der Verzicht auf allerlei Vergnügungen sind fundamental für das Erreichen des gesteckten Ziels. Das bedeutet gewiss nicht, dass es kein Vergnügen mehr zu erleben gäbe oder dass wir uns immer davor fürchten müssten, etwas Verkehrtes zu tun. Es geht darum, wie sehr es Eltern am Herzen liegt, echtes Vergnügen an ihren Kindern zu haben. Für solche Eltern wird das Wort aus 3. Johannes Vers 4 eine große Bedeutung haben: *»Eine größere Freude habe ich nicht als dies, dass ich höre, dass meine Kinder in der Wahrheit wandeln.«* In der Welt – und leider kommt das auch unter Christen vor – will man keine Kinder, weil sie ein Hindernis für das Erleben der »angenehmen Dinge des Lebens« sind. Kinder bringen zu viele Verpflichtungen mit sich. Doch wer das wirkliche Ziel des Kindersegens sieht, wird sich dafür einsetzen wollen, diese echte Freude kennen zu lernen.

Das Opfer Manoachs — Vers 15-21

Aus allem, was Manoach gehört und erlebt hat, ist ihm klar geworden, dass ein besonderer Gast bei ihm zu Besuch war. Offensichtlich hat er den Eindruck, dass er es mit einer göttlichen Person zu tun hat. Das wird daraus ersichtlich, dass er seinem Gast ein Opfer bringen will, etwas, das allein Gott gebracht werden kann. Das Opfer, das er bringen will, ist dasselbe wie das Opfer, das Gideon in

Kapitel 6 seinem himmlischen Gast gebracht hat. Dennoch wusste Manoach nicht, wen er in Wirklichkeit vor sich hatte.

Erst in Vers 21 erkennt er, dass er dem Engel des Herrn Auge in Auge gegenüber gestanden hat. Dass Manoach noch nicht wusste, wen er vor sich hatte, wird auch aus dem deutlich, was der Engel des Herrn in Vers 16 zu ihm sagt. Er sollte sein Opfer dem Herrn bringen und nicht jemandem, der ihm eigentlich unbekannt war. Das verdeutlicht uns, dass Gott von Menschen geehrt werden will, die ihn kennen und durch Glauben eine Beziehung zu ihm haben. Er kann kein Opfer annehmen, dass aus vagen Gefühlen über ihn hervorgeht. Das ist wie beim reichen Jüngling, der den Herrn Jesus »guter Meister« nennt, doch ohne zu begreifen, wen er vor sich hat (Markus 10,17-18).

Nur wenn Manoach ihn als den Herrn, als Gott, erkennt, will er das Opfer bzw. die Ehrerbietung annehmen, doch dann muss die Darbringung des Opfers allerdings nach den Anweisungen geschehen, die er gibt. Das bringt Manoach zu der Frage, die seine Frau nicht gestellt hatte. Er fragt nach seinem Namen. Er möchte gern mehr über ihn wissen. Der Name gibt – wie bereits zuvor gesehen – oft Aufschluss darüber, mit was für einer Person wir es zu tun haben. Der Name Gottes gibt seinem Wesen Ausdruck. Der Name, mit dem er sich Manoach vorstellt, ist »*Wunderbar*« (UElb). Diesem Namen begegnen wir auch in Jesaja 9,6. Dort geht es eindeutig um den Herrn Jesus. Dort heißt es von ihm: »*Denn ein Kind ist uns geboren, ein Sohn uns gegeben, und man nennt seinen Namen Wunderbarer, Berater, starker Gott, Vater der Ewigkeit, Friedefürst*« (UElb). Der Name »*Wunderbarer*« gibt das Wesen des Herrn Jesus an. Er ist wahrhaftig Gott und wahrhaftig Mensch und doch eine Person. Dieses Wunder ist zu groß für das Fassungsvermögen des menschlichen Verstandes. Daher der Name »*Wunderbarer*«.

Als Manoach dann sein Opfer darbringt, geschieht etwas sehr Wunderbares. Sein Besucher fährt mit der Flamme, die vom Altar hinaufsteigt, in den Himmel. Das ist ein Bild dessen, was mit dem Herrn Jesus am Kreuz geschehen ist. Als er dort litt und starb unter dem Feuer des Gerichtes Gottes über die Sünde, stieg zugleich ein lieblicher Geruch vom Kreuz zu Gott empor. Gott wurde durch das Werk seines Sohnes verherrlicht. Aufgrund dessen hat Gott ihm im Himmel den Platz der Herrlichkeit an seiner Rechten gegeben.

Wir dürfen jetzt wissen, dass es einen verherrlichten Menschen im Himmel gibt. Mit diesem ist die Gemeinde unauflöslich verbunden. Gott lässt dieses »wunderbare Handeln« gerade in einer Zeit sehen, in welcher der Verfall zunimmt, um diejenigen, die ihm in Treue als Nasirärer dienen wollen, zu ermutigen. Dadurch wird der Blick emporgelenkt. Nach oben zu blicken, »*wo der Christus ist, sitzend zur Rechten Gottes*« (Kolosser 3,2), ist die notwendige Haltung, um als Nasiräer standhalten zu können.

Nachdem aufgezeigt wurde, was nicht in das Haus gehört, in welchem der Nasiräer geboren und erzogen wird (Wein und Unreinheit), tritt nun das Positive in den Vordergrund. Das Haus wird gleichsam mit dem Wohlgeruch des Opfers erfüllt, das die Herrlichkeit Christi vorstellt. Das Evangelium nach Markus, das den Herrn Jesus als den wahren Dienstknecht Gottes vorstellt, endet mit einem Blick in den Himmel: »*Der Herr wurde nun, nachdem er mit ihnen geredet hatte, in den Himmel aufgenommen und setzte sich zur Rechten Gottes*« (Markus 16,19). Dieser Blick in den Himmel ist eine Ermutigung für jeden, der einen Dienst als Nasiräer für den Herrn tun will.

Reaktion Manoachs und seiner Frau — Vers 22-23

Als Manoach begreift, mit wem er es zu tun hatte, wird er ängstlich und fürchtet sich, dass er und seine Frau sterben werden. Dafür besteht jedoch kein Grund, weil das Opfer angenommen worden war. Seine Frau hatte das gut verstanden. Manoach schließt offenbar von sich selbst auf Gott. Seine Frau schließt vom Opfer aus auf Gott. Ihre Haltung zeigt Glaubenssicherheit, wie wir sie für den Christen in Römer 8,31-32 finden: »*Was sollen wir nun hierzu sagen? Wenn Gott für uns ist, wer gegen uns? Er, der doch seinen eigenen Sohn nicht verschont, sondern ihn für uns alle hingegeben hat, wie wird er uns mit ihm nicht auch alles schenken?*«

Auch hier sehen wir wieder, wie die Verhältnisse bei diesem Ehepaar liegen. Manoach ist in geistlicher Hinsicht geringer als seine Frau. Als echte Hilfe an seiner Seite weist sie ihn auf den Wert des Opfers und auf das Handeln Gottes hin. Schön, wenn ein Mann und eine Frau so miteinander umgehen und einander auf solche Dinge hinweisen können.

Simsons Geburt und sein erstes Auftreten — Vers 24-25

Gottes Verheißung wird erfüllt. Der verheißene Sohn wird geboren, und seine Mutter gibt ihm den Namen Simson. Sein Name ist von dem Wort für »Sonne« abgeleitet. Vielleicht soll dadurch darauf hingewiesen werden, dass Gott in dieser dunklen Zeit in Israel neues Licht scheinen lassen will, das Licht der Hoffnung auf Befreiung. Wie er in seiner Jugend gelebt hat, wird nicht erwähnt, allerdings wohl der Ort, wo er beschäftigt war, in Machaneh-Dan, also in seiner unmittelbaren Umgebung.

Der Dienst eines jeden, der etwas für den Herrn tun will, beginnt immer in der direkten Umgebung: zu Hause, in der Nachbarschaft, an der Arbeitsstelle, in der Schule. Er beginnt zu Hause, später wird der Kreis des Dienstes größer. In der Sonntagsschule mitzuarbeiten und zu Hause untätig zu sein, passt nicht zusammen. Man kann nicht »in die Mission gehen«, ohne zuerst zu Hause, in der Umgebung, Zeuge gewesen zu sein. Auch kann ein Bruder keiner anderen örtlichen Gemeinde dienen, wenn er in seiner eigenen Gemeinde nie den Mund aufbekommt. Der Einfluss des Geistes und seine Auswirkung werden zu allererst in der häuslichen Atmosphäre wahrgenommen.

Simson wächst unter den idealsten Umständen auf, ganz anders als beispielsweise Jeftah. Er hat gottesfürchtige Eltern, der Herr segnet ihn, hat ihn für sich zur Seite genommen und der Geist des Herrn leitet ihn schon in seinen jungen Jahren. Trotz all dieser großen Vorrechte nimmt das Leben Simsons einen tragischen Verlauf, wie die folgenden Kapitel es uns verdeutlichen.

Kapitel 14

Einleitung

In diesem Kapitel beginnt die Geschichte Simsons, die in zwei Teile auseinander fällt. Beide Teile werden mit der Bemerkung abgeschlossen, dass er Israel zwanzig Jahre richtete (15,20 und 16,31). In seiner Geschichte lernen wir, dass Gottes Absichten, wie er sie in Kapitel 13 kundtat, und unsere Praxis zwei verschiedene Dinge sind. Auch sehen wir in einer lebendigen Illustration, wie nah zusammen Kraft und Schwachheit liegen. Es geht nicht darum, ein Leben ohne Schwierigkeiten zu haben, sondern um den Besitz von Kraft, um diese zu überwinden. Niemand ist ohne Kampf. Durch Kampf kann man gestärkt werden, aber auch eine Niederlage erleiden. Dieser Kampf kann durch Konflikte mit Eltern, Brüdern oder Schwestern, Mitgläubigen verursacht werden. Kampf kann auch die Folge innerlicher Konflikte als Ergebnis des Versagens sein. Die Frage ist, wie wir darauf reagieren. Wir werden niemals wirklich ideale Lebens- und Arbeitsumstände finden. Oft denken wir, wenn die Dinge um uns her nur anders wären, könnten wir durchaus beweisen, was wir wert sind. Bei Simson sehen wir, wie er immer wieder kraftlos wird, weil er nicht in der Lage ist, »nein« zu sagen zu den Versuchungen um sich her, die er manchmal sogar noch selber sucht. Seine Geschichte beginnt sogar genau damit.

Simsons erster Kontakt mit dem Feind — Vers 1

Oft ist der erste Schritt, den jemand auf den Weg im Dienst Gottes macht, für die Folgezeit charakteristisch. Wenn es ein verkehrter Schritt ist, werden die Folgen nicht ausbleiben. Das ist gewiss, wenn jemand auf diesem verkehrten Weg weitergeht. Der erste Schritt ist der Weg zu allen anderen Schritten. Darum muss er in die richtige Richtung gesetzt werden. Jona ist dafür ein redendes Beispiel. Er bekam von Gott den Auftrag, nach Ninive zu gehen, um dort zu predigen, aber Jona ging genau in die entgegengesetzte Richtung. Die Folge war, dass er in große Schwierigkeiten kam und diese Schwierigkeiten auch über andere brachte (Jona 1). Den Weg von Gott weg geht man nie allein. Man nimmt immer andere mit. Das sehen wir auch hier bei Simson. Er zieht seine Eltern auf seinem eigenwilligen, verkehrten Weg mit.

Der erste Schritt, den Simson macht, geht vielleicht äußerlich sogar in die richtige Richtung. Es wäre ein guter Schritt gewesen, wenn er nach Timna gegangen wäre, um die Philister von dort zu vertreiben. Aber sein Handeln macht deutlich, dass er nicht von einem Auftrag Gottes beseelt nach Timna geht. Er wird von seinen eigenen Lüsten getrieben. Er verliebt sich dort in eine Frau, die wohlgemerkt zu den Feinden Gottes gehört. Er bringt es fertig, sich mit den Feinden des Volkes Gottes zu *verbinden*. Daraus können wir lernen, wie viel Anziehendes von etwas oder von jemandem ausgehen kann, von dem Gottes Wort doch deutlich sagt, dass wir uns damit nicht verbinden sollen.

Wir sind nicht besser als Simson. Die Philister stellen wie gesagt ein System des so genannten christlichen Denkens vor, das vom natürlichen, nicht wiedergeborenen Menschen verstanden werden kann. Es sind Gedanken, die in der Christenheit viele Anhänger finden. Sie schmeicheln dem Fleisch; es ist angenehm, ihnen zu lauschen oder sie anzuschauen. Ein einfaches Beispiel sehen wir in den prachtvollen Gebäuden, die errichtet worden sind und »Gotteshäuser« genannt werden. Darin muss schöne Musik, die den Glanz des Dienstes steigert, dem Gehör schmeicheln. Das alles kann großen Eindruck machen und anziehend wirken, es kann das Ansehen des Gottesdienstes erhöhen. Was die Philister darstellen, ist auf alles anzuwenden, was von Menschen dazu ausgedacht worden ist, den Dienst Gottes zu verschönern. Ich möchte dabei nicht die aufrichtigen Motive bezweifeln, mit denen das manchmal geschehen sein kann. Aber solche rein menschlichen Erfindungen bewirken, dass der christliche Glaube so anziehend gemacht wird, dass auch nicht wiedergeborene Menschen einen solchen Glauben durchaus wollen. Dabei können sie sich zumindest wohl fühlen. Wer Liebe zu solchen Dingen empfindet, fällt über den Strick, der auch Simson zum Verhängnis wurde. Das scheint mir die geistliche Lektion zu sein, die wir hieraus lernen können.

Noch eine weitere Lektion gibt es zu lernen. Wenn ein junger Mann dem Herrn zu dienen beginnen will, ist es sehr wichtig, dass er keine Verbindungen eingeht, die ihn im Dienst hindern werden. Daher muss jeder Schritt im Gebet um Leitung getan werden. Das gilt vor allem bei der Wahl der Frau, mit der er gemeinsam dem Herrn dienen will. Sie muss zu Gottes Volk gehören und denselben Glauben und denselben Gehorsam besitzen. Sie muss auch dieselbe Gesinnung teilen.

Simson kann durch seine Verbindung mit dem Feind unmöglich gegen ihn zeugen. Frauen spielen in Simsons Leben eine fatale Rolle. Er hat drei Frauen gehabt. Sie stellen die Stricke des Teufels dar. Der Teufel weiß genau, worin der kräftigste Gläubige schwach ist, denn jeder hat einen schwachen Punkt. Daher muss auch ein kräftiger Gläubiger sich ständig dieser Schwachheit bewusst sein. Dann erst ist er wirklich stark (2. Korinther 12,10). Timna bedeutet »zugewiesenes Teil«. Simson verlässt sein eigenes Erbteil, um eins bei den Philistern zu suchen.

Die Eltern Simsons — Vers 2-3

Wie gesagt, schleppt er seinen Vater und seine Mutter auf seinem Weg des Ungehorsams mit. Sie sind nachdrücklich von dieser Geschichte betroffen. Sie waren selbst für ihre Nachgiebigkeit verantwortlich, denn sie hatten persönliche Anweisungen vom Herrn empfangen. Sie hätten »nein« sagen müssen. Sie protestierten zwar, gingen aber doch mit.

Leider ist das die Haltung vieler Eltern, deren Kinder einen eigenwilligen Weg gehen. Der Teufel weiß, wenn er die Kinder auf einen verkehrten Weg bringen kann, ist die Chance groß, dass die Eltern folgen werden. Als Mose es mit einer derartigen List zu tun bekam, hat er sie durchschaut. Er ließ sich nicht auf den Vorschlag Pharaos ein, dass die Eltern gehen dürften, wenn die Kinder nur in Ägypten blieben (2. Mose 10,9-11). Er wusste, dass die Eltern, wenn sie in der Wüste sind, nach Ägypten zurückkehren wollten, wenn die Kinder in Ägypten bleiben würden.

Es ist also nicht so, dass Simsons Eltern ihm widerstandslos auf diesem Weg folgen. Sie bringen ihre Einwände vor. Durch die Blume weisen sie auf die Vorschrift Gottes in 5. Mose 7,3 hin. Dort steht, dass ein Israelit niemanden aus den Nationen, in deren Mitte er wohnte, heiraten durfte. Trotz der Einwände seiner Eltern bleibt Simson bei seinem Vorhaben. In seiner Antwort kommt zum Ausdruck, dass er seinen eigenen Lüsten folgt. Die Aussage »*sie ist in meinen Augen die Richtige*«, ist keine Sprache für einen Nasiräer, der seinem eigenen Genuss entsagt hat. Wer zum und für den Herrn abgesondert ist, für den muss Selbstverleugnung charakteristisch sein. Simson fragt nicht, ob die Frau etwa dem Herrn gefällt.

Vom Herrn verfügt — Vers 4

Dieser Vers scheint etwas widersprüchlich. Wie kann Gott etwas verfügen, das verkehrt ist? Hier sollten wir gut aufpassen. Da steht nicht, dass Gott etwas Verkehrtes *bewirkt. Er* verursacht die Sünde nicht. Was er wohl macht, ist, dass er den falschen Weg Simsons für sein Ziel gebraucht. So ist Gott über all unsere Torheiten erhaben; er kann sie für sein Ziel gebrauchen.

Das kann niemals eine Entschuldigung für das Begehen dieser Torheiten sein, ebenso wie er nicht der Urheber unserer Torheiten ist. Ein Beispiel dafür lesen wir in Apostelgeschichte 2,23: »*Diesen Mann, (den Herrn Jesus), der nach dem bestimmten Ratschluss und nach Vorkenntnis Gottes hingegeben worden ist, habt ihr durch die Hand von Gesetzlosen an das Kreuz geschlagen und umgebracht.*« Hier sehen wir einerseits den Ratschluss und die Vorkenntnis Gottes und andererseits das böse Handeln des Menschen. Das Wunderbare ist, dass die Übeltaten der Menschen, die sie am Herrn Jesus begangen haben, in die Pläne Gottes passten und er sie für seine Ziele gebrauchte. Das spricht den Menschen nicht frei. Er ist am Tod des Herrn Jesus schuldig. Dass Gott dies gebraucht, macht ihn groß. Er gebraucht das schuldige Handeln des Menschen, um sich selbst dadurch zu verherrlichen. Das alles deutet darauf hin, wie hoch Gott über alles erhaben ist, was wir Menschen tun.

Etwas Derartigem begegnen wir in 2. Chronik 11,4. Dort sagt Gott von der Teilung Israels in zwei und zehn Stämme infolge der Untreue Salomos und Rehabeams: »*Denn von mir ist diese Sache ausgegangen.*« Bedeutet das, dass Gott diese Teilung bewirkt hat? Durchaus nicht! Gott ist nicht der Urheber des Bösen. Es bedeutet lediglich, dass Gott die Untreue des Menschen gebraucht, um seinen Ratschluss zu erfüllen. Noch einmal: Das spricht den Menschen nicht frei; er empfängt die Frucht seines Handelns. Aber Gott steht über den Taten des Menschen; er wird dadurch nicht in Verlegenheit gebracht, sondern weiß sie zur Vollendung seines Vorhabens zu gebrauchen.

Ich möchte noch ein Beispiel nennen, diesmal aus der Lebenspraxis. Es knüpft eng an das an, was hier über Simson gesagt wird und kann das eine oder andere noch veranschaulichen. Wenn ein gläubiger Junge mit einem ungläubigen Mädchen oder eine gläubige junge Frau mit einem ungläubigen jungen Mann eine Beziehung eingeht, so ist das ein Verhältnis, das die Bibel eindeutig verbietet: »*Geht nicht unter fremdartigem Joch mit Ungläubigen! Denn welche*

Verbindung haben Gerechtigkeit und Gesetzlosigkeit? Oder welche Gemeinschaft Licht und Finsternis?« (2. Korinther 6,14). Gott kann diese Beziehung dazu gebrauchen, den Ungläubigen zu retten. Dennoch ist das völlig vom Verhalten des Gläubigen zu trennen. Die Errettung des Ungläubigen ist ausschließlich reine Gnade Gottes. Sie ist in keiner Weise ein Verdienst des Gläubigen. Dieser muss seine Sünde bekennen, andernfalls wird für diese Erde kein bleibendes Glück aus dieser Beziehung hervorgehen.

Simson tötet einen Löwen — Vers 5-6

Die Eltern Simsons folgen ihm auf seinem verkehrten Weg. Stellen wir uns einmal vor: Der Nasiräer, von dem Gott gesagt hatte, dass er anfangen werde, »*Israel aus der Hand der Philister zu retten*« (Kapitel 13,5), wird eine Philisterin heiraten! Auf dem Weg nach Timna, in der Nähe der Weinberge, kommt ein Löwe auf ihn zu. Es scheint, als hätte er kurze Zeit einen anderen Pfad als seine Eltern genommen, denn sie wissen später nicht, was dort geschehen ist (siehe auch Vers 8). Daraus sind wieder einige Lektionen von uns zu lernen.

Erstens die Weinberge: sie stellen eine äußerst gefährliche Umgebung für einen Nasiräer dar, der nichts von der Frucht des Weinstocks essen durfte (4. Mose 6,3). Simson sucht die Gefahr. Er geht bis an die Grenze. Wer ein echter Nasiräer sein will, wird gefährlichen Orten so weit wie möglich fernbleiben. Simson tut, was auch im Leben junger Christen geschehen kann. Sie gehen aus Neugierde an Orte, von denen sie wissen, dass es besser ist, dort nicht hinzukommen. Die Disco, das Kino, der Zeitschriftenkiosk, die Kirmes, das Rotlichtviertel der großen Stadt, das sind Gebiete, in deren Nähe sich ein Christ nicht ohne Grund aufhalten sollte. Die Gefahr ist groß, dass uns dort »ein Löwe« auflauert. Der Löwe ist hier in Bild des Teufels. »*Seid nüchtern, wacht* (das heißt: lasst euch nicht beeinflussen; hier ist es der Wein)*! Euer Widersacher, der Teufel, geht umher wie ein brüllender Löwe und sucht, wen er verschlingen kann*« (1. Petrus 5,8). Wenn wir den Pfad des Gehorsams verlassen, kommt der Teufel auf uns zu.

In 1. Könige 13 ist auch von jemandem die Rede, der auf seinem Weg einem Löwen begegnet. Dieser Löwe wurde von Gott dazu gebraucht, den Mann Gottes aus Juda, der vom Weg abgewichen war, den Gott ihm gewiesen hatte, zu töten. So weit kommt es bei Simson nicht, wie es glücklicherweise auch bei jungen Gläubigen nicht immer so weit kommt, wenn sie aus Neugierde verkehrte Orte aufsuchen. Wenn die brutale Gewalt oder der fesselnde Sog der Verführung geballt zu ihnen durchdringt, laufen sie schnell weg. Schnelles Weglaufen von einem verkehrten Ort, an den man durch eigene Schuld gekommen ist, ist eine Niederlage, die wir bekennen müssen. Das lässt an diesem Ort kein Zeugnis für den Herrn zurück.

Simson gebraucht seine Kraft nicht, um den Feind zu schlagen, sondern um sich selbst zu befreien.

Die Niederlage Simsons — Vers 7

Charakteristisch für Simson ist seine große Kraft. Gott hatte ihm diese enorme körperliche Kraft gegeben, damit er die Philister besiegen konnte. Für uns bedeutet das, dass wir Kraft benötigen, um das zu überwinden, wofür die Philister stehen. In 2. Timotheus 1,7 heißt es: »*Denn Gott hat uns nicht einen Geist der Furchtsamkeit gegeben, sondern der Kraft und der Liebe und der Zucht.*« Indem wir von der Kraft des Heiligen Geistes abhängig sind, werden wir die Dinge überwinden können, die Menschen ausgedacht haben, um den christlichen Glauben anziehender zu machen. Das heißt, dass wir solche Dinge erkennen und verwerfen werden. Doch die Kraft des Geistes werden wir nicht erfahren, wenn wir unser Fleisch wirken lassen. Wir geraten dann leicht in den Bann des menschlichen Erlebnisdrangs anstatt unter das Wort Gottes. Der Auffassung fleischlich Gesinnter zufolge muss der Glaube zu einem Erlebnis unterhaltsamer Geschehnisse werden.

Simson hatte in der Kraft des Geistes den brüllenden Löwen besiegt. Auf die Verführung durch eine Frau fällt er jedoch herein. Die Töchter der Philister symbolisieren Grundsätze, die den Gottesdienst angenehm und anziehend für das Fleisch machen. Dafür werden allerlei Regelungen ins Leben gerufen, die den Dienst Gottes »schmackhafter« machen sollen, wie schöne Musik, beeindruckende Redner, äußerliches Beiwerk. Die Menschen müssen mit allem gelockt werden, was sie anspricht. All diese Dinge sind für einen Nasiräer keine Hilfe, sondern eher ein Hindernis.

Honig aus dem toten Löwen — Vers 8-9

Als Simson sich auf den Weg macht, um die philistäische Frau zu heiraten, begibt er sich noch kurz zu dem Ort, wo er den Löwen getötet hat. Dort sieht er einen Bienenschwarm, der im Kadaver des Löwen Honig gesammelt hat. Aus dem Tod geht eine überfließende und geordnete Aktivität hervor (das wird durch den Bienenschwarm vorgestellt). Das Produkt der Bienen, das Ergebnis ihrer Aktivität, ist der Honig. Zusammen mit der Milch bildet der Honig den Segen des Landes: Israel war ein Land, das überfloss von Milch und Honig (2. Mose 3,8 und andere Stellen).

Hier sehen wir im Bild, dass aus dem Tod Leben hervorgeht. Dieses Bild spricht, trotz der Tatsache, dass es mit einem abgewichenen Simson verbunden ist, vom Tod Christi, »*der den Tod zunichte gemacht, aber Leben und Unvergänglichkeit ans Licht gebracht hat durch das Evangelium*« (2. Timotheus 1,10). Der Gläubige bezieht alles aus dem Tod Christi. Honig ist hier ein Produkt der eifrig zusammenarbeitenden Bienen, die sich im Körper eines toten Löwen befinden. Honig stellt das Süße, das Liebliche in der Schöpfung vor, etwas, was Gott in den natürlichen Beziehungen der Menschen untereinander gegeben hat. Eines der Merkmale der »letzten Tage« ist, dass die Menschen »*lieblos*«, das heißt »*ohne natürliche Liebe*« sind (2. Timotheus 3,3; dieser Brief erinnert besonders an die Geschichte Simsons). Um die Süßigkeit der Liebe zueinander in Ehe und Familie genießen zu können, muss der Tod Christi die Grundlage dafür sein. Wenn dieser Tod der Ausgangspunkt unseres Lebens ist, dann werden wir beim Bereiten des Honigs zusammenarbeiten. Das erfordert eine aktive Teamarbeit, die von der Liebe genährt wird. Den Philistern ist das gänzlich unbekannt. In den Tagen, die 2. Timotheus 3 beschreibt, ist der Besitz eines aktiven geistlichen Lebens notwendig und die Kraft Gottes kommt uns dabei zu Hilfe. Nach seiner Auferstehung erschien der Herr Jesus den Jüngern in Jerusalem. Sie waren dort beisammen und der Herr fragte sie nach etwas zu essen. Dann wurde ihm neben einem Stück gebratenem Fisch auch ein Stück von einer Honigwabe gegeben. Die Frucht seines Todes war, dass die Jünger beisammen waren, und von dieser »Frucht« gaben sie ihrem Herrn zu essen. Er kam dorthin, um Frucht von seinem Werk zu empfangen.

Simson nahm etwas von dem Honig in seine Hände und aß davon. Die Hand, die den Löwen tötete, war auch die Hand, die den Segen davon festhielt. Jeder Sieg, den ein Gläubiger in seinem Leben gegen den Teufel erringt, indem er beispielsweise einer bestimmten Versuchung widersteht, gibt ihm Nahrung. Schließlich hat er ja durch Gottes Kraft diesen Sieg errungen! Dieses Bewusstsein macht dankbar und verhindert Eigendünkel.

Es ist übrigens schade, dass Simson seinen Eltern nichts von seinen Erfahrungen erzählt. Wenn wir unsere Eltern teilhaben lassen an den Erfahrungen, die wir als junge Gläubige mit dem Herrn machen, ist das eine gute Sache. Es gibt Eltern, die den Herrn nicht kennen; dann wird es schwierig. Es gibt auch Eltern, die den Herrn zwar kennen, aber wenig Interesse zeigen. Besonders im letzten Fall kann unsere Erfahrung vielleicht einen Anreiz für sie sein, um sich wieder mit dem Herrn und seinem Wort zu beschäftigen. Dann kannst du das Gegenteil dessen erleben, was ich vorher über Simson sagte. Er zog seine Eltern auf einen verkehrten Weg mit; wir können sie auf einen guten Weg bringen. Möglicherweise, wollte Simson es seinen Eltern nicht erzählen, weil er tief in seinem Herzen wusste, dass er mit der Ausführung eines verkehrten Plans beschäftigt war. Seine körperliche Kraft war groß, aber er hatte nicht genügend geistliche Kraft, um sich aus dieser Schlinge zu befreien.

Das Festmahl beginnt — Vers 10-11

Wenn man einmal auf die schiefe Bahn geraten ist, dann sinkt man immer tiefer. Simson setzt sich hier, mit den Worten von Psalm 1,1 gesagt, in den »*Kreis der Spötter*«. Das ist mit eine Folge des kraftlosen Auftretens seines Vaters. Dieser hatte zwar etwas protestiert, sich jedoch weiter den Wünschen seines Sohnes gefügt. Ein lauter Protest ohne konsequente Haltung bleibt ohne Ergebnis. Sprüche 29,19 warnt vor einer solchen Haltung: »*Durch Worte lässt sich ein Sklave nicht belehren; denn er versteht sie zwar, aber er kehrt sich nicht daran.*«

Simson steht bereits so weit unter dem Einfluss der Philister, dass er ein Festmahl organisiert, und zwar nach den Gebräuchen, die unter den Jugendlichen der Philister geläufig sind. Es ist ein Fest, bei dem die Welt mitmachen kann. Es wird entsprechend den

Einsichten und Normen einer neuen Generation abgehalten. Für junge Gläubige besteht immer die Gefahr, dass sie Feste auf eine Weise feiern, die in der Welt gebräuchlich ist. Den Ausdruck »alle machen es doch so« hört man oft bei Jugendlichen. So folgt man der Masse in der Mode, beim Feiern und sogar bei der Gestaltung der Zusammenkünfte der Gemeinde. Es wird kaum mehr danach gefragt, was das Wort Gottes darüber zu sagen hat. Wer diese Dinge ins Licht der Bibel stellen will, bekommt Bemerkungen zu hören wie »überholt« oder »nicht auf der Höhe dieser Zeit«.

Simson fragte sich nicht, wie Gott wollte, dass er vorgehen sollte. Das konnte er auch nicht, denn er war mit einer verkehrten Sache beschäftigt. Wir können nun nichts anders erwarten, als dass ihm die verkehrten Mittel gegeben werden. Aber damit nicht genug: Er war gekommen, um eine Frau zu heiraten, doch er bekommt 30 Brautbegleiter dazu. Das lehrt uns die Lektion: Wer in einem Punkt einen Kompromiss schließt, wird danach in viel mehr Punkten diese Haltung einnehmen. Wer einen Grundsatz der Philister zulässt, übernimmt immer mehr davon. Immer mehr Nützlichkeitserwägungen treten ins Bild. Solche Erwägungen werden dann zu »geistlichen Freunden«.

Das Rätsel — Vers 12-14

Dann zieht Simson eine Erfahrung, die er durch den Geist Gottes gemacht hat, zur Belustigung der Philister heran. Philister sind Menschen, die solch ein Rätsel nie selbst lösen können. Sie können unmöglich begreifen, dass Leben aus dem Tod hervorgehen kann. Sie können vielleicht die richtigen Antworten geben. Das ist jedoch nur möglich, wenn sie diese Antworten von anderen entlehnen oder stehlen, doch das geschieht ebenfalls nach Philister-Manier.

Wir müssen das Rätsel auflösen können. Wer das Rätsel auflöst, erhält andere Kleider. Das ist die Belohnung, die in Aussicht gestellt wird. Das Wechseln der Kleider bezieht sich auf die Veränderung der Lebensgewohnheiten. Kleider können wir sehen; sie bilden das Teil des Menschen, das sichtbar ist. Das Sprichwort »Kleider machen Leute« ist bekannt. Wir können das Rätsel von der Seite Gottes betrachten. Das bedeutet, dass unser Leben sich verändern wird, wenn wir wirklich die Tatsache begreifen, dass aus dem Tod des Herrn Jesus für uns Leben zum Vorschein hervorgegangen ist. Das wird unsere Haltung und unser Verhalten beeinflussen, alles, was Menschen von uns sehen. Wir werden beginnen, einen neuen Lebensstil zu zeigen. Das Auflösen des Rätsels muss dann wohl die Folge innerlicher, geistlicher Übung sein. Wenn wir so weit gekommen sind, lernen wir einzusehen, dass es nichts gibt, das irgendeinen Wert hat, wenn wir es nicht durch den Tod Christi empfangen haben. Das Ergebnis dessen wird dadurch sichtbar, wie wir innerhalb der Familie oder der örtlichen Gemeinde miteinander umgehen: in Liebe, aus der Fraß und Süßes hervorgehen.

Wenn wir jedoch das Rätsel von Simsons Seite aus betrachten, sehen wir, dass er jemanden darstellt, der der religiösen Welt geistliche Erfahrungen als eine Art »Belustigung« mitteilt. Wenn das Rätsel nicht gelöst wird, sollte Simson 30 Festkleider bekommen. Von wem? Von den Philistern. Es sollte ihm keinen Gewinn, sondern Verlust bringen.

Wer seine Erfahrungen zur Schau trägt, läuft Gefahr, die Gewohnheiten und das Verhalten der »christlichen Welt« zu übernehmen. Aber auch wenn das Rätsel auf eine philistäische Weise aufgelöst wird, ist das Ergebnis nicht, dass der Löser des Rätsels sich dadurch verändert. Wir sehen, was Simson macht: Er stattet die Philister schließlich mit einer Reihe besonders philistäischer Festkleider aus (siehe Vers 19). Die Veränderung ist keine wesenhafte Veränderung.

Aber nun die Bedeutung des Rätsels! Was stellt es dar? Der Teufel ist der Fresser, der Löwe. Ein besiegter Löwe sorgt für »Fraß«, geistliche Nahrung. Am Kreuz ist der Löwe geschlagen worden. Der Herr Jesus hat am Kreuz den zunichte gemacht, *»der die Macht des Todes hat, das ist den Teufel«* (Hebräer 2,14). Dadurch sind die Schatzkammern Gottes geöffnet und wir können uns mit allen Kostbarkeiten nähren, die die Folge des Sieges des Herrn Jesus sind. Angewandt auf unsere eigene Erfahrung, gibt ein Sieg über den Teufel Kraft und Erquickung.

Wie das Rätsel aufgelöst wurde — Vers 15-18

Die Methode, mit der die Philister zu Werke gehen, um an die Auflösung des Rätsels zu kommen, zeigt ihren unbarmherzigen Charakter. Sie drohen der Frau Simsons mit Verbrennung, wenn sie ihm die Auflösung nicht abluchst und ihnen weitergibt. Die Frau zeigt, dass sie trotz einer Verbindung mit Simson im Grunde eine Philisterin geblieben ist. Ihr Umgang mit ihm hat keinen Einfluss auf ihr Herz gehabt. Sie fühlt sich immer noch mit den Philistern eins und spricht in Vers 16 von den »*Söhnen meines Volkes*«. Sie erpresst ihn mit einer der stärksten Waffen, die eine Frau besitzt, nämlich mit ihren Gefühlen. Dem ist der starke Simson offensichtlich nicht gewachsen. Er wird zu einem armen, schwachen Simson, der kein Geheimnis für sich behalten kann. Das wird später noch einmal vorkommen und dann wird es fatal für ihn enden. Aus beiden Fällen können wir lernen, dass etwas, das wir als einen unerlaubten »Partner« (im Sinne von unerlaubten Ideen, Verhaltensweisen, Verbindungen) in unserem Leben zulassen, der Verräter unseres Geheimnisses wird. Verrat steht für das Paktieren mit dem Feind. Der Verrat besteht in der Anwendung hierin, dass wir zwar als Gläubige die Bedeutung des Rätsels wissen, aber wie die Feinde damit umgehen. Es bewirkt also keine echte Veränderung in unserem Leben.

Simson hat am ganzen Fest nicht viel Freude erlebt. Es ist nichts Festliches daran, wenn deine Braut versucht, dir mit Tränen ein Geheimnis zu entlocken, das du für dich behalten willst. Das ganze Verhältnis macht deutlich, dass beide isoliert für sich selbst leben. Dennoch ist die am meisten Genarrte in dieser Geschichte die Frau. Sie hat Simson nicht gesucht; er hat sie haben wollen. Durch sein Auftreten sorgt er dafür, dass auch für sie das Fest kein ungeteiltes Vergnügen ist. So ist es in der Praxis heute immer noch. Bei einer Ehe zwischen einem Gläubigen und einem Ungläubigen ist der Ungläubige der Dumme, das Opfer. Der Ungläubige denkt jemanden zu heiraten, mit dem er Spaß am Leben haben kann. Er heiratet in seinen Gedanken nicht eine Christin, sondern eine zu ihm passende Frau (bzw. umgekehrt). Schon sehr bald zeigt sich, dass der Gläubige (sofern dieser dem Glauben noch einen gewissen Wert beimisst) zu allerlei Anlässen oder Freunden doch nicht mitwill, wo der Ungläubige gern hingehen möchte. Natürlich wurde darüber zwar in der Freundschafts- und Verlobungszeit gesprochen, doch die Realität erweist sich erst, wenn man etwas länger verheiratet ist.

Die Belohnung — Vers 19-20

Simson ist der Verlierer. Zuerst verliert er die Herausforderung des Rätsels. Er muss seinen Einsatz einlösen und für 30 Festkleider sorgen. Dafür geht er nach Aschkelon, einer der fünf Städte der Philister. Dort tötet er 30 Männer und gibt ihre Kleider denen, die die Auflösung des Rätsels gegeben haben. Die Anwendung ist, dass »das Rätsel« des Kreuzes des Herrn Jesus zwar vom Unglauben »beantwortet« werden kann, dann aber das Leben nicht wirklich innerlich verändert. Die Kleidung bleibt philistäisch. Es ist bemerkenswert, dass wir hier wiederum lesen, dass der Geist des Herrn über ihn kam, obwohl er doch damit beschäftigt war, einer Absprache nachzukommen, die er nie hätte eingehen dürfen. Möglicherweise hat das mit der Tatsache zu tun, dass er hier durchaus die Feinde des Volkes Gottes bekämpft und daher mit der Ausführung seines eigentlichen Auftrags beschäftigt war. Er verliert zudem seine Frau. Sie wird einem anderen gegeben. Das kann der Grund dafür sein, dass er wütend nach Hause zurückkehrt. Sein Schwiegervater hat keine Ahnung, ob Simson je wieder zurückkommen wird. Die Ehe war übrigens noch nicht ganz rechtmäßig, weil Simson noch keine Gemeinschaft mit ihr gehabt hatte. Als der Mann seine Tochter einem anderen gab, vermutete er nicht, was die Folgen für ihn und seine Tochter sein würden.

Kapitel 15

Einleitung

Dieses Kapitel beschreibt – in praktischem Sinn – das Ende des Dienstes Simsons für Gott; der letzte Vers macht das deutlich. Im folgenden Kapitel wird Simson von Gott nicht mehr als sein Knecht anerkannt, obwohl er ihn noch einmal gebraucht.

Die Verbindung wird abgebrochen — Vers 1-2

Als seine Wut etwas besänftigt ist, geht Simson zu seiner Frau zurück, um die Eheschließung durch die geschlechtliche Gemeinschaft mit ihr zu vollenden. Er nimmt ein Ziegenböckchen mit, wahrscheinlich um damit zu feiern, gemeinsam mit seiner Familie und einigen Eingeladenen. Es sind die Tage der Weizenernte, die Ende Mai, Anfang Juni stattfand und mit allerlei Feierlichkeiten einher ging. Es kann auch sein, dass er dieses Böckchen mitnahm, weil er sich dafür schuldig fühlte, dass er sich so hatte gehen lassen. Ein Ziegenböckchen wird bei den Opfern häufig als Sündopfer gebraucht. In der geistlichen Bedeutung spricht die Weizenernte vom Herrn Jesus und den Früchten seines Werkes am Kreuz. In Johannes 12,24 sagt er: »*Wenn das Weizenkorn nicht in die Erde fällt und stirbt, bleibt es allein; wenn es aber stirbt, bringt es viel Frucht*.« In den Tagen, als der Weizen zur Ernte reif war, ging Simson seine philistäische Frau besuchen, um seine Verbindung zu ihr zu bestätigen! Geistlich beinhaltet das vielleicht Folgendes: Ein Nasiräer sollte dadurch, dass er die Früchte des Werkes des Herrn Jesus sieht, begreifen, wie undenkbar es ist, eine Verbindung mit »etwas« einzugehen, das nicht auf dieses Werk gegründet ist.

Jedenfalls war es undenkbar, dass Gott diese Verbindung zulassen würde. Das ist doch unvorstellbar: ein Nasiräer, der mit einer Philisterin verheiratet ist! Gott verhindert, dass diese Ehe endgültig geschlossen wird. Aber Philister sind immer zu einer neuen Verbindung bereit: der Vater bietet ihm eine andere Tochter an, noch schöner als die Erste. Doch darauf lässt Simson sich nicht ein. Er fühlt sich betrogen und beginnt sich zu rächen.

Die Rache Simsons — Vers 3-5

Die Verbindung mit den Philistern hat Simson nur Elend gebracht. Er ist persönlich gekränkt und handelt in fleischlichem Zorn. Hier ist keine Rede vom Geist des Herrn, der über Simson kommt. Er gebraucht seine besondere Kraft, um Füchse, oder eigentlich Schakale, zu fangen. Das sind die unreinsten Tiere, die ein Jude kennt, und die berührt ein Nasiräer sicher nicht. Füchse stehen in der Bibel im Zusammenhang mit: Schwachheit (Nehemia 4,3), Unreinheit (Psalm 63,11), Sünden (Hohelied 2,15). Er macht den unreinen Fuchs zu einem Diener seiner Rache. Oft werden unreine, sündige Mittel gebraucht, um der eigenen Entrüstung Ausdruck zu verleihen. Die Bedeutung einer Fackel hängt davon ab, wer sie ansteckt. Wenn Gott es tut, hat sie eine positive Bedeutung, wie zum Beispiel in 1. Mose 15. Hier steckt Simson sie an; da spricht sie von fleischlichem Zorn. In Jakobus 3,5-6 wird Feuer mit der menschlichen Zunge verglichen: »*Siehe, welch ein kleines Feuer, welch einen großen Wald zündet es an! Auch die Zunge ist ein Feuer; als die Welt der Ungerechtigkeit erweist sich die Zunge unter unseren Gliedern.*« Das Feuer kann seine Arbeit nur dann gut verrichten, wenn es in der Hand gehalten wird, genauso wie die Zunge. Selbstbeherrschung ist dafür unverzichtbar. Wer sich wie Simson gehen lässt und seine Zunge nicht im Zaum hält, kann die größten Katastrophen entfachen: Weltkriege und Brüdergezänk. Das Feuer wird hier mit dem Schwanz verbunden. In der Bibel wird mit dem Schwanz manchmal eine Irrlehre angedeutet: »*Der Prophet, der Lüge lehrt, er ist der Schwanz*« (Jesaja 9,14; siehe auch Offenbarung 9,10-19). Simson ist hier sehr weit unter seine Würde als Nasiräer herabgesunken. Welch ein Gegensatz zwischen Simson und seinen 300 und Gideon und seinen 300!

Lasst uns noch einmal zusammenfassen, was in diesem Handeln Simsons dargestellt wird. Füchse oder Schakale sind Tiere, die in der Erde wühlen und sich mit Verderben nähren. Sie stellen die unreinen, sündigen Mittel vor, die ein Gläubiger gebrauchen kann, um Rache für erlittenes Unrecht zu nehmen. Das kann beispielsweise mit dem Feuer der Zunge geschehen, indem man damit Lügen und böse Gerüchte verbreitet.

Das Ergebnis ist, dass der Ertrag des Landes verwüstet wird. Sowohl das stehende Getreide als auch alles Gemähte und sogar der Olivengarten werden infolge des Zorns Simsons in Brand gesteckt und können nicht mehr als Nahrung dienen. Simson hätte besser die Philister verjagen und den Ertrag des Landes seinen Volksgenossen geben können. Wie oft war nicht schon persönlicher Streit Ursache für die Vernichtung des Segens, der hätte genossen werden können. In vielen örtlichen Gemeinden herrscht große Unruhe, weil die Gläubigen untereinander in einen Wortstreit verwickelt sind. Die Frucht des Landes stellt die Segnungen dar, mit denen der Christ in den himmlischen Örtern in Christus gesegnet ist (Epheser 1,3). Diese Frucht ist reichlich vorhanden; wir leben gleichsam »*in den Tagen der Weizenernte*« (wie in Vers 1 erwähnt). Anstatt den

Feind zu bekämpfen, um so den Ertrag des Landes aus seiner Hand zu retten, wird ein Wortstreit geführt, »*was zu nichts nütze, sondern zum Verderben der Zuhörer ist*« (2. Timotheus 2,14). Die Folge ist, dass nichts zu genießen übrig bleibt. Die Ursache von diesem allem ist »nur« ein gekränktes Gemüt, das nicht in der Lage ist, die Sache vor den Herrn zu bringen. Anstatt gemeinsam mit ihm nach einer Lösung zu suchen, begibt es sich selbst auf eine fleischliche Weise an die Arbeit.

Der Zorn der Philister und die »Antwort« Simsons — Vers 6-8

Als die Philister erst einmal wissen, was der Anlass für Simsons Zorn war, wird seine Frau (und ihr Vater) nachträglich von dem Schicksal ereilt, mit dem sie in Kapitel 14,15 bedroht worden war. Simson handelt wiederum aus Rachegefühlen, doch die sind jetzt tatsächlich eher gerechtfertigt. Jetzt geht es nicht um persönliches Gekränktsein, sondern um die Vergeltung einer brutalen Tat. Simson beginnt einen direkten und öffentlichen Kampf mit dem Feind. In knappen Worten wird mitgeteilt, dass er einen enormen Sieg erringt.

Danach geht er hinab und bleibt in der Felsspalte von Etam wohnen. Ein Fels ist ein geeigneter Wohnort für ein machtloses Volk wie die Klippdachse (Sprüche 30,26) und auch für alle Menschen mit »langem Haar«. Auch Mose kannte diesen Ort (2. Mose 33,21-22). Der Fels ist ein Bild für Christus (1. Korinther 10,4), der hier als der Aufenthaltsort des Glaubens dargestellt wird, der wahre Wohnort des Nasiräers. Simson kehrt nicht zum Haus seines Vaters zurück wie früher (14,20), sondern bleibt selbstständig an diesem Ort wohnen. Er wohnt dort abgesondert von den Philistern, aber auch abgesondert von Gottes untreuem Volk.

Die Philister und die Männer von Juda — Vers 9-13

Nach dem großen Schlag, den Simson den Philistern beigebracht hat, sind sie nun wieder an der Reihe, um Rache zu nehmen. Es ist Juda, das als Vergeltung für das, was Simson ihnen angetan hat, büßen muss. Außer dem direkten Anlass dafür, dass die Philister heraufziehen, kann ihre Aktion auch geistlich verstanden werden: Als Simson seinen Platz der Absonderung auf dem Felsen Etam eingenommen hat, werden die Feinde aktiv. Ein treuer Christ ist viel mehr eine Zielscheibe der Angriffe des Feindes als jemand, der es mit seinem Christenleben nicht so genau nimmt.

Die Männer von Juda erkundigen sich nach dem Ansinnen der Philister. Sie erfahren, dass sie gekommen sind, um Simson zu binden. Die Philister sind stets darauf aus, den Nasiräer zu binden. Geistlich angewendet, ist das immer eine der wichtigsten Zielsetzungen des Feindes. In der Christenheit ist das sogar mit dem Heiligen Geist geschehen, der quasi in Fesseln gelegt worden ist.

Noch schlimmer als das Ansinnen der Philister ist die Haltung Judas. Sie leiden offenbar nicht mehr unter der Herrschaft der Philister. Das Joch drückt nicht mehr, weil sie sich damit versöhnt und es angenommen haben. Sie nehmen es Simson übel, dass er sie in einen solchen Konflikt mit dem Feind bringt, der gerade so freundlich zu ihnen war. »*Weißt du nicht, dass die Philister über uns herrschen?*« So tief war Juda gesunken. Juda bedeutet »Lobpreis«, »Gotteslob«. Ist es nicht himmelschreiend, dass gerade dieser Stamm mit diesem Namen sich so auslässt?

Das spricht von einer völligen Akzeptanz des Klerikalismus und des Traditionalismus. Der Gottesdienst, bei dem das Fleisch in größerem oder geringerem Maße die Leitung hat, ist allgemein verbreitet. Das ist in der Christenheit überall dort der Fall, wo die Unterscheidung zwischen Geistlichen und Laien zu einer feststehenden Tatsache geworden ist, wo der Dienst von einer Einzelperson oder von einer elitären Gruppe bestimmt wird, wo über Vorschläge demokratisch abgestimmt wird, wo musikalische Darbietungen untrennbare Bestandteile des Gottesdienstes sind; wo der Gottesdienst (der Dienst des Lobpreises) nach von vornherein festgelegten Linien verläuft. Dabei denke ich nicht nur an bestimmte kirchliche Richtungen, sondern wende dies genauso gut auf allerlei andere Glaubensgemeinschaften an. Es liegt nicht allein an der offiziellen Struktur, obgleich diese Kennzeichen dort eher auf der Hand liegen. Es gilt auch für diejenigen Orte, wo zwar offiziell keine Strukturen bestehen, wo aber bestimmte Strukturen als Folge festgefahrener Gewohnheiten durchaus vorhanden sind.

Der Deutlichkeit halber: Ich spreche hier über die Merkmale

eines Systems (offiziell oder inoffiziell) und nicht über die Menschen, die ihm angehören. Glücklicherweise gibt es eine Menge aufrichtiger Christen, die Gott hingegeben dienen, sich jedoch des Bösen nicht bewusst sind, das an solchen Systemen haftet.

Es ist Gottes Gnade, wenn er einen Befreier sendet, wie hier Simson. Doch Simson wird als Ruhestörer erfahren. Wer allerlei Fleischlichkeiten an den Pranger stellt, die einen Platz im persönlichen oder gemeinsamen Dienst für Gott bekommen haben, wird zu hören bekommen, er widersetze sich den herrschenden Regeln und Formen. Man ermahnt ihn beispielsweise, er solle nicht so extrem sein. Lauheit wird gerechtfertigt. Juda zeigt hier nicht die Würde des Segens, den Jakob in 1. Mose 49,8-12 über ihn ausspricht. In Judas Geschichte finden wir mehrere derartige Tiefpunkte, wie z.B. in 1. Mose 37,26, wo er ebenfalls jemanden überliefert.

Anstatt sich mit ihrem Helden einszumachen und sich ihres gemeinsamen Feindes zu entledigen, stellen die Männer von Juda sich auf eine Linie mit den Philistern und vereinigen sich mit ihrem Ziel. Eigentlich haben sie überhaupt keine Wertschätzung für den ihnen von Gott gegebenen Richter. Simson will keinen Streit mit seinen Brüdern, wie tief sie auch gesunken sind und wie sehr sie sich eigentlich auf der Seite ihres Feindes scharen. So sollen auch wir nicht mit unseren Brüdern streiten, sondern gegen die Grundsätze kämpfen, von denen sie gefangen sind und mit denen sie sich selbst versöhnt haben. Simson bittet um die Beteuerung, dass sie ihn nicht angreifen werden, weil er andernfalls genötigt wäre, sich zu verteidigen, mit allen Folgen, die damit für die Judäer verbunden sind. Simson erhält die Garantie, dass dies nicht geschehen wird. Sie wollen ihn lediglich mit neuen Stricken binden und in die Hand der Philister überliefern. Stellen wir uns einmal vor, was das bedeutet! Die Männer von Juda stellen sich auf die Seite der Philister, um deren Pläne auszuführen! Simson musste – koste es, was es wolle – von seiner Berufung abgehalten werden.

Neue Stricke sollten dafür das geeignete Mittel sein. Es sind vor allem neue, populäre Mittel, wodurch hingegebene Christen dazu bewegt werden, ihre Nasiräerschaft preiszugeben. Das Wort für Stricke kommt von »Flechten« und gibt den Gedanken wieder, dass es sich um ein menschliches Produkt handelt. Dann lässt er sich binden und gibt ihren Wünschen nach, weil er seine Kraft nicht dafür gebrauchen oder missbrauchen will, gegen sein eigenes Volk zu kämpfen.

Von neuen Stricken befreit — Vers 14

Als die Männer von Juda Simson zu den Philistern brachten, jauchzten diese. Sie meinten, ihren verhassten Feind in ihrer Hand zu haben. Doch die Freude war von kurzer Dauer, denn »*der Geist des HERRN kam über ihn*«. Wenn menschliche Mittel, durch die ein Nasiräer gebunden sein kann, mit dem Geist Gottes und dem Wort Gottes in Berührung kommen, werden sie wie Wachs. Die praktische Verwirklichung des Aufrufs in 1. Petrus 4,11 versengt, in bildlichem Sinn, alle Stricke der Philister zu Asche. Wir werden dort mit den Worten ermutigt: »*Wenn jemand redet, so rede er es als Aussprüche Gottes; wenn jemand dient, so sei es als aus der Kraft, die Gott darreicht.*« Das macht jeden frei, so dass er seine Gabe als allein dem Geber verantwortlich ausüben kann, getrennt von jeder menschlichen Anstellung oder Einmischung. Das ist es, was Paulus meint, als er in Galater 1,1 schreibt: »*Paulus, Apostel, nicht von Menschen, auch nicht durch einen Menschen, sondern durch Jesus Christus und Gott, den Vater, der ihn aus den Toten auferweckt hat.*« Er deutet hiermit an, dass er in der Ausübung seiner Apostelschaft von allen »Fesseln der Philister« frei ist.

Das bedeutet sicher nicht, dass wir nichts mit anderen und ihren Bemerkungen über unseren Dienst zu tun haben sollten. In der Zusammenkunft der Gemeinde gilt zum Beispiel: »*Propheten aber sollen zwei oder drei reden und die anderen sollen urteilen*« (1. Korinther 14,29). Aber das ist etwas ganz anderes, als von vornherein zu bestimmen, wer etwas sagen soll und was in der Zusammenkunft der Gemeinde gesagt werden muss. Das dürfen andere nicht bestimmen, denn darüber darf allein der Heilige Geist Weisungsbefugnis haben.

Ein frischer Eselskinnbacken — Vers 15-17

Simson befreite sich durch die Kraft des Geistes von den neuen Stricken. Zum Sieg über seine Feinde gebraucht er einen frischen Eselskinnbacken. Das bezieht sich auf die Schwachheit des Werkzeugs im Gegensatz zum Ergebnis. Niemand konnte sagen, dass Simsons Sieg die Folge einer gewaltigen Waffe gewesen sei. Es ist eine »frische« Waffe, nicht eine »dürre«. Vergleiche Hesekiel 37,2, wo von einem Tal mit »dürren« Totengebeinen die Rede ist. Der Esel ist tot, aber die Lebenskraft ist gleichsam noch im Knochen vorhanden. Dies spricht von dem Leben, das wir durch den Tod und die Auferstehung des Herrn Jesus erlangt haben und wodurch wir in der Lage sind, Siege zu erringen. Das bedeutet, dass wir das Urteil über uns selbst anerkannt haben. Der natürliche Mensch wird in 2. Mose 13,13 sehr treffend mit einem Esel verglichen.

Als Simson den Sieg errungen hat, wirft er seine Waffe weg. Er will sie nicht aufbewahren; sie soll kein Fallstrick für ihn werden, wie das Ephod für Gideon. Die Waffe hat dem Ziel gedient und das ist genug. Dieser Grundsatz ist sehr wichtig, sowohl für denjenigen, der zum Dienst gebraucht wird, als auch für diejenigen, denen gedient wird. Oft wird das »armselige« Werkzeug verehrt, das Gott in seiner Gnade gebrauchen wollte: welch ein Redner, welche Ausstrahlung! Ein Vorbild dafür, wie es sein sollte, finden wir in Apostelgeschichte 8,29. Nachdem Philippus dem Kämmerer das Evangelium verkündigt und ihn getauft hatte, *»entrückte der Geist des Herrn den Philippus; und der Kämmerer sah ihn nicht mehr, denn er zog seinen Weg mit Freuden«*. Philippus hatte seinen Dienst getan. Er brauchte keine Ehrerweisung und erhielt ein anderes Arbeitsgebiet. Und der Kämmerer? Er hatte keinen Blick für Philippus mehr, vermisste ihn nicht einmal, denn er hatte den Herrn Jesus ins Herz bekommen und das war mehr als genug.

Der Brunnen des Rufenden — Vers 18-19

Nach diesem beeindruckenden Sieg bekommt Simson heftigen Durst, so stark, dass er befürchtet, er werde sterben. In seiner Not ruft er zu Gott. Sein Gebet (das Erste, das von ihm erwähnt wird!) ist kurz und kräftig. Zuerst sehen wir, dass er Gott die Ehre für den Sieg gibt: *»Du hast …«*. Das ist schön. Leider reicht dann sein Glaube nicht aus und er klagt, dass er im Nachhinein sterben werde, aber nun an Durst, und dass er somit doch noch in die Hand der Feinde fallen werde.

Wir können daraus einige Dinge lernen. In erster Linie, dass

Kampf keinen »Durst« löscht. Wir erringen vielleicht viele Siege für den Herrn, doch die wirkliche Erquickung liegt nicht im Sieg, sondern im Herrn selbst. Weiterhin sehen wir, dass Durst eine Herausforderung ist, Gott um Errettung zu bitten. Gott hatte schon früher Rettung erwiesen, als ein ganzes Volk durstig war. Das finden wir in 2. Mose 17,1-7.

Simson ruft insgesamt zweimal zu Gott, hier und in Kapitel 16,20. Beide Male wird er erhört. Wenn wir bedenken, dass die Zeit Simsons den letzten Tagen und schweren Zeiten entspricht, die in 2. Timotheus 3 beschrieben werden, dann haben wir hier eine große Ermutigung. Wir sehen, dass das Anrufen des Namens des Herrn eine besondere Quelle für die letzten Tage ist. Gott öffnet diese Quelle für jeden, der ruft. Wer davon trinkt, wird die Kraft erfahren, die Simson erfährt. Lebenskraft und Belebung kommen zurück. Die einzige Möglichkeit, um persönlich oder gemeinschaftlich eine Belebung zu erfahren, liegt

a. im Bewusstsein, dass wir Durst haben;
b. im Rufen zu Gott in unserer Not;
c. im Trinken von der Quelle, die Gott öffnet.

Es scheint, dass der Schreiber dieses Buches unsere besondere Aufmerksamkeit darauf lenken will, dass die »*Quelle des Rufenden*« sich bei Lehi befindet »*bis auf diesen Tag*«. Buchstäblich bedeutet das, dass diese Quelle noch im Augenblick bestand, als dieses Buch geschrieben wurde. Die geistliche Bedeutung dieses Ausdrucks und die moralische Kraft, die davon ausgeht, ist doch wohl diese: Die Quelle, die Gott geöffnet hat, steht immer jedem zur Verfügung, der ruft, auch heute noch.

Ich habe bereits an früherer Stelle auf Johannes 4 hingewiesen, wo der Herr Jesus in seinem Gespräch mit der samaritischen Frau auf die Quelle des lebendigen Wassers hinweist, die ins ewige Leben fließt (Vers 14). Das Trinken von der Quelle, die er geöffnet hat, bringt den »Rufenden« in Verbindung mit dem ewigen Leben. Das ewige Leben ist: Leben in der Atmosphäre des Vaters und des Sohnes, in die der Gläubige durch die Kenntnis des Vaters und des Sohnes gebracht worden ist (Johannes 17,3). Das ewige Leben ist auch der Herr Jesus selbst (1. Johannes 5,20). Dorthin will der

Heilige Geist den Rufenden bringen und das wird seinen Durst löschen. Das ewige Leben kann von keinem Verfall oder Angriff angetastet werden. Gerade der Brief, der über die letzten Tage und schwere Zeiten spricht, beginnt mit dem Hinweis auf die »*Verheißung des Lebens in Christus Jesus*« (2. Timotheus 1,1; siehe auch Vers 9).

Unser Auge wird dadurch auf das gerichtet, was durch den Geist die innere Befriedigung gibt, die größer ist als der strahlendste Sieg, nämlich auf den Herrn Jesus und auf alles, was in ihm gefunden wird.

Schluss — Vers 20

Simson ist kein Befreier, wie seine Vorgänger es waren. Er richtete Israel, während die Philister regierten. Es ist möglich, dass Simson zum Felsen Etam zurückgegangen ist (Vers 8), um von dort aus seine Funktion als Richter auszuüben. Die Zeitspanne, in der er richtete, dauerte vermutlich von 1075–1055 vor Christus, eine Zeit, in der auch Samuel (ca. 1080 vor Christus geboren) aktiv wurde.

Für Gott hört die Geschichte Simsons hier auf. Die Mitteilung in diesem Vers folgt auf den Felsen als Wohnort (Vers 8), einen offenen Kampf mit den Philistern (Vers 15) und den Felsen, aus dem Wasser fließt (Vers 19). Das sind Situationen, in denen er vom Feind frei wurde, und somit konnte er Israel richten. Was folgt, ist sein totaler Fall. In den Kapiteln 14 und 15 wird von insgesamt sechs Taten Simsons berichtet:

1. das Zerreißen eines jungen Löwen (14,6);
2. das Töten von 30 Philistern (Vers 19);
3. seine Aktion mit den 300 Füchsen (15,4-5);
4. seine Rache an den Philistern (Vers 8);
5. die Befreiung von seinen Stricken (Vers 14);
6. das Töten von 1.000 Philistern (Vers 15).

Simson verfehlt die Zahl sieben, die Zahl der Vollkommenheit, um eine Tat. Diesen Gedanken können wir auch auf die Fortsetzung seiner Geschichte anwenden, wie sie im nächsten Kapitel wiedergegeben wird.

Kapitel 16

Einleitung

Das Geheimnis der Kraft kann niemals Menschen mitgeteilt werden, die diese Kraft selbst nicht besitzen. Niemand hat je die Quelle der Kraft und der Autorität des Herrn Jesus begriffen. Schließlich hat er alle Hoffnung aufgegeben, den Menschen das Verständnis der Grundsätze beizubringen, von denen er geleitet wurde. Maria von Bethanien ist das einzige Beispiel eines Herzens, das ihn begriff. Sein Herz war voller Mitgefühl für jeden Schmerz, doch es gab niemanden, der je seinen Schmerz gefühlt, geschweige denn begriffen hätte.

Simson war völlig anders als der Herr. Er hat allein sich selbst befriedigen wollen und gab dafür sein Geheimnis preis und damit die Kraft, um weiterhin Nasiräer zu sein. Zwischen dem Herrn Jesus und Simson gibt es mehr Gegensätze als Übereinstimmungen, wie uns vor allem dieses letzte Kapitel zeigt. Die letzten Geschehnisse im Leben Simsons bestätigen seine große körperliche Kraft und seine große Schwäche für Frauen.

In Gaza — Vers 1-3

Aus der Geschichte wird nicht deutlich, warum Simson nach Gaza ging. Gaza war eine Festung der Philister. Er muss dort von jedem erkannt worden sein, als er mit seinem langen Haar durch die Straßen lief. Ehrfurcht vor seiner großen Kraft sorgt dafür, dass ihm, dem gefürchteten Feind, niemand etwas anzutun wagt. Sein Besuch in dieser Stadt geschieht nicht im Auftrag Gottes. Nirgends findet sich ein Anzeichen, dass er in Gaza war, um diese Brutstätte philistäischer Aktivität auszurotten. Es scheint, als habe er einen Ausflug gemacht und etwas »gebummelt«. Möglicherweise ist das der Grund für seinen Besuch bei einer Hure. Auch David fiel in Ehebruch, weil er seine Zeit mit Müßiggang verbrachte, während er an der Spitze des Heeres hätte stehen müssen, um es im Krieg anzuführen (2. Samuel 11,1-5). Simson hat immer noch nicht gelernt, seine Leidenschaft zu beherrschen; er lässt ihr freien Lauf. Ging er in Kapitel 14 noch »anständig« zu Werke, indem er die normalen Umgangsformen beachtete, folgt er hier ausschließlich seinen Lüsten, deren Opfer er selbst wird.

Die Hure ist eine philistäische Hure und damit ein Bild der großen Babylon oder besser der römisch-katholischen Kirche, die in Offenbarung 17 als die »*große Hure*« beschrieben wird. Dass die bekennende Kirche als eine Hure vorgestellt wird, verdeutlicht sehr gut, wie weit sie von ihrem ursprünglichen Zustand abgewichen ist. Paulus weist in 2. Korinther 11,2-3 auf den Anfang dieses Abweichens hin; er vergleicht die Gemeinde mit einer reinen Jungfrau, die er dem Christus verlobt hat, die ihm jedoch durch die Verführung des Teufels untreu geworden ist. Das Endergebnis dieser Untreue sehen wir in Offenbarung 17 und 18. Wenn ein Gläubiger vergisst, dass er ein Nasiräer ist und denkt, er könne sich ohne Auftrag von Gott ungestraft in das System begeben, das Gott richten wird, steht er in der Gefahr, mit diesem System umzukommen. Das ist schließlich mit Simson geschehen. Er kommt mit dem System um, gegen das er kämpfen sollte, indem er sich damit einsmachte. Obwohl er hier noch die Kraft hat, sich selbst zu befreien, legte er hier den Keim seines Untergangs, indem er sich mit dieser philistäischen Hure vereinigte.

Es ist eigentlich unbegreiflich, dass jemand überhaupt noch eine gewisse Kraft haben kann, wenn er sein Gewissen derart geopfert hat. Noch verlor er seine Kraft nicht, weil er deren Geheimnis noch nicht preisgegeben hatte. Allein Gott und Simson wussten davon. Es ist in der Tat möglich, dass jemand, der in Sünde lebt, noch einige Zeit in seinem Dienst für Gott Erfolg hat. Leider werden diese Erfolge als Deckmantel für die Sünde gebraucht und nicht dazu, ein gründliches und umfassendes Bekenntnis dieser Sünde abzulegen.

Simson gebraucht seine Kraft hier allein, um sich selbst zu befreien, und er vergisst das Ziel, wofür Gott ihm diese Kraft gegeben hat. Es wird kein Feind geschlagen und sein Volk hat keinen Nutzen davon. Simson benimmt sich hier wie ein ordinärer Kraftprotz. Er gebraucht seine Kraft, weil er gezwungen ist zu flüchten und nicht um die Philister in die Flucht zu jagen. Er wird später nach Gaza zurückkommen, nicht um seine Kraft zu zeigen, sondern als blinder Gefangener (Vers 21). Das liegt daran, dass er Hebron nicht erreicht. Er läuft zwar mit den Toren auf seinen Schultern in Richtung Hebron, aber er kommt dort nicht an. Hebron bedeutet »Gemeinschaft«. Simson versagt sozusagen in seiner Rückkehr zur Gemeinschaft mit Gott. Er kommt nicht zu einem vollständigen Schuldbekenntnis, denn er gibt seine verkehrten Verbindungen nicht auf. Seine äußerliche Befreiung ist keine Folge eines innerlichen Selbstgerichts vor Gott. Seine Gemeinschaft mit Gott ist nicht wiederhergestellt und er vollzieht kein Selbstgericht über die begangenen Sünden.

Rückkehr zu Gott bedeutet eine Verurteilung dessen, was mich zur Sünde veranlasste, d.h. ihrer Wurzel. In seinem Herzen hat Simson die begangene Sünde nicht gerichtet und hat sie in seinem Herzen weiter gehegt. Das kann auf nichts anderes als auf Kosten der Gemeinschaft mit Gott gehen. Wer dem großen Babylon angehört, dieser dem Namen nach christlichen Kirche, an den ergeht der Aufruf: *»Geht aus ihr hinaus, mein Volk, damit ihr nicht an ihren Sünden teilhabt und damit ihr nicht von ihren Plagen empfangt«* (Offenbarung 18,4). Absonderung vom Bösen muss sowohl äußerlich als auch innerlich stattfinden. Bei Simson war sie in diesem Fall allein äußerlich. Innerlich blieb er mit dem Bösen verbunden.

Simsons neue Liebe — Vers 4

Weil er nicht völlig in der Gemeinschaft mit Gott wiederhergestellt ist, liegt ein nächster und tieferer Fall auf der Hand. Die schwachen Arme einer Frau sind für Simson offensichtlich stärker als das Stadttor von Gaza. Sorek bedeutet »auserlesener Weinstock«; Delila heißt übersetzt »die mit Verlangen Schmachtende«. Gemeinsam stellen diese beiden Begriffe die religiöse Welt dar, die sich mit der gottlosen Welt und ihren Vergnügungen einsmacht. Es sind die Menschen von 2. Timotheus 3,4, die Paulus so charakterisiert: *»mehr das Vergnügen liebend als Gott«*. Wir wissen, dass es in 2. Timotheus 3 um Menschen geht, *»die eine Form der Gottseligkeit haben, deren Kraft aber verleugnen«* (Vers 5), also um Menschen, von denen die Philister ein Vorbild sind. Simson verliebt sich in jemanden, der diesen Grundsatz darstellt. Hier wird sehr reell die Gefahr sichtbar, dass Liebe zu einem Feind aufkommen kann, den wir gemäß der Bibel, also in Gottes Auftrag, bekämpfen müssen. Solches geschieht, wenn wir uns selbst nicht in der Liebe Gottes bewahren (Judas Vers 20). Was Simson hier tut, geht weiter als seine Verbindung mit der Hure aus Vers 1-3. Das war eine Verbindung von kurzer Dauer.

Simson hat sich auf die schiefe Ebene begeben, wodurch er sich immer weiter in die Fallstricke verwirrt, die der Feind ihm auslegt. Im Buch Sprüche warnt Salomo seinen Sohn immer wieder vor der fremden Frau und zeigt die Folgen auf für jeden, der sich mit ihr einlässt. Das ist unausweichlich ein »*Weg zum Scheol … der hinabführt zu den Kammern des Todes*« (Sprüche 7,25-27; siehe auch 2,16-19; 5,5).

Der Feind sieht seine Chance — Vers 5

Die Philister sind fest entschlossen, dahinter zu kommen, worin sich Simsons große Kraft verbirgt. Sie wollen den Ursprung des Geheimnisses erfahren und sind bereit, dafür einen hohen Preis zu bezahlen. Der Teufel ist immer bereit, einen hohen Preis zu zahlen, um einen Nasiräer seiner Hingabe – und somit seiner Kraft – zu berauben. Er bietet alles auf, um jeden, der wirklich Nasiräer sein will, von seiner Absonderung für Gott, der wahren Kraft des christlichen Lebens, abzubringen. Delila lässt sich allein durch das Geld leiten. Damit erweist sie sich nach Herz und Nieren als eine Philisterin, auch wenn sie nirgends so genannt wird. An ihrem Charakter ist nichts Anziehendes. Und dennoch liebt Simson sie.

Was körperliche Kraft betrifft, hat Simson jedes Kräftemessen mit den Philistern gewonnen. Doch Simson hat jede Konfrontation mit den Philistern verloren, als man an seine Leidenschaft appellierte. Das beweisen die drei philistäischen Frauen (14,1; 16,1 und 16,4). Jedes Mal erliegt er dem Mittel der Versuchung. Der Teufel ist für uns mehr zu fürchten, wenn er sich als ein Engel des Lichts hervortut (2. Korinther 11,14), als dann, wenn er als ein brüllender Löwe zu Werke geht (1. Petrus 5,8).

Erste Phase der Preisgabe des Geheimnisses — Vers 6-9

Es kann eigentlich nicht anders sein, als dass Simson gefühlt haben muss, worauf Delila aus war. Er hatte bereits eine Erfahrung mit einer philistäischen Frau gemacht, die es fertig brachte, ihm die Auflösung seines Rätsels zu entlocken. Und auch wenn er das vergessen hatte, muss ihm durch das Verhalten Delilas deutlich geworden sein, welches Ziel sie verfolgte. Er muss gewusst haben, dass sie auf seine Vernichtung aus war. Immer wieder führt sie ihn irre. Jedes Mal gibt er ein Stück mehr von seinem Geheimnis preis. Immer näher kommt er zum Kern, bis er alles aufgegeben hat. Es geht ihm wie einer Schleuse, die unter Wasser eine Luke hat, die aufgedreht werden kann. Unsichtbar kommt das Wasser in die Schleuse, bis das Niveau dem des Meeres gleich ist. Dann kann die Schleuse mit Leichtigkeit aufgedreht werden. Wir können insgeheim Dinge in unserem Herzen zulassen, ohne diese zu verurteilen. Wenn das geschieht, werden wir uns schließlich ganz der Welt angleichen.

Anstatt sich durch die große Kraft Simsons sicher und beschützt zu fühlen, fragt Delila, wie man ihn so binden kann, dass er mit seiner Kraft nicht mehr dagegen ankommt. Bevor er sein Geheimnis preisgibt, weicht er zunächst der Wahrheit aus und tischt Lügen auf. Er sagt ihr, sieben frische Sehnen, die noch nicht ausgetrocknet sind, würden ihn machtlos machen. Vielleicht hat Simson dabei an die Stricke gedacht, mit denen die Männer von Juda ihn gebunden hatten. Er stützt sich also auf einen anderen Sieg und nicht auf Gott. Als er auf diese Weise gefesselt ist und Delila dann die Philister ruft, ihn gefangen zu nehmen, zerreißt er die Sehnen und befreit sich selbst. Doch um seine Seele war ein Strick gelegt worden, der langsam zugezogen wird. Er hat ein Stückchen seines Geheimnisses preisgegeben, indem er die Zahl sieben nannte, nach der Anzahl der Locken seines Haares (Vers 13-19).

Zweite Phase der Preisgabe des Geheimnisses — Vers 10-12

Delila beschuldigt ihn der Lüge und des Betrugs, und das nicht ganz zu Unrecht. Simson ist in einer Situation, in der er nicht frei über das Geheimnis seiner Kraft sprechen kann. Er begreift, dass damit Missbrauch getrieben würde. Und anstatt von dem Ort zu fliehen, wo er nicht hingehört, sucht er sein Heil in Ausflüchten, um doch dableiben zu können.

Wie oft ist es uns schon so ergangen? Wir befanden uns an einem Ort und wir wussten, dass wir uns dort nicht aufhalten sollten.

Dann wurde uns eine Frage über unseren Glauben gestellt. Wir wanden uns und gaben eine ausweichende Antwort. Wenn wir die wahre Antwort gegeben hätten, hätten wir uns selbst entdeckt und erkannt, dass wir da nicht hingehörten. In einer solchen Situation kann auch ein Augenblick kommen, in welchem wir nicht weiter der Wahrheit ausweichen und öffentlich sagen, was wir glauben. Doch weil wir nicht eher »geflohen« sind, wird dies leider von anderen aufgegriffen, um uns lächerlich zu machen. Unser Zeugnis hat überhaupt keinen Wert mehr und wird zum Spott und zur Belustigung. So ist es auch Simson ergangen.

Delila konnte ihren zweiten Versuch machen, weil Simson weiter bei ihr herumlungerte. Der Strick, der um seine Seele gespannt worden war, wurde dadurch fester zugezogen. In seiner Antwort an Delila gibt er wieder ein Stückchen seines Geheimnisses preis. Er spricht von *»neuen Stricken, mit denen noch keine Arbeit getan worden ist«*. In Kapitel 15,13 hatte man ebenfalls versucht, ihn mit neuen Stricken zu binden. Das war missglückt. Hier fügt Simson hinzu, dass diese Stricke noch unbenutzt sein mussten, das heißt, dass diese Stricke eigens angefertigt worden waren, um allein für dieses Ziel gebraucht zu werden. Das ist ein Hinweis auf seine eigene Weihe als Nasiräer von Anbeginn seines Lebens an. Das war der zweite Schritt auf dem Weg zur Preisgabe seines Geheimnisses, aber wiederum nicht die volle Wirklichkeit über das Geheimnis seiner Kraft. Dennoch hatte er jetzt zwei Dinge in Verbindung damit berührt:

1. dass er völlig für den Herrn da war (die Zahl sieben);
2. dass er seit seiner Geburt für den Herrn da war (noch nicht gebraucht).

Dritte Phase der Preisgabe des Geheimnisses — Vers 13-14

Delila versucht unermüdlich, hinter das Geheimnis seiner Kraft zu kommen. Sie gibt nicht auf – was auch nicht nötig ist, weil Simson sich nicht aus dem Staub macht. Er ist ins Netz verstrickt, das sie für seine Füße ausgespannt hatte, weil er das nicht tut, was David sehr wohl tat: *»Meine Augen sind stets auf den HERRN gerichtet;*

denn er, er wird meine Füße aus dem Netz lösen« (Psalm 25,15). Weil seine Augen auf Delila gerichtet sind, kann sie fortfahren.

Und das tut sie auch, denn das Geld lacht ihr zu. Wieder wirft sie ihm Lüge und Betrug vor und fragt aufs Neue, wie er gebunden werden kann. Seine erneute Antwort nähert sich der Preisgabe seines Geheimnisses sehr dicht. Er gibt einen Hinweis auf die Länge seines Haares. Es ist so lang, dass es gewebt werden kann. Er sagt ihr, sein Haar müsste mit ihrem Webstuhl bearbeitet werden, wodurch es mit ihrer Arbeit zu einem Ganzen verflochten wird.

Die geistliche Belehrung, die sich hierin verbirgt, ist aufschlussreich. Was Simson tut, ist auf den Christen anzuwenden, der in seiner Berufung als Nasiräer Interesse für die Anziehungskraft zeigt, die von einer geschmückten und herausgeputzten religiösen Welt ausgeht. Er lässt sich damit ein und übernimmt ihre Methoden. Auf diese Weise vereinigt der Nasiräer sich dann mit dem Werk der religiösen Welt. Mit Menschen, die sich von philistäischen Grundsätzen leiten lassen, steht er zusammen auf derselben Kanzel; er setzt sich für dasselbe Ziel ein. Diese Menschen besitzen zwar im Namen, aber nicht in der Wirklichkeit das Leben Christi.

Es werden viele philistäische »Webstühle« eingesetzt, damit die Heiligen an diesem Weben teilnehmen sollen, um schließlich ihrer Kraft beraubt zu werden. Nimm nur die Politik. Jemand kann mit den besten Motiven daran teilnehmen, aber er verbindet sich mit Menschen der Welt. Sie wollen sich für eine vortreffliche Arbeit einsetzen. Sie wollen die Welt von allerlei Ungerechtigkeit reinigen und ein gerechtes Zusammenleben schaffen. Immer wieder aufs Neue schrecken solche Gläubigen »aus dem Schlaf«, wenn Vorschläge gemacht werden, die der Bibel entgegenstehen. Immer zeigt sich, dass sie es mit den Feinden des Kreuzes zu tun haben. Sie hören den Schrei ihres Gewissens *»Philister über dir«*.

Aber wie sich Simson auch zu befreien versucht, dieses Mal bleibt der Webstuhl an ihm hängen als Beweis, dass er mit ihrem Werk verbunden ist. Er kommt nicht mehr wirklich frei.

Vierte Phase: das Geheimnis preisgegeben — Vers 15-17

Dreimal hat er sich selbst befreien können, das letzte Mal nur halb. Doch weil er die Verbindung nicht abbricht, kommt nun der endgültige Fall. Die vorherigen Male hat Delila stets gefragt, wie sie ihn binden müsse. Diesmal gebraucht sie alle Überredungskraft, die ihr als Frau zu eigen ist. Sie spricht jetzt nicht mehr, wie bei den anderen Malen, von einer Methode, ihn zu binden, sondern trifft ihn in seinem Herzen, indem sie seine Liebe zu ihr in Zweifel zieht. Er hat ihr ja das Geheimnis seiner Kraft immer noch nicht gesagt. Das hält sie ihm tagelang vor. Simson hat nur noch wenig Freude an seiner Gemeinschaft mit Delila. Mit der Frau aus Timna war das einst ganz ähnlich. Auch daraus hat er nichts gelernt. Was Delila vorbringt, ist keine offene Feindschaft, sondern etwas, das sehr anziehend aussieht und sehr verführerisch wirkt. Schließlich erliegt er dem psychischen Druck. Er gibt das Geheimnis preis, das sie anders nie erfahren hätte. Denn wer hätte erdenken können, dass seine Kraft in seinem langen Haar war, einem deutlichen Beweis der Schwachheit, der Schwachheit einer Frau?

Das ist immer noch so. Starke junge Menschen, die in großer Hingabe Gott dienten, sind von der Welt irregeführt worden und auf dem Pfad des Ungehorsams gelandet. Dadurch haben sie ihre Kraft, ihre Freiheit zum Dienst und ihr geistliches Unterscheidungsvermögen verloren. Das Licht, das in ihnen war, ist zur Finsternis geworden. Simson gibt sein Geheimnis preis, weil er seine Gemeinschaft mit Gott verloren hat. Dadurch verfällt er dieser großen Torheit, obwohl er schon so oft von Delila geweckt worden war. Eigentlich musste ihm deutlich sein, was ihre Absichten waren. Wer sich jedoch von der Welt mitreißen lässt, verliert allen Begriff für das Normale und auch den gesunden Menschenverstand. Seine Kraft lag im langen Haar, hinter dem sich gleichsam seine Persönlichkeit verbarg. Die einzige Kraft liegt in der »Verborgenheit«. Abhängigkeit von und Hingabe an Christus sind die verborgene Kraft des Gläubigen zum Leben als Nasiräer. Das gilt sowohl für das persönliche als auch für das gemeinschaftliche Leben.

Im Blick auf das letztgenannte schrieb ein Gottesmann aus dem 19. Jahrhundert über die sogenannte »Brüderbewegung« Folgendes: »Was wichtig ist, sind nicht ›die Brüder‹, sondern die Wahrheit, die sie haben … Gott könnte sie beiseite setzen und seine Wahrheit durch andere verbreiten – und wird es auch, obwohl er voll gnädiger Langmut ist, wenn sie nicht treu bleiben. Ihr Platz ist es, in Unbekanntheit und Hingabe zu verbleiben und nicht an die

›Brüder‹ zu denken (es ist immer falsch, an uns selber zu denken, es sei denn, um uns zu richten), sondern an Seelen, im Namen und in der Liebe Christi, und an seine Ehre und Wahrheit allein – nicht das so genannte ›Brüdertum‹ durchzudrücken, sondern sich mit jeder Seele nach ihren Bedürfnissen um Christi willen zu beschäftigen ... Sie sollen in Liebe wandeln, in der Wahrheit, demütig, niedrig, nicht weltlich, ganz für Christus, so klein – *und damit zufrieden, klein zu sein,* wie damals, als sie begannen; und Gott wird sie segnen. Wenn nicht, könnte ihr Leuchter weggenommen werden wie der Leuchter anderer (und ach, welcher Schmerz und welche Beschämung des Angesichts wäre es nach solcher Gnade!) ... Gott hat uns [›die Brüder‹] nicht nötig, aber er hat ein Volk nötig, das in Wahrheit, Liebe und Heiligkeit wandelt ... Wenn ›die Brüder‹ sich dem anpassen, was in der Christenheit innerhalb des Lagers üblich ist, werden sie eine weitere Sekte mit bestimmten Wahrheiten sein« (Aus »The Collected Writings of J.N. Darby«, Band 31, S. 371-374; vergleiche auch »Letters of J.N. Darby«, Band 2, S. 339-342).

Im Anschluss an diese warnenden, geradezu prophetischen Worte über die Brüderbewegung noch etwas zu Offenbarung 3,11: »*Ich komme bald. Halte fest, was du hast, damit niemand deine Krone nehme.*« Der Ausdruck »*damit niemand deine Krone nehme*« hat nicht allein mit der Zukunft zu tun, sondern auch mit der Gegenwart. Diese Krone stellt die Nasiräerschaft dar. Das Wort »Neser« ist in 4. Mose 6,7 mit »Weihe« oder »Nasiräerschaft« übersetzt und in 3. Mose 21,12 mit »Weihe« oder »Krone«. Von dem Wort »Neser«, das folglich auch mit »Krone« zu übersetzen ist, ist das Wort Nasiräer abgeleitet. Die Krone in Offenbarung 3,11 kann folglich sehr gut mit unserer Hingabe an den Herrn zu tun haben. Diese Hingabe kann auch in einer Gemeinde sichtbar werden. Die Christenheit als Ganzes hat diese Krone schon lange verloren. Ihr Geheimnis ist nicht bei ihr verborgen geblieben; sie ist nicht von der Welt abgesondert geblieben. Sie hat die Welt in ihrer Mitte zugelassen, was im Besitz von Regeln, Mitteln und Bedingungen zum Ausdruck kommt, die allesamt ihren Ursprung im Denken des natürlichen Menschen finden. Dadurch ist der Gottesdienst, der Dienst für Gott, den Normen und Werten angepasst worden, an die sich der Mensch ohne Gott hält.

Jede örtliche Gemeinde, die sich diesem Prozess öffnet, wie Simson sich dafür öffnete, wird sich abwärts zu einer Gemeinde entwickeln, die die Merkmale Laodizeas zeigt. Sie sieht dann aus wie Simson, als er seine Kraft verloren hatte und in die Hände der Philister gefallen war: ein kahl geschorener Nasiräer (nackt), arm und blind (Offenbarung 3,17). Die folgenden Verse vervollständigen dieses Bild.

Simson überwältigt — Vers 18-21

Delila fühlt einwandfrei heraus, dass er diesmal die Wahrheit sagt. Der vorherige Vorschlag Simsons war bereits anders als die ersten beiden. Bei den ersten beiden Malen hatte er sich fesseln lassen. Beim dritten Mal hatte er nichts von Fesseln gesagt, sondern vom Verweben seines Haares. Im Anschluss daran ist es für sie nicht schwer zu begreifen, dass er ihr jetzt sein ganzes Herz anvertraut hat. Sie holt wiederum die philistäischen Fürsten, diesmal mit der Mitteilung, dass sie jetzt auch wohl das Geld mitbringen könnten, denn sie ist sich über den Ausgang der Sache sicher. Dann bindet sie ihn fest, nicht mit Stricken, auch nicht Kettfäden, sondern mit der Wärme ihres Schoßes. Dort sinkt er in den Schlaf; dort spürte er ihre Wärme, und das wurde sein endgültiger Untergang. Bei all seiner Kraft war er doch den Listen einer Frau nicht gewachsen, deren Verführung er erlag.

Während Simson schläft, schneidet Delila sein Haar ab. Sie hatte ihn jetzt in ihrer Gewalt. Ihre Liebkosungen verwandeln sich in Schläge und Qualen. Zum vierten Mal erschallt ihr Ruf: »*Philister über dir, Simson!*« Dann vollzieht sich das zutiefst tragische Drama eines nunmehr machtlosen Simsons, der, aufgewacht, noch der Vorstellung unterliegt, er sei noch genauso stark wie eh und je. Es scheint, als habe er sich mit dem Gedanken versöhnt, dass er immer wieder angegriffen würde, aber auch, als habe er angesichts der vorherigen Male mit einer immerwährenden Übermacht seiner Kraft gerechnet.

So wie für Simson der Umgang mit Delila verhängnisvoll wird, so wird auch das Flirten mit den unheiligen Grundsätzen der Welt verhängnisvoll für jedes Kind Gottes. Ebenso geht es der Gemeinde. Von ihrer Kraft entledigt, tut sie so, als wäre noch alle Kraft vorhanden. Eine kraftlose Kirche versucht, von sich reden zu machen und weiß nicht, dass überhaupt keine Kraft da ist, weil der Geist zunächst betrübt und dann ausgelöscht worden ist. Das ist die traurige Situation Laodizeas in Offenbarung 3,17. Dort heißt es »*und weißt nicht*«, so wie es von Simson heißt »*er wusste aber nicht*« (Vers 20). Sie waren blind für ihre eigene Situation. Sie gaben vor, geistlich sehr hoch zu stehen, aber der Herr ekelt sich vor ihnen. Von Ephraim, damit sind die zehn Stämme gemeint, heißt es in Hosea 7,8-9: »*Ephraim vermischt sich mit den Völkern. Ephraim ist ein Brotfladen geworden, der nicht gewendet ist. Fremde verzehren seine Kraft und er erkennt es nicht. Auch graues Haar hat sich bei ihm eingeschlichen und er erkennt es nicht.*« Sehen wir die Parallele zwischen Ephraim und Simson? Beide haben durch falschen Umgang die Kraft verloren und beide hatten es nicht durchschaut.

Außer einer Warnung für die örtliche Gemeinde enthält diese Geschichte auch eine Warnung für treue, hingegebene Brüder, die im Dienst nützlich sind. Diese Warnung besteht darin, dass sie nicht vergessen dürfen, dass sie von Gott anhängig sind. Sie laufen Gefahr, zu denken, sie seien durch ihre Schriftkenntnis unantastbar für den Einfluss der schmeichelnden Worte der christlichen Welt, wenn sie sich ohne Auftrag Gottes auf diesem Gebiet bewegen. Sie denken, ihre Schriftkenntnis werde sie schon vor diesen schmeichelnden Worten bewahren und von möglichen verkehrten Verbindungen befreien. Vielleicht haben sie einmal Vorschläge abgelehnt, an irgendeiner Sache mitzuarbeiten, von der sie sahen, dass eine Mitarbeit nicht möglich war. Doch wenn sie die Umgebung, in der sie sich immer wieder ablehnend verhalten müssen, nicht verlassen, kommt tatsächlich der Augenblick, da sie zustimmen werden. Dann wird die Absonderung für Gott und der Gehorsam seinem Wort gegenüber preisgegeben und gleichzeitig verschwindet auch die Kraft. Möglicherweise denken sie noch, der Herr sei mit ihnen, aber das Ergebnis ist, dass sie gefangen genommen werden, genau wie Simson, und dass sie ihre Einsicht in die Schrift verlieren, so wie Simson sein Sehvermögen verlor.

Er, der die Flügel des Stadttors von Gaza weggetragen hat, wird durch dasselbe Tor als Gefangener hineingebracht. Von einem Gefängnis ist in der Bibel zum ersten Mal bei Joseph die Rede, der dort hineingesteckt wurde. Aber er kam hinein, weil er treu bleiben wollte. Simson wird gezwungen, im Gefängnis das, was von seiner Kraft übrig geblieben ist, im Dienst der Philister zu gebrauchen, um sie mit Nahrung und dadurch mit Kraft zu versorgen. Welch ein trauriges Ende eines Menschen, der von Gott zu genau der entgegengesetzten Aufgabe eingesetzt und ausgebildet worden war.

Beginn der Wiederherstellung zur Ehre Gottes — Vers 22-23

Zweifellos haben Betrübnis, Gewissensbisse und Reue eine Umkehr bei Simson bewirkt, nicht so sehr in den äußerlichen Merkmalen, aber in seinem Herzen. Jetzt, wo seine Augen, die ihn zu seinem tiefen Fall gebracht haben (14,1; 16,1), ausgestochen sind, ist er von dem befreit, was ihn auf den verkehrten Pfad gebracht hatte. Inmitten der betrüblichen Gefängniserfahrungen, als Gebundener und Blinder, kommen die Kennzeichen seiner Nasiräerschaft wieder langsam zum Vorschein. Sein Haar beginnt wieder zu wachsen. Die Botschaft, die sich dahinter verbirgt, ist die große Ermutigung, dass es nach allem menschlichen Versagen bei Gott allezeit die Möglichkeit zur Wiederherstellung gibt.

So endigt, Gott sei Dank, die Geschichte Simsons nicht mit dem endlosen Herumdrehen des Mühlsteins im Gefängnis. Gott kann seinen so tief gesunkenen Knecht doch noch einmal gebrauchen. Gott tut das in dem Augenblick, als der Sieg über Simson dem Götzen der Philister zugeschrieben wird, obwohl sie dabei anerkennen, dass Simson große Verwüstungen angerichtet hat. Es wird jetzt zu einer Sache zwischen Gott und den Götzen. Denn Simson war ihnen nicht wegen ihres Gottes Dagon in die Hände gefallen, sondern weil ihn der Gott Israels an sie überliefert hatte. Gott gebraucht Simson noch einmal zur Herbeiführung seiner Ehre, um deutlich zu machen, dass es nur einen Gott gibt, und das ist Er, der Gott Simsons und Israels.

Simson, ein Schauspiel — Vers 25

Bevor er seine letzte Heldentat verrichten wird, lassen die Fürsten Simson holen, um sich mit ihm zu vergnügen und ihn zu verspotten. Er sollte für ihren Spaß sorgen. Gott gebraucht diese Gelegenheit, um den Philistern den größten Schlag aller Zeiten zu versetzen. Das schmälert jedoch nicht die Tatsache, dass nochmals auf schmerzliche Weise deutlich wird, in welch eine Position er durch seine Untreue gekommen war. In 1. Korinther 4,9 sagt Paulus von sich selbst und den anderen Aposteln: »*Denn wir sind der Welt ein Schauspiel geworden, sowohl Engeln als Menschen*.« Doch der Grund dafür ist etwas anders als bei Simson. In Vers 10 sagt er, er und die anderen seien Narren »*um Christi willen*«! Er gab nichts darum, ausgelacht zu werden, wenn er über Christus sprach.

Jeder Christ ist ein Schauspiel. Der treue Christ wird wegen seiner Treue von den Menschen verspottet und ausgelacht; der untreue Christ wird ebenfalls von den Menschen ausgelacht und verspottet, aber dann wegen seiner Untreue Christus gegenüber. Genau davon spricht Petrus in 1. Petrus 4,14-17: »*Wenn ihr im Namen Christi geschmäht werdet, glückselig seid ihr! Denn der Geist der Herrlichkeit und Gottes ruht auf euch. Denn niemand von euch leide als Mörder oder als Dieb oder Übeltäter oder als einer, der sich in fremde Sachen mischt; wenn er aber als Christ leidet, schäme er sich nicht, sondern verherrliche Gott in diesem Namen*.« Leider war Simson nicht in einer Position, in der er Gott verherrlichen konnte, und er hatte sein Leiden seiner eigenen Untreue zu verdanken, während er als Schau- und Lustspiel für den Feind diente.

Noch einmal gestärkt — Vers 26-31

Dass Gott unser Versagen zu seiner Ehre gebrauchen kann, ist ein großes Wunder! Dass dies nichts von unserer Verantwortlichkeit wegnimmt, bedarf keiner weiteren Erörterung. Es lässt auch erkennen, wie hoch Gott über unser Versagen erhaben ist und wie seine Herrlichkeit sogar noch größer dadurch wird.

Obwohl blind, beginnt Simson mehr »zu sehen«, als er je gesehen hat. Die Philister denken, es mit einem besiegten Feind zu tun zu haben und meinen, dass sie nichts mehr von Simson zu befürchten hätten. Als Schaubild seiner Machtlosigkeit und Kraftlosigkeit wird er von einem Jungen an der Hand hereingeführt. Aber mit seiner Abhängigkeit von Gott, deren äußerliches Kennzeichen sein wachsendes Haar ist, kommt seine Kraft zurück und das sieht der

Feind nicht. In seiner Erniedrigung haben Gottes Gedanken Simsons Herz mehr im Griff, als es früher der Fall war.

Der Plan kommt bei ihm auf, sich von dem Jungen zu den Säulen bringen zu lassen, auf denen das Gebäude ruht. Das Gebäude ist randvoll mit Menschen, die ein Fest zur Ehre ihres Gottes Dagon feierten, der vermeintlich ihren unbesiegbaren Feind für sie unschädlich gemacht hatte.

Als Simson bei den Säulen steht, betet er sein zweites Gebet, das in der Bibel erwähnt wird. Es ist kein Gebet, mit dem er Gottes Ehre im Blick hat. Er bittet Gott, bei seinem Rachegesuch für seine Augen an ihn zu denken. Das ist ein Hinweis, dass zwar seine Kraft, aber noch nicht sein geistliches Leben ganz wiederhergestellt war. Das deutet darauf hin, dass wir nach einem Abweichen und anschließender Wiederherstellung niemals alles zurückbekommen, was wir durch diesen verkehrten Weg verloren haben. Dennoch erhört Gott Simson. Auf eindrückliche Weise wird beschrieben, wie sich Simson zwischen die Säulen stemmt, auf denen das Dach ruhte und das ganze Gebäude in eine Leichenruine verwandelt. Simson, blind und gebunden, stirbt selber im Gericht, das er über seine Feinde bringt. Er hatte sich mit der Welt verbunden, indem er auf sie hörte, und muss jetzt das Gericht teilen, das sie trifft. Etwas Ähnliches ist mit Jonathan geschehen, der auch mit der einen Hand die Welt und mit der anderen Hand David festhielt (1. Samuel 18,1; 21,1; 31,2).

Simson hat nacheinander seine Kraft, seine Freiheit, sein Sehvermögen und sein Leben verloren. Wenn der Tod von jemanden bedeutender ist als sein Leben, sagt das viel, sowohl von dem einen als auch von dem anderen. Von seinem Leben ist nicht vieles gelungen; es gab wenig, was wirklich zur Herrlichkeit Gottes war. In seinem Tod hat er noch etwas von dem gutgemacht, was er in seinem Leben versäumt hatte. Er musste lernen, dass sein eigener Tod eigentlich das Geheimnis seiner Kraft war. Wie gesagt, hat Simson zweimal zu Gott gerufen, und beide Male war das Gebet mit dem Geheimnis seiner Kraft verbunden. In Kapitel 15 ging es um die Kraft des Lebens, hier um die Kraft des Todes. Das hatte Paulus gelernt: *»Denn ständig werden wir, die Lebenden, dem Tod überliefert um Jesu willen, damit auch das Leben Jesu an unserem sterblichen Fleisch offenbar werde«* (2. Korinther 4,11), und das müssen auch wir lernen. Im Augenblick, da ich meinen Tod akzeptiere, beginnt Gottes geheime Kraft in mir zu wirken, und ich werde zu einem nützlichen Werkzeug, das Gott gebrauchen kann.

Simsons Begräbnis — Vers 31

Seine Geschichte begann mit Eltern, die emporblickten; danach ging es schnell bergab. Jetzt kommt seine ganze Verwandtschaft und bringt ihn *hinauf* in das Grab seines Vaters Manoach. So kann auch das Ende des Lebens eines Christen aussehen: Trotz vieler Untreue seinerseits wird er aufgrund der Treue Gottes ins Vaterhaus aufgenommen.

Schlusswort — Vers 31

»Er aber hatte Israel zwanzig Jahre gerichtet.« Mit dieser Mitteilung endigt die Geschichte Simsons. Wir nehmen von ihm Abschied mit einer Erinnerung an den Dienst, den er für Gott inmitten seines Volkes getan hatte. Denn er hat durchaus Gott gedient! Er hat die Philister geschlagen und während zwanzig Jahren für Ordnung und Ruhe in Israel gesorgt. Israels Geschichte geht weiter, aber Gott vergisst nicht, was Simson getan hat. Wir begegnen ihm im weiteren Verlauf der Bibel noch einmal, nämlich in Hebräer 11.

Vielleicht überrascht uns das. Gott denkt nicht so wie wir. Simson darf zwischen anderen Glaubenshelden glänzen, inmitten derer er von Gott einen Platz bekommen hat. Von dort aus ruft er uns zu (gemeinsam mit den anderen, die uns den Weg des Glaubens vorausgegangen sind und das Endziel bereits erreicht haben), dass der Weg des Glaubens der Weg des Segens ist. In Kürze werden wir Simson wirklich sehen, wenn wir beim Herrn Jesus sind. Zusammen mit ihm werden wir den Herrn Jesus großmachen und verherrlichen. Er hat Simson (und auch uns) nicht getan nach Simons (und unserer) Untreue, sondern seine eigenen Pläne der Gnade und des Segens ausgeführt.

»Würdig ist das Lamm, das geschlachtet ist, zu empfangen die Macht und Reichtum und Weisheit und Stärke und Ehre und Herrlichkeit und Lobpreis« (Offenbarung 5,12).

Teil 3

Die Offenbarung des verdorbenen Herzens

Kapitel 17 – 21

3a) Kapitel 17 – 18

Der religiöse Verfall

Kapitel 17

Einleitung

Die letzten fünf Kapitel, 17-21, sind ein separater Teil innerhalb des Buches Richter. Sie sind keine historische Fortsetzung der vorausgegangenen Kapitel, sondern zeigen etwas vom geistlichen und gesellschaftlichen Klima innerhalb des Volkes in dem Land, während der ganzen Periode, die das Buch Richter umspannt. In diesen Kapiteln werden noch zwei Geschichten beschrieben, die erste in den Kapiteln 17 und 18, die zweite in den Kapiteln 19-21. In diesen Abschnitten lesen wir nichts über Richter; auch ist dort nicht von Unterdrückern die Rede und es wird keine Zeitperiode angegeben. Sehr wahrscheinlich haben die Ereignisse, die beschrieben werden, am Anfang der Richterzeit stattgefunden. Das kann aus Kapitel 18,20 geschlossen werden, wo von einem Enkel Moses die Rede ist, während in Kapitel 20,28 der Name des Hohenpriesters Pinhas genannt wird, eines Enkels von Aaron, der schon während der Wüstenreise das Erwachsenenalter erreicht hatte. Dies scheint zu bestätigen, dass sowohl die Ereignisse der Kapitel 17 und 18 als auch die der Kapitel 19-21 am Anfang der Richterzeit eingeordnet werden müssen.

Dass sie erst hier beschrieben werden, ist ein Beweis dafür, dass nicht allein die Weise der Wiedergabe der Ereignisse göttlich inspiriert ist, sondern dass auch ihre Einteilung, die Reihenfolge, ebenso göttlich ist. Was auf den ersten Blick nach Unordnung aussieht, erweist sich bei näherem Hinsehen als Bestätigung der Vollkommenheit des Wortes Gottes. Dass erst hier diese Ereignisse herausgestellt werden, hat den Sinn, uns eine Illustration des moralischen und religiösen Verfalls zu geben, in dem das Volk Gottes sich während der ganzen Periode befand, die das Buch Richter umfasst.

Es ist sogar möglich, dass die Kapitel 17 und 18 von der zeitlichen Reihenfolge her nach den Kapiteln 19 – 21 eingeordnet werden müssen. Dass dennoch zuerst die Geschichte von Micha und dem Stamm Dan beschrieben wird, bestätigt, was ich gerade geschrieben habe. Gott will uns zeigen, dass es eine dramatische Auswirkung auf die Verhältnisse in seinem Volk hat (Kapitel 19 – 21), wenn er verlassen oder ersetzt wird (Kapitel 17 und 18).

Das Volk wird während der ganzen Periode dieses Buches von einem Geist des Eigenwillens beherrscht. Weil es keinen hemmenden Einfluss gab – »*in jenen Tagen war kein König in Israel; jeder tat, was recht war in seinen Augen*« (17,6; 18,1; 19,1; 21,25) – ließ dieser Geist allerlei Ausschweifungen freien Lauf. Ist es dann ein Wunder, dass das Volk immer wieder von Gott abwich und sündigte? Die letzten fünf Kapitel bilden somit den dunklen Hintergrund, vor dem *alles*, was in diesem Buch abspielt, gesehen werden muss.

In der Geschichte von Kapitel 17 und 18 erhalten wir eine Schilderung des religiösen Verfalls des Volkes. Kapitel 17 handelt davon, wie jemand ein religiöses System zugunsten seiner Familie errichtet; Kapitel 18 beschreibt, wie dieses System Eingang bei einem ganzen Stamm findet. Gott teilt uns alles mit, ohne zu bestrafen oder selbst nur sein Missfallen auszudrücken. Die Beurteilung wird unserem geistlichen Unterscheidungsvermögen überlassen. Was wir hier antreffen, sind ein von Menschen gemachter Gott, eine von Menschen organisierte Anbetung und eine von Menschen eingesetzte Priesterschaft. Es ist eine treffende Beschreibung dessen, was wir heute im ritualistischen Christentum um uns her sehen.

Micha — Vers 1

Wenn wir in einem fremden Land Urlaub machen und uns ein gutes Bild vom Alltagsleben des Volkes machen wollen, dann werfen wir am Besten einen Blick in eine normale Familie. Der Geist Gottes führt uns hier in eine Familie, die wahrscheinlich durch nichts Besonderes auffiel. Sie steht beispielhaft für die Mehrzahl der Familien in Israel. Was wir dort sehen, könnte uns, wenn wir Gottes Gedanken über das Familienleben außer Betracht lassen, nicht sonderlich erschüttern. Wir sehen einen Sohn, der zwar Geld von seiner Mutter entwendet, dieses jedoch glücklicherweise wieder zurückgibt. Und wie reagiert die Mutter darauf? Sie segnet ihren Sohn und heiligt sogar einen Teil für den Herrn. Das alles scheint vom Herrn gesegnet zu werden, denn sie bekommen in ihrem Hausgottesdienst noch Verstärkung durch einen echten Leviten. Unter diesem Blickwinkel könnten wir diese Familie betrachten.

Aber wenn wir diese Familie gegen das Licht der Bibel halten, sehen die Dinge ganz anders aus. Bevor wir uns daran begeben, müssen wir uns dessen gut bewusst werden, dass wir dann auch selbst gegen das Licht der Bibel gehalten werden; andernfalls verfehlen wir die Lektion, die Gott uns durch diese Geschichte lehren will. Denn auch *»diese Dinge sind als Vorbilder für uns geschehen … und* (sind) *geschrieben worden zur Ermahnung für uns«* (1. Korinther 10,6.11). In Micha und seiner Mutter wird das Verderben offenbar, das in einem Haus oder einer Familie vorhanden sein kann. Dort entsteht die Sünde, die später einem ganzen Stamm anhaften wird. Sünde verbreitet sich wie Aussatz.

Es beginnt alles irgendwo im Gebirge von Ephraim; dort sind wir in diesem Buch mehrmals gewesen. Dieses Gebiet hat bei den Erfolgen Ehuds, Deboras und Gideons (3,27; 4,5; 7,24) eine wichtige Rolle gespielt. Der Mann, der dort wohnt, hört auf den schönen Namen Micha, das bedeutet »wer ist dem Herrn gleich«. Leider handelt er nicht entsprechend der Bedeutung seines Namens. Das ganze Volk Israel sollte ein Micha für die Völker seiner Umgebung sein, doch es ist ein Volk mit einem Haus voller Götzen geworden, wie das Haus Michas. In der Christenheit ist es nicht anders. Wie viele schmücken sich mit dem Namen »Christ«, womit sie sagen, dass sie Christus angehören, während sie ihr Leben nach ihrem eigenen Gutdünken einrichten?

Micha und seine Mutter — Vers 2

Es scheint, als sei hier von einer Familie mit alleinerziehendem Elternteil die Rede, wie wir sie heute so oft antreffen. Der Vater wird jedenfalls nicht erwähnt. Wenn eine solche kaputte Familie die Folge von Sünde ist, zum Beispiel bei einer bewusst unverheirateten Mutter oder einer Ehescheidung, so wird sich das, wenn keine Reue und Bekehrung erfolgen, unwiderruflich im Verhältnis zwischen Elternteil und Kind niederschlagen. So ist es auch im Haus Michas. Das Verhältnis zwischen Mutter und Sohn war ganz gewiss nicht gesund. Der Sohn hatte keinen Respekt vor seiner Mutter und ihrem Besitz: Er stiehlt ihr 1100 Silberstücke. Das ist ein Vermögen, angesichts dessen, was wir in Vers 10 lesen, wo Micha dem Leviten einen Jahreslohn von zehn Silberstücken bietet. Er gibt ihr dieses Geld jedoch zurück. Er tut das nicht, weil etwa sein Gewissen aktiv geworden wäre und er Gewissensbisse und Reue über seine Tat empfunden hätte. Der einzige Grund ist seine Angst vor dem Fluch, den seine Mutter über den Dieb ausgesprochen hatte. Aberglaube gewinnt stets an Macht, wenn die Gottesfurcht schwach ist.

Als er das Geld zurückgibt, lässt seine Mutter keinen einzigen Tadel hören. Im Gegenteil, sie segnet ihren stehlenden Sohn, der kein bisschen Reue zeigt. Sie segnet, nicht weil der Sohn Reue äußerte, sondern weil sie ihr Geld zurück hat. »*Aus demselben Mund geht Segen und Fluch hervor. Dies, meine Brüder, sollte nicht so sein*« (Jakobus 3,10-11). Sie zieht bei ihrem Segen sogar noch den Namen des Herrn heran. Das gibt dem Ganzen den Schein, als sei Gott dies alles wohlgefällig. Das ist ein typisches Beispiel für den eitlen Gebrauch des Namens des Herrn. Wir sehen, dass in diesem einen Vers mehrere Abweichungen von Gott zu finden sind. Mit solchen Verhältnissen in den Familien – es ist auch nicht anders möglich – wird es mit dem Volk immer schlimmer. Wenn es in den Familien so aussieht und jeder allein auf seinen eigenen Vorteil aus ist, bedeutet das den Untergang des ganzen Volkes.

Gegossene und geschnitzte Bilder — Vers 3-4

Die Mutter ist so froh darüber, das Geld zurück zu haben, dass sie direkt den ganzen Betrag dem Herrn abtritt. Sie will Bilder davon machen lassen. Somit verbindet sie den Götzendienst mit dem Dienst des Herrn. Sie scheint damit nicht die geringsten Probleme zu haben. Dadurch kommt zum Ausdruck, dass sie sich einen Gottesdienst nach eigenen Gedanken macht. Sie bezieht auch ihren Sohn darin ein, der ohne Abstriche mitmacht. Kein einziger Gedanke wird verschwendet an Gottes Gebot: »*Du sollst dir kein Götterbild machen*« (2. Mose 20,4). Ihr Gewissen scheint zu schweigen.

Das Gewissen ist auch kein zuverlässiger Maßstab, um zu erkennen, ob man auf dem Weg Gottes ist oder nicht. Vielleicht hätte ihr Gewissen sie gerade dann angeklagt, wenn sie *kein* Bild gemacht hätte. Unser Gewissen kann allein dann gut funktionieren, wenn es durch das Wort Gottes geformt wird. So gibt es in der römisch-katholischen Kirche viele, die die Messe besuchen und beichten, weil sie andernfalls ihr Gewissen belasten. Ihnen wurde eingeimpft, dass man allein auf diese Weise von Gott akzeptiert wird. In vielen Fällen ist es dem Satan gelungen, das Gewissen des religiösen Menschen auf seine Seite zu ziehen.

Hier ist von einem gegossenen Bild und von einem geschnitzten Bild die Rede. Beide stehen symbolisch für etwas, was wir kennen. Ein gegossenes Bild kann leicht vervielfältigt werden. Es ist ein Gottesdienst, der in eine bestimmte Form gegossen und überall eingeführt wird. Es sind die festen Formen in unseren Gebeten und unserer Anbetung und diese stehen allem entgegen, was lebendig und passend ist im Licht der Offenbarung Gottes in seinem Wort. Es ist die tote Orthodoxie, der Gottesdienst, der allein aus Formen besteht, wobei von jedem erwartet wird, diesen Formen Genüge zu leisten, da man sie tatsächlich leicht erfüllen kann. Sie können schriftlich fixiert werden und jeder kann sich daran halten. Wer sich an diese Gebote hält, kann sein Gewissen ruhig stellen und meinen, dass auch Gott damit zufrieden sei. Man kann sich selbst und einander daran kontrollieren und abmessen, wie es mit dem Gottesdienst eines jeden gestellt ist.

Ein geschnitztes Bild ist mehr das Produkt der Aktivität des menschlichen Geistes. Was er von Gott weiß, arbeitet er auf seine eigene Weise aus, ohne Rücksicht auf die einzige Offenbarung Gottes zu nehmen. Es ist die Ergänzung des Dienstes Gottes nach eigener Idee, auf eine Weise, bei der man sich angenehm fühlt.

In beiden Fällen ist es ein Gottesdienst, der uns nicht alles kostet. Die Mutter gibt nicht alles. Obwohl sie durchaus alles für den Herrn abgesondert hat (das ist die Bedeutung des Wortes »heiligen«), gibt sie nur einen Teil davon. Das ist immer das Merkmal des Götzendienstes, eines Gebildes nicht aus eigener Hand: Es kostet uns nicht alles. Der Mann, der brav die Messe oder die Zusammenkünfte der Gläubigen besucht oder anderen religiösen Pflichten genügt – wobei es nichts ausmacht, ob andere sie ihm auferlegt haben oder ob er sie sich selbst auferlegt hat –, darf in einem solchen System für den Rest des Tages tun und lassen, was er selbst will.

Michas Gotteshaus — Vers 5

Zur Anfertigung eines Götzen – das ist also eine eigene Vorstellung von Gott, ohne das zu berücksichtigen, was Gott über sich selbst in der Bibel sagt –, gehört auch eine bestimmte Form des Gottesdienstes. Das kommt in dem Ephod zum Ausdruck, das Micha anfertigt.

Ein Ephod ist eigentlich ein Kleidungsstück des Priesters. Zusammen mit dem Ephod macht er ein Teraphim, eine Art Hausgott. Wenn Gott ersetzt wird, bleibt es sich völlig gleich, wodurch er ersetzt wird. Auch weiht er einen seiner Söhne zum Priester. Im ganzen Handeln Michas zeigt sich seine eigenwillige Verehrung seiner selbst gemachten Götter. Es ist eine große Vermischung des wahren Gottesdienstes mit dem Scheingottesdienst, wodurch das Ganze ein verdorbener Gottesdienst wird. Die Anstellung seines Sohnes als Priester zeigt, wie weit er von den Vorschriften Gottes abgewichen war, die besagen, dass allein Söhne aus dem Geschlecht Aarons Priester sein können.

Genau wie Micha hat auch die römische Kirche ihre eigenen »Söhne« als Priester angestellt, ohne die geringste Frage nach deren Leben aus Gott. Im Christentum sind nur wiedergeborene Gläubige Priester, und alle Wiedergeborenen sind gemeinsam ein heiliges Priestertum (1. Petrus 2,5). Das ist so, weil Gott es in seinem Wort gesagt hat. Da kommt keine menschliche Anstellung in Frage.

Jeder tat, was recht war in seinen Augen — Vers 6

Wenn das Volk vergisst, dass Gott ihr König ist, entsteht ein Mangel an gesunder Autorität. Außerdem herrschte dort eine falsche Autorität, nämlich die des Gewissens. Nach dem Wort Gottes wurde nicht gefragt, um anhand dessen den Willen Gottes zu erkennen. Jeder tat, was er selbst für gut und richtig empfand. Wäre ein König mit einer überlegenen Autorität dagewesen, hätte er das Volk zum selben Denken gebracht. Sie hatten Gott als solchen vergessen; sie hatten ihn sogar verworfen. Wenn unsere Herzen auf den Herrn Jesus gerichtet sind, werden wir davor bewahrt, das zu tun, was recht ist in unseren eigenen Augen.

Der Levit aus Betlehem — Vers 7-13

Der allgemein herrschende Geist der Anarchie beseelt auch einen Leviten aus Bethlehem. Sein Name ist Jonathan. Er ist ein Enkel Moses (18,30). Bethlehem gehörte nicht zu den 48 Levitenstädten. Dennoch hielt sich der Mann dort auf. Aber von Ruhelosigkeit getrieben, zieht der Mann weiter. Bethlehem, das »Brothaus« bedeutet, brachte ihm offensichtlich nicht, was er davon erwartet hatte. Er zieht weg, nicht um den Platz des Herrn zu suchen, sondern einen Platz für sich selbst. Auf ihn scheint Sprüche 27,8 zutreffend zu sein: »*Wie ein Vogel, der fern von seinem Nest schweift, so ist ein Mann, der fern von seinem Wohnort schweift.*« Er gibt seinen eigenen, von Gott gegebenen Wohnort und seine Sicherheit auf, um zu einem Vagabunden zu werden. In seinem Leben ist keine Spur der Abhängigkeit vom Herrn zu sehen.

Dass auch der Levit tut, »*was gut ist in seinen Augen*«, wird vor allem daran deutlich, dass er sich zum Priester anstellen lässt. Aufgabe eines Leviten ist die der *Hilfe* für den Priester beim Darbringen der Opfer. Ein Levit kann kein Priester sein und darf nicht opfern. Aber daran stört unser Levit sich nicht. Als er bei seinem Streifzug schließlich bei Micha landet und dieser ihm einen Vertrag für eine Arbeitsstelle anbietet, die sehr gut zu ihm passt und gute Arbeitsbedingungen verspricht, zögert er keinen Augenblick. Vielleicht hat er sogar gedacht, der Herr habe seinen Weg gelingen lassen. Das Einzige, das er tun muss, ist die gute Erfüllung der Pflichten bei Michas Gottesdienst. Micha ist dann diese Sorge los, während er sich außerdem glücklich schätzt, dass er jetzt einen echten Leviten als Privatpriester hat. Er meint, er habe sich damit den Segen des Herrn versichert. Micha nimmt ihn in den Dienst, stellt ihn sogar an und bezahlt ihn. So wird der Levit ein Geistlicher. Dadurch gibt Micha seinem Götzendienst einen sehr religiösen Anschein und einen sehr religiösen Charakter. Der Levit nimmt die Sorge für die gottesdienstlichen Dinge auf sich, sodass Micha davon frei ist. Er zahlt ihm ein Jahresgehalt, mit dem er den Leviten für eine lange Zeit verpflichtet und sich somit für diese Zeit selber nicht um geistliche Dinge zu kümmern braucht. Ein echter Levit wird zu einem falschen Priester.

Im Protestantismus hat man auch einen Leviten zum Priester gemacht, nämlich jemanden, der gegen Bezahlung gottesdienstliche Handlungen zum Nutzen anderer verrichtet. Der Levit wird ein Mietling und so entsteht eine Geistlichkeit, der Klerikalismus. Der Dienst von und für Gott wird hier auf etwas reduziert, wofür es eine kommerzielle Basis gibt.

Die Bibel sagt eindeutig nichts über eine derartige Position, wenngleich wir die aufrichtigen und edlen Motive nicht in Frage stellen wollen, mit denen jemand meint, eine offizielle geistliche Position bekleiden zu müssen. Die Bibel sagt nirgends, dass gottesdienstliche Handlungen gegen Bezahlung verrichtet werden sollten und der Zahlende damit von seinen Verpflichtungen Gott gegenüber befreit wäre. Kein Mensch kann einen Platz zwischen Gott und seinen Kindern einnehmen. Es gibt nur einen *»Mittler zwischen Gott und Menschen, den Mensch Christus Jesus, der sich selbst als Lösegeld für alle gab«* (1. Timotheus 2,5). Der Herr Jesus ist es, durch den die Gläubigen sich *»Gott nahen, weil er immer lebt, um sich für sie zu verwenden«* (Hebräer 7,25).

Kapitel 18

Einleitung

Was im vorigen Kapitel beim Leviten gefunden wurde, werden wir in diesem Kapitel bei einem ganzen Stamm sehen. Der Levit war auf gut Glück auf der Suche nach einem Platz, wo er hingehen konnte, ohne sich zu fragen, was der Herr wollte. Ebenso wie die anderen Stämme hatte der Stamm Dan ein Erbteil zugewiesen bekommen, dieses jedoch aufgrund von Untreue nicht in Besitz genommen. Jetzt sind auch sie auf gut Glück auf der Suche nach einem Platz, an dem sie sich niederlassen können. In diesem Kapitel treffen sie einander. Die Sünde des Einzelnen wird zur Sünde eines ganzen Stammes.

Auf der Suche nach einem Erbteil — Vers 1

Der Stamm Dan hatte bei der Eroberung des Landes bewiesen, dass er der Schwächste ist. Wir haben das in Kapitel 1,34 gesehen. Es mangelte ihm an Kraft, um das zugewiesene Erbteil in Besitz zu nehmen. Wenn es keinen Aufblick zu Gott und kein aufmerksames Ohr für seine Anweisungen gibt, ist Ungehorsam und Eigenwille die Folge. Das ist bezeichnend für den Mangel an Kraft. Gott hatte in Josua 19,40-46 eine klar umrissene Beschreibung des Gebietes gegeben, das er für die Daniter reserviert hatte. Sie liefen dem Feind jedoch davon und ließen ihn auf dem ihnen zugewiesenen Erbteil wohnen. Jetzt begeben sie sich auf die Suche nach einer leichteren Beute. Die Kundschafter, die ausgesandt werden, kommen aus dem selben Gebiet, wo auch Simson aufwuchs (13,25). Das Aussenden von Kundschaftern erinnert an Moses Auftrag in 4. Mose 13,2. Aus 5. Mose 1,22 wird deutlich, dass dieses Aussenden auf die Bitte des Volkes hin geschah. Es ist kein Beweis für ein einfältiges Vertrauen auf das, was der Herr gesagt hatte. Warum mussten denn Kundschafter ausgesandt werden, wenn Gott doch Zusagen gemacht hatte?

Beim Stamm Dan geschieht alles aus eigener Überlegung heraus. Glaube ist nirgends zu entdecken. Aber wie steht es mit uns? Gott hat auch uns ein Erbteil gegeben. Was tun wir damit? Wenn wir das nicht in Besitz nehmen, werden wir uns auf irgendetwas anderes richten. Der Stamm Dan ist ein Bild des Volks Gottes, das einen Platz auf der Erde sucht, weil die Inbesitznahme des himmlischen Erbteils zu viel von ihnen verlangt. Wenn wir den Entschluss Gottes, den er für uns getroffen hat, ablehnen, begeben wir uns selber auf die Suche, aber dann sind wir nicht auf dem Weg Gottes. Wir landen schließlich beim Haus und Gottesdienst Michas. Der weitere Verlauf verdeutlicht, dass die Einstellung der Daniter nahtlos an den Gottesdienst Michas anknüpft.

Frage und Antwort — Vers 3-4

Als die Daniter zum Haus Michas kommen, fällt der Levit durch seine Mundart auf. Er gehört hier offensichtlich nicht hin. Um ihre Neugier zu befriedigen, stellen sie ihm einige Fragen. Diese Fragen hätten dem Leviten die Augen öffnen können für das Verkehrte, das er getan hatte, und für die falsche Stellung, in der er sich befand.

Auf Frage eins hätte die ehrliche Antwort lauten müssen, dass sein eigener Wille ihn hierhin gebracht hatte. Doch diese Frage wird nicht beantwortet. Die beiden anderen Fragen werden ohne weiteres richtig beantwortet. Er übt die Priesterschaft für Micha aus, der ihm dafür Geld gibt und ihm auch weitere Vorteile zugesteht (siehe 17,10). Der Levit war ein von Menschen in Dienst genommener Priester und musste somit tun, was Micha von ihm erwartete.

Dieses Phänomen kennen wir heute auch. In 2 Timotheus 4,3 heißt es, dass eine Zeit sein wird, da die Menschen »*die gesunde Lehre nicht ertragen, sondern nach ihren eigenen Begierden sich selbst Lehrer aufhäufen werden, weil es ihnen in den Ohren kitzelt*«. In dieser Zeit leben wir. Menschen suchen für die Ausübung ihres Gottesdienstes nach Menschen, die sich schön und gewandt ausdrücken können, wenn sie nur das Gewissen außer Schussweite lassen. Sie müssen über die angenehmen Dinge des Lebens sprechen. Sie dürfen dabei wohl die Bibel zitieren, sofern sie diese auf eine angenehme Weise auslegen. Nichts Verurteilendes darf gesagt werden, sonst wählen sie einen anderen Prediger. Die Normen und Werte, wie sie von Gott in der Bibel gegeben sind, dürfen nicht deutlich in den Vordergrund treten.

Dadurch gibt die Christenheit heute kein anderes Bild ab als die Zeit, die wir im Buch Richter vor uns haben. Die Einführung einer geistlichen Klasse unter den Christen hat bereits sehr früh begonnen. Dabei wurde aus dem Auge verloren, dass nicht Menschen jemanden zu einem bestimmten Dienst anstellen können, sondern dass der Herr Jesus selber seinem »Leib«, das heißt der Gemeinde, Gaben gegeben hat. In Epheser 4,11 steht: »*Und er hat … gegeben*«. In 1. Korinther 12,18 lesen wir: »*Nun aber hat Gott die Glieder bestimmt, jedes einzelne von ihnen am Leib, wie er wollte.*« Dabei ist keine Rede von Verhandlungen über Arbeitsbedingungen, wie dies bei der Geistlichkeit unserer Tage wohl geschieht.

Die Gaben sind nicht für eine einzelne Gruppe, sondern für die ganze Gemeinde. Keine Gruppe kann eine Gabe für sich selbst beanspruchen. Durch das eigenmächtige Handeln des Menschen wird das geleugnet und beiseite geschoben. Jede Gruppe hat so ihre eigenen prominenten Führer. Auch was dies betrifft, gibt es nichts Neues unter der Sonne. In der Gemeinde in Korinth wurde dieses Übel bereits gefunden. Der Apostel Paulus packt diese Sache in seinem Brief an die dortige Gemeinde bereits direkt im ersten Kapitel an (siehe 1. Korinther 1,10-13).

Noch einmal Frage und Antwort — Vers 5-6

Offensichtlich von den Antworten des Leviten überzeugt, sehen die Daniter in ihm jemanden, durch den sie nach dem Willen Gottes fragen können. Gott wird zwar darin einbezogen, aber nur, um als eine Art Stempel der Billigung ihrer Handlungsweise zu dienen. Sie erkundigen sich bei jemandem, der selbst von Gott abgewichen ist, nach dem Weg Gottes. Dadurch verrät der Stamm Dan seinen eigenen geistlichen Zustand. Sie fragen sich nicht, ob die Stellung, die der Levit einnimmt, überhaupt ein Existenzrecht vor Gott hat. Er gibt sich als ein Geistlicher aus, bekleidet diese Position bei Micha, und somit ist er für die Daniter akzeptabel. Sie bekommen die Antwort, die sie gern hören wollen. Sie schmeicheln ihm, indem sie ihn in seiner Position anerkennen. Er schmeichelt ihnen, indem er ihnen die Antwort gibt, die sie gern hören wollen. Er braucht über diese Antwort keine Sekunde nachzudenken. Kein einziger Hinweis findet sich, dass er Gott dabei wirklich mit einbezieht. Er sagt ihnen, dass sie in Frieden gehen können, womit er meint, sie sollen über ihre Feinde triumphieren.

Ein erfolgreicher Zug — Vers 7

Was der Levit vorausgesagt hat, trifft ein. Sie kommen in einem Gebiet an, das all ihren Wünschen nach Bequemlichkeit und ihrem Egoismus entspricht. Das Volk, das dort wohnt, lebt zurückgezogen, kümmert sich um nichts und hat mit niemandem etwas zu tun. Es ist ein Volk, das gesetzlos lebte: »*(Es gab) niemanden, der die Herrschaft besessen hätte*« (UElb). Sie sind niemandem Verantwortung schuldig. Bei Gesetzlosigkeit brauchen wir nicht nur an allerlei Gräueltaten zu denken. Gesetzlosigkeit ist: Leben ungeachtet der eingesetzten Autorität. Für jeden Menschen ist das in jedem

Fall die Autorität Gottes. Wir können sagen, dass wir in 1. Johannes 3,4 eine richtige Definition der Sünde haben: »*Jeder, der die Sünde tut, tut auch die Gesetzlosigkeit, und die Sünde ist die Gesetzlosigkeit.*«

Das Volk, das die Daniter dort entdeckt haben, ist kein Volk von solchen, die wir als große Sünder bezeichnen würden. Sie leben anständig und friedlich. Das zeigt sich auch darin, dass sie »*nach Art der Sidonier*« lebten. Wofür die Sidonier stehen, habe ich bei der Betrachtung von Kapitel 3,3 ausgelegt. Dort sahen wir, dass die Sidonier von Geldsucht gekennzeichnet sind. Sie haben einen unersättlichen Hunger nach Geld. Auf diese Weise lebte das Volk, das die Daniter hier antreffen. Wir können sie mit Menschen vergleichen, die hart arbeiten und enthaltsam leben, allerdings nur, um Geld zu sparen. Sie zählen gleichsam jeden Tag ihr Geld und stellen mit Genugtuung fest, dass es wieder etwas mehr ist als am Tag zuvor. Der Besitz des Geldes ist ihnen alles. Etwas davon wegzugeben, ist der schlimmste Gedanke überhaupt. Sie leben für sich selbst und wollen mit niemandem etwas zu tun haben; das wäre nur lästig, weil es Geld kosten kann. Diesen Ort und diese Stellung wollen die Daniter übernehmen.

Das Gebiet erscheint ihnen wohl als etwas Gutes. Die Entdeckung dieses Gebiets scheint eine bestätigende Antwort auf ihre durch den Leviten an Gott gerichtete Frage zu sein.

Hierin liegt für uns die Belehrung, dass eine Antwort, wie wir sie gern haben wollten, nicht immer bedeutet, dass wir auf dem Weg des Herrn sind. Wichtig ist, in welcher Gesinnung wir gebeten haben. Manchmal lässt Gott zu, dass wir bekommen, worum wir bitten, weil er sieht, dass wir in unserem eigenen Willen fest entschlossen sind. So etwas verursacht immer geistlichen Schaden, wie es in Psalm 106,15 steht: »*Da gab er ihnen ihr Begehr, aber er sandte Magerkeit in ihre Seelen*« (UElb). Das Fragen nach dem Willen Gottes erfordert Aufrichtigkeit im Blick auf ihn und das Bewusstsein, dass er wirklich weiß, was das Beste ist. Paulus ermutigt uns in Philipper 4,6: »*Seid um nichts besorgt, sondern in allem sollen durch Gebet und Flehen mit Danksagung eure Anliegen vor Gott kundwerden.*« Er sagt nicht dazu, dass wir auch bekommen würden, worum wir gebeten haben, sondern: »*... und der Friede Gottes, der allen Verstand übersteigt, wird eure Herzen und eure Gedanken bewahren in Christus Je-*

sus« (Vers 7). Indem wir alles dem Herrn bringen und uns ihm anvertrauen, erhalten wir Ruhe und Frieden in unserem Herzen. Vom Erleiden geistlicher Armut ist dann keine Rede.

Der Bericht der Kundschafter — Vers 8-10

Die Stammesgenossen waren sehr gespannt auf die Beobachtungen der Kundschafter. Diese erstatten einen enthusiastischen Bericht und drängen auf sofortiges Handeln. Was sie gesehen haben, übertrifft die kühnsten Erwartungen. In ihrer begeisterten Geschichte ist sogar für Gott noch Platz. Auch hier wird Gott »herangezogen«, um ihrem Bericht seinen Stempel der Billigung aufzudrücken. Niemand fragt sich, ob dies das Land ist, das Gott ihnen zugedacht hat. Machen nicht alle Umstände deutlich, dass Gott dieses Land in ihre Hand gegeben hat? Mit denselben Augen und derselben Einstellung blickte Lot einst auf die Region von Sodom und Gomorra. Diese sah aus *»wie der Garten des HERRN«* (1. Mose 13,10). Ein Juwel von einem Wohnort. Lot fragte sich nicht, was der Herr wollte, er folgte mit seinem Herzen dem, was seine Augen sahen. Vom Unheil, das dadurch über ihn und seine Familie kam, lesen wir in 1. Mose 19. Die Daniter hatten dieselbe Gesinnung wie Lot.

Die Beförderung von Michas Priester — Vers 11-21

Dem Aufruf der Kundschafter wird Gehör geschenkt. Ein Heer von 600 Mann macht sich auf den Weg, um »das verheißene Land« in Besitz zu nehmen. Über Kirjat-Jearim kommen sie zum Haus von Micha. Dann folgt eine auffallend detaillierte und lebendige Beschreibung der Weise, wie der Levit Michas vom Stamm Dan vereinnahmt wird. Die fünf Männer der ersten Mission führen die 600 an. Fünf ist die Zahl der Verantwortlichkeit. So wie sie für ihre Empfehlung des neuen Wohngebiets des Stammes verantwortlich waren, so sind sie es jetzt auch für den Verlauf dieser Expedition. Sie ergreifen das Wort und die Initiative. Bevor sie das betreffende Gebiet in Besitz nehmen wollten, hatten sie offensichtlich den Plan gefasst, den Leviten als Stammpriester anzuwerben. Dieser hatte ihnen zum Schluss einen sehr günstigen »Ausspruch Gottes« mitgeteilt, der noch dazu eingetroffen war. Einen solchen Mann konnten sie in ihrem Stamm bestens gebrauchen. Sie erzählen ihren Stammesgenossen auch von ihrer anderen Entdeckung: die Götzenbilder in den Häusern von Micha. Sie brauchen nicht zu erklären, was sie meinen. Ihre Stammesgenossen haben dieselbe geistliche Einstellung wie sie.

Als sie bei dem Haus angekommen sind, gehen die fünf Männer zuerst hinein, während die anderen beim Eingang des Tores warten. Die fünf nehmen die Götzen weg. Als der Priester das sieht, beschwert er sich, aber das beeindruckt überhaupt nicht. Eine eigenmächtige Priesterschaft stellt nichts dar. Sie dient allein zur Befriedigung religiöser Gefühle. Darauf ist der Stamm aus. Deshalb wird der Leviten ohne Pardon zum Schweigen gebracht und sie unterbreiten ihm einen verlockenden Vorschlag. Seine Stimmung verändert sich sofort, als er hört, was ihm in Aussicht gestellt wird. Dieser Vorschlag bedeutet eine bedeutsame Positionsverbesserung und einen größeren Kreis, innerhalb dessen er seinen Einfluss geltend machen kann. Das Ganze ist so anziehend, dass er nicht einmal mehr über seine Verpflichtungen gegenüber Micha nachdenkt. Er packt seine Siebensachen und geht mit. Der Gedanke, nach dem Willen Gottes zu fragen, kommt bei ihm überhaupt nicht auf.

Diese Dinge sind uns in ihrer Art nicht fremd. Auch wenn wir nicht danach gefragt werden, wir sind alle für eine Beförderung in geistlichen Dingen empfindlich. Stellen wir uns vor, wir dürften zwischen zwei Gelegenheiten, etwas über den Herrn Jesus zu erzählen, auswählen. Bei der einen Gelegenheit können wir ein paar hundert Menschen erwarten, aber bei der anderen Gelegenheit werden wir froh sein können, wenn zwanzig kommen. Welche Gelegenheit würden wir wahrnehmen? Am liebsten doch den Ort, wo wir Hunderten von Menschen etwas über den Herrn Jesus erzählen könnten! Wir wollen einmal annehmen, dass wir zuerst mit dem Herrn darüber sprechen. Er macht durchaus deutlich, wohin wir gehen sollen. Es geht hier darum, dass wir von Natur aus dazu neigen, auf das zu sehen, was vor Augen ist. Da müssen wir ehrlich sein. Was der Levit tut, steckt uns allen im Blut. Das Einzige, das uns vor solchen menschlichen und fleischlichen Motiven bewahren kann, ist ein aufrichtiges Fragen nach dem Willen Gottes. Verlieren wir auch die Gefahr des finanziellen Aspekts nicht aus dem Auge. Die Verführung, dass wir uns dadurch leiten lassen, ist mindestens so groß wie der Umfang des Gehörs. Wo ein geistlicher Dienst gut belohnt wird, geht man lieber hin als dorthin, wo man nicht so sehr mit dem Geldbeutel klingelt. Jeder, der einen Dienst für den Herrn tun darf, muss diese Gefahren berücksichtigen. Das können wir von den Verhandlungen zwischen den Danitern und dem Leviten lernen. Unser einziges Motiv muss es sein, ihm zu dienen. Alles andere können wir dann ihm überlassen.

Michas Protest — Vers 22-26

Dann entdeckt Micha, dass seine Hausgötzen und sein Priester verschwunden sind. Er trommelt seine Männer zusammen und beginnt die Verfolgungsjagd. Nachdem sie die Daniter eingeholt haben, folgt das traurige Zeugnis Michas. Jetzt, wo sein Götze und sein Priester weg sind, hat er nichts mehr. Er fühlt sich aller geistlichen Stützen beraubt. Weil es für ihn leicht auszurechnen ist, dass er es mit seinem kleinen Heer nie gegen die Daniter aufnehmen kann, geht er wie ein geschlagener Hund nach Hause. Der Gedanke, nach dem wahren Gott zu fragen, liegt ihm offensichtlich fern. So groß ist der geistliche Verfall im Volk Israel.

Die Daniter sind jedoch um nichts besser. Ohne einen Funken Mitleid herrschen sie den armen Micha an, obwohl er einer ihrer Volksgenossen war. Wenn der wahre Gott nicht mehr seinen zusammenbindenden Platz inmitten seines Volkes hat, ist es um die Einheit des Volkes geschehen. Dann ist auch kein Respekt füreinander mehr da. Die folgenden Kapitel werden das zur Genüge beweisen. Micha war kein Mann des Glaubens; er stützte sich auf äußerliche Dinge. Der Halt seines Lebens lag in dem verankert, was greifbar war. Als ihm das genommen war, wurde er steuerlos.

Wie viele Christen haben nicht unbewusst auf die Sicherheiten vertraut, mit denen sie sich selbst umgeben haben? Für uns ist ein Götze etwas, das uns von Gott loslöst, das uns in unserem Auftreten Unabhängigkeit von ihm verschafft. Wer im Straßenverkehr allein auf seine Fahrkunst vertraut und nicht auf die Bewahrung Gottes, hat diese Fähigkeit zu einem Götzen gemacht. Das ist es, was er bewundert, ohne Gott darin einzubeziehen, der ihm diese Fähigkeit gegeben hat. Wer bei Rückschlägen allein mit seinen Versicherungsverträgen rechnet und nicht Gottes Hand in diesen Rückschlägen sieht, hat seinen Versicherungen den Status eines Götzen gegeben. Ein Mann des Glaubens kann durchaus bestimmte äußerliche Dinge besitzen, aber sein Glaube stützt sich nicht darauf. Entscheidend ist, wie es mit seinem Herzen in Bezug auf Gott bestellt ist; in dieser Gesinnung betrachtet er dann auch allerlei äußere Dinge. Dies fehlte bei Micha.

Was Micha hier tut und sagt, erinnert an das, was sein Vorfahr Abraham einst tat, aber dann jedoch im größtmöglichen Gegensatz zu Micha. In 1. Mose 14,10-16 läuft Abraham auch mit einem kleinen Heer von 318 Mann einem großen Heer hinterher. Das macht er jedoch nicht, um Götzen zurückzuholen, sondern um seinen abgewichenen Bruder Lot zu befreien. Er verhandelt nicht, sondern besiegt die vereinten Streitmächte von genau fünf Königen und befreit seinen Neffen Lot. Abraham heißt nicht umsonst der Vater der Gläubigen. In ihm sehen wir ein glänzendes Vorbild dessen, wie der Glaube an Gott wirkt. Von ihm können wir lernen, wie es sein soll; von Micha hingegen, wie es nicht sein soll.

Die Eroberung von Lajisch — Vers 27-31

Die Götzen und der Priester werden von den Danitern als eine Art Maskottchen mitgenommen. Das soll unumstößlich für Erfolg beim Auftrag sorgen, in dem sie unterwegs sind. Und so geschieht es auch. Lajisch bietet keinen Widerstand. Durch ihre abgesonderte Lage war auch niemand in der Nähe, um eventuell ein Notsignal aufzunehmen und ihnen zu Hilfe zu kommen. Gott gebraucht den Stamm Dan, um sie für ihre egoistische, selbstsüchtige Lebensweise zu richten. Dass der Stamm Dan selbst auch zu verurteilen ist, verhindert nicht, dass Gott ihn gebrauchen kann, um andere zu bestrafen. Mehrere Geschichten in diesem Buch sind ein Beweis dafür. Alle Völker, die von Gott dazu gebraucht werden, sein Volk für seine Untreue zu richten, sind Völker, die selbst gerichtet werden mussten. Das ist auch geschehen, bzw. soll noch geschehen.

Die Stadt, die anstelle von Lajisch gebaut wird, wird Dan genannt. Diese Stadt Dan wird zum sprichwörtlichen Norden von Israel, das sich nun zwischen »*Dan und Beerscheba*« (siehe z. B. Richter 20,1; 1. Samuel 3,20; 2. Samuel 3,10) erstreckte.

Der Levit Jonathan scheint ein Enkel Moses zu sein. Es ist geradezu schockierend, feststellen zu müssen, dass jemand aus Moses Nachkommenschaft – und das schon so bald – dem Götzendienst innerhalb eines israelitischen Stammes offiziell ein Existenzrecht gibt. Dies ist wiederum ein Beweis dafür, dass Gottesfurcht nicht vererbbar und dass Gnade kein Erbgut ist. Sowohl die Geschichte Israels als auch die der Christenheit liefern bittere Beispiele dafür.

Die Geschichte Michas, des Leviten und des Stammes Dan endet mit der Erwähnung der beiden religiösen Systeme, die nebeneinander bestanden: der von Menschen ausgedachte Gottesdienst und der Ort, wo Gott in jener Zeit sein Haus hatte, Silo. In den Augen der Menschen konnten diese beiden vielleicht durchaus nebeneinander bestehen; in den Augen Gottes war das unmöglich. Der Dienst in Silo sollte ein Ende finden. Das geschieht, als Hofni und Pinhas, zwei gottlose Priester, die Bundeslade als »Maskottchen« mitnehmen und diese von den Philistern erbeutet wird (1. Samuel 4). Aber solange das Zelt der Zusammenkunft noch dort steht, ist für Menschen wie die gottesfürchtige Hanna in Silo noch eine Begegnung mit Gott möglich (1. Samuel 1).

3b) Kapitel 19 – 21

Der moralische Verfall

Kapitel 19

Einleitung

Wie schon angemerkt, bilden auch die Kapitel 19-21 ein Ganzes. Sie berichten uns von einem zusammenhängenden Geschehnis und die Ergebnisse davon decken den moralischen Zustand des Volkes auf.

Gott beschönigt niemals den Zustand der Seinen, nicht bei dem Einzelnen und nicht beim Volk als Ganzem. Peinlich detailliert wird ein Geschehnis beschrieben, das seinesgleichen unter dem Volk Gottes nicht kennt. Es kann schockierend sein, so etwas zu lesen, aber es muss gelesen werden. Gott hat dies nicht umsonst in sein Wort aufgenommen. Jeder von uns muss sich bewusst werden, dass es ein Geschehen ist, zu dem jeder von uns kommen kann. Wer meint, dass er zu so etwas nicht fähig sei, kennt sich selbst noch sehr schlecht. Darüber hinaus ist es gut und heilsam zu wissen, dass Gott auch die allerschlechtesten Züge in uns kennt.

Der Herr Jesus hat auch das für all die Seinen tragen wollen. Er kennt wie kein anderer die verborgenen Tiefen des menschlichen Herzens und das, was sich offenbaren kann, wenn die Gelegenheit sich bietet oder die Umstände sich dazu neigen. Er wusste, was es bedeutet, damit in die Gegenwart Gottes kommen zu müssen. Darum wurde in Gethsemane sein Schweiß wie große Blutstropfen. Dort hatte er ein Vorgefühl des Leidens, das er auf dem Kreuz erfuhr, als er zur Sünde gemacht wurde und Gottes Zorn ihn der Sünde wegen traf.

Wo die Verbindung mit Gott abgebrochen wird (wir haben das in den Kapiteln 17 und 18 gesehen), zerfällt auch die Einheit des Volkes und es ist keine Rede mehr von gemeinschaftlichem Hinaufziehen in Liebe und Frieden. Nachdem die erste Tafel des Gesetzes zerbrochen worden ist, die die Verbindung zwischen dem

Volk und Gott regelt, wird jetzt die zweite Tafel zerbrochen, die die Verhältnisse im Volk untereinander regelt. Der Bruch mit Gott sorgt dafür, dass auch jede andere Verbindung zerbrochen wird.

Wir können die folgende Unterteilung vornehmen:

a. Kapitel 19: die Beschreibung der Sünde;
b. Kapitel 20: der Umgang des Volkes mit dieser Sünde;
c. Kapitel 21: das Ergebnis dieses Umgangs.

Keine Autorität mehr in Israel — Vers 1

Der erste Vers sagt schon direkt, in was für einer Zeit sich die Geschichte abspielt, die sich vor unseren Augen vollzieht. Hier ist wiedergegeben, wie es möglich war, dass es zu dieser Gräueltat kommen konnte, die Gottes Geist so ausführlich mit ihren ganzen elenden Folgeerscheinungen beschreibt. Es gab keine anerkannte Autorität, der man sich zu unterwerfen hatte. Jeder war sein eigenes Gesetz. Das bereitet einen fruchtbaren Boden für die gräulichsten Ausschweifungen des bösen Herzens des Menschen, der Gott den Rücken zugekehrt hat. Trifft das dann auch noch auf jemanden zu, der zwar äußerlich mit Gott in Verbindung steht, aber in seinem Leben die Autorität Gottes ignoriert und Gott sogar beiseite geschoben hat, dann ist der tiefste Fall nahe.

War beim Leviten aus dem vorigen Kapitel noch eine gewisse Erkenntnis Gottes vorhanden, ist bei dem Leviten, von dem wir hier lesen, nichts mehr von Gott zu finden. Gott scheint für ihn nicht zu existieren. Hier wird der Ausspruch bestätigt, dass das Verderben des Besten das schlimmste Verderben ist. Wir bekommen es mit Dingen unter dem Volk Gottes zu tun, worüber man sogar in der Welt mit Beschämung spricht (vergleiche 1. Korinther 5,1).

Die Untreue der Nebenfrau — Vers 2

Wenn wir sehen, wie der Levit mit seiner Nebenfrau umgeht, wird sie sich bei ihm anscheinend nicht sehr wohl gefühlt haben. Nicht die geringste Spur von Zuneigung ist zu entdecken. Das zeigt sich auch in der Tatsache, dass er erst nach vier vollen Monaten dazu kommt, sich einmal auf die Suche nach ihr zu machen. Das entschuldigt die Frau natürlich nicht. Dass sie mit ihrem Mann keine Erfüllung finden kann, ist für sie kein Freibrief, um mit einem anderen Mann ins Bett zu gehen. Das Verhalten der Frau stellt eigentlich das dar, was der Levit selbst war: untreu in seinem Verhältnis zu Gott.

Wiedervereinigung und Aufbruch — Vers 3-10

Es dauert vier Monate, bevor der Mann beschließt, sich auf die Suche nach seiner Frau zu machen, denn er will sie doch zurück haben. Es ist möglich, dass er sie nur um der Schmach willen zurück haben will, die er erleidet, wenn er immer wieder gefragt wird und Rede und Antwort stehen muss, wo seine Frau geblieben ist. Er wird versuchen, seine Frau zu überreden, mit ihm mitzukommen, indem er »auf ihr Gemüt einwirken« wird. Das ist die buchstäbliche Bedeutung des Ausdrucks *»um zu ihrem Herzen zu reden«*. Nirgends wird deutlich, dass er etwa versucht, seine Frau von ihrer Untreue zu überführen und sie zu einem Bekenntnis zu bringen. Auch zeigt sich in der Geschichte nirgends, dass seine Frau einwilligt, mit ihm mitzugehen. Wir lesen kein einziges Wort von ihr. Ihr Ehebruch und ihr gräuliches Ende zeugen davon, wie ihr Leben war. In der Unterhaltung des Mannes mit ihrem Vater hat sie keinen Platz. Das können wir aus den Versen 6 und 8 schließen, wo von *»beiden miteinander«* die Rede ist, womit in beiden Fällen der Mann und der Vater gemeint sind.

In dieser Unterhaltung gibt der Mann sich als Lebensgenießer zu erkennen, der auf fleischliche Bequemlichkeit erpicht ist. Er ist leicht zu überreden, ein Mann ohne Rückgrat, dessen Leben von Essen und Trinken (Vers 4) und Fröhlichkeit (Vers 6) bestimmt wird. Als er beim Anbruch des vierten Tages aufbrechen will, weiß sein Schwiegervater ihn so mit Essen und Trinken an der Leine zu halten, dass er noch den ganzen Tag bleibt. Er überredet ihn sogar, noch weiter zu übernachten und fröhlich zu sein. Dieses »Fröhlichsein« bezieht sich wieder auf Essen und Trinken. Sein fröhliches Leben geht also Tag und Nacht weiter. So wird das Leben zu einem großen »Fest«. Der Schwiegervater schafft es, den Leviten noch einen fünften Tag mit Essen und Trinken festzuhalten. Erst am Abend des fünften Tages macht er sich auf den Weg. Diesmal lässt er sich nicht mehr überreden. Doch der Zeitpunkt seines Aufbruchs verspricht gewiss keine erfolgreiche Reise. Die Verspätung, die er sich erlaubt hat, soll ihm zum Verhängnis werden.

Als allgemeine Lektion können wir daraus lernen, dass es nicht nur gut ist, zu wissen, dass wir irgendwo hin müssen, sondern dass wir auch wissen, wann wir gehen müssen. Bei diesem Leviten sehen wir ausschließlich ein Handeln nach der Situation des Augenblicks und nach der Eingebung seines eigenen Herzens. Es war ja die Zeit, in der jeder tat, »*was recht war in seinen Augen*«. Diese Menschen werden durch das charakterisiert, was wir in Römer 3,18 lesen: »*Es ist keine Furcht Gottes vor ihren Augen.*« Der Levit meint, jetzt sei die Zeit reif, um zu gehen, ohne sich zu fragen, ob der Zeitpunkt wohl richtig gewählt ist.

Die Übernachtung: Jebus oder Gibea — Vers 10-14

Nachdem sie ein kleines Stückchen gereist sind, wird es Zeit, um einen Ort zu suchen, wo sie übernachten konnten (es war ja schon gegen Abend, als sie aufbrachen). Jebus kommt in Sicht. Der Knecht macht den Vorschlag, dorthin zu gehen. Aber das kommt für den Leviten nicht in Frage. Was sind die Einwände gegen Jebus? Er nennt es »*eine Stadt von Fremden, die nicht von den Söhnen Israel sind*«. Das ist das, was man einen krassen Fall von Pharisäismus nennt. Pharisäer sind Leute, zu denen der Herr Jesus in Matthäus 23,25 sagt: »*Wehe euch, Schriftgelehrte und Pharisäer, Heuchler! Denn ihr reinigt das Äußere des Bechers und der Schüssel, inwendig aber sind sie voller Raub und Unenthaltsamkeit.*« Der Levit will offensichtlich äußerlich keine Verbindung mit dem Verkehrten haben, aber innerlich ist er selbst voller Unreinheit.

Das beinhaltet die Warnung, dass wir sehr gut auf der Hut sein müssen vor einem unausgewogenen Verhältnis zwischen unserer persönlichen Heiligung und unserem öffentlichen Auftreten, anders gesagt, zwischen Lehre und Leben. Dazwischen darf es keinen Unterschied geben. Was die Menschen von uns sehen, muss die Folge unserer innerlichen Gemeinschaft mit Gott sein und dessen, was er uns durch sein Wort deutlich gemacht hat. Wenn unser praktisches Auftreten vor den Menschen sehr gewissenhaft ist, während wir es mit unserer persönlichen, inneren Heiligung vor Gott nicht so genau nehmen, gibt es kein Bewusstsein dessen, was wirklich Sünde ist. Die Fortsetzung dieses Kapitels zeigt das deutlich auf. Er nahm auf Gott keine Rücksicht, sondern nur auf das, was die Menschen sagen könnten. Er verhielt sich so, als ob Israel noch nahe bei Gott lebte, während es schon sehr weit von Gott abgewichen war.

Im Licht des moralischen Zustandes in Israel ist das, was in Vers 14 steht (*»aber die Sonne ging hinter ihnen unter nahe bei Gibea, das zu Benjamin gehört«*) mehr als nur die Beschreibung eines Naturphänomens. Die Sonne ging buchstäblich unter, das heißt wohl, es wurde Nacht. Aber es ist gleichzeitig ein Hinweis auf den Verfall in Israel, und besonders hier in Gibea. Es war ein Ort, wo bald auf schreckliche Weise deutlich werden würde, wie groß die geistliche Finsternis in den Herzen der Einwohner war. Es liegt auf der Hand, dass es dem Leviten nicht bekannt war, in was für einen unmoralischen Ort er hineinkam. Auch daraus wird deutlich, dass er überhaupt kein Interesse für die Ehre Gottes inmitten seines Volkes hatte. War ein Levit nicht etwa jemand, der von Gott dazu beauftragt war, sein Gesetz unter dem Volk zu lehren? So hatte es Mose in seinem Segen in 5. Mose 33,10 von Levi gesagt. Darauf pfiff der Levit offensichtlich. Was hatte ihm der Zustand unter Gottes Volk schon zu bedeuten? Er dachte allein an sein eigenes Interesse und nicht an das von Gott und seinem Volk (vergleiche Philipper 2,4).

Unterkunft in Gibea — Vers 15-21

Die Entscheidung ist getroffen; Gibea wird der Ort sein, an dem sie übernachten werden. Dort angekommen, erwartet sie ein sehr kühler Empfang. Nach der überschwänglichen Gastfreundschaft im Haus seines Schwiegervaters muss dem Leviten die erste Bekanntschaft mit dieser Stadt kalt angemutet haben. Darin zeigt sich bereits das niedrige moralische Niveau der Einwohner von Gibea. Die übliche Gastfreundschaft wird missachtet. Wo man auf die Befriedigung eigener Bedürfnisse ausgerichtet ist, verliert man die Sorge für die Glieder des Volkes Gottes aus dem Auge und unterschlägt die Gastfreundschaft. Das war damals so; das ist heute immer noch so.

Glücklicherweise werden sie von einem alten Mann bemerkt, der von seiner Arbeit zurückkommt und auf dem Weg nach Hause ist. Der alte Mann lebte dort als Fremdling, genau wie Lot einst in

Sodom. Er stellt zuerst einige Fragen. Das taten die Daniter in Kapitel 18,3 auch. Dort haben wir bemerkt, dass dem Leviten seine Augen für die Dinge, mit denen er beschäftigt war, hätten aufgehen können. Das können wir auch hier anwenden. Er erzählt, dass er von »*Betlehem in Juda an das äußerste Ende des Gebirges Ephraim*« reisen will, um zu seinem Haus zurückzukommen (Vers 18; einige Übersetzungen lesen »*zum Hause des HERRN*«).

Die Umgebung, in die er wollte, war die, welche er in Vers 1 verlassen hatte. Er fügt hinzu, dass er auf dem Weg zum Haus des Herrn ist, das damals in Bethel oder in Silo stand. Ob er dort bleiben wollte oder es nur besuchen wollte, wird nicht deutlich. Jedenfalls bleibt sein Gewissen trotz der Erwähnung dieser Orte stumm. Er wird dadurch nicht an seine Untreue Gott gegenüber erinnert und an das, was mit seiner Frau geschehen ist. Wer mit seinem Gewissen weit von Gott entfernt ist, sieht in keinem Umstand mehr die Hand Gottes. Als er erklärt, dass er auf dem Weg zum Haus Gottes ist, kann das sehr gut mit der Befriedigung eines religiösen Bedürfnisses zu tun haben, das aus seinem Gefühl hervorgeht und nicht aus einem Verlangen nach einer Begegnung mit Gott.

Er beklagt sich über den Mangel an Gastfreundschaft. Er braucht doch nur eine Unterkunft, weiter nichts, denn mit allem Übrigen ist er versorgt. Dennoch erweist sich seine Not als größer, als er denkt. Weil der alte Mann weiß, was in der Stadt vor sich geht, lässt er die Gesellschaft nicht auf dem Platz übernachten, sondern gewährt ihnen Unterkunft für die Nacht. Es scheint, als habe der Levit ein gutes Plätzchen für die Nacht gefunden, denn er kann nach Herzenslust essen und trinken. Aber schon sehr bald wird deutlich, dass diese Gastfreundschaft keinen Schutz vor der Unmoral der Bürger der Stadt bietet.

Die Schandtat von Gibea — Vers 22-25

Während der Levit beim Essen und Trinken schwelgt, als bestünde das Leben allein daraus, bekommt er es mit der knallharten Realität des »*ausschweifenden Wandels der Ruchlosen*« (2. Petrus 2,7) zu tun, wie einst Lot damit seine Erfahrung machen musste, als er in Sodom wohnte (siehe 1. Mose 19,4-5). Es besteht jedoch ein großer Unterschied: Was damals im heidnischen Sodom stattfand, findet jetzt in Israel statt, unter dem Volk Gottes, durch Menschen, die Gottes Namen tragen. Hier kommen nun auch keine Engel zu Hilfe, wie sie in 1. Mose 19,10-11 eingegriffen hatten. In Jeremia 23,14 sagt Gott von seinem Volk: »*Sie alle sind für mich wie Sodom und seine Bewohner wie Gomorra.*«

Im Neuen Testament finden wir eine derartige Parallele, wenn wir den Abschnitt aus Römer 1,29-32 mit 2. Timotheus 3,1-5 vergleichen. Wir entdecken dann, dass von den Sünden, die in Römer 1 aufgezählt werden und die sich dort auf die Heiden beziehen, sehr viele in 2. Timotheus 3 wiederzufinden sind. Von 2. Timotheus 3 wissen wir bereits, dass es dort um Menschen geht, die sich Christen nennen. Israel ist hier auf das Niveau von Sodom und Gomorra abgesackt. Die Christenheit ist auf das Niveau der Welt abgesackt. Wie traurig muss das für Gott sein!

Die Sünde, der in Gibea nachgegangen wird, ist die Homosexualität. Die Männer von Gibea wollen sexuellen Verkehr mit dem Mann, der gerade in ihre Stadt gekommen ist. Diese Leute praktizieren etwas, was in der Schrift eindeutig verboten wird (3. Mose 18,22; 20,13). In Römer 1,26-27 wird diese Sünde als ein Gericht aufgezeigt, das Gott auferlegt, wenn man von ihm abweicht und das Geschöpf mehr als den Schöpfer ehrt und dem Geschöpf mehr dient, wie es im Vers zuvor heißt. Die Bibel verurteilt die Praktik, nicht die Person. Aber wenn die Person nicht auf das hören will, was die Bibel sagt, wird die Person mit der Sünde identifiziert und derjenige empfängt die Strafe für die Sünde. Das gilt übrigens für jede Sünde, die ein Mensch begeht. Gott hält die Tür zur Vergebung immer noch sperrangelweit offen. Seine Bedingung ist jedoch, dass ein aufrichtiges Bekenntnis der Sünde erfolgt: »*Wenn wir unsere Sünden bekennen, ist er treu und gerecht, dass er uns die Sünden vergibt und uns reinigt von jeder Ungerechtigkeit*« (1. Johannes 1,9).

Ein kurzes Wort über homosexuelle Gefühle ist hier sicher am Platz. Manchmal kommt es vor, dass jemand eine stärkere Anziehungskraft zu Menschen desselben Geschlechts als zu Menschen des anderen Geschlechts erfährt. Wer damit als Christ Schwierigkeiten hat und den Empfindungen nicht nachgeben will, hat die Unterstützung von Mitchristen sehr nötig. Der Aufruf an uns als Geschwister im Herrn ist, diesem Bruder oder dieser Schwester von Herzen beizustehen und ihn bzw. sie im Kampf zu unterstützen.

Zurück nach Gibea. Die Reaktion auf die Haltung der Männer ist genauso schockierend wie das, was die Männer wollen. Der alte Mann macht den unfassbaren Vorschlag, seine eigene Tochter und die Nebenfrau seines Gastes zur Befriedigung ihrer perversen Lüste preiszugeben. Es kann durchaus stimmen, dass ein Gastherr, nach der Sitte des Orients, die Sicherheit seines Gastes völlig garantieren will. Dennoch ist es unbegreiflich, dass er sich auf dieses Angebot einlässt. Damit gibt er seine Zustimmung zum Begehen einer »kleineren« Sünde, um eine größere zu verhindern. Lot tat einst dasselbe; auch er bot seine Töchter an (1. Mose 19,8).

So kann jeder Gläubige handeln, der seine Verbindung mit Gott verloren, aber doch noch ein gewisses moralisches Empfinden hat. Wenn man in einer gottlosen Umgebung lebt, besteht die Gefahr der Abstumpfung der Empfindungen. Paulus warnt die Gläubigen in Ephesus davor und über sie hinaus auch uns. Wir sollten niemals meinen, dass wir zu so etwas nicht imstande wären. Gott kennt uns besser als wir selbst. Sehr realistisch und kräftig sagt Paulus, geleitet durch den Heiligen Geist: »*Dies nun sage und bezeuge ich im Herrn, dass ihr nicht mehr wandeln sollt, wie auch die Nationen wandeln, in Nichtigkeit ihres Sinnes; sie sind verfinstert am Verstand, fremd dem Leben Gottes wegen der Unwissenheit, die in ihnen ist, wegen der Verstockung ihres Herzens; sie, die abgestumpft sind, haben sich selbst der Ausschweifung hingegeben, zum Ausüben jeder Unreinheit mit Gier*« (Epheser 4,17-19). Und wie können wir verhindern, dass wir mitlaufen »*in demselben Strom der Heillosigkeit*« (1. Petrus 4,4)? Die nächsten Verse von Epheser 4 geben die Antwort: Auf Christus blicken und bedenken, dass wir erneuert sind im Geist unserer Gesinnung und den neuen Menschen angezogen haben, »*der nach Gott geschaffen ist in wahrhaftiger Gerechtigkeit und Heiligkeit*« (Vers 20-24). Das ist die herrliche Sicherheit, die nötig ist, um zur Ehre Gottes leben zu können, inmitten so vieler Ausschweifungen und der Sittenlosigkeit um uns her.

Beim alten Mann und dem Leviten ist von einem Rufen zu Gott um Rettung keine Rede. Aus dem kaltblütigen Opfern seiner Frau wird deutlich, warum die Frau von ihm weggelaufen war. Er hatte überhaupt keine Gefühle für sie. Er besaß sie für sich selbst. Jetzt konnte er sie gebrauchen, um seine Haut zu retten. Mit knappen Worten, die unsere Fantasie nicht anregen sollen, beschreibt der biblische Autor, was die Männer ihr die ganze Nacht hindurch antun. Es sind in der Tat die Werke der Finsternis. In Epheser 5,11-12 heißt es darüber: »*Und habt nichts gemein mit den unfruchtbaren Werken der Finsternis, sondern stellt sie vielmehr bloß! Denn was heimlich von ihnen geschieht, ist selbst zu sagen schändlich.*« Das ist der Mensch, der nach den Lüsten seines eigenen Herzens handelt, was immer auf Kosten des anderen geht.

Die Frau überlebt diese bestialische Tortur nicht. Weil sie nirgends anders hin konnte, geht sie zu dem Haus, »*wo ihr Herr war*«. Er war ihr Herr, das charakterisierte die Beziehung. Sie stand damit offenbar in derselben Beziehung zu ihm wie der Knecht (siehe Vers 11). Sie war auch nicht mehr als ein Arbeitsgerät, über das er nach seiner Willkür verfügen konnte. Bei dem Haus angekommen, sind ihre Kräfte erschöpft und sie stirbt.

Die Reaktion des Mannes — Vers 27-29

Die Frau ist an der Sünde gestorben, in der sie früher gelebt und von der sie sich ohne Reue getrennt hatte. Gott lässt das Maß der Sünde voll werden. Bei Tagesanbruch wird die Auswirkung des Bösen sichtbar, sowohl bei der Frau als auch bei dem Mann. Hier erweist sich, wie vollkommen gleichgültig der Mann ist, wie herzlos, wie absolut unempfindlich. Man kann sich nicht vorstellen, dass er normal schlafen konnte. Dennoch scheint es, als sei er ruhig ins Bett gegangen. Als er am nächsten Tag aufsteht und kurz darauf aufbrechen will, sieht er seine Frau daliegen. Ohne irgendein Gefühl der Anteilnahme, ohne irgendwie nach ihrem Zustand zu sehen, fordert er sie auf, aufzustehen.

Ihre Hände auf der Schwelle sprechen vielleicht vom Anspruch auf Schutz, den sie geltend gemacht hatte und den jedes Haus in Israel ihr hätte verschaffen müssen. Sie muss durch die Brutalität der Männer von Gibea furchtbar gelitten haben, körperlich wie seelisch. Sie muss abscheulich gelitten haben, vor allem seelisch, weil es niemanden gab, der sie in Schutz nahm. Sie muss abscheulich gelitten haben, als sie nach solch einer abscheulichen Tortur kein Gehör in dem Haus fand, wo ihr Mann sich befand.

Als der Mann sieht, was geschehen ist, lädt er seine Frau auf seinen Esel und geht nach Hause. Zu Hause angekommen, schneidet er seine Frau in zwölf Stücke und schickt jedem Stamm Israels ein Stück ihrer Leiche. Der Mann handelt im kühlen Bewusstsein, dass das, was mit seiner Frau geschehen ist, das ganze Volk angeht. Obwohl die Tat in einer bestimmten Stadt stattgefunden hat, ruht der Schmutz dieses Geschehens auf dem ganzen Volk. Jeder muss wissen, was in Gibea vorgefallen ist. Die Sünde des Einzelnen ist die Sünde des Ganzen.

Die Reaktion in Israel — Vers 30

Der Schock ist heftig, die Entrüstung groß. Nie war der Zustand Israels so desolat, dass eine derartige Sünde hätte geschehen können. Es war auch eine Sünde, die ihresgleichen in der Nationalexistenz Israels nicht kannte. Jahrhunderte später erinnert der Prophet Hosea (siehe Hosea 9,9; 10,9) an diese Geschichte, um dem Volk deutlich zu machen, wie tief es gesunken war. Das Volk ist in heller Aufregung. Was soll geschehen? Es wird zur Überlegung und Beratung und zu einer Aussprache aufgerufen. Was sollen die Nachbarvölker wohl denken, wenn sie davon hören?

Über die Schmach, die Gott hiermit angetan wurde, und über eine Demütigung dafür, dass dies unter ihnen, unter seinem Volk, geschehen ist, lesen wir nichts. Wäre ihnen wirklich etwas an der Ehre Gottes gelegen, so hätten sie ihre Entrüstung schon eher, in den vorausgegangenen Kapiteln, zeigen können. Aber der Götzendienst von Micha und dem Stamm Dan hatte sie kalt gelassen. Die Verunehrung, die Gott damit angetan worden war, war ihnen völlig gleichgültig und hatte sie nicht in Aufregung versetzt. Doch jetzt, wo *ihr* guter Ruf befleckt war, jetzt mussten sie energisch auftreten.

Kapitel 20

Einleitung

In diesem Kapitel treten wichtige Dinge in den Vordergrund, die auch auf die Ausübung von Zucht in der Gemeinde anzuwenden sind. Daneben tritt hervor, dass diese Ausübung der Zucht etwas ist, womit die ganze Gemeinde zu tun hat. Das ganze Volk ist dabei einbezogen. Der Weg, den Israel geht, um die Sünde aus seiner Mitte wegzutun, und was Gott sie auf diesem Weg lehrt, sind eine klare Illustration für das Handeln örtlicher Gemeinden (und die Gesinnung, in der das geschehen muss), wenn Sünde aus ihrer Mitte weggetan werden muss. Jede Sünde, die in einer örtlichen Gemeinde offenbar und unter Zucht gestellt wird, muss zugleich die Gemeinde zur Besinnung über die Ursache dieser Sünde bringen. Diese Gemeinde wird ihren eigenen Zustand in Gottes Licht untersuchen müssen und von ihm Erkenntnis erbitten, wie es möglich war, dass es zu dieser Sünde kommen konnte.

Das Volk Gottes wie ein Mann — Vers 1-2

Die erste Wirkung vom Bericht der Gräueltat ist, dass das ganze Volk wie *ein* Mann vor dem Herrn zusammenkommt. Zwar muss noch einiges gelernt werden, doch ist diese Tatsache an sich eine Reaktion, die zu loben ist. Es war die Zeit, in der ein jeder tat, was recht war in seinen Augen. Charakteristisch für solch eine Zeit ist, dass man aneinander vorbei lebt. Jedes Gefühl der Zusammengehörigkeit ist verschwunden. Gott gebraucht die begangene Sünde, um wieder Einheit unter seinem Volk zu bewirken. Das Zweite ist, dass sie vor dem Herrn in Mizpa die richtige Haltung einnehmen. Aber eine richtige Haltung ist noch keine Garantie für eine richtige Gesinnung. Man kann bestimmte Bedingungen erfüllt haben, wie die der Einstimmigkeit und einer richtigen Haltung, aber da muss noch etwas hinzukommen, nämlich die richtige Gesinnung. Es ist also eine gute Sache, wenn das Volk wie ein Mann zusammenkommt (siehe auch Vers 8 und 11), um das Böse zu bestrafen; es ist eine gute Sache, dass es Eifer dabei zeigt, sich vom Bösen zu reinigen; es ist eine gute Sache, dass sie die richtige Haltung einnehmen. Aber das Volk ist noch lange nicht in der richtigen Gesinnung, um Zucht auszuüben. Sie handeln bislang noch lediglich aus einer fleischlichen Entrüstung und auf eigene Initiative. Erst in Vers 18 fragen sie Gott, doch dann haben sie ihre eigenen Pläne schon längst festgelegt. Es ist das Böse, das sie zusammenbringt.

Aber etwas Böses wird niemals als ein Band dienen können, um damit Gottes Volk beisammen zu halten. Und wenn das Einnehmen einer richtigen Haltung nicht zu einer dazu passenden Gesinnung und dem dazugehörigen Verhalten führt, ist das auch keine Garantie für das richtige Handeln in Zuchtfragen. Diese Dinge müssen miteinander einhergehen. Dabei denke ich an das Zusammenkommen der Gemeinde zum Herrn Jesus, um ihn versammelt, mit ihm als Mittelpunkt, getrennt von allerlei menschlichen Einrichtungen oder menschlichem Gruppendenken. Doch wenn das nicht aus Liebe zu Christus und mit einem Bewusstsein der Gnade und in einer Gesinnung der Niedrigkeit geschieht, gibt diese Haltung keine einzige Garantie für den Segen und die Gegenwart des Herrn Jesus.

Wenn Einheit besteht, kommen auch die Führer zusammen. Ein wichtiger Aspekt beim Funktionieren der Gemeinde als eine Einheit ist, dass dort wieder auf eine biblische Weise geführt wird. Wir haben in Kapitel 5 Debora über die Führer singen hören, die die Führung wieder an sich nahmen. Wenn es keinen König in Israel gibt und somit keine Führung vorhanden ist, geht das auch auf Kosten des Zusammengehörigkeitsgefühls.

Der Bericht des Leviten — Vers 2-7

Auf eine entsprechende Frage hin erstattet der Levit in groben Zügen Bericht von den Ereignissen in Gibea. Er sagt nichts von seiner eigenen Untreue und dem verkehrten Weg, den er ging. Ebenso verschweigt er, dass er selbst seine Frau in die Hände dieser Wollüstigen ausgeliefert hat und er vermittelt den Eindruck, als sei er in Lebensgefahr gewesen. Er erzählt seine Geschichte auf eine solche Weise, dass er selbst so gut wie möglich dabei wegkommt. Dass er den Leichnam seiner Frau in Stücke schnitt und die Teile in ganz Israel verschickte, begründet er mit der Schandtat und der Torheit, die damit in Israel begangen worden war. Er schließt mit dem Hinweis, dass sie als Israeliten wissen sollten, was sie zu tun hätten. Seine eigene Verantwortlichkeit als Levit, der das Gesetz lehren muss, erwähnt er mit keinem Wort.

Die Schlussfolgerung — Vers 8-10

Der Mann hat mit seiner Geschichte noch einmal dick unterstrichen, wovon das Volk bereits überzeugt war: Es muss gegen die Männer vorgegangen werden, die diese üble Tat begangen haben. Sie verpflichten sich selbst dazu, nicht eher nach Hause zu gehen, als bis sie mit Gibea abgerechnet haben. Was allein noch schnell erledigt werden muss, ist das Los zu werfen, um zu erfahren, in welcher Reihenfolge sie in den Kampf ziehen sollen. Zehn Prozent der Männer werden beiseite gestellt, um während des Feldzugs für Proviant zu sorgen. Bei allem, was unternommen wird, geht es immer noch um die Verunehrung, die Israel angetan worden ist, und nicht um die Verunehrung, die Gott angetan worden ist.

Die Unterhaltung mit Gibea — Vers 11-13a

Zum dritten Mal lesen wir, dass Israel »*wie ein Mann*« (nach Vers 1 und Vers 8) miteinander verbunden ist. Die Botschaft, die sie durch das ganze Gebiet des Stammes Benjamin (wo Gibea lag) verbreiten lassen, ist kurz und bündig. Der Text dieser Botschaft deutet darauf hin, dass sie noch nicht in der richtigen Gesinnung sind, um gegen das Böse aufzutreten. In den vorausgegangenen Versen haben wir gesehen, dass die Bereitschaft zum Handeln aus menschlicher Entrüstung hervorging. Dadurch denken sie jetzt nicht daran, zuerst den Herrn zu fragen, um zu wissen, wie sie gegen die Sünde vorgehen sollen. Sie sprechen zu Benjamin über »*die Untat, die unter euch geschehen ist*« und nicht »unter uns«.

Vielleicht ist uns schon einmal aufgefallen, dass wir die Sünde beim anderen eher sehen als die bei uns selbst. Um jemand anders auf seine Sünde hinweisen zu können, muss zuerst Selbstgericht stattfinden. Das bedeutet, dass jemand selbst von Sünden frei sein muss, dass in seinem eigenen Leben keine ungerichtete Sünde vorhanden sein darf. Wenn jemand meint, sich mit den Sünden anderer beschäftigen zu müssen, während er in seinem eigenen Leben Sünden bestehen lässt, ist er ein Heuchler. Hierauf sind die Worte des Herrn Jesus anzuwenden, als er sagt: »*Heuchler, zieh zuerst den Balken aus deinem Auge! Und dann wirst du klar sehen, um den Splitter aus deines Bruders Auge zu ziehen*« (Matthäus 7,5). Persönliches Freisein von Sünden ist also eine erste Voraussetzung, die man mittels Selbstgericht schaffen muss. Mit diesem Selbstgericht ist allerdings noch eine zweite Voraussetzung verbunden. Wir können jemanden erst auf seine Sünde hinweisen, wenn wir uns bewusst werden, dass der Fehltritt, den er begangen hat, auch uns überkommen kann. Wir sind in nichts besser als der andere. In Galater 6,1 steht, wie wir diese Bedingung erfüllen können: »*Brüder, wenn auch ein Mensch von einem Fehltritt übereilt wird, so bringt ihr, die Geistlichen, einen solchen im Geist der Sanftmut wieder zurecht. Und dabei gib auf dich selbst Acht, dass nicht auch du versucht wirst!*«

Was Israel lernen muss, ist die Identifikation mit der Sünde, die begangen worden ist, und dass es nicht nur die Sünde einer Stadt oder eines Stammes ist. In Josua 7,1 kommt derselbe Grundsatz zum Ausdruck. Dort heißt es: »*Doch auch die Söhne Israel übten Untreue an dem Gebannten. Und Achan … nahm etwas von dem Gebannten.*« Es ist ein Mann, der sündigt, aber das ganze Volk wird von Gott für schuldig erklärt. Hätte Israel sich mit der Sünde Gibeas einsgemacht, dann hätte Benjamin anders reagiert. Dann hätte Benjamin ein Volk gesehen, das bereute und die Sünde bekannte, als ob dieses Volk selbst sie begangen hätte. Aber bei dem Volk sind keine brüderlichen Empfindungen zu verspüren. Es ist leichter, Dinge zu sehen, die verkehrt sind und die gerichtet werden müssen, als selbst mit diesen Dingen zu Gott zu gehen und sie so zu sehen und zu empfinden, wie Gott sie sieht und empfindet. Durch ihr Auftreten gaben sie allein Benjamin die Schuld und machten ihn für das verantwortlich, was geschehen war, ohne zu begreifen, dass es ein Übel betraf, das in ihrer Mitte stattgefunden hatte.

Im Neuen Testament geht Paulus in 1. Korinther 5 auf einen Fall von Sünde innerhalb der Gemeinde ein, der so schlimm war, dass er selbst unter den Heiden nicht gefunden wurde. Er nimmt den Korinthern vor allem übel, dass sie kein Leid über die Tat getragen haben, die unter ihnen stattfand. Sie setzten das Zusammenkommen ruhig fort, als sei nichts geschehen. Das ist auch eine Weise, wie man sich nicht mit dem vorhandenen Bösen identifiziert.

Sowohl in Korinth als auch hier in Richter reagiert man auf das Böse auf eigensinnige Weise. Die Sache wird nicht mit Beschämung über das Geschehene Gott vorgelegt; folglich kann er seinen Willen, wie gehandelt werden muss, nicht bekannt machen.

Die Weigerung, die Sünde zu richten — Vers 13b-14

Israel packt die Sache verkehrt an, aber das spricht Benjamin in seiner Reaktion darauf nicht frei. Benjamins Reaktion zeigt, dass dieser Stamm sich der abscheulichen Sünde nicht bewusst ist, die in seiner Mitte begangen wurde. Der ganze Stamm macht sich auf diese Weise mit der Sünde eins. Die Sünde war schlimm, noch schlimmer ist die Weigerung, die Sünde zu verurteilen. Sie verteidigen die Sünde sogar, obwohl sie die Sünde selbst nicht begangen hatten, sondern nur einige böse Leute. Was als eine Strafexpedition gegen eine Stadt begann, artet durch die Haltung Benjamins zu einem kompletten Bürgerkrieg aus. Weil sie das Böse in ihrer Mitte geduldet haben, beginnen sie es jetzt zu verteidigen und zetteln einen Bruderkrieg an. Benjamin macht eine Stammesangelegenheit daraus. Von den Übeltätern selbst hören wir weiter nichts mehr.

Wie aus 1. Korinther 5 zu schließen, kann in jeder örtlichen Gemeinde die schlimmste Sünde vorkommen. Wie schlimm und beschämend das auch ist, das Vorhandensein der schlimmsten Sünde kann kein Anlass für jemanden sein, eine Gemeinschaft von Christen zu verlassen. Was sehr wohl einen Anlass darstellt, sich von einer örtlichen Gemeinde abzusondern, ist die Weigerung, selbst das geringste Böse zu verurteilen. Dann ist es sogar notwendig, dass wir uns absondern, wenn wir zumindest nicht von Gott mit dem Ganzen gerichtet werden wollen.

Die erste Begegnung — Vers 15-21

Die Standpunkte sind auf beiden Seiten geklärt. Ohne jeden Zweifel besteht jetzt keine Hoffnung mehr auf Wiederherstellung. Zahlenmäßig sind die Benjaminiter weitaus in der Minderheit, aber ihre Fähigkeiten gleichen das großenteils aus. Es ist die Rede von *»auserlesenen Männern, die Linkshänder waren. Diese alle schleuderten mit dem Stein aufs Haar genau und verfehlten ihr Ziel nie«* (Vers 16). Aber wenn es auch auserlesene Männer sind, die für ihre Genauigkeit und ihre Effektivität bekannt sind –, wenn sie sich für eine böse Sache einsetzen, setzen sie ihre Fähigkeiten falsch ein. Wir können sie mit Menschen vergleichen, denen wir auch in der Christenheit begegnen. Menschen, die in allem sehr genau sind und manchmal doch das Böse gutheißen. Wegen ihrer genauen Vorgehensweise bei der Sache scheint es, als hätten sie das Recht auch noch auf ihrer Seite.

Benjamin erringt wiederholt den Sieg. Doch wir sehen bald, wie das kommt. Bei den hinaufgezogenen Stämmen ist auch nicht alles so, wie es sein sollte. Sicher, sie bitten Gott um Rat, aber sie tun das erst, nachdem sie beschlossen haben, wie sie vorgehen werden. Das Einzige, was sie noch wissen wollen, ist, welcher Stamm zuerst ausrücken soll. Diese Frage haben sie schon einmal zuvor gestellt, in Kapitel 1. Aber was für ein Unterschied zwischen Kapitel 1 und hier! Dort stellten sie ihre Frage im Blick auf den Kampf gegen den Feind, während sie hier gegen einen Bruder ausrücken wollen. Sie hatten die Sache schon unter Dach und Fach. So können sich Situationen ergeben, in denen auch wir sagen, dass es unnötig sei, Gott um Rat zu bitten. Wir sehen, dass Sünde vorhanden ist und wir sind unmittelbar bereit, dagegen vorzugehen, ohne dass sich der Gedanke stellt, mit dieser Sünde zu Gott zu gehen und uns zuerst damit zu identifizieren. Das ist in unseren Augen nicht erforderlich. Es gibt noch ein paar kleine Details zu klären, wie die Frage, wer mit dem in Sünde gefallenen Bruder oder der in Sünde gefallenen Schwester sprechen soll. Dafür fragen wir dann noch Gott.

Wenn wir uns von Gott gebrauchen lassen möchten, um angemessen gegen das Böse vorgehen zu können, ist mehr nötig, als allein die schnelle Bereitschaft, als sein Werkzeug aufzutreten. Die Rache des Volkes ist zu direkt, zu unangemessen, zu unbarmherzig. Es ist zu wenig das Bewusstsein vorhanden, dass sie das Gericht Gottes ausführen sollen. Sie bringen kein Sündopfer, was ein Beweis ihrer Identifikation mit dem Bösen gewesen wäre. Sie rechnen mit ihrer Übermacht. Die Folge ist eine Niederlage. Durch diese Niederlage will Gott sie lehren, dass Zahlen für ihn nicht zählen und dass ihr Vertrauen, dadurch zu siegen, verkehrt ist. Dass die Israeliten geschlagen werden, kann die Folge der Tatsache sein, dass sie selbst auch nicht frei waren von den Einflüssen der verderblichen kanaanitischen Praktiken. Dann kann ebenfalls keine Kraft zum Kampf vorhanden sein. Was sie nötig haben, ist dieselbe Reinigung wie Benjamin.

Die zweite Begegnung — Vers 22-25

Die Niederlage war ein schwerer Schlag. Das hatten sie nicht erwartet. Waren sie nicht mit einer gerechten Sache beschäftigt? War nicht ihre Überzahl ein Beweis dafür? Wie kam es dann, dass nicht die Übeltäter bestraft, sondern sie selbst geschlagen wurden? Stand Gott denn auf der Seite des sündigenden Stammes? All diese Fragen haben sie sich womöglich gestellt. Dennoch ist die erste Reaktion auf ihre Niederlage nicht, dass sie mit diesen Fragen zu Gott gehen. Als erstes sprechen sie sich selbst neuen Mut zu: »*Aber das Kriegsvolk fasste neuen Mut, die Männer von Israel, und sie ordneten sich nochmals zur Schlacht an der Stelle, wo sie sich am ersten Tag geordnet hatten.*« David verhielt sich anders. Von ihm lesen wir, nachdem er durch seine eigene Schuld alles verloren hatte: »*Aber David stärkte sich in dem HERRN, seinem Gott*« (1. Samuel 30,6).

Die Israeliten fassen zuerst Mut und dann erst fragen sie Gott. Sie sind immer noch nicht in der richtigen Gesinnung vor Gott, obwohl sie in ihren Fragen an ihn merklich vorsichtiger sind. Sie müssen die Lektion noch lernen, dass sie in sich selbst nicht besser sind als ihr Bruder, die Lektion vom Balken und dem Splitter aus Matthäus 7, auf die ich oben bereits hingewiesen habe. Es ist auch ein Fortschritt, dass sie jetzt von »*meinen Bruder Benjamin*« sprechen. Sie beginnen, ein Gefühl für die Tatsache zu bekommen, dass sie es mit jemandem von derselben Herkunft zu tun haben. Bei der Ausübung der Zucht ist es stets von Bedeutung, dass wir uns gut bewusst werden, dass sie nicht aus einer Haltung heraus geschehen darf, dass wir besser seien. Elihu, der Hiob wegen seines Verhaltens im Blick auf Gott ermahnen musste, hatte das begriffen. Er sagt treffend zu Hiob in Hiob 33,6-7: »*Siehe, ich bin vor Gott so viel wie du, vom Lehm nur abgekniffen bin auch ich. Siehe, Angst vor mir braucht dich nicht zu erschrecken und mein Drängen wird nicht schwer auf dir lasten.*«

Wenn dies die Gesinnung Israels gewesen wäre, hätte dieser Kampf nicht so viele Opfer gekostet. Wäre dies die Gesinnung in so vielen Zuchtfragen der Gemeinde gewesen, wäre es zu vielen Ausschlüssen erst gar nicht gekommen oder der ausgeschlossene Gläubige wäre schon nach kurzer Zeit wiederhergestellt gewesen. Ich sage nicht, dass alle Zuchtangelegenheiten hätten verhindert werden können. Die Gemeinde ist zur Ausübung von Zucht verpflichtet, weil sie dies der Heiligkeit Gottes schuldet. Gott kann niemals etwas von Sünde unter seinem Volk bestehen lassen.

Aber Zucht sollte nur im Blick auf die Wiederherstellung desjenigen angewandt werden, der gesündigt hat. Sie darf nicht aus einer persönlichen Irritation oder aus Angst vor Gesichtsverlust hinsichtlich der Umgebung geschehen. Bevor sie ausrücken, stellen sie dem Herrn zuerst die Frage, ob sie wohl ausrücken sollen. Auch das ist ein Fortschritt, verglichen mit dem ersten Mal. Dennoch lässt Gott auch diese zweite Begegnung auf eine Niederlage für Israel hinauslaufen. Er war mit ihnen noch nicht fertig.

Die Vorbereitung zur dritten Begegnung — Vers 26-28

Bevor die Israeliten mit dem Kampf gegen die Übeltäter begannen, hatten sie erwartet, dass sie einen leichten Sieg erringen würden. Sie würden die Kleinigkeit so nebenbei erledigen. Waren sie nicht mit einer überwältigenden Mehrheit in den Kampf gezogen? Das Ergebnis dieser Haltung war jedoch, dass sie jetzt schon zweimal geschlagen worden waren. Sie waren mit ihrem Latein am Ende. In ihrer Ratlosigkeit wenden sie sich in Demut und mit Tränen wiederum zum Herrn in Bethel (= Haus Gottes) und fragen ihn, ob sie wiederum ausrücken sollen. Sie fangen sogar an zu fasten. Es ist nun nicht mehr die Rede davon, dass sie Mut gefasst und sich wieder in Schlachtordnung aufgestellt hätten. Sie begreifen, dass sie versagt haben. Es beginnt ihnen zu dämmern, dass Gott ihnen zuerst noch etwas zu sagen hat.

Bevor sie Gott fragen, opfern sie *»Brandopfer und Friedensopfer vor dem HERRN«*. Das ist herrlich. Durch die Darbringung dieser Opfer sagen sie gleichsam, dass sie vor Gott allein auf der Grundlage des Wertes dieser Opfer bestehen können. Beide Opfer sprechen von dem Werk des Herrn Jesus am Kreuz. Das Brandopfer lässt dieses Werk als ein Werk erkennen, wodurch der Herr Jesus am Kreuz Gott vollkommen verherrlicht hat. Es war ein Opfer, das ganz für Gott bestimmt war (siehe 3. Mose 1). Aufgrund dieses Opfers kann Gott sein Volk segnen und es annehmen. Es ist die einzige Grundlage, auf der das geschehen kann. Für uns kommt das sehr schön in Epheser 1,6 zum Ausdruck, wo es heißt, dass Gott uns »*angenehm gemacht hat in dem Geliebten*«. Ein Brandopfer bringen bedeutet also, dass wir uns bewusst sind, dass Gott uns in dem Wert des Werkes des Herrn Jesus ansieht und nicht aufgrund von irgendetwas an uns selbst.

Das Dankopfer ist ein Gemeinschaftsopfer. Darin kommt zum Ausdruck, dass durch das Werk des Herrn Jesus Gemeinschaft mit Gott, mit dem Herrn Jesus und mit allen Gliedern des Volkes Gottes möglich ist. Eine Beschreibung dieses Opfers finden wir in 3. Mose 3 und 7. Das Darbringen dieses Opfers bedeutet also, dass das Bewusstsein der Gemeinschaft, die unter dem Volk Gottes vorhanden ist, besteht. Darin ist auch Benjamin eingeschlossen. Aber da in dieser Gemeinschaft kein Platz für die Sünde sein darf (diese ist ja durch das Werk, von dem dieses Opfer spricht, gerichtet und weggetan worden!), muss die Sünde gerichtet werden. Wenn dann mit offenbar gewordener Sünde unter dem Volk Gottes gehandelt werden muss, geschieht das von der Bedeutung dieses Opfers aus und nicht aus einem persönlichen Gram heraus oder aufgrund eines Gefühl des Gekränktseins als Gruppe. Es ist Gottes Absicht, dass die Kinder Israel damals (und wir heute) auf der Grundlage dieser Opfer stehen.

Wir befinden uns niemals in der richtigen Position, gegen Sünde bei jemand anderem vorzugehen, bevor Gott nicht gegen das vorgehen konnte, was in unserer eigenen Seele im Widerspruch zu seinem Namen steht.

Noch ein wichtiger Aspekt ist, dass das ganze Volk darin einbezogen ist. Wenn angestrebt wird, um in einem bestimmten Fall Zucht auszuüben, dürfen diese Bemühungen nicht auf einige Brüder beschränkt bleiben. Sie gehen die ganze örtliche Gemeinde an. Es geht dabei nicht um eine geheime Sünde, von der nur ein Einzelner weiß, sondern um etwas, das allgemein bekannt ist. Es liegt oft wenig Kraft in der Ausübung der Zucht, weil die Bemühung auf Einzelne beschränkt bleibt, die eine geistliche Gesinnung zeigen. Wenn wir mit einem Zuchtfall wirklich in Gottes Gegenwart kommen, können wir nicht lediglich entrüstet sein. Dann ist wirkliche Trauer über das nötig, was unter uns geschehen ist und wozu wir auch fähig sind.

Weiter ist noch von der Bundeslade Gottes die Rede. Das ist das einzige Mal, dass im Buch Richter die Bundeslade erwähnt wird.

Die Bundeslade ist ein wunderbares Bild Christi. Er ist die Grundlage für alles Handeln Gottes mit uns und unseres Handelns für Gott. Indem wir uns das immer vor Augen halten, werden wir davor bewahrt, in einem Geist zu handeln, der besser sein will als der andere.

Und gerade Gericht über das Böse und die Absonderung davon ist keine Basis für Gemeinschaft; unsere Gemeinschaft als Heilige gründet sich allein auf Christus und seinen Tod. Dorthin musste Gott sein Volk durch die Züchtigung, die er zulassen musste, bringen.

Dabei geht es nicht um einen Vergleich zwischen Benjamin und Israel, sondern um das, was böse ist in den Augen Gottes, und dass dies auf die Weise weggetan werden muss, die er angibt. Er kann das Böse inmitten seines Volkes nicht dulden, weil *er* inmitten seines Volkes wohnt. Das gilt auch genauso heute für die örtliche Gemeinde, die zum Namen des Herrn Jesus hin zusammenkommt. Er hat davon gesagt: »*Denn wo zwei oder drei versammelt sind in meinem Namen, da bin ich in ihrer Mitte*« (Matthäus 18,20). Das ist das einzige Motiv, weshalb die Sünde aus einer örtlichen Gemeinschaft entfernt werden muss.

Bei dem Prozess, dem Gott sein Volk unterwirft, um sie in die richtige Gesinnung zu bringen, wird auch noch der Name von Pinhas genannt. Wie schon zuvor angemerkt, gibt dies an, dass die Zeit, in der dieses Ereignis stattfand, kurz nach der Ankunft des Volkes im verheißenen Land anzusetzen ist. Pinhas ist ein Mann, der in der Wüste für die Ehre Gottes geeifert hat. Als das Böse ins Lager eingedrungen war, hatte er es gerichtet, indem er die Übeltäter tötete. Wir lesen diese Geschichte in 4. Mose 25,6-15. Wir müssen mit der Eifersucht Gottes eifersüchtig sein und nicht mit unseren natürlichen Gefühlen. Bei Pinhas bestand eine heilige, priesterliche und geistliche Entrüstung. Bei ihm können wir Einsicht in Gottes Gedanken erkennen. Dass das Volk zu ihm kommt, um den Herrn um Rat zu fragen, zeigt uns auch, dass das Volk dort ist, wo es sein muss.

Wir könnten sagen, dass Paulus der Pinhas des Neuen Testaments ist. Er hat sich enorm eingesetzt, um in allen Gemeinden den Willen des Herrn bekannt zu machen. Er hat stets gekämpft, als die Gläubigen durch verkehrte Lehre oder verkehrte Praxis von Christus abzuweichen drohten. Ich hoffe, dass ein jeder von uns auch ein Pinhas sein möchte.

Die dritte Begegnung — Vers 29-48

Wie die dritte Begegnung zwischen Israel und Benjamin verläuft, wird sehr ausführlich beschrieben. Es beginnt mit dem Legen von Hinterhalten. Hier sprechen Hinterhalte (ebenso wie beim Kampf gegen Ai in Josua 8) vom Erkennen der eigenen Schwachheit und dem Rechnen mit der verborgenen Kraft Gottes. Der Sieg wird errungen, indem von den Hilfsquellen Gebrauch gemacht wird, die für den Feind verborgen sind. Israel bekennt öffentlich, dass es schwach ist, indem es flüchtet. Es erscheint in der Tat als Schwachheit, zu flüchten, aber es gibt den verborgenen Hilfsquellen (den Hinterhalten) die Gelegenheit, ihr Werk zu tun. Das ist eine wunderbare Illustration für das Gebet. Es erscheint schwach, wenn man auf den Knien liegt, aber es birgt Kraft in sich. Persönliche Erniedrigung vor Gott ist das große Geheimnis des Sieges. Darin wird Kraft für jede Ausübung von Zucht gefunden: für Eltern hinsichtlich ihrer Kinder und für die Gemeinde hinsichtlich der in Sünde Gefallenen.

Es ist dann auch nicht Israel, das Benjamin schlägt, sondern »*der HERR schlug Benjamin vor Israel*« (Vers 35). Zuerst haben die Benjaminiter gedacht, sie könnten auch dieses dritte Mal den Erfolg für sich verbuchen. Die vorherigen Siege hatten sie voller Selbstvertrauen und sogar übermütig gemacht (Vers 32 und 39). Doch diesmal verbindet Gott seinen Segen mit der Strategie, die Israel gewählt hat. Sobald Benjamin aus der Stadt herauskommt, kommen die im Hinterhalt liegenden Kämpfer zum Vorschein, nehmen die ungeschützte Stadt in Besitz und stecken sie in Brand. In 5. Mose 13,17 lesen wir auch etwas über eine Stadt, die in Brand gesteckt wird. Das geschah, nachdem dort Männer zum Götzendienst aufgerufen hatten. Dort steht, dass diese Stadt »*dem HERRN … als Ganzopfer mit Feuer*« verbrannt wird. Wir können somit sagen, dass die Sünde von Gibea genauso schwer bestraft wird wie der Götzendienst, von dem in 5. Mose 13 die Rede ist.

Als die Benjaminiter die Stadt brennen sehen, schlägt der Siegesrausch in Angst um. Sie können ihren eigenen Augen nicht trauen, der Schock ist groß; ihre Kampflust vergeht, und sie wenden sich zur Flucht. Israel gönnt sich selbst keine Ruhe und jagt den Flüchtlingen nach. In einem an Raserei grenzenden Eifer töten sie beinahe alle Benjaminiter. Was die Folgen ihres zu weit gehenden Eifers sind, werden wir im nächsten und letzten Kapitel sehen. In diesem Augenblick kann Bilanz gezogen werden. Der Sieg ist errungen, das Böse gerichtet. Aber auch Verlust ist entstanden. Israel hat ungefähr 40.030 Mann verloren (Vers 21, 25 und 31); bei Benjamin sind mehr als 25.000 Mann gefallen, wodurch der Stamm so gut wie ausgerottet ist. Nur 600 Mann sind übrig geblieben.

Wenn jemand nicht im Selbstgericht lebt, sodass die Sünde die Chance bekommt, sich Geltung zu verschaffen und andere sich damit beschäftigen müssen, hat das immer Verlust zur Folge. Wenn die anderen sich dann auch auf eine nicht geistliche Weise mit der Entfernung dieser Sünde beschäftigen, ist der Schaden nicht zu übersehen. Die einzige Möglichkeit, um zu verhindern, dass wir eine Quelle des Elends werden, sowohl für uns selbst als auch für andere, besteht darin, in enger Gemeinschaft mit dem Herrn und im Gehorsam seinem Wort gegenüber zu leben.

Kapitel 21

Einleitung

Im letzten Kapitel des Buches Richter geht es um die Folgen des Auftretens von Israel. Die angestrebten Lösungen sprechen gewiss nicht von einer ungeteilten Rückkehr zum Herrn und von einem Fragen nach seinem Willen. Die Ergebnisse sind verwüstend sowohl für Familien als auch für andere Unschuldige. Und alles dient dazu, das eigene Versagen nicht anerkennen zu müssen.

Die Sorge um den Fortbestand Benjamins — Vers 1-4

Es ist normal, dass nach dem Erringen eines Sieges ein Fest gefeiert wird. Das ist hier nicht der Fall. Der Sieg wird mit Tränen »gefeiert«: Es wird laut geweint. Es waren mehr als 65.000 Israeliten getötet worden. Die wahren Feinde konnten hingegen jauchzen. Sie hatten so viele Widersacher weniger. Der Feind lacht sich ins Fäustchen, wenn Brüder einander bekämpfen. Von ihnen hat er nichts zu befürchten.

Als Israel nach der Bestrafung Benjamins die Folgen übersieht, kommen zwei Dinge ans Licht. Erstens war ein Eid geschworen worden: Niemand sollte seine Tochter den Benjaminitern geben. Zweitens war bis auf 600 Mann der ganze Stamm ausgerottet worden. Wenn es für Benjamin noch einen Fünkchen Hoffnung auf das Überleben gab, dann war das durch den Eid unmöglich geworden. Das bringt sie dazu, zu Gott zu flehen. Mit ihrer Bitte an Gott zeigen sie, dass sie nicht wirklich bis zur Wurzel des Problems durchgedrungen sind. Trotz all ihrem Weinen ist nur ein oberflächliches Verständnis dafür vorhanden, was geschehen ist. Konnten sie ihre Frage nicht selbst beantworten? Sie hatten es doch selbst so gemacht.

Auch die Korinther konnten sich fragen, wie es kam, dass unter ihnen viele krank und nicht wenige entschlafen waren (1. Korinther 11,29-32). Das lag wahrhaftig nicht an den Kranken und Entschlafenen, es lag am Zustand der ganzen Gemeinde. Die Züchtigung ist nicht nur für diejenigen, die sie erleiden, sondern muss von der ganzen Gemeinde gefühlt werden. Zucht über Mitgläubige soll uns

a. nicht gleichgültig lassen, als ob sie allein die anderen betreffen würde, und
b. uns auch nicht böse auf Gott werden lassen, als ob er willkürlich handeln würde.

Gott hat mit seiner Zucht immer ein Ziel. Wir können uns am Besten fragen, inwieweit Gott durch unsere eigene Torheit und unser fleischliches Handeln Zucht über andere kommen ließ, um uns zu erreichen. Schmerzt es uns auch, wenn jemand hinausgetan werden musste? Werden sich die Israeliten plötzlich bewusst, dass die Strafe weiter gegangen ist als beabsichtigt? Dadurch erhält ihr Eid einen bedrohlichen Charakter. Sie kommen nicht darum herum und doch wollen sie Benjamin mit Frauen versorgen. Bevor sie mit einer Lösung kommen, bauen sie zuerst einen Altar und bringen darauf Brandopfer und Friedensopfer. Sie tun damit das, was sie auch in Kapitel 20,28 getan hatten. Es scheint, als ob sie dies wegen der guten Wirkung machen, die das Opfern gehabt hatte und nicht mit einem Herzen, das in Gemeinschaft mit Gott ist. Das ist eine mehr oder minder abergläubische Handlung. Sie dachten vielleicht: Wenn es damals wirkte, wird es jetzt genauso gut wirken. Was sie dabei vergessen, ist, dass es zuvor aus einer richtigen Gesinnung geschah. Aus der Fortsetzung wird deutlich, dass ihr Herz nicht wirklich bei Gott ist.

Benjamin wird mit Frauen versorgt — Vers 5-14

In seinem Eifer bei der Bekämpfung des Bösen hatte Israel einen unbesonnenen Eid ausgesprochen. Diesen Eid hätten sie nie schwören dürfen, aber anstatt das anzuerkennen, begeben sie sich auf die Suche nach einer Lösung. Dieser Eid muss nun über einen Umweg rückgängig gemacht werden. Das geschieht immer, wenn Eide geschworen werden, ohne dass Gott dabei einbezogen worden ist. Die Folge ist ein neuer Bruderstreit. Sie hatten auch noch einen anderen Eid geschworen: Dass derjenige, der nicht mitging, um die Sünde Gibeas zu bestrafen, getötet werden sollte. Aus der Nachforschung zeigte sich, dass Jabesch zu Hause geblieben war. So wurde beschlossen, dass Jabesch, der dem Bösen gegenüber gleichgültig war, dasselbe Los erleiden sollte wie das Böse selbst. Jabesch hatte argumentiert, dass es ihn nichts anginge und verhielt sich damit unabhängig.

Für unsere Zeit können wir daraus lernen, dass das Böse, das in der einen örtlichen Gemeinde festgestellt wird, eine andere örtliche Gemeinde nicht gleichgültig lassen darf. Alle örtlichen Gemeinden haben dieselbe Verpflichtung: Das Böse muss aus ihrer Mitte weggetan werden (1. Korinther 5,13). Wenn eine örtliche Gemeinde das verweigert, werden andere örtliche Gemeinden sich damit beschäftigen müssen. Versagen alle Versuche, eine solche Gemeinde zu Verurteilung des Bösen zu bringen, kann eine solche Gemeinde nicht länger als eine Gemeinde anerkannt werden, mit der der Herr seinen Namen verbindet. Eine solche Gemeinde wird mit dem Bösen identifiziert und der Herr kann dort nicht länger in der Mitte sein.

Trotz der Tatsache, dass die Folgerung der Israeliten richtig ist, scheinen sie hier wiederum aus einer Nützlichkeitserwägung heraus zu handeln. Sie konnten diesen Grundsatz gut für die Auflösung eines Problems gebrauchen, das durch ihre eigene Schuld entstanden war. Sie konnten sich dafür, dass sie die Mädchen am Leben ließen, sogar auf 4. Mose 31,17-18 berufen. So meinten sie, für das Fortbestehen Benjamins sorgen zu können. Leider war die Anzahl der Mädchen unzureichend.

Noch mehr Frauen für Benjamin — Vers 15-23

Alle Überlegungen und Handlungen in diesem Kapitel tragen das Merkmal der letzten Verse. Jeder Israelit war sein eigenes Gesetz. Nach Gott und seinem Willen wurde nicht gefragt. Der Eid, den sie geschworen hatten, musste, wie auch immer, gehalten werden. Solange sie nur ihren Eid halten können, machen sie sich kein Gewissen daraus, die engsten Familienbande zu zerreißen. Ihr Gewissen ist dabei ruhig, doch das war natürlich schon lange abgestumpft. Alles wurde nach dem Maßstab getan, was recht war in ihren Augen: Micha war recht und sein frommer Götzendienst; seine Mutter handelte recht in ihrer Gemeinschaft mit ihrem Sohn; die Daniter handelten auf ihren verkehrten Wegen recht; die Stämme handelten recht, indem sie das Böse richteten und Eide schwörten. Jeder tat, was recht ist, aber nicht, was recht ist *in Gottes Augen*.

Jetzt muss auch noch nach 200 anderen Frauen für die übrig gebliebenen Benjaminiter Ausschau gehalten werden, ohne dass der Eid gebrochen zu werden braucht. Eine neue Idee kommt auf den Tisch. Da sie gewissenhaft waren und ihren Eid halten wollten, konnten sie ihre Töchter natürlich nicht geben, aber sie kommen auf die Idee, Mädchen stehlen zu lassen. Ein Fest des Herrn war dafür eine ausgezeichnete Gelegenheit. Sie brauchten dann ihre Hände nicht schmutzig zu machen, das konnten die Benjaminiter gut selber erledigen. Hier stiften die Israeliten wohlgemerkt ihren Bruder zu einem unter dem Gesetz strengstens verbotenen Menschenraub an; und das nur um ihren Eid halten zu können. Das erinnert an das abscheulichste Verbrechen aller Zeiten, den Tod des Herrn Jesus. Seine Widersacher waren auch Menschen mit einem peinlich genauen Gewissen. Um nicht verunreinigt zu werden und das Passah doch essen zu können, gingen die Führer des Volkes nicht ins Prätorium, während sie nichts anderes wünschten als den Tod dessen, von dem das Passah sprach (Johannes 18,28). Sie überlieferten ihn an Pilatus, damit dieser ihn kreuzigte, dann brauchten sie sich nicht an seinem Tod zu versündigen (Johannes 19,31). So kann ein Mensch sehr gewissenhaft sein, wenn es darum geht, sich nicht an etwas zu besudeln, das er als verkehrt ansieht, während er mit größter Leichtigkeit andere zu den größten Missetaten anstiftet.

Benjamin bekommt den Rat, die Mädchen zu stehlen. Dann bleibt der Eid, bei dem sie geschworen hatten, ihnen keine Mädchen zu geben, aufrecht erhalten. Benjamin folgt ihrem Rat, woraus wir schließen können, dass sie durch alle Geschehnisse nicht näher zu Gott gekommen sind. Die Unmoral unter ihnen mag zwar bestraft worden sein, doch sie ist noch nicht aus ihren Herzen vertrieben.

Schluss — Vers 24-25

Das Heer wird entlassen. Alle kehren an ihren eigenen Wohnort zurück. Ob sie alle die Lektion gelernt haben, wird sich erst noch zeigen müssen. Haben wir die Lektion gelernt, habe ich sie gelernt? Der letzte Vers wiederholt die düsteren Worte, mit denen dieser Abschnitt in Kapitel 17,6 begann. Fürwahr kein »Happy End« in diesem Buch.

Um zu sehen, dass Gott trotz des Verfalls seines Volkes dennoch in Gnade seine Pläne ausführt und auf sein Ziel hinarbeitet, müssen wir das Buch Ruth lesen. Genauso wie diese Kapitel 17 – 21 bildet das Buch Ruth in einer anderen Hinsicht einen Anhang zum Buch Richter. Das Buch Ruth beginnt mit den Worten: »*Und es geschah in den Tagen, als die Richter richteten.*« Was wir danach lesen, ist eine wunderbare Schilderung der Gnade Gottes. Das Buch endet mit dem Namen »David«, dem Mann, den Gott dazu auserwählt hat, König über sein Volk zu sein. David ist ein Vorbild auf den Herrn Jesus. Das Buch Richter hingegen endet mit der Sorge um die Fortpflanzung des Stammes Benjamin, aus dem Saul hervorgehen wird, der fleischliche König Israels und das Vorbild auf den Antichrist.

Was der Heilige Geist bei uns bewirken will, wenn wir so das Buch Richter zu uns haben reden lassen, ist ein Verlangen bei uns, die Herrschaft in unserem Leben dem Herrn Jesus zu übergeben und sehnsüchtig die Zeit zu erwarten, da alles im Himmel und auf Erden seinen Füßen unterworfen sein wird.

Was der Heilige Geist uns außerdem durch dieses Buch lehren will, ist, dass wir gerade in Zeiten des Verfalls Glaubenssiege erringen können. Der Schreiber des Hebräerbriefes führt in Kapitel 11 eine Reihe Menschen an, die aus diesem Glauben gelebt haben. Darunter nennt er in Vers 32 Namen, denen wir während der Behandlung des Buches Richter begegnet sind: *»Gideon, Barak, Simson, Jeftah«*. Sie gehören zur *»Wolke von Zeugen«*, über die er in Kapitel 12,1 schreibt. Er vergleicht das Leben des Christen, der durch Glauben lebt, mit dem Leben eines Athleten, der im Stadion an einem Laufwettbewerb teilnimmt. Wir können das Buch Richter als ein Zuschauer gelesen haben, der sich von der Tribüne aus ein Schauspiel in mehreren Akten ansieht. Dann sind wir nicht wirklich darin einbezogen gewesen. Der Heilige Geist möchte, dass wir die Ereignisse miterleben. Dann werden die Rollen vertauscht. Die Tribünen werden dann von den zahllosen Gläubigen bevölkert, von denen der Schreiber im vorherigen Kapitel (Hebräer 11) eine Anzahl genannt hat und unter denen auch die Richter sind. Und wir sind diejenigen, auf die sie blicken. Jetzt sind wir an der Reihe, unseren Kampf zu zeigen.

Aber die »Gläubigen der alten Tage« sitzen dort nicht mit verschränkten Armen, um zuzuschauen, wie wir abschneiden. Sie sitzen dort, um uns zu ermutigen. Sehen wir ihre strahlenden Gesichter? Sie wissen, wie schwierig der Wettlauf manchmal sein kann und was für ein Ausharren nötig ist. Sie haben ausgeharrt und haben das Ziel schon erreicht. Darum rufen sie uns zu: »Lauf weiter, harre aus, gib nicht auf, es ist der Mühe wert!« Wir hören ihre Anfeuerungen um uns her, sie hallen in unsren Ohren wider und unser Einsatz im Wettlauf wird noch größer. Schauen wir dabei nicht auf die Dinge um uns her, blicken wir nicht zurück, sondern halten wir unser Auge ausschließlich und allein gerichtet *»auf Jesus, den Anfänger und Vollender des Glaubens, der um der vor ihm liegenden Freude willen die Schande nicht achtete und das Kreuz erduldete und sich gesetzt hat zur Rechten des Thrones Gottes. Denn betrachtet den,* *der so großen Widerspruch von den Sündern gegen sich erduldet hat, damit ihr nicht ermüdet und in euren Seelen ermattet!«* (Hebräer 12,2-3).

clv

A. C. Gaebelein

Kommentar zum Alten Testament

Hardcover

- **Band I**: 1. Mose – 2. Chronik
  640 Seiten
  39.80 DM
  ISBN 3-89397-360-8

- **Band II**: Esra – Maleachi
  704 Seiten
  39.80 DM
  ISBN 3-89397-361-3

Arno C. Gaebeleins (1861–1945) Kommentar zur Bibel wurde auch als Weiterführung der vielen Erklärungen der Scofield-Bibel bezeichnet, deren Mitherausgeber er war.

Der Leser findet hier allgemeine Einführungen in jedes Buch des AT, Einwände und Argumente gegen bibelkritische Positionen, Unterstützung traditioneller Einsichten zur Frage der Verfasserschaft, einen vollständigen, detailliert gegliederten Überblick über den Text, praktische Auslegungen und Anwendungen sowie besondere Berücksichtigung der heilsgeschichtlichen, typologischen und prophetischen Dimension der biblischen Texte, wobei der Autor mit seiner dispensationalistischen Sicht faszinierende Zusammenhänge der Schrift aufdeckt.